日军侵华
战俘集中营
问题研究

张帅 著

上海三联书店

序

苏智良

　　从1931年到1945年，日本发动的侵华战争给中国人民带来沉重苦难。在付出了巨大的民族牺牲之后，中国终于同盟国一起，取得了反法西斯战争的最终胜利。中国打败了日本，这是中国近代史上重要的篇章。这一胜利雪洗了中华民族的耻辱，增强了全国人民的自尊心和自信心，是中华民族由衰败走向复兴的转折点。

　　抗战胜利了，日本投降了。然而，这场战争给中国人民带来的苦难并没有随着日本的投降而结束，日军的侵略给中国人民身体和心理造成创伤也没有愈合。对中国民众而言，他们有的在战争中失去了至亲，有的身体留下了残疾，有人是日军细菌武器和化学武器的受害者，有人是日军性暴力的受害者。他们遭受的身体、心理的创伤难以消除。战后日本右翼美化侵略战争、否认战争暴行的行为，更进一步伤害了中国受害者的感情。中国民间的敦促日本认罪反省甚至赔偿的情绪和要求一直持续不断，自上世纪90年代起，中国民间细菌战、遗留化学武器、强制劳工、"慰安妇"、无差别轰炸、大屠杀受难者不断发出自己的声音。这些都表明，那场战争还没有完全结束，中日关系还没有走出"战后"阶段。

　　这一情况也反映在中国学界的研究之中。1990年代，学界开始涉及到战后遗留问题的研究。中国学者开始梳理侵华战争的档案文献，并且进行田野调查和口述文献整理，以期逐渐还原侵华战争中的真相与细节。中国学者对大屠杀、细菌战、"慰安妇"、化学武器、强制劳工等问题等都给予了学术关注。在这些问题的研究中，日军侵华过程中中国战俘问题是迄今为止学界关注有限的一个领域。

在侵华战争中,日军在多数时间占据了战场的主动。在日军的强势进攻下,大量中国士兵沦为俘虏。1938年底之前,日军对中国俘虏多采取屠杀政策。转入持久作战之后,日军不再一味采取战场屠杀战俘的战略,而是将中国战俘投入战俘营之中,利用中国战俘的劳动力资源,以实现其"以战养战"的目的。日军曾在北平、石门、济南、太原、塘沽、青岛、杭州、徐州、南京、上海等地设置了多个战俘营,关押、训练、改造中国战俘。这些战俘被日本侵略者残酷迫害,内心遭受忍辱偷生的责问,甚至战争结束后因为这段经历,需要不断说明自己的被俘情况。从这个角度来说,战俘是最大的受害群体之一。

对战俘群体,我们要给予充分的关注。他们本来是英勇无畏的抵抗者,是民族英雄,但是由于各种原因不幸沦为敌手,从而开始了苦难的人生历程。这种经历令人唏嘘,同时,对战俘群体的研究可以透视那场战争的诸多细节。本书通过论述日军全面侵华战争期间在中国设置的战俘营,考察战俘营的管理、运作及受难者的生活场景,还原战俘营的历史状况,从而揭露日军侵华过程中虐待战俘的暴行。作者认为,日本在中国设置的战俘营是其对华侵略中的重要一环,反映了日本侵华战中残暴的一面,是其"以战养战"策略的重要组成部分。

中日战争已经结束70多年了,虽然两国政府和民间都做了很多努力,然而中日两国还未走出战争的影响,未能实现真正的和解。日本右翼势力不断地否认、美化侵略历史,挑战中国人民的心理承受能力,在历史认知问题上频频发难。日本作为那场战争的加害和施暴者不断地否定曾经犯下的战争暴行,日本右翼势力采取不承认态度。中国学者应该用事实说话,用事实来回应日本右翼势力美化侵略历史的行为。本书就是试图厘清日军战俘营的影像的一个尝试,从而还原那段历史中的一个侧影。

张帅是我的学生,做中日关系的相关研究,这本书是在他博士论文的基础上写成的。在论文写作过程中,他搜集了大量资料,在华北、东北等地进行了多次实地调研,博士论文顺利通过了答辩。如今,书稿成型,承张帅邀请作序,希望他能在未来的学术道路上不断努力,是为序。

目　录

绪论　　　　　　　　　　　　　　　　　　　　　　　　1
一、日军侵华战俘集中营问题的研究现状　　　　　　　5
（一）学术界关于战俘劳工问题的研究　　　　　　11
（二）学术界关于集中营问题的研究　　　　　　　17
（三）研究缺陷与不足　　　　　　　　　　　　　22
二、本书要解决的问题探讨　　　　　　　　　　　　23
三、本书的研究方法　　　　　　　　　　　　　　　26
四、本书运用的材料问题　　　　　　　　　　　　　26

第一章　日本历史上的战俘问题　　　　　　　　　　　32
第一节　日本文化与战俘问题　　　　　　　　　　　32
一、日本文化的从强欺弱　　　　　　　　　　　34
二、武士道精神与战俘问题　　　　　　　　　　35
三、日本军国主义与战俘问题　　　　　　　　　38
第二节　日本战俘政策与国际法　　　　　　　　　　42
一、日本与《改善战地武装部队伤者境遇的公约》　45
二、《圣彼得堡宣言》与限制武器的使用　　　　47
三、日本与1899年海牙公约体系　　　　　　　48
四、日本与1907年海牙公约体系　　　　　　　52
五、日本与《关于战俘待遇的日内瓦公约》　　　55
第三节　卢沟桥事变之前的日本战俘对策　　　　　　60
一、甲午战争中对中国战俘管理　　　　　　　　60
二、日俄战争中日本对俄国战俘管理　　　　　　66
三、1928年入侵济南，残杀中国俘虏　　　　　73

四、九·一八事变后日本的战俘策略 75

五、一·二八事变中的日本俘虏政策 90

第二章 全面侵华战争时期日军战俘集中营的设立 94

第一节 全面侵华时期的中国战俘 95

一、战俘的一般定义 95

二、日本对侵华战争中的战俘定义 97

三、中国抗战的独特性与战俘问题 100

四、全面侵华时期中国战俘统计情况 107

五、日本方面对中国战俘的记载 113

第二节 侵华战争、经济掠夺与战俘管理 122

一、日本国力不足以支持持久侵略战争 123

二、侵华战争与资源掠夺 130

三、侵略战争与战俘 135

第三节 屠杀战俘与战俘劳动力资源的再利用 140

一、日军对中国战俘的屠杀 142

二、从屠杀战俘到利用战俘 153

三、从屠杀战俘到利用战俘的原因 156

第四节 战俘集中营的设立 158

一、日军设置的战俘集中营 159

二、中国战俘集中营的总体特征 165

三、战俘营的类别 170

第三章 日军战俘营的管理体制 174

第一节 战俘集中营的管理者 174

一、日本军方对战俘营的管理 175

二、宪兵队等情报机构与战俘集中营 179

三、伪政权与战俘集中营 183

四、华北劳工协会与战俘集中营 188

五、战俘营里的辅助管理者 195

第二节 战俘集中营的日常管理与规章制度 198

一、中国战俘进入集中营的过程与管理 198

二、战俘的审讯 203

　　　三、战俘营的基层管理制度　　　　　　　　204
　　　四、集中营内对战俘的惩罚制度　　　　　　209
　　　五、特别战俘管理制度　　　　　　　　　　211
　第三节　集中营内对战俘的残杀　　　　　　　　212
　第四节　战俘营对中国战俘的改造和情报收集　　219
　　　一、集中营对中国战俘的思想改造　　　　　220
　　　二、集中营内对中国情报的收集　　　　　　222

第四章　战俘在集中营的日常生活　　　　　　　　228
　第一节　战俘在集中营内的活动　　　　　　　　228
　第二节　战俘在集中营里的劳动　　　　　　　　232
　第三节　战俘营内的医疗卫生状况　　　　　　　236

第五章　中国战俘的精神世界　　　　　　　　　　242
　第一节　中国战俘在集中营里的精神生活　　　　242
　第二节　战俘集中营内的政治活动　　　　　　　248

第六章　中国战俘的反抗与离开战俘营　　　　　　253
　第一节　中国战俘的反抗　　　　　　　　　　　253
　第二节　中国战俘离开集中营　　　　　　　　　258
　　　一、运往东北的"特殊工人"　　　　　　　　260
　　　二、运往日本的中国战俘　　　　　　　　　263
　　　三、投靠日伪的中国战俘　　　　　　　　　266
　　　四、服务日军战备的中国战俘　　　　　　　267
　　　五、运送到东南亚的中国战俘　　　　　　　273

第七章　日军在华设置的盟军战俘营　　　　　　　280
　第一节　盟军战俘集中营的设立　　　　　　　　281
　　　一、太平洋战争与盟军战俘　　　　　　　　281
　　　二、盟军战俘的管理与处置　　　　　　　　282
　　　三、中国盟军战俘营的设置　　　　　　　　287
　第二节　盟军战俘营的管理　　　　　　　　　　291
　第三节　盟军战俘的生活状况　　　　　　　　　300

结语   307

参考书目   317
    一、中文档案   317
    二、外文著作   319
    三、中文著作   323
    四、论文   328
    五、学位论文   335

致谢   337

绪　论

就今天的中国外交而言,中日关系是最为重要的双边关系之一,然而处理起来又异常复杂。历史与现实的诸多挑战考验着两国民众的智慧。按照日本学者的观点,中日两国存在的问题分为不同的层次:第一个层次是与"价值"相关的问题,如历史认识问题、民族认同感问题、教科书问题、靖国神社问题等;第二个层次是中日两国在亚洲及国际社会的"权力"问题,如台湾问题、日美同盟、日本谋求联合国安理会常任理事国问题等;第三个层次是"利益问题",如钓鱼岛问题、东海大陆架划分问题、东海海底资源问题等。① 这些问题同时存在,并且复杂地关联在一起。

近年来,中日在两国历史认知方面存在巨大的分歧。日本政治右翼势力在历史认知问题上表现出的否认侵略、美化战争的言行遭到中国方面的强烈反对。在历史认识问题上,日本右翼人士忘记了侵华战争给中国人民带来的沉重苦难,反而不断美化侵略历史。日军发动侵华战争,中国人民饱尝日本法西斯势力入侵的苦难。战火硝烟之外,日军的细菌战、化学武器、性奴隶、大屠杀、强制劳工、无差别轰炸、集中营等种种战争暴行使得中国人受伤的心灵难以愈合。日军的暴行是人类文明史上的耻辱,其对中国人民犯下的罪行罄竹难书。

历史问题是中日关系中的一笔负面资产,然而却不容回避。作为受害者,中国人不会忘记近代史上的这一页耻辱,曾经遭受深深伤害的心灵也不会轻而易举地愈合。战争结束的最初几年,本来是中国政府

---

① 〔日〕毛里和子:《中日关系——从战后走向新时代》,徐显芬译,北京:社会科学文献出版社 2009 年版,178—179 页。

1

清算日本侵略暴行的最佳时机。经过反法西斯战争的浴血奋战,中国赢得了世界上主要大国地位。然而,蒋介石当局挑起内战,错过了清算日军在中国暴行的最佳时机。抗战胜利后国民政府主持了对日本战犯的审判,由于国民政府的主要精力放于内战之中,对日军战犯的调查处理有限,并且调查的日军战争罪行集中在国民政府控制的范围内,日军在华北地区犯下的严重战争罪行未能纳入到这次审判调查之中。1956年中华人民共和国政府对关押在旅顺和山西的战犯进行审判,这次审判秉持宽大处理的原则,周总理曾说20年之后就知道宽大处理日本战犯的好处。[①] 历史证明了周恩来总理的高瞻远瞩,1972年中日两国正式建交,在建交过程中受到宽大处理的日军战犯发挥了积极的作用。

1972年9月25日,田中角荣首相与大平正芳外相访华,29日两国签署了《中日联合声明》,宣布建立正式外交关系。从25日到29日,五天之内解决了诸多的棘手问题,效率固然可嘉,但是有一些问题遗留下来。中日两国搁置了一些问题。随着时间的衍进,这些问题逐渐变成困扰中日关系健康发展的障碍。

1978年改革开放之后,中国需要借助日本的经济力量实现四个现代化建设的宏伟目标。1978年到2000年的20年时间里,中国借助同日本的经济合作实现了经济建设的巨大成就。与此同时,日本也需要借助中国的政治力量实现其重返世界政治舞台核心地位的夙愿。二战是日本的负面资产,如果日本能够处理好同最大受害者——中国的关系,那么可以预见日本将会在世界政治、尤其是东亚地区政治事务中发挥更大的影响力。1990年代日本经济发展出现了困难,与之形成鲜明对比的是中国经济发展的一枝独秀,开始初步展现全球性大国的潜质。中日两国在经济方面的差距不断缩小,这引起了日本方面的焦虑。侵华战争给中国带来过苦难,中国的经济发展使得日本国内深刻的感受到时间的优势在中国一方,所以在对待中日关系方面,日本政坛的保守化趋势加强。日本保守政治势力试图在中国真正成长为全球大国之前解决掉这些遗留问题,所以否认侵略、否认暴行的右翼政治势力沉渣

---

① 袁秋白、杨瑰珍:《罪恶的自供状——新中国对日本战犯的历史审判》,北京:解放军出版社2001年版,第21页。

泛起。

与此同时，随着中国社会的发展，中国在政治、社会层面都发生了深刻的变化。中国民间的声音逐渐汇集、增强。对于战争的具体受害者来说，他们几十年来承受着日军暴行带来的身体、精神上的创伤，他们心中刻骨铭心的痛苦并没有随着时间消散。尤其是日本右翼势力赞美侵略战争、否认战争暴行的行为深深地伤害了中国受害者的感情。由此带来的是中国民间的强烈反日情绪在 20 世纪 90 年代集中爆发。中国民间组织的细菌战诉讼、遗留化学武器受害者诉讼、强制劳工诉讼、"慰安妇"诉讼、无差别轰炸诉讼、大屠杀诉讼等不断登上国际媒体的头条。这些都表明那场战争还没有结束，中日关系还没有走出"战后"阶段。

这一情况也反映在中国学界的研究之中。20 世纪 90 年代，学界开始涉及到战后遗留问题的研究。中国学者开始梳理侵华战争的档案文献，并且进行田野调查和口述文献整理，以期逐渐还原侵华战争中的细节。中国学者对大屠杀问题、细菌战问题、"慰安妇"问题、遗留化学武器问题、强制战俘劳工问题、集中营问题等都给予了学术关注。正如下文所及，学界对各个问题的研究深入状况不同，日军侵华过程中设置的战俘集中营是迄今为止学界关注有限的一个学术领域。

战俘集中营问题涉及到战俘问题和集中营问题两个方面，二者密切相关。本书研究的战俘问题对象是指在侵华战争过程中日本军队俘虏的中国战俘。1931 年日本占领中国东北，1937 年卢沟桥事变之后发动全面侵华战争，至 1945 年战争结束期间，中国军队共有多少士兵被俘、日军如何对待俘虏的中国士兵、中国被俘士兵的归宿如何等都是值得学界关注的问题。

在全面侵华战争期间，日军在中国设置了许多集中营，这些集中营按使用性质又可以分成以下三个类型：战俘集中营、劳工集中营、外侨集中营。按照字面含义，战俘集中营主要是关押抓捕的中国士兵，劳工集中营主要关押中国劳工，外侨集中营则是在太平洋战争全面爆发后滞留在中国的盟国侨民。虽然可以将日军在中国设置的集中营划分为这三种类型，但是仔细研究起来却发现存在许多问题。最为明显的一个特征就是战俘集中营和劳工集中营错综复杂地结合在一起。日军在华北设置的集中营兼具关押战俘和劳工的双重使命,因此现在我们很难分清华北的集中营到底是战俘营还是劳工营。研究这一问题的著名学者、石家庄市委党校的何天义研究员曾经向笔者谈及这一问题的复杂性,由于这类受害者都是以"劳工"的身份被日军奴役,他自己在研究中将两者综合为"战俘劳工"进行研究。虽然日军将中国战俘和劳工统一关押,也实施过众多将劳工作为战俘处理的"猎兔作战",中国战俘和劳工一起被押送到日本、东北、华北的厂矿承担艰苦的劳役,但是战俘和劳工毕竟是两个不同的概念。两者最重要的区别就在于战俘是战斗人员,而劳工被抓是普通民众,非战斗人员。

本书的研究对象是战俘集中营。根据笔者的研究,日本侵华期间设置了多座集中营关押中国战俘。日本在华设立的战俘集中营,按照关押对象划分可以分为中国战俘集中营和盟军战俘集中营,中国战俘集中营主要包括石门(石家庄)、太原、北平(北京)、塘沽、济南、青岛、徐州、杭州、浦口等地的战俘集中营,除此之外还有日本军队在战线推进过程中设置于战地的临时战俘营,规模比较大的是1944年洛阳战役后设置的西工战俘营。日军在中国设置的盟军战俘营主要有奉天(沈阳)、上海、香港、台湾等地的战俘集中营。按照管理方划分,日本侵华期间的战俘营又分为军令战俘营和军政战俘营。军令战俘营是日军一线参战部队管理的战俘营,而军政战俘营是由后方的日军卫戍部队管理的战俘营。

目前中国学界对于日军侵华战俘营问题的研究还有待深入。学者对该问题的研究主要是侧重于田野调查、口述资料的收集与整理阶段,对盟军战俘营问题的关注则是集中于对奉天盟军战俘营,缺乏对上海盟军战俘营的相关研究。当前国内学界还未出现基于文献整理与田野调查相结合、宏观理论与微观史实互相支撑的论述日本侵华战俘营问题的相关著作。我辈学者应该发奋努力,搞清这一问题,从而使得后人能够更加全面、清晰地认识那段沉痛的历史。

在人类的文明史上,国家之间的战争不计其数,战争留给人们的往往是惨痛的回忆。交战国实现全面的和解非常困难,和解是心理方面的真正原谅,集团心理的改变又需要个体心理的塑造达到一定的深度,由个体认同到群体接受更是困难重重。战争中往往有施暴者和受难者的角色之分,要想实现和解,施暴者必须充分地理解受难者的心灵创伤,并且在行动上要有痛改前非的表达仪式,最重要的是对自己的行为作出深刻的反省。只有这一前提得到满足,战争的受难者才有可能"忘记"过去的惨痛记忆,基于未来的考虑原谅过去的暴行。中日之间正常国家关系的建立也不会超越这一模式。现在的问题是:日本右翼势力不断地挑战中国人民的心理承受能力,在历史认知问题上频频发难。这是造成中国民众对日本不信任的根本原因。

日本作为那场战争的施暴者不断地否定曾经犯下的战争暴行,日本右翼势力采取不承认态度,那么我们就应该拿出十足的证据来揭露他们的谎言。由于历史原因,中国方面未能在最合适的时间里清算日军对中国人民犯下的暴行,也未能将自己曾经遭受的苦难准确地告知世界,亡羊补牢,犹未晚矣,本书试图还原那段历史场景中的某个影像——日军侵华过程中设置的战俘集中营。

一、日军侵华战俘集中营问题的研究现状

抗日战争问题研究是中国近现代史研究中的一个重要领域。中国学界对抗日战争的研究经历了由单纯政治问题到政治、经济、社会等问题综合研究的转换,这也是同近年来历史研究的趋势基本一致。日军侵华集中营问题是抗战问题的一个方面,所以有必要简单分析一下学界对抗战问题的研究,从而由大及小、形象地说明该问题在整个学术研究中所处的位置。

中国学界对抗日战争的研究集中分为宏观层面和微观层面。宏观层面是从抗日战争的总体着眼探讨战争本身、中日战争与世界格局等系列问题,具体内容包括:一、日本发动侵华战争的背景及过程,代表作有熊沛彪的《对日本侵华战争全面发动的再认识》(《世界历史》1993年第2期),陈树涵的《近代日本侵略中国的深层原因》(《史学月刊》2003年第8期)。二、中国战场在世界反法西战争中的重要地位研究,代表作有胡德坤、韩永利的《中国与世界反法西斯战争》(《世界历史》2005年第3期)。三、抗战对中国的影响,代表作有袁成毅的《现代化视野中的抗日战争》(《史林》2005年第1期),荣维木的《怎样以现代化

的视角解读抗日战争》(《史学月刊》2005 年第 9 期)等。

微观层面的研究内容则聚焦到这场战争的内部及其不同侧面,主要包括:一、正面战场抗战研究,代表作有韩信夫的《台儿庄战役及其在抗战中的历史地位》(《近代史研究》1994 年第 2 期),王晓华的《昆仑关战役评述》(《史学月刊》1994 年第 2 期),苏智良、江文君的《上海与抗日战争》(《上海师范大学学报》2005 年第 4 期)。二、抗战工业内迁,代表作有黄立人的《抗日战争时期工厂内迁的考察》(《历史研究》1994 年第 4 期)。三、太平洋战争,代表作有汪熙的《太平洋战争与中国》(《复旦学报》1992 年第 4 期)。四、皖南事变,代表作有杨奎松的《皖南事变的发生、善后及结果》(《近代史研究》2003 年第 3 期),汤胜利的《关于皖南事变研究中的两个问题》(抗日战争研究》2005 年第 3 期)。五、日本的经济掠夺,代表作有单冠初的《日本侵华的"以战养战"政策》(《历史研究》1991 年第 4 期),吕明灼的《抗日战争时期日本侵华的经济战》(《齐鲁学刊》1991 年第 5 期),伦祥文的《抗日战争期间日本侵占海南岛及其经济掠夺》(《历史教学》1992 年第 2 期)。六、沦陷区研究,代表作有邵雍的《大民会的来龙去脉》(《档案与史学》2003 年第 6 期)。七、中共抗战研究,代表作有金冲及的《抗战前夜中共中央战略决策的形成》(《历史研究》2005 年第 4 期)等。

随着对抗战问题研究的深入,日军在中国的暴行成为抗战问题研究中的一个凸显的领域,并且随着学者们不断深入的田野调查与口述资料收集,抗战结束初期政府未能承担的清算日军暴行的责任逐渐被学者们所承担。况且,日本对中国侵略的危害并未随着战争的结束而结束,抗战的胜利未能完全消除日军给中国人民带来的苦难,受到日军迫害的中国人仍然生活在战争带来的痛苦之中。日军在东北遗留的化学武器威胁着中国人的健康,战争期间被迫做日军"慰安妇"的中国女性仍然遭受着身体与心灵的双重煎熬,被强迫在中国或日本服劳役的中国人身上的伤疤经过岁月的冲释或许已经凝结,但是他们心灵的创伤却通过纵横的老泪来宣泄。20 世纪 90 年代初,一批中国学者开始通过田野调查的方法来揭露战后被掩盖的诸多问题,田野调查弥补了档案文献的缺乏,为中日战争研究提供了新材料、新视野。"慰安妇"问题、遗留化学武器问题、细菌战问题、强制劳工、对日索赔问题等新问题被冠以统一的名字——战后遗留问题。

当时,许多学者呼吁加强对战后遗留问题的研究。何天义认为"日本侵华战争遗留问题,虽已经过了50余年,但至今既没有得到充分的研究,也没有得到妥善的解决,甚至可以说,还没有引起广泛的重视。"他认为战争遗留问题有"领土争端问题、屠杀惨案受害问题、战俘劳工问题、妇女受害问题、细菌武器受害问题、化学武器受害问题、私人财产损失问题、被劫文物图书归还问题、日本残留公债问题"等九个方面。①苏智良教授认为:"所谓的日本侵华战争遗留问题,就是战争还没有解决的问题。它主要有两类,这就是侵略战争责任的认识问题和因日本侵华而引起的战争赔偿问题。前者是因发动侵略战争而产生的法律责任。后者主要包括强制劳动、'慰安妇'、细菌战、毒气战、化学战受害者、'三光'政策、因日军无差别轰炸等而导致的中国人的生命损失和财产损失。"②随着调查的深入,专业刊物也开始逐渐关注战后遗留问题的研究。《抗日战争研究》在1997年第3期开辟了"战争遗留问题研究"专栏促进了该研究领域的不断深入。

战后遗留问题同日军暴行问题紧密相关,两者是一个问题的不同呈现。战后遗留问题几乎都涉及到日军的暴行问题,然而,前者关注的焦点在于强调日军侵华的暴行还未结束。1990年代以来中国学者通过田野调查、口述走访的研究方式成为抗战研究的一个显著特色。这批学者以研究"慰安妇"问题的苏智良教授、研究遗留化学武器的步平研究员、研究战俘劳工问题的何天义研究员、研究细菌战的王选女士为代表。他们调查研究的价值体现在两个方面:一是提出具体的研究问题,并且通过田野调查初步给出了对该问题的解释与回答;二是为更深层次的研究提供了大量的一手资料。目前,大家对这批学者贡献的认识主要集中在第一方面,然而,第二方面的工作意义更为深远。开始于20世纪90年代初的口述调查是在最为紧要关头进行的最后工作。当时战争已经结束近50年,为数不多的亲历者已经进入风烛之年,如果没有这批学者的田野调查,甚至这些调查推迟十年,那么很多问题就很

① 何天义:《日本侵华战争遗留问题概述》,《抗日战争研究》1997年第4期。
② 苏智良等:《关于日本侵华战争的遗留问题》,《历史教学问题》2004年第3期。

难得到呈现与解读。

对南京大屠杀的研究推动了日军暴行和战后遗留问题的研究。1991年《抗日战争研究》第2期推出了关于南京大屠杀的一组专题文章。包括高兴祖的《关于南京大屠杀的研究及其现实意义》，笠原十九司的《论日军南京大屠杀中的残暴行为》，孙宅巍的《30万南京同胞被屠杀的史实岂容否定》等。2005年纪念抗日战争胜利60周年的时候，《抗日战争研究》第4期又刊出了关于南京大屠杀的系列文章，包括王卫星的《有关南京大屠杀的日军官兵日记》，张连红的《南京大屠杀幸存者的日记与回忆》，朱成山的《亲历南京大屠杀的外籍人士人数考》，孙宅巍的《南京大屠杀遇难者尸体掩埋史料评介》，杨夏鸣的《美国国家档案馆资料记录的南京大屠杀》。关于南京大屠杀的研究论著也层出不穷，集大成者当属南京大学张宪文教授领衔的研究团队。张宪文主编的《南京大屠杀史料集》共72卷，外加特辑6卷，约4000万字，该史料集已经成为有关南京大屠杀的基本资料。

除了南京大屠杀，中国学者开始关注细菌战、化学武器、"慰安妇"问题等方面。细菌战研究的代表性成果有郭成周的《侵华日军的细菌战》(《军事史林》1992年第6期)。日军化学武器研究的代表作有李力的《关于日军大举进攻武汉期间实行的毒气战》(《社会科学战线》1992年第2期)，步平的《日本在中国的化学战及战后遗弃化学武器问题》(《民国档案》2003年第4期)。有关慰安妇问题的代表作是苏智良、陈丽菲的《侵华日军慰安妇制度略论》(《历史研究》1998年第4期)等。

虽然同属于日军的暴行，但是学界对中国被俘士兵的关注不足。正如学者所言："在中国社会上，为领袖英雄歌功颂德的多，为草民百姓呼吁呐喊的少。对二战受害最悲惨的两个阶层，即战俘劳工和慰安妇关注的更少。"[①]战争是残酷的，历史呈现的多是战争中的各种勇敢行动，却极少关注在鲜花与荣誉身后的无奈故事和心酸眼泪。有战争就有战俘，战俘是受战争影响最为直接的群体。当战斗开始之后，士兵们在前线同敌人拼杀。由于实力不足、指挥不当，或者是负伤、昏迷，总有一些士兵不幸被对方军队俘虏。对待战俘的行为与态度是衡量一个国家

---

① 何天义编著：《日军侵华战俘营总论》，北京：社会科学文献出版社2013年版，第5页。

文明与人权保障程度的重要标志。近代国际关系体系确立之后,国际社会给予战俘基本的人道待遇。1899 年《陆战法规与惯例公约》,1907 年《陆战法规和惯例公约》《关于海战行使俘获权限制条约》,1929 年《关于战俘待遇的日内瓦公约》都对战俘应当享有的基本人权做出了规定。

然而,在日本侵华战争中,受军国主义影响的日军并未将中国被俘士兵看做是享有生命权利的个体,并未给与中国战俘基本的人道待遇。被俘的中国士兵只是工具,这种工具可以任其使用,并且不被善待。"在日本政府看来,战争俘虏所受的待遇,只会嫌其太好,不会太差。"①在战场上,日军可以肆意将已经放下武器的中国士兵杀害。在战俘营里,日本士兵可以将中国战俘作为训练拼刺刀的工具、训练军犬的工具、消遣娱乐的工具,女战俘还是日本士兵满足兽欲的工具。在华北、东北、日本国内的工矿企业、建设工地等劳役场所,中国战俘又遭受日方管理人员的虐待。被俘的中国士兵经历了战场、战俘营和劳役场所一系列的虐待苦难之后,能够生存下来的比例已经不高。经历重重苦难而顽强生存下来的中国战俘遭受日本侵略者的折磨,他们所受的苦难应该被我们关注,而不是被掩盖在送给英雄的鲜花与掌声之下。

目前我国学界对抗日战争中国被俘士兵的研究是同劳工问题、特殊工人问题、掳日劳工问题联系在一起的。本书的目的是通过档案整理与文献阅读还原中国战俘的战争历程,并重点研究战俘在集中营关押时期的经历。日本发动侵华战争,日本军队迅速占领了中国的大片领土,大量中国士兵被俘。被俘的中国士兵一部分被日军虐杀于战场,一部分被转移到前线作战部队设置的临时战俘营,即"军令战俘营"中。关押在"军令战俘营"中的中国士兵要经历日军的初步审讯,并且会从事战争物资运送、修筑战争工事、抬运日方伤员等强制工作。待战局稳定,这些战俘除了一部分留作战地需要外,大多数将会被送到日军在太原、北平、石门、济南等地设置的集中营中,这些地方的战俘营属于"军政战俘营",是由后方的日军卫戍部队进行管理。

日军侵华的最终目的是征服中国,将中国变成其殖民地。各地的战俘营承担着将中国战俘转变为服从日本殖民统治之"良民"的政治任

---

① 〔日〕神吉晴夫等编著:《日本屠杀秘史》,台南:西北出版社 1978 年版,第 156 页。

务。中国战俘们要学习"新民主义"、领悟"中日合作、日满华一家"、歌唱《兴亚建设队队歌》。对于试图逃跑、"冥顽不化"的中国战俘,战俘营的管理者以监狱、电网、棍棒、狼狗、酷刑等对待之。

日军在中国设置的战俘营承担着最大限度利用战俘身体劳动力资源的任务。出于经济原因的考虑,日军最大程度地利用中国战俘可以提供的一切资源。在战俘营里进行"训练"的主要任务就是"培养"为日本侵华出力的"劳动力"。由于战俘两手空空,他们所能提供的只有身体和力气。日方特别看重中国战俘的生产力资源,日军允许中国战俘存活的价值就在于能够提供劳动力资源。从掠夺中国劳动力的角度出发对待战俘,因此华北各地的战俘集中营多以"劳工训练所""劳工教习所"名义存在。大本营、关东军、伪满政府、各地方部队达成了一系列协议,将华北的战俘送往东北从事生产活动,到东北的中国战俘成了"特殊工人",后来又被称之为"辅导工人"。中国战俘在东北、华北的工矿企业和建筑工地从事繁重的劳动。由于日本国内劳动力资源的短缺,日方还从华北各地的战俘营中掳掠四万余名中国受害者到日本从事各种危险的生产建筑活动。

太平洋战争爆发之后,日本在最初的攻势中屡屡得手,占领了东南亚广大土地,盟军节节败退,驻东南亚的盟军部队被日军俘虏者甚多。不同于不承认中国战俘的政治身份,日本陆军设置了俘虏情报局专门管理盟军战俘事务。出于多方面的考虑,尤其是展现日本打败英美等国的丰功伟绩、消除中国人对英美等国的敬佩心理,日军在中国的台湾、香港、上海、奉天(沈阳)等地设立盟军战俘营,而且还在海南岛设置了盟军战俘的劳作场。在中国境内的盟军战俘营与中国战俘营虽然都是关押战俘,但是有很大不同。最大的不同是日本承认被俘获的盟军士兵是战俘,并给予其基本的人道待遇。同英美等国被俘士兵相比,日军根本不承认中国被俘士兵的战俘身份。

由上所述,战俘集中营问题由战俘问题、集中营等不同内容构成,又与劳工问题错综复杂地纠结在一起,所以笔者沿着战俘问题与集中营两条线索进行学术史整理与回顾,涉及到战俘劳工问题、特殊工人问题、掳日劳工问题、日本在华设置的集中营问题等相关研究领域,从而梳理线索,了解研究的现状与趋势。

（一）学术界关于战俘劳工问题的研究

日本侵华的最终目的在于变中国为其殖民地。与中国相比，日本国面积狭小，人力资源不足，尤其是太平洋战争开始之后，日本的人力资源向军事领域聚集，从而使得从事经济活动的人口锐减。战争需要综合国力的支撑，日本竭尽全力掠夺中国东北、华北等占领地区的经济资源，劳动力掳掠是其中的重要一环。本国劳动力的短缺迫使日本将视线转移到人力资源丰富的中国。战争期间，日本抢掠中国东北、华北等地的劳动力资源，日军的强制劳动给中国民众造成了沉重苦难。①

1. 关于劳工问题的研究

笔者认为，二战期间日本在华设立的战俘集中营同纳粹德国集中营最大的区别在于：纳粹德国集中营的主要任务是配合纳粹实施对犹太民族的种族灭绝政策，而日本在华战俘营的主要任务是满足日本军队占领中国的经济需要。前者主要是政治性的，后者主要侧重于经济。日本侵华战俘营的设置、管理与日本内阁、大本营、现地军实施的经济政策密切相关。

九·一八事变后日本侵略者采用行政手段限制华北工人进入东北地区。1933 年 2 月 17 日，"伪满民政部"颁布了《满洲国外人入国取缔规则》，1935 年的《满洲劳动统制方策》提出了关于限制关内工人进入东北的必要性，日方认为限制关内工人进入东北有利于：1. 维持满洲国的治安；2. 抑制汉族势力在东北的增大；3. 为将来日本人的发展保留余地；4. 促进满洲工人生活的安定和提高；5. 防止因关内打工者汇款而造成的资金外流。② 由于东北的劳动力资源基数较小，加之日本在东北的各项开发和建设项目需要大量的劳动力资源，等到强化对中国东

---

① 根据纽伦堡审判判决书的相关内容，"强制劳动"在推行过程中包含 6 个环节和特点：1. 占领当局首先对被占领区劳力实行调查、登记与统治（即控制不准自由流动），并就地实行强迫为占领当局的战争经济企业与军事工程服劳役制；2. 以暴力强制征募（包括前期欺骗性招募）输出被占领区劳工，使其赴占领国或附属地的战争经济企业和军事工程服劳役；3. 以武力强制押运被占领区劳工到就劳地点；4. 在就劳地实行武力监管下的强制劳动；5. 上述劳工在劳动中备受虐待、摧残与盘剥，与奴隶无异，故又称"奴隶劳工"；6. 大规模强迫战俘充当"奴隶劳工"。见居之芬：《二次大战期间日本使用中国强制劳工人数初考》，《抗日战争研究》2000 年第 1 期。

② 满铁经济调查会：《满洲劳动统治方策》（立案调查书类第 30 编第 1 卷），机密，1935 年 11 月，第 1、2 页。

北的控治后,日本和"伪满"逐渐放开了对华北劳工进入东北的限制,转向鼓励华北劳工进入东北。1936 年 10 月关东军提出的《"满洲"产业开发五年计划》、1938 年的《劳动统治要纲》、1939 年的《"日满华"经济建设要纲》等文件均鼓励华北劳工进入东北,并且通过"满洲劳工协会"诱骗华北劳工到东北地区。

然而,随着侵华战争的全面开展,日本对劳动力的需求更加迫切,到 1941 年初,"满洲劳工协会"诱骗华北劳工的政策效果已经不能满足日方对劳动力的实际需要,1941 年 4 月 5 日,关东军同华北方面军达成了《紧急动员工人入满协议》,中国战俘开始大量被送入东北的工矿企业和边防要塞建设工地。6 月,华北"新民会"与日本驻华北军司令部策划了向东北遣送"特殊工人"的计划,提出将"特殊工人"动员到国防产业线上。日伪所指的特殊工人包括:(1)因犯罪嫌疑现正拘押于当地部队、宪兵队、县公署及警察分处者;(2)通过清乡工作抓获的通匪嫌疑者;(3)讨伐作战中的俘虏;(4)有害于社会工作实施者。① 除此之外,1943 年 3 月的《华工内地移入要领》、1944 年的《关于促进华人劳工移入国内事项》使得大量的中国战俘被掳掠到日本,在日本从事繁重的劳役。

中国战俘深受日本侵华经济政策的影响。中国学界对 1931 年以来的日本侵华经济政策的研究已经非常充分。汪少鹏借鉴日本学者儿岛俊郎的观点将日本在伪满洲国的劳动统治政策分成三个阶段:第一阶段是劳动政策形成时期(1932—1936),第二阶段是劳动政策展开期(1937—1941 年 8 月),第三阶段是战时劳动力动员全面强化即劳务新体制时期(1941 年 9 月—1945 年 8 月)。② 郭素美将伪满时期的劳动统治政策分成三个时期:限制关内劳动者进入伪满的时期;调整劳动机构、制定劳动政策、强化劳动统治时期;国民皆劳的劳务新体制时期。③ 张凤鸣、王敬荣以七七事变和苏德战争为坐标点,认为七七事变前日本侵略者对进入中国东北的劳工实施限制政策,七七事变后开始

---

① 谢学诗主编:《满铁史资料》,第四卷"煤铁篇"第二分册,第 510 页。
② 汪少鹏:《浅述日本在伪满洲国时期的劳动统治政策》,《黑龙江教育学院学报》2011 年第 4 期。
③ 郭素美:《伪满的劳动统制政策》,《学习与探索》1994 年第 2 期。

积极招募华北劳工,加强对劳工统制,苏德战争后实行全民皆劳工的劳动政策。① 居之芬通过发掘档案文献,认为从 1935 年 1 月到 1945 年 8 月的 10 年间,日本在华北的劳务统治制度经历了三个阶段的发展演变:第一阶段是从 1935 年 1 月到 1941 年底,大东公司和"满洲劳工协会"在华北实施有组织的欺骗招募;第二阶段是从 1942 年 1 月到 1944 年 7 月,华北劳工协会对劳工进行统制、摊派与强征;第三阶段是从 1944 年 8 月到 1945 年 8 月,是以"华北政务委员会"为主的行政系统实施"强力行政供出制"时期。②

1937 年开始实施的"满洲开发第一个五年计划"中强调了对工矿企业的开发,然而东北的劳动力已经不能满足需求,所以日本和伪满政府由限制劳工进入东北转变到吸收华北劳工到东北劳动,1938 年 1 月"满洲劳工协会"的成立、1939 年制定的"北边振兴计划"、1941 年 7 月华北劳工协会的成立都促进了华北劳工向东北的转移。

关于日本掠夺华北劳工问题的研究,中国社科院近代史所的居之芬研究员做了系统的研究。③ 居之芬认为自 1935 年 1 月至 1945 年 8 月,日本从华北强掳、输出强制劳工人数,有据可查者为 748.8 万余人。④ 在之后的一篇文章中,居之芬又考察了 1936 年到 1945 年进入东北的华北劳工和被掠往日本本土的华北劳工数目,在"未计算日本在华北境内各矿山劳工数目"的前提下,认为日本从华北贩卖、强征出境

---

① 张凤鸣、王敬荣:《伪满劳动统治政策剖析》,《学习与探索》2003 年第 5 期。
② 居之芬:《关于日本在华北的劳务统治若干问题研究》,《民国档案》1999 年第 4 期。
③ 居之芬研究员关于华北劳工问题的论文包括《对日本强掳输出华北强制劳工人数考证问题的一点看法》(《抗日战争研究》1999 年第 2 期)、《二次大战期间日本使用中国强制劳工人数初考》(《抗日战争研究》2001 年第 1 期)、《关于日本在华北的劳务统制若干问题研究》(《民国档案》1999 年第 4 期)、《关于日本在华北劳务掠夺体系与强制劳工人数若干问题研究》(《抗日战争研究》2002 年第 3 期)、《华北沦陷区的经济地位及日本统制掠夺之特点》(《晋阳学刊》1998 年第 1 期)、《抗日战争中华北劳工的伤亡人数》(《津图学刊》1995 年第 3 期)、《抗战时期日本对华北沦陷区劳工的劫掠和摧残》(《中共党史研究》1994 年第 4 期)、《论日本与纳粹德国在"强制劳动"罪行上的异同点(1933.9—1945.8)》(《民国档案》,2008 年第 2 期)、《论太平洋战争爆发后日本强掳虐待华北强制劳工罪行》(《民国档案》2003 年第 2 期)、《日本"北支那开发株式会社"的经济活动及其掠夺》(《近代史研究》1993 年第 3 期)。
④ 居之芬:《对日本强掳输出华北强制劳工人数考证问题的一点看法》,《抗日战争研究》1999 年第 2 期。

的劳工数目是 704.7 万余人,随行家属 223.7 万余人,两项相加为 928.4 万余人。① 此外居之芬研究员还主编了两部日本掠夺华北劳工的档案文献集:《日本对华北经济的掠夺和统制》②和《日本掠夺华北强制劳工档案史料集》③,这两部文献系统地梳理了日军在侵华过程中实施的劳务政策。此外,她还考证了日军对华南地区劳工的掠夺,《论日军强掳虐待华南强制劳工的罪行》主要展现了战时日军在以海南岛为中心的华南各主要战略资源产地和军事工程中,强掳奴役华南劳工的主要渠道、手段、执行体系等问题。④

2. 关于战俘劳工问题的研究

何天义研究员对日本侵华战俘劳工问题的研究贡献卓著,是该问题领域的研究权威。他最早对战俘劳工问题进行系统研究,并进行了大量的文献搜集、口述资料整理等工作,为进一步研究该问题提供了宝贵的资料。他在 1985 年首先接触到石门(石家庄)南兵营被俘党员的斗争问题,以此为出发点,他逐渐研究了石门南兵营、济南新华院、太原工程队、北平(北京)西苑集中营、塘沽集中营、青岛集中营、洛阳西工战俘营等华北各地的战俘集中营。1995 年出版了《日军枪刺下的中国劳工》(四卷本)。⑤ 该套丛书收录了大量的回忆录资料,就石家庄集中营问题、华北劳工协会、在伪满洲国的华北劳工、到日本的中国劳工进行了资料收集和整理。正如张葆文在序言中所说的那样,这套书"填补了中国抗战史和世界反法西斯战争史研究中的一项空白……揭露了日本帝国主义虐待中国战俘、摧残中国劳工的罪行……为中日两国解决战后遗留的劳工问题提供了资料和依据"⑥。在《日军枪刺下的中国劳工》之后,2005 年出版了《二战掳日中国劳工口述史》(五卷本)。⑦ 此套

① 居之芬:《日本强掳华北劳工人数考》《抗日战争研究》1993 年第 4 期。
② 居之芬主编:《日本对华北经济的掠夺和统制》,北京:北京出版社 1995 年版。
③ 居之芬、庄建平主编:《日本掠夺华北强制劳工档案史料集》,北京:社会科学文献出版社 2003 年版。
④ 居之芬:《论日军强掳虐待华南强制劳工的罪行》,《民国档案》2010 年第 4 期。
⑤ 四卷本包括《华北劳工协会罪恶史》《石家庄集中营》《伪满劳工血泪史》《中国劳工在日本》,北京:新华出版社 1995 年版。
⑥ 张葆文:《日军枪刺下的中国劳工·序言》,北京:新华出版社 1995 年版。
⑦ 五卷本分别为:《雪没北海道》《血洒九州岛》《矿山血泪史》《冤魂遍东瀛》《港湾当牛马》,济南:齐鲁书社 2005 年版。

丛书是何天义在纽约"纪念南京大屠杀受难同胞联谊会""中国近代口述史学会编辑委员会"的资助下完成的。何天义对被强掳的 41758 名中国受害者中的部分幸存者进行口述资料整理。通过对幸存者的田野调查，留下了宝贵的第一手资料。

何天义是研究战俘劳工问题的权威学者。[1] 他对战俘劳工问题的研究主要集中在对史料的收集、整理方面，通过 20 多年孜孜不倦的调查研究，他为该问题的研究提供了至关重要的受害者田野调查材料。在口述资料的收集整理过程中，何天义及其带领的团队制定了基本的采访模式，内容包括受害者的身份资料（年龄、籍贯、被捕前工作等）、被捕情况（被捕时间、地点、有无见证者、敌人军队番号等）、关押情况（关押地点、转移情况、集中营内生活）、劳役情况（劳役的时间、地点、管理等）。在 2013 年出版的《日军侵华战俘营总论》开始涉及到日军在中国设置的盟军战俘营问题，但是着墨不多。如何利用何天义已经开展的工作，从而更加深入地研究战俘问题成为后辈学者的责任。

3. 掳日战俘劳工问题

如果说何天义的研究视角集中于战俘劳工研究的整体性，那么很多学者将关注点聚焦于战俘问题的某一点上，或者研究被强掳到日本的战俘劳工，或者关注被输送到东北工矿企业、军事要塞建设工地的战俘劳工。河北大学刘宝辰教授重点研究被掳掠到日本强制劳动的中国战俘劳工。在《花冈暴动——中国"劳工"在日本的抗日壮举》一书中，刘宝辰"利用业余时间，访问和调查了上百名花冈惨案幸存者及死难者遗属，收阅了 200 多件回忆材料和控诉书"，揭露了 1945 年 6 月 30 日中国掳日战俘、劳工们在花冈的壮举。[2] 十年之后，刘宝辰、林凤升出版了《日本掳役中国战俘劳工调查研究》，该书在花冈研究的基础上，开

---

[1] 何天义有关战俘劳工的著作还有：《强制劳动——侵略的见证、死亡的话题》，北京：中华书局 2005 年版；《日军侵华集中营中国受害者口述》，郑州：大象出版社 2008 年版；《亚洲的奥斯维辛：日军侵华集中营揭秘》等。笔者在确定选题前，导师苏智良教授就指出，如果研究该问题首先要求教于何天义研究员。笔者在济南参加山东画报出版社举办的《日军侵华图册》会议上与何天义老师相识，会议间隙笔者向何老师提出了许多问题，得到其耐心指导。之后，作者又数次到石家庄拜访何天义老师，得到了何老师的许多帮助。

[2] 刘宝辰编著：《花冈暴动——中国"劳工"在日本的抗日壮举》，北京：人民出版社 1993 年版。

始将视野放宽至被掳役到日本各地的中国劳工。[①]"作者用十多年功夫，亲自寻找、采访受害当事人，利用他们的口述给世人提供了一部可靠的信使，不仅抢救了珍贵的第一手史料，而且填补了被掳日华工问题的空缺，故有相当高的史料及学术价值。"[②]

王留柱也关注掳日劳工的口述调查，其著作《二战被掳劳工百人访谈录》，该书记录了119名被掳日劳工的悲惨遭遇，是"日本帝国主义侵略中国的又一铁证"[③]。该书主要记录了河南省掳日劳工幸存者的口述资料，另外还有山东、河北两省的少量幸存者的口述资料。

关于中国掳日劳工调查研究还有刘宝辰的《新发现的有关日本虐待被强掳华工情况的资料》(《抗日战争研究》1994年第3期)、《"花冈事件"诉讼案和解始末》(《文史精华》2002年第9期)、《抗日战争时期日本强掳华工的几个问题》(《河北大学学报》[哲学社会科学版]，2000年第1期)、《日本强掳华工的政策、手段和结果》(《历史教学》2000年第1期)，陈景彦的《二战期间在日中国劳工问题研究》(吉林人民出版社1999年版)，居之芬的《论战后赴日华工归国及遗留问题》(《抗日战争研究》2004年第4期)，樱井秀一的《被强掳到大阪筑港的中国劳工》(《抗日战争研究》1998年第1期)等。在这些研究中，中国战俘是被笼统归属到"掳日劳工"的范畴中去研究，研究内容涉及到华工赴日政策、日本作业场地等，将战俘和被抓平民视为一个群体，而未深入分析战俘群体在这一过程中的经历。

4. 特殊工人问题

1941年4月5日，关东军与华北方面军在"满洲北支劳务对策会议"上达成了《关于入满劳动者的协议》，提出了将讨伐作战逮捕的战俘同中国东北的劳动力需求问题联系起来。1941年6月华北方面军同"华北新民会"中央总会签署了《向东北遣送特殊工人的协议》，7月"华北劳工协会"成立后，该事项由"华北劳工协会"负责。此后大批华北战

---

① 刘宝辰、林凤升：《日本掳役中国战俘劳工调查研究》，石家庄：河北大学出版社2003年版。

② 苑焕乔：《中国战俘劳工问题研究的新成果——读〈日本掳役中国战俘劳工调查研究〉》，《抗日战争研究》2003年第1期。

③ 王留柱：《二战被掳劳工百人访谈录》，郑州：河南人民出版社2011年版。

俘被运到中国东北。到中国东北的战俘被称为特殊工人,后来又有"辅导工人"和"保护工人"的区别。傅波认为日伪使用特殊工人的目的:一方面是用这些战俘补充劳动力严重缺乏的问题,既减少成本,又可驱使其在极端恶劣的条件下长时间劳动,直至榨干其血汗;另一方面是通过对战俘进行迫害,实施虐杀政策,逐步消灭这些抗日有生力量。① 解学诗认为特殊工人是丧失一切自由、随时都可遭到杀戮的真正战争奴隶,伪满后期四年间,关东军与重要厂矿奴役华北特殊工人达 20 万人。② 谢晓梅考察了日方对特殊工种的管理制度,认为日寇对特殊工人实施三压政策:政治上剥夺言论自由,不许特殊工人之间互相说话;生活上对特殊工人进行严酷的迫害和折磨;精神和体力上对特殊工人极尽摧残和蹂躏。此外,该研究还显示特殊工人在东北与敌人进行了广泛斗争。③

(二) 学术界关于集中营问题的研究

日本侵华战争期间在中国设置的集中营主要有三种类型:战俘集中营、劳工集中营和外侨集中营。战俘集中营和劳工集中营关系密切,华北济南、石家庄、塘沽、青岛、太原、北京等地的集中营是战俘集中营和劳工集中营的混合体。日本在中国设置的战俘集中营包括关押中国战俘的集中营和关押盟军战俘的集中营。侵华期间日军在中国的台湾、香港、奉天、上海等地设置了盟军战俘营。盟军战俘营关押的主要是太平洋战争后俘虏的盟军战俘,美国、英国、澳大利亚、加拿大等国的盟军战俘都曾关押在这,并且盟军的许多高级将领,例如美军中将温莱特将军就长时期关押在奉天战俘营。

太平洋战争之后,在华的外国人都成了日本的敌对国公民,此时上海租界的政治庇护功能也完全消逝。自 1943 年 1 月到 1945 年 8 月,日本军队在上海设立的盟国侨民集中营关押外国侨民六千余人,涉及十余国,历时两年七个月。外侨集中营关押的虽然不是军人,但是其同

① 傅波:《论东北战俘劳工问题》,《长白学刊》1997 年第 2 期。
② 解学诗:《关于特殊工人的若干问题》,《抗日战争研究》2002 年第 2 期。
③ 谢晓梅:《日伪时期本溪湖特殊工人的斗争》,《兰台世界》2004 年第 3 期。

战俘集中营在设置、管理方面有着莫大联系。

1. 外侨集中营研究

通过笔者的观察，纳入研究者视野的外侨集中营主要包括上海外侨集中营和潍坊乐道院，由于关押人数偏少等原因，四平神职人员集中营、扬州外侨集中营还待深入研究。

在集中营居住的外国人首先通过回忆录等形式涉及到了这一问题。杰克曼主编的《奇笼：上海杂志，1941—1945》[①]，巴贝蒂的《上海男孩，上海女孩》[②]，金永妮的《龙华集中营回忆录》等都涉及到侨民集中营问题。上海是关押盟国侨民最多的地方，上海社科院熊月之研究员带领的团队通过资料整理，考察出上海的侨民集中营主要分布在浦东、龙华、沪西、闸北、徐家汇等地。[③] 巴蒂·贝尔（Bteey Barr）在回忆文章中记忆最为深刻的一个环节是："日本兵来查房时，每人都必须站在自己房间门口大声报出自己的号码，如果有谁在点名时不在位子上，其他同楼的难友都会受到株连。"[④]陈克涛考察了位于今天上海中学（上中路 400 号）的龙华集中营（Lunghwa Civil Assembly Center），在其文章中描述了龙华集中营内的生活场景。[⑤]

山东潍县（今潍坊市）的乐道院集中营最多时曾关押 2008 名盟国侨民，当时长江以北的盟国侨民大多关押在潍县乐道院集中营。司徒雷登、恒安石等人都曾被关押在乐道院集中营。王海潮的《山东潍县日军集中营揭秘》（《春秋》2006 年第 4 期）、王增勤的《潍县集中营揭秘》（《人民公安》2008 年第 20 期）、李凤勇的《揭秘二战时期亚洲最大的集中营》（《档案春秋》2007 年第 7 期）都对潍县乐道院做了大量介绍。刘金龙的《惨死在潍县集中营的奥运会冠军》主要介绍了在集中营受难的

---

① Peggy Abkhazi, *A Curious Cage*, *a Shanghai Journal*, *1941－1945*. Edited and with an Introduction by S. W. Jackman. Sono Nis Press, Victoria, British Columbia, Canada. 1981.

② Betty Barr, *Shanghai Boy Shanghai Girl By George Wang and Betty Barr Pub*, Old China Hand Press, Hong Kong, 2002.

③ 熊月之：《上海盟国侨民集中营述论》，《上海纪念抗日战争胜利 60 周年研讨会论文集》，上海：上海人民出版社 2005 年版。

④ ［英］巴蒂·贝尔：《我在上海集中营的日子》，程乃珊翻译，《三月风》2011 年第 2 期。

⑤ 陈克涛：《上海龙华侨民集中营》，《世纪》2005 年第 5 期。

英国奥运会跳远冠军埃里克·利迪尔的故事。① 然而，这些文章多是一些故事性的介绍，缺乏对乐道院的学理分析。谭玉萍的硕士论文《"潍县侨民集中营"中的外国侨民》重点讨论了外侨在集中营里的艰难生活和集中营解体的情形。②

根据吴培军的研究，二战期间伪满当局设有专门关押盟军天主教神职人员的集中营。伪满关押神职人员的集中营分布在哈尔滨、四平、奉天等地，关押着美国、英国、荷兰、比利时等国 100 多名神职人员。③ 关于伪满对盟国侨民、神职人员的政策还待加强研究。

学界对外侨集中营的研究还有待深入，主要表现在两个方面：一是对日本设置的侨民集中营的研究数量有限，现在纳入学界研究范畴的有日军在山东潍县（今山东潍坊）设置的乐道院难民营和上海的外侨集中营，对于其他地方设置的外侨集中营的研究还待发掘。④ 二是研究的深度不够，其研究还集中在对这些集中营的介绍方面，前面述及的集中营的管理体制等问题鲜有涉及。

有关侨民集中营的研究我们要吸收集中营亲历者的回忆史料。有关这方面的代表作有约瑟夫·佩塔克（Joseph A. Petak）的《永远不要计划明天》（Never Plan Tomorrow, *Fullerton：Aquataur* ，1991）。贝蒂（Betty Greben schikoff）的回忆录《我的名字曾叫莎拉》（Once my name was Sara：a memoir, *New York* ，Original Seven Publishing company）是犹太人回忆在虹口集中营生活的场景的作品。欧内斯特·赫普纳（Ernest G. Heppner）的《上海避难所：二战犹太人聚居区的回忆录》（Shanghai refuge：a memoir of the World War Ⅱ Jewish ghetto, London, *University of Nebraska* ，1993）和雷娜·克拉斯诺（Rena Krasno）的《永远的陌生人：战时上海的一个犹太家庭》（Strangers always：a Jewish family in wartime Shanghai ，Berkeley，

---

① 刘金龙：《惨死在潍县集中营的奥运会冠军》，《春秋》1996 年第 1 期。
② 谭玉萍：《"潍县侨民集中营"中的外国侨民》，山东师范大学硕士学位论文，2007 年。
③ 《太平洋战争时期的四平集中营——伪满当局对东北境内同盟国天主教神职人员的政策》，《外国问题研究》2011 年第 4 期。
④ 研究潍坊乐道院的代表为阚景奎等：《潍县乐道院集中营概述》，《民国档案》1998 年第 3 期。对上海外侨集中营研究的代表作是熊月之：《上海盟国侨民集中营述论》，《上海纪念抗日战争胜利 60 周年研讨会论文集》，上海：上海人民出版社 2005 年版。

CA：Pacific View press. 1992）两部作品也是对上海犹太人难民营的纪实著作。沃尔特·弗兰克（Walter C. Frank）的《人物、事件、故事：1920－1947 年的个人历史》（People，events ，stories：a personal history ,1920 - 1947,*Berkeley*，CA：Regent Pr.，1995）、佩吉·卡特（Peggy Abkhazi Carter）《奇笼：上海杂志 1941 - 1945》（A curious cage：a Shanghai journal，1941 - 1945，Victoria，BC：Sono Nis Pr.，1981）、马克·威廉姆斯（Mark Isaac-Williams）的《从中国到中国》（*From dragon to dragon*，Lewes：Book Guild，2004 ）等涉及日军设置在中国的盟国侨民集中营的相关研究。

2. 中国战俘劳工集中营研究

正如前文所述，对中国战俘集中营问题的研究是同战俘劳工问题联系在一起的。何天义的《日军侵华战俘营总论》是其多年研究战俘集中营的扛鼎之作。该书对国内战俘集中营的研究主要集中在华北，包括石门劳工训练所、北平南苑更生队、山西太原工程队、济南清华苑、塘沽、青岛的集中营等等。对于华中、华南地区的战俘集中营研究相当有限。①

华北各地的集中营性质异常复杂，原因在于其关押的并非只是战俘，还有日方从华北各地抓捕的普通民众、不受日方信任的汪伪武装等等，这造成了对战俘集中营问题研究中非常困难的境地。② 针对这一难题，中国学界多以"战俘劳工"来做综合研究。根据笔者的观察，华北各地集中营存在的主要目的是为日本和伪满提供劳动力资源，出于这个目的，日军和伪军在作战过程中逮捕了大量的非战斗人员。日伪军在逮捕中国平民时知道许多人是普通的老百姓，但是他们为了满足劳动力需求，将中国平民冠以作战人员的称谓。根据日本方面对战俘的定义，这些受害者大都属于日本认定的战俘范畴，这些将在下文的叙述中得以阐释。

进入华北各地集中营的并非都是中国战俘，但是都像战俘一样遭受到了日本军国主义的残酷对待。在日本军人、战俘管理者的认知中，

---

① 根据笔者的调研，华中华南的战俘集中营包括武汉、上海、杭州、衢州等地的战俘集中营。岳雯考证出上海的兆丰西路、小木桥路一带设有中国战俘集中营。（岳雯：《寻访侵华日军在沪战俘集中营》，《档案春秋》2005 年第 8 期）

② 张帅对何天义的采访，2013 年 8 月 6 日，石家庄。

这些人就是战俘。

　　3. 盟军战俘集中营研究

　　目前学者们对盟军集中营的研究主要集中在对东北盟军战俘营的研究。杨竞最早从 1992 年起就开始调查沈阳盟军战俘营。当时名叫帕泰克的美国战俘给美国驻沈阳领事馆写信,想了解奉天集中营的现状。时任美国驻沈阳总领事助理的杨竞奉命开始查找奉天战俘营,逐渐地整理出奉天盟军战俘营的线索。[①]　其论文《奉天盟军战俘集中营考略》[②]、专著《丰田涅槃:见证二战日军沈阳英美盟军战俘营》[③]均为研究沈阳盟军战俘营的代表作品。此外,李力的《日军战时的俘虏政策与管理——日军对中外俘虏管理的比较研究》[④],郭洪茂的《二战时期日本的盟军战俘集中营及其监管制度》[⑤],李倩的《"同化防卫体制"与辽源盟军高级战俘营》[⑥],焦润明、王铁军的《日军"奉天俘虏收容所"的信函检查与对美情报收集》[⑦],王铁军的《关于"沈阳英美盟军战俘营"之史实再考订》[⑧]《日军战俘政策历史述论》[⑨]均为研究沈阳盟军战俘营的代表作品。

　　上海也设有盟军战俘营,同奉天盟军战俘营的研究相比,上海盟军战俘营的研究则显薄弱。笔者见到的研究上海盟军战俘营的文章有陈正卿的《美军战俘画笔下的宝山集中营》,陈正卿考证盟军战俘曾在上海修建运河工程。[⑩]　此外,笔者曾经写下《上海盟军战俘营考略》一文[⑪],基本在制度层面还原了上海盟军战俘营的问题,但是对于盟军战

① 赵乃林:《盟军战俘重访东方"奥斯维辛"》,《辽宁日报》2007 年 5 月 23 日第 7 版。

② 杨竞:《奉天盟军战俘集中营考略》,《历史研究》2009 年第 1 期。

③ 杨竞:《丰田涅槃:见证二战日军沈阳英美盟军战俘营》,辽宁:沈阳出版社 2003 年版。

④ 李力:《日军战时的俘虏政策与管理——日军对中外俘虏管理的比较研究》,《社会科学战线》2009 年第 4 期。

⑤ 郭洪茂:《二战时期日本的盟军战俘集中营及其监管制度》,《社会科学战线》2009 年第 4 期。

⑥ 李倩:《"同化防卫体制"与辽源盟军高级战俘营》,《社会科学战线》2009 年第 4 期。

⑦ 焦润明、王铁军:《日军"奉天俘虏收容所"的信函检查与对美情报收集》,《历史研究》2009 年第 5 期。

⑧ 王铁军:《关于"沈阳英美盟军战俘营"之史实再考订》,《辽宁大学学报》2009 年第 3 期。

⑨ 王铁军:《日军战俘政策历史述论》,《社会科学战线》2010 年第 6 期。

⑩ 陈正卿:《美军战俘画笔下的宝山集中营》,《世纪》2005 年第 5 期。

⑪ 张帅、苏智良:《上海盟军战俘营考略》,《历史研究》2016 年第 1 期。

俘在上海的具体生活经历,还需要更详尽的史料来说明和呈现。

关于日军侵华战俘集中营的外文研究,有 Hugh Collar 的 *Captive in Shanghai* (New York, oxford university, 1990)是对其在上海盟国战俘营生活的记录。另外还有詹姆斯·凯原的《俘虏痛史》①。日本方面对侵华战争期间在华设置的战俘集中营问题的专门研究不多,可以看到的有内海爱子的《日本军的俘虏政策》②、三浦运一的《满洲的民食与荣养》③、茶园义男的《大东亚战争下外地俘虏收容所》④等是这一领域的代表作。尤其需要注意的是,日本学者研究全面侵华期间在华设置的战俘营问题有一个重大缺陷:日本学者研究的是日本政府承认的战俘营,日本根本不承认侵华战争,认为只是一场"事变",被俘的中国抗战士兵只是"匪徒"而已,根本没有战俘身份。所以,日本国内的研究主要集中在英美等国的战俘,对中国战俘关注极少。

(三) 研究缺陷与不足

学界对全面侵华战争期间日军设置的战俘集中营问题的研究取得了一些成绩,但是许多问题还待深入。这一领域存在的最为突出的问题是研究多集中于口述史资料征集与田野调查,缺乏基于理论和资料相结合的系统性研究。这一问题的出现有其历史原因,二战结束之时日军大规模地销毁战时资料使得现在可以利用的档案文献极其有限,另外一个原因是该领域的研究学者大部分是从民间调查开始涉及到战俘集中营问题,例如研究战俘集中营问题的河北学者何天义、刘宝辰,河南学者王留柱等。这代学者强于田野调查,其对调查和整理资料的分析不足,但是他们的调查资料为后辈学人进行该领域研究提供了宝贵资源。

从研究内容来讲,目前学界还未将战俘问题作为单独的研究对象,往往综合于"战俘劳工"的笼统概念之中。"战俘劳工"强调的是被日军逮捕后被强迫劳动,这虽然违反了国际人道法对战俘待遇的保障,然而却不足以从制度层次批判日军对待二战期间被捕战俘的残暴。本书力

---

① [英]詹姆斯·凯原:《俘虏痛史》,台北:台北金禾出版社 1996 年版。
② [日]内海爱子:《日本军的俘虏政策》,青木书店 2005 年版。
③ [日]三浦运一:《满洲的民食与荣养》,满铁调查局 1944 年版。
④ [日]茶园义男:《大東亜戦下外地俘虜収容所》,東京:不二出版,1987 年版。

图最大限度地将战俘从"战俘劳工"的统合概念中区分开来,从制度层面还原日军的战俘政策。

另外,学界对战俘劳工的关注主要集中于华北地区。主要原因有二:一是华北地区是日军设置战俘集中营最多的地区,由于日军占领华北时间较长、统治管理较为稳定,所以有精力设置规模较大、管理完善的战俘营。北平、石门、济南、太原等地的战俘营是日军侵华设置战俘集中营的典型。二是华中、华南地区的战俘营主要关押的是正面战场的国民党军俘房、国民党组织的抗战武装等,虽然近年来关于正面战场的地位得到了学术界的重视,但是由于各种原因,这一情况的改善还需要更多的时间来实现。

二、本书要解决的问题探讨

对"战俘"的定义比较容易把握,战俘是指在交战过程中被对方活捉,但是还没有杀害的人。"战俘集中营"则是用来关押战俘的地点。

战俘是一种特殊的社会群体,集中营又是一种特殊形态的社会组织。这两种特殊性的结合意味着对该问题的研究将面临着诸多挑战。一是要厘清战俘群体的身份及其群体的形成过程,二是要对战俘营内的日常运作与管理进行系统化的描述与研究。在全面侵华战争中,定义中国战俘不是一件容易的事,原因在于日军不承认被俘的中国武装人员是战俘,不给于他们战俘待遇。具体来说,日军不承认 1931 年之后陆续进行的中日战争,只是当做一场"事变";不是侵略中国,而是"进入"中国。既然不是战争,就没有战俘可讲。当然,这只是日军不愿给予中国战俘国际法规定的人道待遇的托词。究其具体策略,日军不但野蛮对待那些同其直接作战的中国武装力量,甚至出于掠夺劳动力的需要,还以"战俘"的身份逮捕许多非武装力量。有关"战俘"概念及内涵的特殊性,在文章正文中会给出特别说明。

《现代汉语词典》对集中营一词的解释是:帝国主义国家或反动政权把政治犯、战俘或掳来的非交战人员集中起来监禁或杀害的地方。[1]

---

[1] 中国社科院语言研究所编:《现代汉语词典》,北京:商务印书馆 2002 年增补本,第 593 页。

《辞海》对集中营一词的解释是：用来囚禁折磨、残杀革命者、战俘和人民群众的场所。被投入集中营的人，受到无限期的监禁、侮辱、虐待、严刑拷打，直至野蛮屠杀。[①]《简明不列颠百科全书》对集中营一词的解释是：集中营（Concentration Camp），政治犯或少数民族的拘留中心。这些人由于国家安全、劳役和惩罚等原因，通过行政或军事命令而被拘禁。集中营所羁押的人，往往是由于某种民主或政治原因而成批被集中起来，并且既不起诉也没有公正的审判程序。[②]

通过概念梳理，我们发现以上三种定义的侧重点不同。中国方面给出的概念强调革命与阶级性的划分，而《简明不列颠百科全书》侧重人群概念的分别。以上概念都有关押战争俘虏的内容。故我们认为战俘集中营存在着以下的特征：一、战俘集中营是对被俘士兵集中关押的场所，并且意味着条件恶劣；二、集中营内的受害者是通过战争被捕而被关押，进入集中营内的受害者失去基本的人身自由，任由管理者摆布，其生命、自由、尊严等完全掌握在管理者手中；三、战俘集中营内充满了暴力，受难者遭受身体和心灵的双重打击，生命安全也没有起码的保证。

战俘集中营是一个特殊的社会形态，在里面展现的是人类社会中最为黑暗、最为野蛮的行为与制度。在战俘集中营里，管理者肆无忌惮，受害者谨小慎微，甚至丝毫没有理由就会失去生命。然而，在人类社会最为黑暗的地方也会有令人感动的理性与善良。战俘集中营不仅是一个孤立的管理机构，不仅由众多的管理制度来维持，还是一个人类的文明与野蛮、善良与暴虐集中交锋的中心。

如果说纳粹德国设置的集中营主要是用于实施对犹太人的种族灭绝计划的话，那么日本人在中国设立的战俘集中营则可以看做是其掠夺中国劳动力资源的工具。日军的集中营政策是日本对华经济侵略中的一个重要组成部分，而对华经济侵略是为了满足军事入侵和殖民中国的野心。日本侵华时期设立的战俘集中营不是单纯的军事、经济政策的体现，同时还是一种特殊的社会化管理措施，是对其军事入侵中国政策的保证。日本对中国的军事入侵需要煤炭、钢铁等各种战略资源，

---

① 《辞海》，上海：上海辞书出版社 1999 年版，第 962 页。
② 《简明不列颠百科全书》（第四分卷），北京：中国大百科全书出版社 1985 年版，第 216 页。

而战略资源的开采需要中国的劳动力。日本设立的各种战俘集中营就是为战争提供劳动力的一种特殊机构。

日军在 1931 年占领中国东北、1937 年全面侵华战争初期并未设立战俘集中营。战俘集中营是随着战争的推进、日本的国内战争保障不足以应对侵华需要的局面下出现的。日军在侵华初期对待战俘采取的是杀害策略,日本方面认为未同中国宣战,所以不需要遵守《日内瓦公约》中对战俘的规定条款,日本军队残暴地杀害了大量的中国战俘。1938 年 11 月攻占武汉后,日本侵华开始进入相持阶段,此时日方的战略重点是加强对占领区的政治统治和经济掠夺,为了更好地掠夺中国的劳动力,日本的战俘政策发生了改变,不再一味地杀害中国战俘,而是把中国战俘送往战俘集中营从事劳动。1941 年太平洋战争爆发后,日本在东南亚地区的作战中俘房了大批盟军战俘,一部分盟军战俘送到中国。从 1942 年 8 月的瓜岛战役到 1943 年 7 月盟军在太平洋战场开始进入反攻阶段,日本的大东亚战争经济共荣圈计划破产,日方重点加强了对华北经济的统治和掠夺。从 1943 年 7 月到战争结束的近 2 年时间里,日本疯狂开发掠夺中国的各种资源,日本在华设置的战俘集中营也最大限度地发挥了其经济掠夺职能。

日本发动的侵华战争给中国人民带来了沉重的苦难,日本军队的种种暴行是人类文明史上最为野蛮、最为残暴的行为。日本侵华设置的战俘集中营则是其暴行中最为集中展现的地方。本书试图解决如下问题:

1. 日本侵华战俘集中营里的暴行是日本文化中某些特质引发的必然结果,还是因为战争的残暴扭曲了个体的良知?

2. 日本设置的战俘集中营有哪些类型,各有什么特色?

3. 日本侵华战俘集中营的设置原则、背景、过程、目的,战俘营的管理方式。

4. 战俘集中营内被囚禁的战俘情况,他们的被捕经历、日常生活及精神世界状况。

5. 战俘营内部是否存在与外部世界的沟通与联系渠道,如果有,那么这种沟通、联系是如何实现的?

6. 战俘集中营与日军其他暴力行为的关系。

7. 关押中国战俘的集中营同英美等国盟军战俘的集中营的区别。

三、本书的研究方法

在充分占有资料的基础上，对 1937 年到 1945 年的日本侵华集中营进行系统研究，梳理日本在华集中营的整个历史脉络。

1. 运用实证史学、口述史学和田野调查等方法，全面整理 1937 年到 1945 年日本侵华战俘集中营的设立、发展、演变历程，梳理日本侵华战俘集中营的历史线索。

2. 注重运用社会文化史的研究方法，注重研究集中营内战俘的日常生活，从细小之处观察战俘集中营的体制问题。

3. 运用社会学、心理学方法，注重分析战俘的个体经历，尤其注重分析战俘内心的精神世界。

四、本书运用的材料问题

学界对战俘集中营的研究有待深入，造成这一现象的原因之一是该研究领域档案文献的缺失。根据当事人的回忆录，中国战俘在进入战俘营的时候都曾经进行过登记，战俘营对每个战俘都建立有个人档案。战俘营也设有"处理科"，主要功能是对新俘虏进行登记，发号、编班、编造值夜人员表，向外派出劳工，向日本特务机关及日伪部门提供人员、编队造册等管理工作。然而，目前学界的研究从未使用过该类型的资料，笔者也不曾发现这类档案资料。

日军战败之前曾经专门发文处理了有关战俘营的档案。"日本就要被迫投降了，他们采取了组织措施，焚毁或用别的其他方法毁掉虐待俘虏和被拘禁平民的文件和其他证据。1945 年 8 月 14 日日本陆相命令各军司令部立即焚毁所有秘密文件。当天，宪兵总监向各宪兵机构发出指示，指示中详细地述说了销毁大量文件的有效方法。战俘营管理课长（日本陆军省军务局战俘事务管理处）于 1945 年 8 月 20 日向台湾日军参谋长拍发一份通电，电文规定：凡属一旦落入敌手就可能对我们不利的文件均应作为机密文件处理，用后立即销毁。这份电报页已发往驻朝鲜日军、关东军、驻华北、香港、婆罗洲、泰国、马来亚和爪哇的日军。"①有关这份电文的命令，日本学者的描述更加清晰："1945 年8 月 20 日，日本战俘营总监曾发出一个信号，通知战俘营所在各地的日军司令官，其中有下列两点，这正是日本知法犯法的铁证：（一）如有落入敌手将对我们不利的文件，应作为机密文件处理，予以毁灭；（二）曾虐待俘虏及平民俘虏的人员，或为战俘及平民俘虏所痛恨的人员，可以允许其见机行事，立即调往他处，或任其逃走，以免留下痕迹。"②战俘营的文件涉及到日军对战俘的虐待，自然属于应当处理、消灭的文件。"东京的日本大本营通过密电告诉各战区的指挥官们，要求各个作战单位毁掉有关战争罪行方面的罪证，尤其是涉及到虐待战俘的内容。"日本防卫研究所负责的《日本军事历史研究》（Japan's Military History Archives）主编在 2003 年的调查显示，多达 70％的战时档案要么被烧毁，要么被用其他手段毁掉。③

图 1 便是日军要烧毁文件的图景。这张照片拍摄于 1945 年 9 月24 日，由美军第五海军陆战师第 27 陆战队拍摄。显示的是被日军系统销毁的战争文件。当时日军已经投降，但是盟军还未接管投降的日军部队。各地日军利用这段时间，销毁了大量战时文献。

侵华日军在战争结束之时也秉承大本营的旨意销毁了大批战争档案。大连市档案馆馆藏的 2006 卷纸灰档案证明了日军烧毁战争罪行证据的行径。吉林省档案馆整理的关东军宪兵队档案也属于日本未全能烧毁的幸存档案。战俘营涉及到日军的大量罪行，是日军首先要销毁的档案文献。

原始档案文献的缺乏造成学界对战俘营的研究深度不够。即使没有原始档案，但是有关日军战俘营的记录陆续出现在另外一些历史文献中，尤其是审判日军战犯的档案文献。根据笔者的收集，日军战犯上村喜赖、上坂胜、难波博、原田庆幸等人的审判档案中都涉及到战俘营问题。中央档案馆整理的《日本侵华战犯笔供》、翻译成中文的《前日本

① ［苏］Л.Н 斯米尔诺夫、Е.Б 扎伊采夫：《东京审判》，李执中等译，北京：军事译文出版社1987 年版，第 442 页。
② ［日］神吉晴夫等编著：《日本屠杀秘史》，台南：西北出版社，1978 年版，第 74 页。
③ Edward Drea. al. *Researching Japanese War Crimes Records：introductory essays*，p. 9.

图 1 战败后日军烧毁战争档案资料图
(Edward Drea. al. Researching Japanese War Crimes Records：introductory essays，p. 9.）

陆军军人因准备和使用细菌武器被控案审判材料》等都能发现有关战俘营的蛛丝马迹。中央档案馆还收藏有关保定、济南、洛阳、太原等战俘营的审讯档案资料。青岛市档案馆也编辑了《铁蹄下的罪恶——日本在青岛劫掠劳工始末》，里面有许多涉及到战俘集中营的档案文献。

日方的文献被其故意损毁，但是日本战史研究室在战后陆续出版了战史丛书。这套书基本是以原始的档案文献为参考写成，对发生在中国战场上的多数战斗有专门的记述。尤其是其记载有大多数战斗中中方被捕士兵数目、处理等问题，这也提供了我们统计中方战俘的一种路径。

中国学者对侵华战争中日军战俘营的研究首先开始于田野调查与口述资料的整理。在这方面，何天义先生在 1995 年出版了《日军枪刺下的中国劳工》丛书，包括《华北劳工协会罪恶史》《石家庄集中营》《伪满劳工血泪史》《中国劳工在日本》。2005 年出版了《二战掳日中国劳工口述史》(五卷本)，包括《雪没北海道》《血洒九州岛》《矿山血泪史》《冤魂遍东瀛》《港湾当牛马》等。何天义整理了大量受害战俘的口述资料，对弥补档案文献的不足有重要作用。

学界对口述资料的运用还有分歧，许多学者质疑口述史料的准确性，怀疑经过长时间的沉积，事后做的口述史料是否能够还原历史的场景。从某些层面来说,口述史料确实有其缺陷,记忆的准确性确实会随着时间的流逝而降低。但是在档案文献被毁缺乏的情况下,口述史料对还原历史场景的作用不容否认。本书在写作过程中,采用互证的办法来使用前辈学者整理的口述史料。例如:

何天义曾经采访了都英、冯贵章、武玉海、陈九华等人,并收集到《港湾当牛马》一书中。① 这四位受害者都是河北省成安县人,一同被捕、一同被关押、一同到日本做劳工。根据分析他们的回忆文献,我们可以探讨口述资料的准确性及在本课题中的运用问题。根据这四位受害者的口述资料,我们挑取其对被捕时间、关押地点等问题的口述信息,制成下表。

表1 河北省成安县徐村自卫团四位战士被俘情况表

姓名	被捕时间	被捕地点	关押地1	时间	关押地2	时间	关押地3	时间	关押地4	时间	关押地5
都英	1944年五月初四	成安县徐村	临漳监狱	2天	成安南日军司令部	1夜(原文"第二天天亮")	邯郸监狱	5天	塘沽	20天左右	日本
冯贵章	1944年五月初四	成安县徐村	成安日本司令部	1夜	邯郸	几天	塘沽	20天	日本		
武玉海	1944年五月	徐村	临漳监狱	3天	成安	1宿	邯郸	7,8天	塘沽	二十天后	日本
陈九华	1944年五月初四	徐村	临漳县城	3天	成安县日军司令部	下车,赶天明之前上车(1天)	邯郸	6天	塘沽	半个多月后检查身体	日本

① 都英:《兵库造船厂的华工——都英访谈录》,第205页;冯贵章:《当劳工的点滴回忆——冯贵章访谈录》,第210页;武玉海:《我在兵库造船所——武玉海访谈录》,第212页;陈九华:《受苦造船厂——陈九华访谈录》,第214页。

根据这个表格,我们可以看出以下问题:

一、当事人记忆的被捕时间、被捕地点等重要消息都是一致的。关于被捕的时间,都英、冯贵章、陈九华准确地记忆为 1944 年农历五月初四,而武玉海的回忆里是 1944 年 5 月。根据以上记载,我们最少能够判明他们被捕是在 1944 年的农历五月,三人准确的记忆为五月初四,故这也是能被证明的准确时间。四人都是在成安县徐村被捕的,这一点没有怀疑。

二、四位受害者被捕后的关押情况,他们的口述资料中出现了不同情况。都英的记忆是:临漳监狱→成安南日军司令部→邯郸监狱→塘沽;冯贵章的记忆是成安日本司令部→邯郸→塘沽;武玉海的记忆是临漳监狱→成安→邯郸→塘沽;陈九华的记忆是临漳县城→成安县日军司令部→邯郸→塘沽。通过分析,我们发现冯贵章的记忆里少了临漳监狱一个环节。都英和陈九华的回忆里对成安县的经历不同,都英认为是"成安南日军司令部",而陈九华认为是"成安县日军司令部",我们可以简单的认同为"成安县的日军司令部"。综上分析,我们可以得知他们被俘后经历在临漳监狱→成安县的日军司令部→邯郸监狱→塘沽战俘营等一系列转换,最后从塘沽被运往日本。

三、关于在各地关押的时间,四位受害者的口述中出现了较大的差异。通过表中个人回忆的分析,我们大体可以知道他们在临漳被关押的时间很短,四人的记忆中 1、2、3 天都有,我们不好做出判断。在成安只是一个晚上基本能够得以证实。在邯郸的时间集中在 5—7 天,塘沽的停留时间在 20 天左右。根据四人的口述资料,无法得出在不同地点关押的具体时间,但是对于时间范围能够得出令人信服的结论。

口述文献能够在一定程度上弥补档案文献缺失的不足,当然,口述资料要互证使用,补充档案文献缺失的不利局面,这是笔者在写作过程中对待口述资料的态度。

关于盟军战俘营,以杨竞、王铁军为代表的中国学者对沈阳盟军战俘营研究做出了自己的贡献,学界对上海、海南战俘营的关注不够。美英等国健在的战俘受害者留有回忆录资料,美国的沈阳战俘营受害者还建立了专门的联谊会和网站,在网站上有相关的史料。日本学者内海爱子的《日本军俘虏政策》、茶園義南的《大东亚战争下外地俘虏收容所》虽然不是论述在中国设置战俘营的专门著作,但是仍然提供了大量的有用信息。

第一章　日本历史上的战俘问题

　　战争与和平是人类社会发展的永恒主题。或许有人为战争对人类历史发展的促进作用而进行辩护，然而，不可否认的是战争对人类文明的破坏不容置疑。战争是对个体生命的摧残、对人类文明进步的迟滞。有战争就有战俘，战俘是受到战争影响最为直接的群体。人们对待战俘的态度是社会文明发展程度的标志之一。不同文化影响下的国家对待战俘的态度不同，有的残忍，有的文明，有的兼而有之。战俘是有生命的个体，随着社会的发展以及人文主义的发展，国际社会也逐渐制定出一系列国际人道法来保护战俘。

　　日本传统文化崇尚强者、漠视弱者，对待战争俘虏异常苛刻。第二次世界大战中，日本对待中国、美国、英国等盟国战俘异常残暴，日本国内有人将这一现实归结为日本文化的传统使然。然而，任何国家不能以自己文化的特质性充当野蛮行径的挡箭牌，以此来阻碍、抗拒人类文明的整体进步。各国文化特质与国际法的普遍要求形成了鲜明的对照。然而，对个体尊严、对生命的尊重更加符合人类的文明发展。在人类的文明进步面前，对战俘的态度考验着不同文化的良心。

第一节　日本文化与战俘问题

　　人与人之间最难沟通的是思想，国家与国家之间最难理解的是文化。如果一个人想问题的时候能够站在对方的角度充分考虑，那么对方所提出来的主张、表达的意愿都有了合理性的成分。然而，在加入了思考主体的利益诉求之后，对方的合理性可能会显得荒诞不羁，也可能是不谋而合,这就有了敌人和朋友的区别。

国家与国家之间的关系也是如此,这也从一个侧面映衬了亨廷顿《文明的冲突》在国际关系领域引发的高度关注。文明是文化的更高层次,文明的冲突比文化冲突有着更高的内涵。不了解文化,遑论文明。研究他国的历史、研究中国与别国的关系,首先要了解对象国的文化,如果不能做到,那只能是自说自话,或是孤芳自赏、亦或是顾影自怜。

文化来源于沉淀,沉淀则是历史的遗留。对文化的理解和运用,根源还是在于对历史的考察和认知。中日关系的复杂性最终还是要到历史的认知中去理解,只有两国的大多数普通民众对过去历史形成普遍共识的前提下,中日关系才会走上正常的发展之路。中日关系困局的部分原因在于双方对历史认知的模糊性,处理历史问题的随意性。中日之间的历史问题需要深刻地进行研究,以史实为依据,重构双方国民的历史认知。本书的选题——全面侵华战争期间日军集中营问题就是需要重新认知的一个问题,这里面涉及到中国战俘、集中营等相关方面。

而对于这一问题的研究,正如前文述及,要在理解中日两国文化的基础上进行研究。全面侵华战争期间,日本在中国设立诸多战俘集中营,按照日本军方的方式管理中国战俘。虽然日本不承认中日之间的战争,不承认逮捕的中国军人为国际法意义上的战俘,但是从具体情况来看,这些人的战俘身份确认无疑。日本不承认这些人是战俘,是害怕受到国际法的束缚——按照国际人道主义来对待中国战俘。他们要"以战养战",掠取中国战俘身上的劳动力价值。日本对于中国战俘的管理异常严酷,这与日本的民族性、战争文化紧密相连。

日本独特的地理条件和悠久的历史,孕育了别具一格的日本文化。神道、樱花、和服、俳句、武士、清酒构成了传统日本文化的图谱。日本文化的两面性——菊与刀,更是被我们熟知。日本民间的茶道、花道、香道代表了日本文明的典雅,而武士道中的某些成分则成了近代日本侵略扩张的根源。全面侵华战争期间在中国设立的集中营与武士道中的侵略文化密切相关。日本文化体现出的崇尚强者、歧视弱者的传统在某种程度上解释了日方的残暴行径。樱花盛开烂漫、落英满地的一瞬是日本武士崇尚的精神境界。在武士的信仰中,于片刻耀眼的美丽中达到人生的顶峰并发挥最大的价值是令其自豪之事,哪怕此后毫无留恋地结束自己的生命。受文化的影响,为天皇尽忠、对个体生命的漠视是日本军国主义残暴的根源。

一、日本文化的从强欺弱

日本是一个海洋民族,一般来说海洋民族具有多变的特征,而且这种变化不像大陆民族那样经历长久、复杂、缓慢的变迁,往往是擅变。所以人类学家常说日本民族是一群游鱼,只要头鱼的游向发生了变化,那整个鱼群都发生变化。按照环境决定论的说法,这种特性也是与海洋环境密切相关。日本是个岛国,海洋环境变化多端,刚刚还风和日丽,狂风巨浪可能就会接踵而来,冲击并摧毁之前的一切。"海洋性气候色彩对人们的影响:明快爽朗、善变富有进取心,灵活敏捷模仿性强,喜怒哀乐大起大落,性急毛躁。"①这种变化造成了海洋民族的擅变,而擅变的前提是学习,日本对外来文明的学习与借鉴一直是值得各国关注的现象。大化改新使得日本迅速走出蒙昧时代,走向中世纪,而明治维新又引入资本主义制度,使得日本走向了近代国家,并且成为近代东亚发展资本主义最早、最成功的典范。

日本努力学习外来先进文化表现出的是对先进的膜拜,对落后的冷漠。在这种思维下,对内表现为借鉴外来先进文化的优势奋发图强、努力追赶先进文化,抛弃不符合外来先进文化的旧制度、旧理念;对外则表现为对强势者的尊崇,对弱势者的蛮横霸道。日本侵华战争,正是日本传统文化中的野蛮霸道给中国人民带来的苦难。

明治维新之后,日本走上了富国强民的道路。明治维新开始之时,日本还清楚自己在世界上的地位,对东方世界的传统大国——中国也还尊重。福泽渝吉在写《文明论概略》的时候还认为:"现代世界的文明情况,要以欧洲各国和美国为最文明的国家,土耳其、中国、日本等亚洲国家为半开化的国家,而非洲和澳洲的国家算是野蛮的国家。"②此时日本还将中国置于与其同等状况的地位。这种划分还是追求学习的目

---

① [日]松本一男:《中国人与日本人》,周维宏等译,天津:渤海湾出版公司1988年版,第14页。
② [日]福泽渝吉:《文明论概略》,北京编译社译,北京:商务印书馆1992年版,第21页。

的，但是已经开始流露出文明压制落后的思想。"同他们（欧洲）的文明相比，知道彼此之间有先进和落后的差别，也知道我们的文明远不及他们，并知道落后的要被先进的压制的道理。"①

随着国门的逐渐开放，日本在很短的时间内就超越了东亚诸国，并且开始了兼并朝鲜、肢解中国的过程。甲午战争之后，昔日学习的榜样——中国变成了卧榻旁边的肥肉。日本国内的侵华思潮在从强欺弱的指导下逐渐演进，只不过后来加上了"大东亚共荣""黄种人自立"的外衣。在这种思维下，日本陆续在青岛、济南、上海、东北等地入侵中国，卢沟桥事变之后更是发动全面侵华战争，这给中国带来了沉重的苦难。

国家层面上恃强凌弱，个人层面上也是如此。日本人崇尚强者，对于弱者没有丝毫的同情。在战场上，他们尊崇死亡，不接受投降的行为。1939 年 5、6 月间的诺门坎事件中，日本在对苏进攻中遭受到严重损失。这次失利显示了日本文化对失败个体的态度。日本俘虏回到日本后很多人都选择了自杀。日军俘虏选择自杀的原因，一方面他们发现自己的军籍簿上显示"他们是光荣的战死"，此外"他们也无法忍受上级和周围人的指点"②。

日本军人不接受自己投降，对待投降者也是毫无同情之心。"由于日本军人平时被灌输投降是罪恶的观念，所以蔑视和憎恨俘虏，常常虐待和杀害敌方俘虏。战后，有不少旧军人因为'虐待俘虏'罪被送上国际法庭接受审判。并作为战犯被处以死刑。主要原因之一，就是日本人传统对俘虏的蔑视观在作祟。"③由于日本军人受武士道的影响深远，所以武士道精神通过法西斯化的军人与俘虏问题密切地联系在一起。

二、武士道精神与战俘问题

日本军人深受武士道精神的影响，武士道精神是日本在明治维新

---

① ［日］福泽谕吉：《文明论概略》，北京编译社译，北京：商务印书馆 1992 年版，第 180 页。
② ［日］松本一男：《中国人与日本人》，周维宏等译，天津：渤海湾出版公司 1988 年版，第 126 页。
③ ［日］松本一男：《中国人与日本人》，周维宏等译，天津：渤海湾出版公司 1988 年版，第 69 页。

后走向世界舞台的重要推动力,帮助日本取得了连续的军事胜利,同时也埋下了日本二战战败的种子。

武士道起源于日本镰仓幕府,江户时代吸收儒家和佛家的思想而形成。最初,它倡导忠诚、信义、廉耻、尚武、名誉。然而,武士道存在的意义在于为幕府政权服务。日本吸取中国儒家和佛家的思想,但是儒家和佛家对于暴力的反对限制了武士道的使用范围。这样,以不分是非为基础的神道教填补了儒佛两家对道义性的约束。这使得武士道在人格上容易导致极端的两重性:既狂傲又自卑、信佛而又嗜杀、注重礼仪而又野蛮残暴、欺压弱者而又顺从强者。

武士道的信仰可以简单概括为"名、忠、勇、义、礼、诚、克、仁"。明治维新之后,日本走上军国主义穷兵黩武的道路。在此过程中,现实需要与精神寄托互为表里,军国主义借武士道开辟侵略道路,武士道则经历了一次畸变,封建时代的精神规范在日本军国主义扩张的军队中找到了安身立命之所,成为日本帝国主义侵略扩张的工具。

武士道是武士阶层的意识形态。武士形成于日本的封建社会,"武士是从地方上的富农中产生的新兴势力,武士的兴起不外乎意味着在农民群众中培植起来的下层势力企图取代自弥生时代以来基本上连续掌握统治权的古代国家统治阶级这一革命变革的进展。"①武士形成的过程是社会的下层人士试图跃居上层领导者的过程,这一过程不可避免地带来许多下层阶级的特点,"摄关政治时代的贵族尽管为了满足权势欲而玩弄一切阴谋诡计,但惟独杀人害命的勾当却绝对不干;武士则不同,他们缺乏尊重人的生命的心情,满不在乎地残害生灵,具有强烈的非人性的一面。"②由此可见,在武士阶层开始形成的过程中,残害生灵、非人性的一面就开始呈现。"武士追求的是不怕死的勇敢精神、经得住各种战斗的强健身体;对主人毫不动摇的忠诚之心;出色的武艺;战无不胜的本领;克己奉公的自我牺牲精神;战士特有的冷酷。恻隐之心和情义之心是没有必要的。"③

---

① [日]家永三郎:《日本文化史》,刘绩生译,北京:商务印书馆1992年版,第95页。
② [日]家永三郎:《日本文化史》,刘绩生译,北京:商务印书馆1992年版,第98页。
③ [日]松本一男:《中国人与日本人》,周维宏等译,天津:渤海湾出版公司1988年版,第49页。

武士道的产生迎合了武士阶层的需要。武士道主要分为两个流派：一派为叶隐武士道，主要强调名、忠、勇、死和狂，代表人物为山本常朝。另一派为儒学武士道，主要强调义、勇、奉公、忠诚和仁，代表人物为山鹿素行。从实践来看，叶隐武士道更加代表了日本战争时期的表现。《叶隐》是武士道修养书中的经典。"叶隐"意为"树木的叶荫"，引申为"在人家看不见的地方为主君舍身奉公之意"。此书是由佐贺藩的藩士山本常朝（Yamamoto Tsunetomo，1659—1710）传述，由同藩田代陈基（Tashiro Tsuramoto）整理而成，全书共11卷1200多节，又称《叶隐闻书》。

《叶隐闻书》所表现的武士道精神，是"果断地死、毫不留恋地死、毫不犹豫地死"。这种精神主张只有死是真诚的，其他的功名利禄都是梦幻。当一个人舍弃名利，以"死身"来"奉公"时才可以看到这世间的真实。"所谓武士道，就是看透死亡"，"即使头颅被砍下，也要从容做完一件事。切下俺的头颅埋葬好了，再躺在上面去死。"正如日本人认为樱花最美的时候并非是盛开而是凋零之时——樱花凋零的特点是一夜之间满山的花朵全部凋谢，没有一朵花留恋枝头。这是日本武士崇尚的精神境界，在片刻的耀眼的美丽中达到自己人生的顶峰、发挥自己最大的价值，之后毫无留恋地结束自己的生命。武士所标榜的精神上的优越就是心理上先能战胜自己，才能战胜别人。先能"不要自己的命"，才能"要他人的命"。这是日本武士的道德律，对个体生命的漠视构筑起了日本近代对外侵略扩张基础。

《叶隐闻书》中提倡的武士道精神成了日后侵华战争中日本暴行的根源，战俘营中的中国战俘也遭受了更多的苦难。该书第一卷体现武士生死观念、勇敢作战与被俘残存的条目有：[①]

卷一第二条：所谓武士道，就是看透死亡。于生死两难之际，要当机立断，首先选择死。没有什么大道理可言，此乃一念觉悟而勇往直前。

第三条：奉公之人以主人为第一，须发自内心，方为优秀家臣。

---

① ［日］山本朝常：《叶隐闻书》，李冬君译，桂林：广西师范大学出版社2007年版，第1—61页。

第五十一条：某人被打了，却没有去报仇，人人都以为是武士的耻辱。报仇很简单，就是以迅雷不及掩耳之势冲上去杀，杀了对方就可以雪耻了。

第八十条：犹豫不决、意志薄弱的人，容易上他人的当。

第一百一十一条：即使被砍了头，也能成就一瞬之功。

第一百四十三条：《楠木正成兵库记》写道："投降，纵使是谋略，抑或为了主君，亦非武士当为。"忠臣如斯。

第一百四十七条：战场上，向家老们表示，一心想"抢先于人""我欲打破敌阵"，就不会落后于人；有勇猛之心，就会立武勇之功。讨死时，必须是平素觉悟的尸骸向着敌方倒下。

第一百七十条：决心杀人的时候，千万不要想"直接下手也许会失败，迂回可能更好"，稍有犹豫，时机就会从手边溜走，心思也会松懈。

以上所列的几条，简单地说明了被日本人视为武士圣经的《叶隐闻书》在对待死亡、被俘、奉公等方面的态度。"武士道是对死的一种觉悟"，武士道的理想境界不是生存，而是死亡，终老田园的武士不是好武士，战死沙场或者自杀才是理想的归宿，固有"投降，纵使是谋略，抑或为了主君，亦非武士当为"的观点。在武士道的思想体系中，投降是一种耻辱，非武士行为。既然投降的行为不被接受，那作为投降的士兵得不到重视、甚至是虐待也就可想而知。

三、日本军国主义与战俘问题

1863 年 6 月，长州藩在改革派掌握领导权的情况下，集结民众力量防卫外国军舰的大举来袭，建立起"诸队"组织，这是日本现代军队的源头。日本早期军队强调纪律，"应以不畏强敌百万，而畏弱民一人为武道之本。"[①]1872 年，日本政府颁布《军人守则》，列举军人的七大职责

---

① ［日］井上清：《天皇制的军队的形成》(日本军国主义 第 1 册)，姜晚成译，北京：商务印书馆 1985 年版，第 109 页。

为：效忠、绝对服从、勇敢、善用体力、俭朴、荣誉及尊敬尊长。1878 年8 月,近卫炮兵第一大队 260 余名士兵叛乱后,陆军卿山县有朋颁发了《军人训诫》,该训诫以"忠实、勇敢、服从"为基本精神,要求日本军人绝对无条件服从天皇。1882 年 1 月,日本政府又以天皇名义颁布了《军人敕谕》,明确规定日本军人应该"尽忠节""正礼仪""尚勇武""重信义""归俭朴",其中核心是"尽忠节"和"尚勇武",对军人精神所应具有的武士德性提升到神圣责任感的高度,要求军人必须具备以死效忠于天皇的崇高观念、强调军人精神的根本在于忠实、勇敢和服从。①

---

① 《军人敕谕》全文"我国军队世为天皇所亲御。自昔神武天皇亲率大伴物部之兵,以平中国,而即帝位,统治天下以来,凡二千五百有余年矣。期间因时代之变迁,而兵制亦屡有改革。古制军队为天皇之所亲御,有时虽以皇后或太子代之。然未有以兵权委诸臣下之例。及至中世,文武制度皆傚诸中土,而有六卫府左右马寮防人等之设。兵制渐臻完备。唯以国内习于升平,政务流于文弱,兵农乃分而为二。古之征兵者消灭于无形。转而为壮兵,以至于武士兴焉。其后兵马之权,遂归于武士首领之手。迨及世乱之时,政权亦复归其掌中,前后七百年间,遂成为武家之政治矣。时之所趋夫既如斯。固非人力所可挽回。惟以有违我国之国体,有背祖先之制度,殊堪浩叹。降至弘化嘉永之顷,德川幕府政治日衰,同时又值外邦多事之秋,外侮之来殆有迫于眉睫之势,是以皇祖仁孝天皇皇考孝明天皇日夜忧虑,不遑宁处。朕冲年践祚,征夷大将军归还其政权,奉上其版籍,不经年而海内一统,恢复古制矣。虽为列祖列宗愍念苍生之遗泽,然非我文武忠臣辅佐朕躬,全国臣民能辨顺逆。曷克臻此,是以际此之时,即该该更兵制,以光我国。遂于十五年之间,规定今日陆海军之制度。兵马大权,由朕亲统,所司之事委诸臣下,然其大纲仍归朕总揽,不可委之于臣下,后世子孙须善体斯旨,保存天子掌握大权之义,勿复蹈中世以降之覆辙,是则朕所深望者也。朕既为汝辈军人之大元帅,故即倚汝辈为股肱,汝等亦当仰朕为元首,效其亲爱。朕之能否保卫国家,上应天心,以报祖宗之殊恩,全视汝辈军人之能否克(恪)尽其职。我国威之不振,汝辈当与朕共其忧。我武维扬光耀四海,汝辈亦当与朕共其荣。汝辈各尽其职,与朕一心,竭力卫国,则我国苍生将享太平之福,吾国之威,亦可光耀于世矣。朕之深望于汝辈军人也如斯,故犹有训谕五条:

一、军人当以尽忠尽节为本分。夫既享生于我国,其谁复无报国之心,而况於为军人者。苟此心之不固,则何复能用。军人报国之心既未能坚固,则技艺虽娴熟,学术良优,亦犹木偶已耳。军队之队伍虽整、节制虽严,然非有忠节之心,则亦等于乌合之众,夫保护国家、维持国权、既为兵力是赖,则当明兵力之消长,即为国运盛衰之所系,故当毋为世论所惑,不为政治所拘,惟以守己本分之忠节为主。须知义有重于泰山、死有轻于鸿毛。慎勿丧失节操,而徒受无耻之污名也。

二、军人须以礼仪为重。凡军人者,上自元帅,下至兵卒,其间自有官职阶级之分,即同列同级之中,停年亦有新旧。其新任者自当服从于旧任者,须知下级者之承上命,实无异承朕命,纵非己所隶属,亦当视同一律。上级者固不待言,即论停年较己为旧者,亦当尽礼表示敬意。又上级者对于下级者,亦不可有轻侮骄傲之举。除为公务必当威严外,其余务须恳切慈爱。上下一致,以勤王事。为军人者苟于礼仪有亏,而失敬上惠下一致之和谐,是不啻为军队之蠹毒,亦且为国家之罪人矣。

（转下页）

《军人敕谕》中虽有"为军人者，当善明义理，锻炼胆力，曲尽思虑以谋事，小敌不侮，大敌不惧，但求尽己之武职"的要求，然而，"小敌不侮"是日本帝国军队自始至终未能实现的梦想。《军人敕谕》要求日本军人将天皇视作神的存在膜拜。这是一切日本军事行动的根本，对天皇的绝对服从发展成为对上级的服从，然后升级到"对上级的无理横暴，也必须绝对服从"①。这就造成了日本军队内部的暴虐之气，士兵受到军官的无礼对待，新兵又受到老兵的虐待，整个军队都洋溢着一股不满的戾气。这种戾气总要找到适当的发泄途径，在战场上，日本士兵惨无人道的残暴行为、对待战俘的暴虐成为这股戾气的宣泄点。

日本旧帝国陆军的《战阵训》里，有这样的训示：生当不受囚虏之辱。日本军队告诫军官和士兵，战死和自杀都可以，但绝不能当敌人的俘虏。当敌人的俘虏，或向敌人投降这种通敌行为是叛国，一经发觉，不仅要上军事法庭，也会被视为可憎行为。② 日本军队要求本国士兵不

（接上页）三、军人当尚武勇。夫武勇为我国古之所重，凡我臣民自非武勇不可，况军人以临战杀敌为职志，又安可一时忘乎哉。然武勇有大勇小勇之分，拔剑而起，挺身而斗，是皆非谓武勇。为军人者，当善明义理，锻炼胆力，曲尽思虑以谋事，小敌不侮，大敌不惧，但求尽己之武职，此则所谓大勇者也。故尚武勇者，待人接物，常能温和，博得人类之敬爱。好勇无谋，动辄肆威，势必至招人之忌，而使人畏之豺狼也。

四、军人当以信义为重。守信重义本为人类之常道。为军人者苟无信义，即难置身队伍之中。信者践吾言之谓。义者尽己责之意。欲求守信重义，必先审思事之能成与否。苟一旦冒昧轻诺。以致进退维谷、莫知所从，虽悔无及矣。故于事之始也，当辨明顺逆，审思是非，以期其言可以实践。苟知其义之不可守，则当急流勇退，以免失信义背之讥。古者当有守小节之信义，而大纲之顺逆，或惑于公道之是非者，此殊不可。英雄豪杰，每因重私情之信义，而遭杀身之祸，以致遗臭万年者，亦复不少，可不戒哉。

五、军人当以质素为旨，盖不尚质素，则必流于文弱与轻浮，徒尚奢侈，则必陷于贪污与无耻，遂至志气为之消沉，节操为之丧失，武勇亦为之化为乌有，而为世人所不齿，终其生不得享受人世之幸乐，其愚可谓甚矣。军人间苟有此风，则必如传染病之蔓延，士风兵气即将随之而衰退，朕当以此为惧，故曾颁布免黜条例，以为此事之诚。然犹虑有此等恶习之复生，故复为是之训诫。愿汝辈军人，毋以等闲视之。

以上五条为军人须臾不可忽者也，必须诚心实行。盖此五条，即为吾辈军人之精神，而诚心又为此五条之精神，苟不诚心，虽嘉言善行，亦为欺人之虚伪。心诚乃可成其事耳。况此五条，为天地之公道。人伦之常经，易行而且易守。愿汝辈军人善体朕意，谨守此道，以尽报国之忠。是此岂独日本全国苍生欢欣鼓舞，即朕亦为之欣慰焉。

明治十五年一月四日。"

① ［日］井上清：《天皇制的军队的形成》，姜晚成译，北京：商务印书馆1985年版，第214页。
② ［日］松本一男：《中国人与日本人》，周维宏等译，天津：渤海湾出版公司1988年版，第68页。

做俘虏、看不起做了俘虏的本国士兵,其对敌国被俘士兵残暴也就不难理解。在西方文化下,在明显不能取胜的情况下,保全性命投降是被接受的战争规则。然而,在日本文化里这种思维是不被理解的。"在日本军人,情形就不同。他(日本军人)如果陷入重围,弹尽援绝,唯一的光荣行动是战斗到死而后已。他绝不应该投降,而应留下最后一颗子弹来自杀,否则即与敌人死拼。即使他受伤昏厥而被俘,他日后回到日本国内,也失尽面子,永没机会抬头见人。他和他的家属也将永远引为羞耻。"①

日本侵华战争期间对待中国战俘尤其残暴,这也同日本历史上的教训息息相关。日本人尤其重视战国史的研究,源家与平家的纠纷是日本人非常关注的历史内容。1159 年,源义朝被平清盛打败,源家一族被杀或被捕,处境惨淡。源义朝的三子源赖朝被拘禁在六波罗的平宗清家中。平清盛赦免了源赖朝,赖朝被流放到伊豆,源义朝的三个幼子被释放。后来清剿平家的战斗中,源赖朝、源义经、源范赖都是消灭平家的主要武士首领,战争的结果是平家满门抄斩。平家一时的手下留情,换来的是满门抄斩的结局,这或许对日本人认识战争俘虏发挥了某些作用。

1864 年 3 月,水户藩士藤田小四郎等 500 余人,以筑波山为据点,要求幕府实行攘夷政策,发动"筑波骚动"或称为"天狗党骚动"。10 月23 日,天狗党在那珂凑总退却时,有 200 余农民投降,还有 680 名农民被俘。在野州投降者中有 427 人以情罪送去服劳役。另外有 78 名俘虏被流放。② 这是日本在迈入近代化的过程中对本国战俘的一次处理实例,随着日本对外扩张进程的发展,我们发现日本军方对待俘虏愈加残暴,"天狗党骚动"之后对待俘虏的"服劳役"被一贯继承,并出现了大规模残杀战俘的现象。日本侵华部队的军官道出了军国主义影响下其对待中国战俘的心态:"我认为各部队为要达成目的,发挥其作为帝国主义的日本侵略部队之本质,因而漠视俘虏的生命加以杀害,这是当然的行为。"③

---

① 〔日〕神吉晴夫等编著:《日本屠杀秘史》,台南:西北出版社 1978 年版,第 60 页。
② 〔日〕井上清:《天皇制的军队的形成》,姜晚成译,北京:商务印书馆 1985 年版,第 117 页。
③ 《佐佐真之助笔供》,1955 年 6 月 8 日。中档(一)119—2,4,1,第 7 号。载中央档案馆、湖北省档案馆编:《侵华日军在湖北暴行史料》,北京:中国档案出版社 2005 年版,第 421 页。

第二节　日本战俘政策与国际法

　　了解一个国家的行为,首先要了解一个国家的文化,文化是理解行为的出发点和归宿。文化具有多种特性,多样性是其特性之一,各个国家、民族都有自己的文化,从文化出发,其行为都能得到合理的解释。然而,这样一来问题也就随之出现：在国际交往中,各个国家都按照各自的文化理路、思维方式采取行动,多样性导致了利益诉求的多元性,但是固定的利益不能满足诉求主体多元性的需要。在这种情况下,如果各个国家一味主张自己文化的特殊,要求别的文化理解、服从自己文化的需要,就会引起国家间的冲突与斗争。

　　日本文化中的从强凌弱、武士道尤其是进入军国主义后对待死亡、战争等各种问题的态度能够从某些层面说明其野蛮对待战俘的原因。但是,"这种心理态度很可以解释日本陆海军为什么那样虐待战俘,但并不能作为他们虐待战俘的理由,那(虐待战俘)仍然是不容饶恕的。"[①]

　　和平与战争是国家间的永恒主题,二战之前,国际社会的冲突与战争此起彼伏,构成了国际社会交往的主旋律。战争在某种程度上促进了人类社会的交流,但是人类社会也为此付出了巨大的代价。如何避免冲突成为困扰人类文明进步的议题之一,在不能限制战争爆发的前提下,各国明白应该限制战争期间暴行的程度。出于这样的考量,国际人道法应运而出。

　　国际法首先出现于同战争相关的领域,是指适用主权国家之间以及其他具有国际人格的实体之间的法律规则的总体。国际法规则形成的方式有三种：条约、习惯法和为各国承认的一般法律原则。国际人道法是国际法中的一个分支,适用于武装冲突时期应该注意的一般国际准则。国际人道法涉及两个方面：保护那些没有或不再参加战斗的人;限制作战手段(特别是武器)和作战方法(例如军事战术)。战俘即

---

① [日]神吉晴夫等编著：《日本屠杀秘史》,台南：西北出版社1978年版,第61页。

是"不再参加战斗的人",为国际人道法所要保护的对象。

日本文化中有从强凌弱的传统,有褒奖战死沙场、蔑视投降被俘的习惯,武士道精神更令俘虏成为唾弃的对象。二战期间,日本对中国等同盟国战俘的暴虐引起了国际社会的广泛关注。"在欧洲战场上,被德意两军俘获的英美战俘共有二十三万五千四百七十三名。其中,有九千三百四十八名(即总数的百分之四)在被俘期间死去。而在太平洋战场,战俘在被俘期间竟死去了百分之二十七。"①二战期间,盟军战俘在日军管理的沈阳战俘营的死亡率是16%,中国战俘在华北几个大型战俘营中的死亡率达到40%,押到日本的战俘死亡率17.5%。相比盟军战俘在德国战俘营中1.2%的死亡率,日军战俘营的残酷表露无遗。

明治维新时期日本积极融入西方主导的现代文明体系,然而二战期间日本又抛弃了现代文明的体现——国际人道法,这一转换之快颇值得研究。近代日本的强盛是从明治维新开始的,明治维新最大的特色就是学习西方先进文明。日本开国时期正是国际人道法从发展到完善的阶段。国际人道法的普遍编纂始于19世纪。各国基于现代战争的痛苦经历,对人道主义保护的一系列实践规则表示赞同,力图在人道关注与国家的军事要求之间达成了一种谨慎的平衡。这时候的日本以学习西方先进文明为主要任务,以积极的态度加入到国际人道法的创设和完善中,向外界展示其学习先进文化的形象。表1-1是1864年到全面侵华战争开始的1937年间,日本加入的有关国际人道法统计表。

表1-1　日本签署的战争人道法规统计表(1864—1937)

名称	别称	法规签署地	公约签署日期	日本批准时间
《改善战地武装部队伤者境遇的公约》		日内瓦	1864年8月22日	1886年6月6日
《关于在战争中放弃使用某些爆炸性弹丸的宣言》	圣彼得堡宣言	圣彼得堡	1868年12月11日	未批准
《陆战法规和惯例公约》	1899年海牙第二公约	海牙	1899年7月29日	1900年10月6日

① 〔日〕神吉晴夫等编著:《日本屠杀秘史》,台南:西北出版社1978年版,第62页。

名称	别称	法规签署地	公约签署日期	日本批准时间
《关于 1864 年 8 月 22 日日内瓦公约的原则适用于海战的公约》	1899 年海牙第三公约	海牙	1899 年 7 月 29 日	1900 年 10 月 6 日
《关于战时医院船免税的公约》		海牙	1904 年 12 月 21 日	1907 年 3 月 26 日
《关于改善战地武装部队伤者和病者境遇的公约》		日内瓦	1906 年 7 月 6 日	1908 年 4 月 23 日
《陆战法规和惯例公约》	1907 年海牙第四公约	海牙	1907 年 10 月 18 日	1911 年 12 月 13 日
《关于商船改装为军舰公约》	1907 年海牙第七公约	海牙	1907 年 10 月 18 日	1911 年 12 月 13 日
《关于敷设自动触发水雷公约》	1907 年海牙第八公约	海牙	1907 年 10 月 18 日	1911 年 12 月 13 日
《关于战时海军轰击公约》	1907 年海牙第九公约	海牙	1907 年 10 月 18 日	1911 年 12 月 13 日
《关于 1906 年 7 月 6 日日内瓦公约原则适用于海战的公约》	1907 年海牙第十公约	海牙	1907 年 10 月 18 日	1911 年 12 月 13 日
《关于在战争中使用潜水艇和有毒气体的条约》		华盛顿	1922 年 2 月 6 日	1922 年 8 月 5 日
《禁止在战争中使用窒息性、毒性或其他气体和细菌作战方法的议定书》		日内瓦	1925 年 6 月 17 日	1970 年 5 月 21 日
《关于改善战地武装部队伤者病者境遇的日内瓦公约》		日内瓦	1929 年 7 月 27 日	1934 年 12 月 18 日
《关于战俘待遇的日内瓦公约》		日内瓦	1929 年 7 月 27 日	签署未批准

通过表 1‒1 分析，我们知道在 1864—1937 年间，日本签署的有关国际人道法公约共有 15 项，批准 12 项。1866 年《圣彼得堡宣言》与 1929 年《关于战俘待遇的日内瓦公约》日本没有批准。1866 年《圣彼得堡宣言》日本不批准的原因不详。1929 年《关于战俘待遇的日内瓦公约》，日本根本不同意公约对战俘权利的规定，故而不批准。[①] 以后的历史表明，日本不批准《关于战俘待遇的日内瓦公约》，是因为要压榨战俘身上的劳动力资源实现其以战养战的目的，不批准《禁止在战争中使用窒息性、毒性或其他气体和细菌作战方法的议定书》，是因为要使用毒气作战和细菌战。在侵略战争面前，日本扔掉了曾经学习过的文明，开始了肆无忌惮的野蛮行径。

一、日本与《改善战地武装部队伤者境遇的公约》

1864 年 8 月 22 日，在瑞士邦联、巴登大公、比利时国王、丹麦国王、西班牙女王、法兰西皇帝、黑森大公、意大利国王、荷兰国王、葡萄牙和阿尔加维国王、普鲁士国王、符腾堡国王等人的倡议下，欧洲主要国家代表在瑞士日内瓦签署了《改善战地武装部队伤者境遇的公约》。

这份公约的通过是国际红十字会创始人亨利·杜南（Jean Henri Dunant，1828—1910）努力的结果。1859 年 6 月 24 日，他途经苏法利诺，正好遇上法国、萨丁尼亚联军正在对奥地利作战，双方死伤惨重，战场上都是无人照顾的伤兵。杜南亲眼目睹战场惨状，伤兵乏人照顾、辗转死亡的情况深深触动了他，因此他自愿地组织一支平民队伍，在近四万具尸体中抢救伤患，为无数受伤士兵给予基本医疗。有了这样的经历，他写下了《索尔费利诺回忆录》（Un Souvenir de Solferino，1862 年 11 月 8 日出版），并建议设立一个中立的民间救援组织，以便在战争期间及时救助在战场上受伤的士兵。他的主张得到了众多政治家的响应。经过几年时间的酝酿，欧洲主要国家签署了这一公约，这也是国际

---

① 1925 年签字的《禁止在战争中使用窒息性、毒性或其他气体和细菌作战方法的议定书》在战争期间也未得到日本政府的承认，只是到了 1970 年 5 月 21 日才批准，二战期间日本大量使用窒息性、毒性气体和细菌作战是对人类文明的挑衅。

人道法领域中最早通过、执行的公约。

《改善战地武装部队伤者境遇的公约》的主要内容是保护战斗中参战人员中的受伤者。该公约主要分成三个部分,第一部分是对战地医院、战地医生、工作人员的保障条款;第二部分是对受伤军人的保护条款;第三部分是救护时候红十字会的标识问题。公约对战地医院、受伤士兵等做出了最基本的保护。由于伤病的原因,很多士兵沦为战俘,因此对受伤军人、野战医院的规定很多都涉及到战俘问题。该公约涉及到战俘问题的条款有:

第六条:伤病的军人应受到接待和照顾,不论他们属于哪个国家。

当这些军人的伤势已经治愈并被公认为不能服役时,应将其遣送回他们的国家。其他的人也可以遣送回国,其条件是在战争进行期间不再拿起武器。

对于野战医院、野战医院工作人员的保障规定为:

第一条

野战医院和军队医院应被承认为是中立的。只要这类医院内有任何病者或伤者,它们就应受到交战各方的保护和尊重。

第二条

医院和野战医院的人员,包括管理人员、医务人员、行政人员、运送伤者的人员以及牧师,在他们执行任务期间,只要仍有伤者送入医院或得到救助,均应享有中立的利益。

第三条

上条所指人员即使在敌人占领后,可以继续在他们服务的医院或野战医院履行他们的职责,或者可以撤离,以便重返他们所属的部队。[1]

---

① 王铁崖等编:《战争法文献集》,北京:解放军出版社1986年版,第4—5页。

1864 年 8 月在瑞士日内瓦签署生效《改善战地武装部队伤者境遇的公约》,初步地建构起战争中保护战俘生命的保障体系。这是西方国家在国际人道领域努力的体现。此时,西风东渐,东方的日本也在学习西方。1864 年,高杉晋作起兵夺取了长州藩的政权,木户孝允主持长州改革,倒幕运动蓬勃发展。1868 年明治维新开始,日本全面学习西方。日本学习西方的过程中,对西方的法律体系推崇至极。1886 年 6 月 6 日,日本政府正式签署了《改善战地武装部队伤者境遇的公约》,接受该公约的限制条款,承认了战场受伤士兵、战地医院应该享受的权利,开始对战俘进行救治与保护。这是日本参与的最早的有关战俘待遇的国际人道法公约。

除了日本,当时还有三个亚洲国家加入了该公约。暹罗在 1895 年 6 月 29 日加入公约,朝鲜在 1903 年 1 月 8 日加入公约,中国在 1904 年 6 月 29 日加入公约。日本是亚洲国家中第一个加入该公约的国家,体现了其在现代化进程中领先亚洲国家的趋势。

二、《圣彼得堡宣言》与限制武器的使用

《圣彼得堡宣言》全称是《关于在战争中放弃使用某些爆炸性弹丸的宣言》。1868 年,在圣彼得堡召开的这次国际会议的主要目标是:"根据一项共同协议规定了技术上的限制,在此限制内,战争的需要应服从人道的要求。"为了达到这一要求而"考虑禁止在战争期间在文明国家之间使用某些弹丸的愿望"[1]。可见该宣言的主要内容是对战时使用武器的限制。

从该宣言中可以看出当时国际社会对于文明、战争、消灭敌人军事力量和武器之间的逻辑关系。宣言"考虑到文明的进步,应尽可能减轻战争的灾难",但是又承认在当时条件下战争是不可避免的。在这种现实情况下,考虑到战争的目的在于赢得胜利,而不在于对敌方民众的杀戮,所以强调:"各国在战争中应尽力实现的唯一合法目标是削弱敌人的军事力量。"与此同时,承认"为了这一目标,应满足于使最大限度数

---

① 王铁崖等编:《战争法文献集》,北京:解放军出版社 1986 年版,第 7 页。

量的敌人失去战斗力"。①"让敌人失去战斗力"并不单纯意味着对敌对方的肉体性损害或消灭,使得对方屈服、投降也是失去战斗力的有效手段。

该宣言的主旨在于不伤害参战者身体权力的情况下解除战斗力。正是在认识到造成敌对方身体痛苦或者死亡已经超越了"失去战斗力的范畴",因此强调"这类武器的使用违反了人类的法律"——"这类武器"是指"任何轻于四百克的爆炸性弹丸或是装有爆炸性或易燃物质的弹丸"。该宣言以"违反人类法律"的高度确立起对参战者的生命保护。

除了卡扎尔王朝统治下的波斯以外,批准该公约的全部是欧洲国家。② 日本未参加《圣彼得堡宣言》。然而,1868 年《圣彼得堡宣言》所提倡的人道精神和限制杀伤性武器的内容,在之后的海牙公约体系和日内瓦人道法条约体系中均有反映。日本加入到后来的国际人道法条约体系中,也是对该条约精神的认同。

三、日本与 1899 年海牙公约体系

19 世纪末,帝国主义国家为重新瓜分殖民地、争夺世界霸权,大规模扩军备战并形成军事同盟。军事扩张给各国带来了巨大的压力。1898 年 8 月俄国皇帝尼古拉二世倡议在荷兰海牙召开和平会议,并邀请欧亚国家参加。各国虽对沙俄的倡议态度不一,但基于各自的外交需要,均未表示拒绝。在此前提下,日本派出代表团参加此次会议。

此次会议又称为"第一次海牙会议",以区别于下文中的 1907 年海牙国际法会议。会议召开时间从 1899 年 5 月 18 日到 7 月 29 日,中间签订了《和平解决国际争端公约》《陆战法规与惯例公约》和《日内瓦公约诸原则适用于海战的公约》等三个公约,并且规定在海牙设立一个永

---

① 王铁崖等编:《战争法文献集》,北京:解放军出版社 1986 年版,第 7 页。
② 签字国包括:英国、奥匈帝国、巴伐利亚、比利时、丹麦、法国、希腊、意大利、荷兰、波斯、葡萄牙、普鲁士和北德意志邦联、俄国、瑞典和挪威、瑞士、土耳其、符腾堡。

久的仲裁法庭，以处理国际间的争执。会议还通过了限制战争行动手段的三项宣言。①

1899 年海牙会议对制定、完善了战争人道法起到了积极推动作用。《关于 1864 年 8 月 22 日日内瓦公约的原则适用于海战的公约》是对 1864 年日内瓦《改善战地武装部队伤者境遇的公约》的继承和发扬。"第一次海牙会议"制定了一系列的条约文件，对于保护战场战俘最为重要的，当属《陆战法规与惯例公约》（1899 年海牙第二公约）。

该公约是"出于在军事需要所许可的范围内为减轻战争祸害的愿望而制订的、旨在成为交战国之间以及交战国与居民之间关系的一般行为规则"。② 对于条约未包含的具体情况，具体的处理原则是："凡属他们通过的规章中所没有包括的情况，居民和交战者仍应受国际法原则的保护和管辖，因为这些原则是来源于文明国家间制定的惯例、人道主义法规和公众良知的要求。"③文明国家间制定的惯例、人道主义法规、公众良知的要求奠定了国际人道法领域人道、良知和惯例的三原则。

在公约的附件《陆战法规和惯例的章程》中对陆地战争做出了诸多规定，这些规则包括以下内容：

一、条约对交战者身份认定做出具体规定。交战者的身份认定关系着战俘身份的认定。条约规定的交战者身份明确规定：交战者不仅包含军队，也包含民兵和志愿军。这一规定，基本奠定了之后各国对战俘身份的认定，日本的战俘观念也受到了这条规定的影响。

> 第一条　战争的法律、权利和义务不仅适用于军队，也适用于具备下列条件的民兵和志愿军：
>
> 一、由一个对部下负责的人指挥；

---

① 三个宣言是：《禁止从气球上或用其他新的类似方法投掷投射物和爆炸物宣言》（1899 年海牙第 1 宣言）、《禁止使用专用于散布窒息性或有毒气体的投射物的宣言》（1899 年海牙第 2 宣言）、《禁止使用在人体内易于膨胀或变形的投射物，如外壳坚硬而未全部包住弹心或外壳上刻有裂纹的子弹的宣言》（1899 年海牙第 3 宣言）。
② 王铁崖等编：《战争法文献集》，北京：解放军出版社 1986 年版，第 9 页。
③ 王铁崖等编：《战争法文献集》，北京：解放军出版社 1986 年版，第 9—10 页。

二、有可从一定距离加以识别的固定明显的标志；

三、公开携带武器；

四、在作战中遵守战争法规和惯例。

第二条　未占领地的居民在敌人迫近时，自动拿起武器以抵抗入侵部队而无时间按照第一条组织起来，如其尊重战争法规和惯例，应被视为交战者。

第三条　交战各方的武装部队可由战斗员和非战斗员组成。被敌人俘获时，两者均有权享受战俘的待遇。①

规定了关于交战者的身份认定后，条约又对战俘做出了规定，交战各方的战斗员和非战斗员，在被敌人俘获时候都享受战俘待遇，战俘享受的待遇由战俘条款决定。战俘条款明确规定了战俘在被捕、拘留、劳动、物质生活与精神信仰方面享有的权利，对战俘管理者做出了设置俘房管理局的规定。

第四条　战俘是处在敌国政府的权力之下，而不是在俘获他们的个人或军队的权力之下。他们必须得到人道的待遇。属于他们个人的一切物品，除武器、马匹和军事文件外，仍归他们所有。

第六条　国家得按照战俘的军阶和能力使用战俘的劳动力。这种劳动不得过度并不得与作战有任何关系。

战俘得被允许为公共事业或私人或为他们自己的利益而劳动。

为国家作出的劳动，应按照本国士兵从事同样劳动所获报酬标准给予报酬。

第七条　掌握战俘的政府负责战俘的给养。

如交战各方间没有专门协议，则战俘在食、宿、衣方面应受到

① 王铁崖等编：《战争法文献集》，北京：解放军出版社1986年版，第11页。

与俘获他们的政府的部队的同等待遇。

第十三条　不直接属于军队组成部分的随军人员,例如报社记者和通讯员、小贩、供应商,如落在敌军手中,而后者认为有必要予以拘留时,有权享受战俘待遇,但须带有他们所随军队的军事当局的证件。

第十四条　一旦战争开始,在交战各国,以及必要时在其境内收容交战者的中立国,应设立战俘情报局。该局的任务是答复一切有关战俘的询问,从各有关机构获取一切必要的情报,以便为每一战俘建立个人报表。该局应掌握战俘的拘留、迁移、入医院和死亡的情况。

情报局也应负责接受和收集在战场上找到的、或在医院或流动医疗站内死亡的战俘所遗留的一切个人用品、贵重物品、信件等,并转交给有关人员。

第十五条　依照其本国法律正式成立旨在从事慈善行为的战俘救济团体,应为其本身和其正式派遣的代理人,在军事需要和行政规章所规定的范围内,从各交战国方面获得一切便利,以便有效地完成它们的人道主义任务。这些团体的代表们凭军事当局颁发的个人许可证,并在书面保证服从军事当局规定的一切治安和警察措施的条件下,得被允许在拘留营和遣返战俘的逗留地分发救济物资。

第十六条　情报局享受邮递免费待遇。寄交战俘或由战俘寄出的信件、汇票、贵重物品和邮包,无论在寄出地国、目的地国或途经的国家,均免除一切邮递费用。①

以上战俘条款规定了战俘在被俘后应该享受的国际法待遇,其中

---

① 王铁崖等编:《战争法文献集》,北京:解放军出版社 1986 年版,第 12—14 页。

包括"不得从事与战争相关劳动""不得过度劳动""不得强迫宣誓""宗教自由""邮递免费"等待遇。但是公约对非战斗人员的战俘待遇做出了详细规定,"报社记者和通讯员、小贩、供应商,如落在敌军手中,而后者认为有必要予以拘留时,有权享受战俘待遇,但须带有他们所随军队的军事当局的证件。"此外还规定,如果释放的战俘再次参战则丧失战俘待遇:"任何战俘经宣誓释放后,如又持武器对曾向之作出荣誉担保的政府或其盟国作战,并再次被俘获时,即丧失战俘待遇并得送交法庭。"

另外,在条约第二十三条还特别规定"除各专约规定禁止者外",特别禁止不能"以背信弃义的方式杀、伤属于敌国或敌军的人员"、不能"杀、伤已经放下武器或丧失自卫能力并已无条件投降的敌人",①这些都是对战俘的特别保护。

1899 年 7 月 29 日,各国代表在海牙共同签署了《陆战法规和惯例条约》,在签署该条约之后,1899 年 12 月,日本政府批准了该公约,1900 年 9 月 4 日,日本将批准书交存于海牙。日本以文明国家的姿态在战俘问题上为东亚各国做出了榜样。1903 年 3 月 17 日,朝鲜递交批准书,1907 年 6 月 12 日,清政府递交批准书。

1899 年的海牙会议上,除了《陆战法规和惯例条约》之外,日本政府还参与了《和平解决国际争端公约》(1899 年海牙第一共约)、《关于 1864 年 8 月 22 日日内瓦公约的原则适用于海战的公约》(1899 年海牙第三共约)的签订,以上两个公约亦在 1900 年 10 月 6 日被日本政府批准。《关于 1864 年 8 月 22 日日内瓦公约的原则适用于海战的公约》将 1864 年在日内瓦制定的《改善战地武装部队伤者境遇的公约》的相关法律条文扩充到海战范围内,对日本在二战中的海战行为提出了约束。

四、日本与 1907 年海牙公约体系

1899 年制定的国际人道法体系基本确立三条约三宣言的基础。

---

① 王铁崖等编:《战争法文献集》,北京:解放军出版社 1986 年版,第 14 页。

1907 年,国际社会又在 1899 年三条约三宣言的基础上继续发展人道主义事业。1907 年 6 月 15 日到 10 月 18 日在海牙召开国际法会议,这是 1899 年第一次海牙会议的继续和发展。经过了 1904 年—1905 年的日俄战争,各国迫切希望补充现有的战争法规,以促进国际战争人到法规的发展和进步。

日俄战争中,日本方面由于对于俄国战俘的比较人道的待遇赢得了很多国家的赞扬。对日俄战争中日本对俄国的战俘政策的评价要注意两个方面:一是和之后的战争相比,日本对待俄国战俘比较人道,好于之后的多数战争场合;二是战争中发生了暴力行为,引起了俄国的不满。

1907 年海牙国际法会议对 1899 年的三项公约和三项宣言(第一宣言)进行了修订,并新定了十项公约,这样总计十三项公约和一项宣言。在 1864 年《改善战地武装部队伤者境遇的公约》、1899 年《陆战法规和惯例公约》(1899 年海牙第二公约)、1899 年《关于 1864 年 8 月 22 日日内瓦公约的原则适用于海战的公约》(1899 年海牙第三公约)的基础上,继续对战争中的一般法规做出规定,并且对战俘的待遇做了修订。1907 年《陆战法规和惯例公约》(1907 年海牙第四公约)取代了上文 1899 年 7 月 29 日关于陆战法规和习惯的公约。日本全程参与了 1907 年海牙国际法会议的召开,并且签署了相关文件。

1907 年《陆战法规和惯例公约》对参战主体的规定同 1899 年条约未有变化,关于战俘条款只是做了适当的修改和完善,在第六条中加入了被俘军官不从事劳动的条款,对战俘情报局做了细化规定。并且增加了"特别禁止"条款的内容。主要内容包括:

第四条 战俘是处在敌国政府的权力之下,而不是在俘获他们的个人或军队的权力之下。他们必须得到人道的待遇。属于他们个人的一切物品,除武器、马匹和军事文件外,仍归他们所有。

第六条 国家得按照战俘的军阶和能力使用战俘的劳动力,但军官除外。这种劳动不得过度并不得与作战有任何关系。

第七条 掌握战俘的政府负责战俘的给养。

如交战各方间没有专门协议,战俘在食、宿、衣方面应受到与俘获他们的政府的部队的同等待遇。

第十三条　不直接属于军队组成部分的随军人员,例如报社记者和通讯员、小贩、供应商,如落入敌军手中,而后者认为有必要予以拘留时,有权享受战俘待遇,但须携带他们所随军队的军事当局的证件。

第十四条　一旦敌对行动开始,在交战各国,以及必要时在其境内收容交战者的中立国,应设立战俘情报局。

第十五条　依照其本国法律正式成立旨在从事慈善行为的战俘救济团体,应为其本身和其正式派遣的代理人,在军事需要和行政规章所规定的范围内,从各交战国方面获得一切便利,以便有效地完成他们的人道主义任务。这些团体的代表们凭军事当局颁发的个人许可证,并在书面保证服从军事当局规定的一切治安和警察措施的条件下,得被允许在拘留营和遣返战俘的逗留地分发救济物资。

第十六条　情报局享受邮递免费待遇。[1]

除了以上规定,还在第二十三条中做出了特别禁止条款,其中前七条都与 1899 年《陆战法规和惯例条约》相同,只是加入了第八条严禁"宣布取消、停止敌方国民的权利和诉讼权,或在法院中不予执行"的条款规定。

日本在 1907 年 10 月 18 日签署了该条约。之后,经过国内的简单讨论,日本于 1911 年 2 月 13 日通过并交存加入书。下文中将要讨论的《关于战俘待遇的日内瓦公约》日本没有签署,但是公约的主体精神是包含于 1899、1907 年的海牙国际法会议的。二战审判的时候,日本战犯表明不受 1929 年《关于战俘待遇的日内瓦公约》的限制,但是

————————

[1] 王铁崖等编:《战争法文献集》,北京:解放军出版社 1986 年版,第 48—51 页。

1899、1907 年的海牙国际法公约亦表明了日本在战俘问题上应该承担的国际法责任。

五、日本与《关于战俘待遇的日内瓦公约》

1929 年《关于战俘待遇的日内瓦公约》是对战俘问题的重要国际法文件，在 1899 年、1907 年海牙国际法公约基础上，该公约对战俘待遇问题做出更加具体的规定。二次世界大战之后的战犯审判中，虐待战俘问题的判断标准主要依据该公约。

日本政府与《关于战俘待遇的日内瓦公约》的关系比较复杂。日本加入了该公约，但是没有批准该公约。未批准的原因是日方认为该公约对战俘权利的维护与日本的传统价值不符，与日军的军规法纪不符。"日本军事当局在 1934 年反对批准这项公约时，其所举的理由便是：按照这项战俘公约，不能像处罚日本军人一样的严厉处罚战俘，势将修改《日本陆海军军纪条例》，以求两者划一，为了维持军纪计，如此修改殊非良策。"[①]太平洋战争爆发后，日本曾向英美等盟国保证即使没有批准该公约，仍然会按照公约的条款对待盟军战俘。"1942 年初，英美等国即通知日本，表示愿意遵守《优待俘虏国际公约》的一切规定，并要求日本也遵守。当时，日本外务相东乡茂德曾正式提出保证，日本虽然不受《优待俘虏国际公约》的约束，但日本愿在相互遵守的基础上，按照这项公约对待美、澳、英、加、新西兰等国的战俘。"[②]但是事实证明，日本政府并未遵守《关于战俘待遇的日内瓦公约》对战俘的权利规定，二战中被日军逮捕的盟国战俘遭受了虐待行为。

按照国际人道法规的产生根源，《关于战俘待遇的日内瓦公约》首先规定了战场上的伤者应该享有的权利，明确规定伤病者落于对方军队手中，享受战俘待遇。

第一条　军人和其他正式随军服务的人员受伤或患病时应在

---

① 〔日〕神吉晴夫等编著：《日本屠杀秘史》，台南：西北出版社 1978 年版，第 63 页。
② 〔日〕神吉晴夫等编著：《日本屠杀秘史》，台南：西北出版社 1978 年版，第 58 页。

任何情形下受到尊重和保护；交战国对于在其权力下的上述人员应不分国籍，给予人道的待遇和照顾。

第二条 除按照前条的规定应给予照顾外，某一军队的伤者病者之落于另一交战国手中者，应为战俘，国际法有关战俘的一般规则并应适用于他们。

第三条 每次战役后，战场的占领者应采取措施以搜寻伤者、死者并加以保护免受抢劫和虐待。

《关于战俘待遇的日内瓦公约》主要内容就是规定战俘待遇问题，各国"承认在战争的极端情况下，任何国家有义务减轻不可避免的严酷并改善战俘的境遇"，因此"愿意发展根据海牙国际公约、特别是关于战争法规和惯例以及所附规则的原则，决定为此目的缔结公约"。公约适用于"被敌方俘获的一切人员"，包括：

（一）1907年10月18日海牙陆战法规和惯例公约所附规则所载被敌方俘获的一切人员。

（二）在海战或空战中被敌方俘获的属于交战各方武装部队的一切人员。

该公约对战俘应该享受的总体权利和利益，同之前海牙国际法体系中规定变化不大，基本维持了海牙国际法体系中对战俘的保护条款：

第二条 战俘是在敌方国家的权力下，而不是在俘获战俘的个人或队伍的权力下。他们应在任何时候都应受到人道待遇和保护，特别是不遭受暴行、侮辱和公众好奇心的烦扰。

对战俘的报复措施应予禁止。

第四条 拘留战俘的国家应有维持战俘生活的义务。

战俘之间待遇的区别仅因基于享受待遇者的军级、生理或心理健康状况、职业能力或性别的理由始为合法。[①]

第三部分规定了战俘在押、在战俘营所享受的权利，这些权利同战俘的利益密切相关。当然，同后文讨论的二战中被日军俘虏的战俘享受到的待遇产生了鲜明的对比。日军未遵从这些条文的约定。

第七条　战俘应在被俘获后尽速撤退至与战斗地带距离相当远的地区内的收容所，俾免于危险。

惟战俘之因受伤或患病以致撤退之危险大于停留原处者，始得暂时留于危险地带。

俘虏步行撤退在正常情况下每天不得超过二十公里，除非因到达饮水和食物站需要走更长的阶段。

第八条　各交战国应在尽可能最短时期内，通过按照第七十七条所组织的情报处，互相通知关于俘虏的任何捕获。它们亦应彼此指明家属寄交战俘信件的官方地址。

俘虏被俘于不合卫生的地区，或其气候对来自气候适中地区的人员有害，应从速移送至气候较适宜的地区。

各交战国应尽可能避免将不同种族或不同国籍的俘虏集中于同一营内。[②]

并且对战俘营的设施做出了详细规定，这些规定包括采光、空间等方面：

第十条　战俘所居住的房屋或营棚应具备符合卫生和健康的一切可能的保证。[③]

---

① 王铁崖等编：《战争法文献集》，北京：解放军出版社1986年版，第155—156页。
② 王铁崖等编：《战争法文献集》，北京：解放军出版社1986年版，第157页。
③ 王铁崖等编：《战争法文献集》，北京：解放军出版社1986年版，第158页。

集中营的卫生与医疗状况做出以下规定:

　　第十三条　各交战国应负责采取保证战俘营清洁、卫生及防止传染病所必要的一切卫生措施。

　　战俘应有,不论昼夜,可以使用之合于卫生规则并经常保持清洁的设备。

　　第十四条　每一战俘营应设有一医疗所,俾战俘可获得所需的一切性质的照顾。必要时对于患有传染病者应另设隔离病房。

　　战俘之患重病或需要重要的外科手术者,任何军用或民用医疗机构之能做此项诊疗者均须予以收容,费用由拘留国负担。

　　第十五条　战俘之健康检查至少应每月举行一次。检查的目的为监察一般健康状况和清洁状况,以及察觉传染病,特别是肺结核和性病。①

为了满足战俘的文化和道德需求,对集中营的文化和精神生活做出以下规定:

　　第十六条　战俘应有履行其宗教义务之完全自由,包括参加其所信仰的宗教仪式,仅以遵守军事当局规定的维持秩序和警察措施为条件。

　　战俘中的牧师,不论其教派为何,得自由对其本教教徒执行宗教任务。

　　第十七条　交战国应鼓励战俘组织的文娱和体育活动。②

关于战俘的移送,做了如下规定:

---

① 王铁崖等编:《战争法文献集》,北京:解放军出版社 1986 年版,第 158—159 页。
② 王铁崖等编:《战争法文献集》,北京:解放军出版社 1986 年版,第 159 页。

第二十五条　除非军事行动有其必要,患病或受伤的战俘,在旅行有碍其复元期间,不得迁移。

第二十六条　在移送时,应预先向战俘通知其所前往的新目的地;他们应被准许携带其个人用品、函件和他们收到的包裹。

应采取一切有利措施,俾寄到旧战俘营的函件和包裹得以转递给他们而不致迟延。

被移送的战俘所存的款项应移转于他们新住所地方的主管当局。

移送的费用应由拘留国负担。①

关于战俘营劳动与劳工组织的条款:

第二十八条　拘留国对为私人工作的战俘,应承担其给养、照顾、待遇和工资付给的完全责任。

第二十九条　任何战俘不得被使用于其体力不能胜任的工作。

第三十二条　禁止使用战俘从事有碍卫生和危险的工作。②

对于战俘的惩罚,做出以下规定:

第四十六条　拘留国军事当局和法庭对于战俘判处刑罚不得超出对其本国武装部队人员犯同一行为所规定之刑罚。

第五十六条　在任何情况下,不得将战俘移送于监狱机构(监狱、惩治监、徒刑场等)以执行纪律性处罚。③

---

① 王铁崖等编:《战争法文献集》,北京:解放军出版社1986年版,第161页。
② 王铁崖等编:《战争法文献集》,北京:解放军出版社1986年版,第162页。
③ 王铁崖等编:《战争法文献集》,北京:解放军出版社1986年版,第165—168页。

通过以上法律条文，我们可以看到 1929 年《关于战俘待遇的日内瓦公约》对战俘做了最为严格的法律保护。1929 年 7 月 27 日，日本政府在该公约上签字，但是一直未批准该公约。陆军部认为该公约与日本《天皇敕令》等军方文献相违背。《天皇敕令》等体现出来的是勇敢、不畏死亡的精神，而该公约却处处体现着对战俘生命安全的保护，体现怜悯弱者的思维，由此引申出来保护生命的意图，这是日本军部所不能允许的。此外，由于日本国内的传统，一直不认同战俘享有基本的人权保障，而是试图最大程度地利用战俘身上的所有价值。从这个角度考虑，日本不批准《关于战俘待遇的日内瓦公约》便不难理解。之后的历史证明，日本政府是有意不加入该公约，不想受该公约的限制。在这样的前提下，沦落日军手中的中国战俘命运便可想而知了。

第三节 卢沟桥事变之前的日本战俘对策

一、甲午战争中对中国战俘管理

1868 年日本实施明治维新，开始走上资本主义发展道路，国力日渐强盛。由于国内资源匮乏、市场不足，加之社会转型期各种矛盾的集中爆发，日本国内矛盾重重。中国在满清的统治之下国运日下，成为列强国家觊觎侵略的对象。日本将侵略矛头对准了中国，意欲征服中国并称霸世界，试图实现其"八纮一宇"的狂妄梦想。

在对外侵略扩张策略的指引下，日本在 1874 年进攻台湾，1879 年吞并琉球，1882 年借壬午兵变出兵朝鲜。1887 年，日本政府编制了"清国征讨策略"，并逐渐演化为以侵略中国为核心的"大陆政策"。1894 年东学党起义后，中日军队同时出兵朝鲜，矛盾重重。7 月 25 日，中日军队在丰岛海域不期而遇，日军不宣而战，袭击北洋水师舰艇，击沉了"高升号"运兵船。8 月 1 日，中日双方正式宣战。

日本战时的军事指挥系统分为军令、军政两部。军令系统主要是负责战争谋划的指导机关。在开战前的 1894 年 6 月 5 日，明治天皇批准了参谋总长就设置大本营问题的上奏,正式成立大本营,负责前线军事作战的指挥以及国内军队的调动。① 大本营属于战时统合日本陆军参谋本部、海军军令部,是统辖陆海军的军令机构。9 月 15 日,大本营迁往广岛,具体负责指挥中日战争。

军政系统主要包括陆军省和海军省。陆军省和海军省为日本内阁的机构之一,分别负责日本陆海军的编制、军阶、武器、被服、预算编制等,为日本军事的军政机构。时任陆军大臣为大山岩,海军大臣为西乡从道。

由于日军军事系统分为军令和军政两部分,战俘营也就分为军令战俘营和军政战俘营两部分。一般来说,在前线战场被捕的战俘是军令战俘,军令战俘移交后方警备部队和地方部队看管后则成为军政战俘。军令战俘由日本军令机构负责,移送后方或固定战俘营设施后的军政战俘由日本军政机构负责。

1894 年 8 月 1 日,中日双方正式宣战。根据现有资料,第一批到日本的清军战俘是日本海军俘虏的北洋舰队"操江号"上的 82 名海军战俘。这批中国战俘最先关押在日本海军佐世保镇守府监狱内,1894年 8 月 14 日,佐世保镇守府司令柴山矢八致函海军大臣西乡从道请求将府内监狱关押的清海军战俘转移别的地方。柴山矢八在函件中称清海军战俘"同囚徒没有丝毫区别。如为内外人窥知内情,可能会产生种种中伤和妄评。虽然在待遇上不是与囚徒同视,但毕竟与大臣阁下之意见相悖,至有不少遗憾之事。此次日清战争系帝国之侠义与威信展现给诸国之好机会。更何况我国平素尊重国际公法慎重有加,在文明之动作上并无耻辱之事。然今日对归顺者如囚徒一般待遇,实为国家之前途担忧。毕竟世人今日对彼等同囚监禁,不会感到其间之异同,定会有感而发。况当地并无适当之家屋,故此应在他处选定适当位置是

---

① 甲午战争中日本大本营的主要成员有:侍从武馆长兼军事内局长陆军少将冈泽精、参谋长陆军上将有栖川宫炽仁亲王(参谋总长)、陆军首席参谋陆军中将川上操六(副总长)、海军首席参谋海军中将中牟田仓之助(海军军令部长)、兵部总监川上中将(兼任)、运输通信长官步军步兵上校寺内正毅、野战监督长官陆军监督长野田豁通、野战卫生长官陆军军医总监石黑忠德。

为上策。仅此上陈"①。

柴山矢八的信函中指出佐世保港的清国战俘待遇极差,并且担心这会影响到日本政府在国际上的声誉。这里显示出自明治维新之后,日本政府官员重视国际法、强调人类文明、注重维护国家形象的特征。日本国在侵略扩张初期对国际形象的关注使得此时的敌国战俘享受了基本的人道待遇。

8月20日,接到柴山矢八致函的海军省,以海军大臣西乡从道的名义致函陆军大臣大山岩,海军省提到"多数战俘永久安置在军港内实无供使役之处,徒增麻烦",希望陆军省派出宪兵或警备人员,接手管理战俘。不知道是陆军省早已着手制定战俘管理文件,还是海军省的致函促进了该类文件的出台。8月22日,日本陆军省事务局、经理局、医务局三局和法官部联合向广岛的日本陆军第5师团留守处下发了《战俘管理之件》的训令。这是甲午战争中日本收容管理清军战俘的基本政策。该训令内容如下:

朝密第三四〇号

此次送付之关于战俘管理如左,请及时报告(详情)

明治二十七年八月二十二日　军务局长(印章)

经理局长(印章)

医务局长(印章)

法官部长(印章)

致留守第五师团长之训令案:

此次自战地押回之战俘按左规定事项执行

一　应在广岛附近防御线内集中之军队营舍相隔离处设置战俘厂舍。

二　战俘厂舍可以寺院或适当之民房充之,并将战俘将校职位之居室同下士、兵卒有所区分。

---

① 《陆军省关于操江号清军战俘移动同海军省往来函-3》,1894年9月。日本防卫省防卫研究所藏《陆军省大日记》,陆军省日清战役日记M27-11-98,第360—369页。转引自王铁军、高建:《二战时期沈阳盟军战俘营研究》,北京:社会科学文献出版社2011年版,第19页。

三　每个战俘厂舍所收容人数以百人为限。在广岛战俘厂舍人满后,逐次于丸龟、松山之卫戍地设置。

四　为防止战俘在战俘厂舍之逃亡,应从卫戍兵内挑选卫兵负责(警卫)。

五　战俘需要进行适当之分组,并从战俘中选定组长。

六　遇有战俘不恭顺之行为或有危险情况之虞时可使用临机手段。

七　战俘所需粮食应参照"陆军给予令"第九表甲之食料实物支付。

八　需要战俘被俘寝具给付时可以库存旧妆进行适当发付。

九　运送战俘时应派遣适当监视员。

十　舟船马之费用应全额支付。

十一　必要之消耗品应以实物发放。

十二　战俘之病患者应至最近部队治疗。

十三　战俘之异动(情况)应于每月末报告。

十四　战俘厂舍事务由本职之将校、下士若干组成,但需要通辩时可特别雇用。

(参考)九月十八日送件乙第二五五二号及同日二十二日送件乙第二五七号依据本文件传送。①

该文件对设置战俘营、战俘看管部队、战俘管理、战俘的物质生活保障、医疗卫生状况做了基本的规定。"在广岛附近防御线内集中之军队营舍相隔离处设置战俘厂舍"的规定是日本历史上最早规定设立关押他国战俘的集中营。这一系列规定奠定了之后日军设置战俘集中营的基础。

9月1日,日本陆军省复函海军省,同意接手关押在海军佐世保基地监狱内的"操江号"清军战俘。同日,陆军省致函广岛第5师团留守

---

① 1894年8月陆军省军务、经理、医务、法务局关于《战俘管理之件》(陆第79号)。转引自王铁军、高建:《二战时期沈阳盟军战俘营研究》,北京:社会科学文献出版社2011年版,第16页。

处,命令第5师团派员接受佐世保海军基地内的清军战俘。同月,第5师团派遣宪兵将这些战俘转运到广岛,最终到达松山长建寺。

随着战事的演进,中国军队节节败退。平壤战役前的战俘在9月7日前到达日本,被关押在丸龟临时战俘营,其后又被关押四国地区的松山长建寺战俘营。9月15日平壤战役结束后又有大量战俘,尤其是日军在叶志超逃跑路上设下埋伏,雨夜撤退的清军被俘500余人。9月20日,第二批战俘登陆日本广岛,平壤战俘营押送来的600名清军战俘也抵达日本。日本陆军省向第1、3、4、5留守师团下达命令,要求各相关师团设置战俘营房,安置清军战俘。第1师团从1894年12月到1895年3月共3次接收清军战俘,分别关押在东京浅草本愿寺、千叶县佐仓和群马县高崎,分别关押179人、61人、42人,5名战俘伤病在东京红十字会接收治疗,共有287名,此外日军在名古屋、大阪、仙台东浙寺设立战俘营,关押人数在200名左右。①

平壤战役中被日军俘虏的清军,在战役结束后被收容到平壤临时战俘营,后经朝鲜半岛和广岛被关押到日本国内战俘营中;海城、旅顺被俘的清军则收容到海城附近的战俘营。日本国内收容1000余名,海城收容600名,合计1600名。

1895年4月17日,李鸿章和伊藤博文在广岛下关春帆楼签订了《马关条约》,并且规定了交换战俘事宜。8月18日,中日两国在天津大沽口举行了交换战俘仪式。日本陆军中校村山邦彦将关押在日本各地的976名清军战俘交给了清政府代表天津镇总兵罗荣光、副将汪孝恩。②

在中日甲午战争中,诸如柴山矢八的官员注重日本的国际形象,要求给以清朝战俘以善待。然而,根据一些文献记载,日军仍然存在虐待清军战俘的情况。1894年9月16日的《原田鹤次从军日记》记载,原田受命担任清军战俘的看守任务,他以一线管理者的角度留下了有关日军虐待清军战俘的记载。"前日看守战俘,午后十时左右有战俘试图

---

① 王铁军、高建:《二战时期沈阳盟军战俘营研究》,北京:社会科学文献出版社2011年版,第20页。

② 《北洋大臣李鸿章为天津镇已接受华俘九百七十六名事来文》,1895年8月20日.载戚其章:《中日战争》第5册,北京:中华书局1993年版,第434页。

抢夺巡查佩刀逃跑,余用刺刀将其刺倒,其他(清军)战俘有三十八名被枭首,同十二时换岗。"[1]这是日军对清军战俘的虐待和屠杀的例证。

战俘的受辱问题也很严重。"操江"号投降后被押送到佐世保港。据一同被俘的丹麦人弥伦斯回忆:"午后2点钟,上岸之时极备凌辱……船近码头即放气钟摇铃,吹号筒,使该处居民尽来观看。其监即在码头相近地方,将所拘之人分作二排并行,使之游行各街,游毕方收入监,以示凌辱。"游行示众的凌辱之外,还有饮食上的虐待,被俘士兵栾述善回忆说:"被拘者甚众,均系道署中,饮食俱无,并有火焚刀裂之说……死既不能,生更犹死,两手背缚,发用绳联。十八日申刻,始发给饭团一握,舌为匕箸,膝作杯盘,俯首就餐,忽尘埃上坠,泥沙兼半,口难下咽,渴极频呼,仅给臭水一滴。如是者二十余日,忽称送往伊国。足无整履,身少完衣,由中和至黄州,奔波百余里之遥,不容喘息。九月初八日在江口上船,如入陷阱。坐卧不出寸步,便溺均在一舱,秽气薰蒸,时欲呕吐。十六日至日本广岛下船,狂奔十余里,立毙数人,始登火车。十七日到大阪府,往南御堂厂舍……一日三餐,入口者无非霉烂萝卜。数月间,遍身尽是腌脏衣服。"[2]弥伦斯作为战俘被日军收押,他的经历反映了中国战俘的基本情况。

旅顺大屠杀中出现了日军大规模屠杀战俘的情况。"许多清军战俘被刀剑刺死在地上。他们死时两手还被绑着,衣服也被扒光"。国际社会认为:"日军在21日战斗结束后,对没有战斗力的敌国士兵进行了屠杀。"日军司令官大山岩辩解说:"22日以后发生战俘被杀戮问题是(因为这些战俘是)愚顽不觉或抵抗逃亡之徒,对此进行惩戒实属万不得已。"[3]

虽然有以上种种屠杀和虐待清军战俘的行为,但是比较于20世纪日本对待中国的战俘,甲午战争日军对待中国战俘还有人道观念的约束,尤其是承认清军俘虏是国际法意义上的战俘,并且从国际法、人类文明的角度出发对待清军战俘。其中最重要的原因是日本正处于虚心接受西方文明、向西方学习的阶段,在这个过程中接受国际法律条约的

---

① 原田良造藏:《原田鹤次日清战争从军日记》,1894年9月17日。转引自王铁军、高建:《二战时期沈阳盟军战俘营研究》,北京:社会科学文献出版社2011年版,第25页。
② 《甲午清军战俘在日本待遇如何》,http://view.news.qq.com/zt2013/qjzf/index.htm。
③ [日]井上晴树:《旅顺虐杀事件》,筑摩书房1995年版,第27页。

相关规定。在这样的大背景下，清军战俘虽然也面临屠杀、虐待的问题，但是日本在主观上是遵从国际法条约规定的。

二、日俄战争中日本对俄国战俘管理

甲午战争，中国战败，根据《马关条约》日本获取了辽东半岛，此举严重威胁到俄国在中国的侵略扩张意图。俄国联合德国、法国要求日本放弃辽东半岛。日本在甲午战争中耗费颇大，无力同俄国抗争，只能应允，但是怨俄之气颇深。1900 年义和团运动兴起，俄国 18 万军队控制中国东北三省，此行为又同英、美、日等国产生了利益冲突，列强要求俄国从中国东北撤兵。1902 年 3 月，清廷同俄国签署了《中俄交收东三省条约》，但俄国在 1903 年 4 月 18 日提出了所谓的"七项撤军新条件"。早已觊觎东北的日本在英美等国支持下，要求俄国撤军，俄日矛盾加剧。1904 年 2 月 8 日，日军偷袭旅顺，对俄国不宣而战。2 月 9 日俄国对日宣战，10 日，日本宣战，日俄战争全面爆发。

在经历了旅顺会战、辽阳会战、沙河会战、黑沟台会战、奉天会战等几次重要战役之后，日军陆军取得了战场的优势地位。海军方面，东乡平八郎领导的日本海军在 1905 年 5 月 27 日的对马海战中取得了决定性胜利。9 月 1 日，俄日两国签署了休战议定书，两国停战。战争中俄国军队战死 11 万多人，8 万人被俘。

1904 年 2 月 6 日，日本陆军制定《战时大本营编制》和《战时大本营条令》，参谋总长大山岩受命组建大本营，13 日组建完毕。1904 年 2 月 6 日设置了俘虏情报局，管理日本各地战俘营中关押的俄军战俘。俘虏情报局首任长官为石本新六，其后由陆军省副官本乡房太郎兼任。

1905 年 1 月 31 日，日本陆军省副官本乡房太郎向日本内阁书记官上呈了由陆军省大臣寺内正毅签署的《俘虏收容所条例》：

敕令第二十八号

第一条　俘虏收容所属于陆军管辖，掌管俘虏的收容及管理事项。

第二条　俘虏收容所可按照需要设置，其位置及开关由陆军大臣规定。

第三条 俘虏收容所由所在地卫戍司令管理,由陆军大臣监督之。俘虏收容所位于卫戍地外时,由最近之卫戍地司令官管理。

第四条 俘虏收容所设置如下职员所长(少将或校官)、所员(校官及尉官)、下士、判任文官。

前项职员外,可按照需要配属军医正、军医、主计所员以下人员按照其大小规模由陆军大臣规定。

第五条 所长隶属卫戍司令官,负责掌管收容所内一切事务。

第六条 所长在俘虏管理上拥有对派遣至收容所之卫兵的指挥权。

第七条 所员、军医正、军医及主计承所长之命令,分享其各自的事务。

第八条 下士、判任文官承上官之命令处理事务。

第九条 俘虏收容所事务繁杂时,卫戍司令可派遣部署协助其事务管理。依前项规定之派遣者可指挥监督所长。

《俘虏收容所条例》于1905年2月2日上奏天皇,以天皇"敕令"形式颁布,标志着日本政府战俘政策开始在具体的行政组织上得以展开,关于俘虏收容的一系列规章制度也相继出台。

1905年2月14日,日本政府制定了《战俘管理规则》(陆达第22号),共包含四章三十三条。该规则规定了战俘的范围。根据该规则第一条,日军的战俘为"帝国权下的敌国战斗员及根据条约和战争法规惯例规定管理之敌国非战斗人员"。这同1899年海牙公约体系中的《陆战法规和惯例公约》中的"战争的法律、权利和义务不仅适用于军队,也适用于民兵和志愿军"相一致,表明,此时日本政府吸收了1899年《陆战法规和惯例公约》的精神;第二,战俘根据其官阶不同享有相应的待遇,战俘在收容期间有信仰宗教的自由;第三,战俘违反规定,应按照日本陆海军刑法接受军法会议处罚;第四,陆海军俘获战俘可按照就近就便原则收容,但海军在不得已的情况下可将所俘获之战俘移交陆军看管;第五,战俘管理规定由陆军大臣制定,战俘收容所由所在地卫戍司令管辖;第六,设立俘虏情报局,以收集并管理战俘的居住、人员、移动、死亡等信息;第七,战俘可以接受慈善机构的救济品和馈赠,并享有同战俘家属通信以及接受病患治疗的权利。

这份规则集中反映了当时国际法中关于战俘待遇公约的规定。此外,日本政府还在之后制定了对俄国战俘的相关文件,主要包括 1905 年 3 月 3 日《战俘通信规则》、1905 年 2 月 19 日《战俘给养规定》、1905 年 2 月 28 日《关于战俘处罚之件》、1905 年 9 月 10 号制定《战俘劳役规则》。《战俘管理规则》及其之后的系列战俘管理文件都受到了 1899 年《陆战法规和惯例公约》的影响。尤其是按照国际公约的要求,1904 年 2 月 6 日设置的俘房情报局,负责管理日本各地战俘营中关押的俄军战俘。这是亚洲历史上最早出现的国际法意义上的管辖他国俘房的管理机构。

战争期间,日军将在旅顺、沈阳、辽阳附近等地俘房的 79454 名俄国战俘陆续运到日本,分别关押在 29 处日本战俘营中,表 1-2 的内容是日俄战争时期日方设置的战俘集中营情况。

表 1-2　日俄战争期间日本设立的战俘营一览表

战俘营名称	开设时期	人数
松山	1904 年 3 月 18 日	2163
丸龟	1909 年 7 月 22 日	349
姬路	1904 年 8 月 1 日	2184
福知山	1904 年 9 月 9 日	319
名古屋	1904 年 11 月 28 日	—
静冈	1904 年 12 月 14 日	22376
似岛	1905 年 1 月 10 日	—
滨寺	1905 年 1 月 10 日	4049
大理	1905 年 1 月 10 日	875
福冈	1905 年 1 月 14 日	359
丰桥	1905 年 2 月 10 日	875
山口	1905 年 3 月 12 日	359

战俘营名称	开设时期	人数
大津	1905 年 3 月 18 日	750
伏见	1905 年 3 月 19 日	1711
小仓	1905 年 3 月 21 日	1027
习志野	1905 年 3 月 22 日	14950
金泽	1905 年 3 月 26 日	3317
熊本	1905 年 3 月 29 日	6002
仙台	1905 年 3 月 30 日	2165
久留米	1905 年 3 月 31 日	2697
佐仓	1905 年 4 月 1 日	—
高崎	1905 年 4 月 3 日	531
鲭江	1905 年 4 月 15 日	40
善通寺	1905 年 4 月 24 日	997
敦贺	1905 年 4 月 26 日	487
大阪	1905 年 6 月 27 日	226
弘前	1905 年 7 月 24 日	61
秋田	1905 年 8 月 10 日	87
山形	1905 年 8 月 19 日	42

（日本陆军大臣官房《明治三十七八年战役——战俘管理始末》附表。转引自［日］内海爱子：《日本军俘虏政策》，青木书店 2005 年版，第 88 页。）

　　日俄战争中，近 8 万名俄军战俘的待遇如何呢？总体来说，日军制定了有关俄军俘虏的一系列制度和规则，并且试图在战场上取得胜利的同时，在战俘管理方面向西方国家展示日本文明国家的形态，所以，相比之后日本在战争中俘虏的他国战俘，1904—1905 年日俄战争期间的俄国战俘享受到了国际人道法公约对战俘权利的保护。

　　下面有一组日俄战争时期的照片，可以形象地说明日俄战争期间俄国战俘的情况。

　　图 1-1 是发生在旅顺战斗之后被俘的俄国战俘。通过照片我们

图 1 - 1　旅顺附近刚刚投降的俄国战俘

(Russian prisoners just after the surrender at Choraizl Station, near Port Arthur)

（图片来源：徐广宇编译：《1904—1905 洋镜头里的日俄战争》，福州：福建教育出版社 2009 年版，第 186 页。）

发现照片中的俄国战俘们有的坐着，有的侧躺，有的站立，这说明俄国战俘没有受到日本士兵的强制性指令。俄国战俘或着军装、或着便装，但是身上衣服普遍较厚，侧卧之人的鞋子面对镜头，说明他们的着装比较完整，没有像后来中国战俘那种破破烂烂的形象。尤其是俄国战俘脸上的笑容表明他们的状态安好。"战俘和战俘之间和睦相处，双方都很接受这种状态，显然长时间的围困并没有让部队变得软弱无力——这些人的身体状况都很好，精神状态也不错。俄国人生来就相信宿命，他们曾经打得很好，但是现在如果不可避免的命运让他们做了俘虏，也没有什么可悲哀的。此外，日本的战俘营有着相当好的名声，这些被强行扣留的天皇的客人，不论被送到哪里，都能得到很好的对待。"①

---

① 徐广宇编译：《1904—1905 洋镜头里的日俄战争》，福州：福建教育出版社 2009 年版，第187 页。

　　中间站立拿枪者为日本警卫，日本警卫的面部表情也是比较自然，甚至初露笑容，他与周围俄国俘虏没有间距，完全一副轻松的图景，没有之后战俘与管理者之间的剑拔弩张之势。日方管理者的穿戴与俄国俘虏并无太大区别，说明此时日方的战俘营管理者并无生杀予夺大权。这幅照片总体说明日本战俘管理者与俄国战俘之间的关系比较融洽。

图 1 - 2　日军将被俘的俄国战俘用火车运离旅顺
（Atrain-load of Russian prisoners after surrender, leaving port Athur for Dainy and Japan.）
（图片来源徐广宇编译：《1904—1905 洋镜头里的日俄战争》，福州：福建教育出版社 2009 年版，第 192 页。）

　　图 1 - 2 是日本运送俄军战俘的场面。分析照片，我们发现日军是用火车将俄军战俘集体运离旅顺，运往大连，然后经水路运往日本。这幅照片传递的重要信息是日本战俘管理者与俄国战俘的关系比较密切，从而说明俄国战俘得到了妥善的安排。这从以下细节可以看出：战俘的表情比较随便、俄国战俘的坐姿没有硬性安排、火车也不是封闭

式管理,此外还有在火车站管理战俘的日本士兵非常少,同较多的俄国战俘简直不成比例,在这种条件下,俄国战俘想要逃跑,日本士兵很难处理。"施特塞尔将军签订投降协议后,上万名俄国官兵成为战俘,他们被集中起来,通过铁路转移到大连,大部分人还被运往日本的集中营关押。尽管失去了自由,但是相对那些战死者来说,他们已经很幸运了,这一点似乎从他们的表情上也能读到。"①

幅图 1-3 更加形象的说明了战争中俄国战俘受到的善待情况。

图 1-3　俄国将校俘虏送别会
(照片来源于网络:https://baijiahao.baidu.com/s?id=15998149696238063194wfr=spider&for=pc)

图 1-3 是日军释放俄国俘虏中级别较高的俘虏——将校级军官所拍摄的一幅照片。照片中的主体是俄国战俘中的将校级军官。我们可以看到有日本军人也在人群中。照片中的俄国战俘,军容严整,陆军和海军军官都身着军装,有人手里还拿着文明棍。周围环境静谧而安详,这些将校俘虏的脸上表情淡然,看不到战争的惨烈。此幅照片应该

① 徐广宇编译:《1904—1905 洋镜头里的日俄战争》,福州:福建教育出版社 2009 年版,第193 页。

是俄国战俘在即将回国的时候,日本方面有意做的一次安排。

日军对俄国战俘采取优待,也是希望俄军尽快投降。施特塞尔将军在写给乃木大将的商讨投降事宜的信中写到:"在这些堡垒里我还有8000人,他们中的6000人还有战斗能力。如果你不接受我的提议,这些人将拼死战斗,想要消灭他们你将要付出三倍于这个人数的代价。"[①]日方在军事上取得胜利的同时,兼济对俘虏的人道管理施以心理攻势,取得了日俄战争的胜利。

总体来说,日本对待俄国战俘遵循了 1899 年《陆战法规和惯例公约》的规定,日本对待俄国战俘也赢得了世界各国的广泛赞誉。但是由于日本战胜强大俄国的原因,造成了日本民族自尊心的极大膨胀。日本士兵存在的报复性心理与日本国内早已存在的崇尚勇敢、鄙视投降的传统文化结合,出现了虐待俄国战俘的情况。俄军战俘库普金斯基曾在其日记中回忆道:"日本兵在战场上屡次袭击战俘,只要附近没有将校,他们就来抢夺(战俘们的)军靴和十字架","他们甚至将身负重伤的四十到五十人左右的俄国兵战俘押运到一个小屋,然后放火,没有一个人能够逃出来。"[②]

三、1928 年入侵济南,残杀中国俘虏

1914 年日军在德国手中夺取胶州湾,1918 年中日两国签署了《山东问题换文》,在该文件中日本取得了在济南、青岛的驻军权。1922 年华盛顿会议后的《中日解决山东悬案条约》中,中国收回胶济铁路,日本从青岛、济南撤军。1928 年 4 月 7 日,蒋介石在徐州誓师继续北伐。北伐军攻占临城、临沂之后势如破竹,直逼济南。4 月 17 日的日本内阁会议上,日本以山东军撤退及北伐军中断胶济铁路为由出兵济南。20 日,日军驻天津的 3 个步兵中队侵入济南。26 日,从日本国内开来的第六师团第 11 旅团到达济南。5 月 1 日,北伐军开进济南,中日两

① 徐广宇编译:《1904—1905 洋镜头里的日俄战争》,福州:福建教育出版社 2009 年版,第191 页。
② 王铁军:《日军战俘政策历史述论》,《社会科学战线》2010 年第 6 期。

国军队在济南形成了对峙局面。

5月3日,中日两国军队在济南爆发了冲突,日军死亡26人,伤157人。[1] 中国方面死亡3254人,其中北伐军将士死亡216人。[2] 在战斗中,日本军队虽然人数少于北伐军,但是中国军队害怕引发同日本的更大冲突,蒋介石知悉济南冲突后当即命令城外的中国军队于下午五时之前离开济南,所以日军在战斗中占据了优势。日军俘虏了大量中国士兵。"驻济南小纬四路之第三十七军第一团被日军围攻缴械,官兵多被虏。"[3]

不同于之前的甲午战争、日俄战争中的俘虏政策,在济南事变中,中国被俘士兵的命运极为悲惨。此后,落入日方的敌国俘虏基本延续了残酷受虐的历史。有关济南事变中中国士兵的悲惨状况如以下材料所示:

> "是日(5月3日)午前,驻扎济南五大马路纬一路广东会馆之第司世军第三师第七团全部步枪、机关枪、迫击炮等,均被日军围剿,我军未抵抗,当场被杀者甚多,余均被日军押赴日领事馆,生死未卜。"[4]

> "是日(5月3日)午时起日军施放枪炮竟日未决,不分军民男女均用机枪扫射,被俘之官兵军幽禁于正金银行大楼上及商埠邮政局内,均令直立不准坐卧,且不给饮食,待遇极苛。"[5]

日军对北伐军的屠杀在3日晚间更甚,蔡公时也被日军虐杀。

---

[1] ゆうのページ"济南事件",http://www. geocities. jp/yu77799/nicchuusensou/sainan. html.

[2] 《国民革命军总司令部参谋处济南惨案记录》,1928年6月。中央档案馆、中国第二历史档案馆、吉林省社会科学院合编:《日本帝国主义侵华档案资料选编:九·一八事变》,北京:中华书局1988年版,第39页。

[3] 《国民革命军总司令部参谋处济南惨案记录》,1928年6月,转引自《九·一八事变》,第37页。

[4] 《国民革命军总司令部参谋处济南惨案记录》,1928年6月,转引自《九·一八事变》,第33页。

[5] 《国民革命军总司令部参谋处济南惨案记录》,1928年6月,转引自《九·一八事变》,第37页。

"（日军）将所缚之人列为半月形，日官即发口令，兵士皆将刺刀起下执于手中，对个人之头面或敲击、或刺削，口中就休休作鬼语。予已血流满面，虽痛之澈骨，犹念及蔡主任不知已作何行状，借日兵手电中得见诸人之相撞，大半有耳无鼻，有鼻无耳，血肉模糊，其状之惨几至我昏厥。……枪声突起，值此万籁俱寂中忽闻枪声，即知我蔡主任为日人所枪杀矣。"①

除了战场上的残杀，日本军队对被俘的中国战俘也是百般虐待，5月3日日军将济南商埠的邮局征用为临时战俘营，关押北伐军战俘。自3日到5日，临时战俘营关押的北伐军战俘达1600多人。5日，日军将战俘们捆绑押往纬九路和纬十路之间的清洗洋行内，战俘们露天而居，这些战俘命运悲惨。"每当子夜时分，战俘们带着饥饿、恐惧刚刚入睡之时，空场上的铁门突然打开，几个日军提着轻机枪走进来，拉出一批战俘集合，接着便是一阵扫射，然后开进一辆卡车，将尸体装上运走。有的被烈火焚烧，有的被埋到城墙外边，有的被投尸黄河。"②

济南事变发生时，日军在济南兵力有限，济南周围都是中国士兵。就是在这样的情况下，日军还有恃无恐，虐待、残杀中国被俘士兵。这同日军善待甲午战争、日俄战争的战俘形成了鲜明的对比。中日冲突中，中方战俘的悲惨命运才刚刚开始，之后的九·一八事变、一·二八事件、七七事变后的全面侵华战争中，中国被俘士兵的命运更为悲惨。

四、九·一八事变后日本的战俘策略

1931年9月18日，关东军制造"柳条湖事件"，并以此为借口攻打沈阳北大营。事变爆发后，日本内阁并没有能够对关东军的行为采取有效制约，关东军采取了在中国扩大战争的策略，日本驻朝鲜军队也进

---

① 《国民革命军总司令部参谋处济南惨案记录》，1928年6月，转引自《九·一八事变》，第36页。

② 孙兴杰编著：《济南惨案》，北京：中央党史出版社2005年版，第78—92页。

入中国。张学良的东北军主力撤入关内,东北三省逐步沦于日本的殖民统治之下。

九·一八事变同日本 1928 年出兵济南不同。济南事件只是日本少量部队的短暂军事行动,也未能形成对占领地的长时间有效占领,且济南周围都处于中国军队的包围之中。同济南事件相比,九·一八事变后日方有连续的军事进攻行动和占领政策,并且对军事占领地实现了长期的政治、军事管控。日本以中国东北为基地,逐渐拉开了全面侵华的序幕。

九·一八事变后半年时间,日本已经基本占领了东北地区。1932年 1 月 2 日,日军攻占锦州,2 月 5 日占领哈尔滨,并逐步占领了辽宁、吉林、黑龙江三省的绝大部分地区。但是,中国东北地区还存在大量抗日武装力量。1932 年 2 月,在东北的抗日力量有 62000 人,到 9 月份,抗日力量达到了最高峰,人数有 21 万人。之后,在关东军和伪满的联合清剿下,东北地区的抗日力量呈萎缩迹象,到 1936 年 12 月,东北地区的抗日力量保持在 1 万人左右,已经不能对关东军和伪满政府造成有利打击,日方已经基本实现了对中国东北地区的控制。东北地区抗日武装数量规模如表 1-3 所示:

表 1-3　1932 年到 1936 年东北抗日武装力量演变情况表

年月	抗日武装人员数	年月	抗日武装人员数	年月	抗日武装人员数	年月	抗日武装人员数	年月	抗日武装人员数
1932 1 月	62000	1933 1 月	84000	1934 1 月	35000	1935 1 月	21000	1936 1 月	13500
2 月	75300	2 月	73200	2 月	24000	2 月	22000	2 月	15000
3 月	100000	3 月	66000	3 月	18400	3 月	21000	3 月	17000
4 月	115000	4 月	63800	4 月	23500	4 月	27000	4 月	20000
5 月	156000	5 月	10500	5 月	26500	5 月	27000	5 月	18930
6 月	178000	6 月	10500	6 月	28300	6 月	27000	6 月	16000
7 月	183000	7 月	94000	7 月	28600	7 月	28000	7 月	16000
8 月	137000	8 月	95000	8 月	33000	8 月	29000	8 月	19900
9 月	210000	9 月	95000	9 月	45000	9 月	28000	9 月	18000
10 月	135000	10 月	62000	10 月	40000	10 月	21700	10 月	13000

年月	抗日武装人员数	年月	抗日武装人员数	年月	抗日武装人员数	年月	抗日武装人员数	年月	抗日武装人员数
11 月	111000	11 月	66000	11 月	32000	11 月	20000	11 月	12000
12 月	86000	12 月	56000	12 月	25000	12 月	19000	12 月	10000

（关东军参谋部：《最近满洲的治安》，1937 年 5 月。中央档案馆、中国第二历史档案馆、吉林省社会科学院合编：《日本帝国主义侵华档案资料选编："东北大讨伐"》，北京：中华书局 1991 年版，第 33 页。）

　　东北军主力退避关内后，东北地区的抗日武装仍然抵抗日本的殖民侵略。东北地区的抗日力量，主要包括三类。一是遗留下的东北军抗日将士；二是自发起来保家卫国的东北民众；三是中国共产党领导下的东北民主抗日联军。在这三种力量中，最开始占据主要地位的是遗留下的原东北军将士。随着日军不断的讨伐，原东北军将士陆续撤退到了热河，长城抗战之后多支部队撤入关内。1935 年之后，中共派出干部进入东北，在领导东北民众抗日方面发挥了积极作用。自发起来保家卫国的东北民众始终是抗击日本侵略东北的基础。日军侵占中国东北，虽然东北正规军队未展开大规模的军事战斗，但是上述这些抗日力量的存在也消耗了日方的军事力量。日军开展了持续的"讨伐作战"，对中国的抗日武装采取强压手段，武力镇压。

　　面对东北的抗日力量，日军实施残酷镇压策略。在占领中国东北地区的时间内，日本军方一直没有放松对抗日力量的镇压。尤其是最开始的 1932—1933 年，日军的讨伐给东北抗日民众带来了沉重的灾难。1933 年 6 月，关东军司令部制定的《关于维持治安之一般指导方针》指出："在关东军统辖与指导之下，日满两国各机关共同协力剿灭匪贼，并巩固满洲国之治安维持机构，以免关东军的分散部署撤收后治安发生动摇，并采取特别措施，安定人心。"对于如何剿灭"匪贼"，《方针》进一步解释道："剿灭匪贼以讨伐为主，因此，各村之自卫团得以自卫力量使已被削弱之小股胡匪无活动余地，期其自灭。"①

---

① 关东军司令部：《关于治安维持之一般指导方针》，1933 年 6 月。见中央档案馆、中国第二历史档案馆、吉林省社会科学院合编：《日本帝国主义侵华档案资料选编："东北大讨伐"》，北京：中华书局 1991 年版，第 3 页。

为了消灭东北地区的抗日民众,关东军在中国东北展开了大规模清剿抗日力量的大讨伐,试图消灭东北三省的抗日力量,以实现其对中国东北地区的有效控制,表 1-4 是 1932—1933 年关东军进行的讨伐作战情况:

表 1-4　1932—1933 年日军主要的讨伐作战情况表

讨伐战役名称	时间	抗日部队	抗日部队兵力	作战地域
讨伐吉林军之战	1932.03—1932.06	李杜、丁超、马宪章、李振声抗日军队	20000	吉林省北部
第一次东边道讨伐战	1932.05—1932.06	唐聚五(东北民众救国会)、王凤阁(大刀会)	20000	东边道地区
讨伐马占山作战	1932.04—1932.07	马占山、李海青、吴松林等人的抗日军队	16000	海伦
榆树讨伐冯占海作战	1932.06	冯占海领导的抗日军队	15000	榆树
讨伐李海青作战	1932.05	马占山、李海青	10000 人	肇东、扶余
第二次讨伐李海青作战	1932.07	李海青部	2000 人	兰西县
第一次讨伐冯占海作战	1932.06—1932.07	冯占海、宫长海领导的抗日军	15000 人	双城、阿树、榆树、五常、舒兰
讨伐蒙疆作战	1932.08	胡宝山、马炮头、李宝亨领导的抗日武装	2000 人	榆树县
讨伐殿臣作战	1932.08	殿臣领导的抗日武装	3500 人	双阳县
第二次讨伐冯占海作战	1932.09	冯占海、宫长海领导的抗日武装	10000 人	冯占海部队转移到热河
满洲里讨伐战	1932.09—1932.12	苏炳文、张殿九领导的抗日武装	20000 人	满洲里,中东铁路西部沿线

续　表

讨伐战役名称	时间	抗日部队	抗日部队兵力	作战地域
第二次东边道讨伐战	1932.11	唐聚五（东北民众救国军）	20000 人	东边道
讨伐李海青作战	1932.10	李海青领导的抗日武装	3000 人	安达、肇东、肇州
吉奉龙讨伐战	1932.11	三江好、殿臣、宋国荣	5000 人	吉林、长春、奉天、海龙之间
第三次东边道讨伐战	1932,11—1932,12		20000 人	东边道（蒙江、金川、临江等地）
热河作战	1932.02—1933.03	东北军、国民党军	13 万人	热河
吉林全省讨伐战	1933.10—1933.11	吉林省抗日军队	2000 人	吉林省

（原载《满洲国现势》，1933 年版。根据《东北"大讨伐"》，北京：中华书局 1991 年版，第 26—32 页内容制作）。

此外，日军还将东北地区划分为不同的区块，实施不间断的"讨伐"，这些讨伐作战包括：

1932 年到 1935 年间对东边道地区反复实施七次大讨伐。日本关东军及于芷山率领的伪军先后在该地域镇压了唐聚五领导的东北民众救国会，王殿阳、王凤阁、马兴山等人领导的抗日武装。日军对三角地带实施连续讨伐。三角地带是沈阳至大连铁路以东、沈阳至丹东铁路以南的地区，该地区活跃着原岫岩县长刘景文和原凤城县警察大队长邓铁梅等人领导的抗日武装。从 1932 年 12 月起，日本关东军第二师团为主力，关东军独立守备队、奉天省警备军为主对该地区进行了四次讨伐。到 1935 年 5 月间，基本镇压了该地区的抗日武装。

1936 年对以黑龙江省帽儿山为中心的双城县、五常县、珠河县、阿城县、宾县所在的哈东五县实施治安肃正。1933 年在间岛省的延吉、和龙、珲春三县建立预防民众抗日的部落集团，日军认为收到了很好的效果。1934 年 12 月 3 日"民政部"训令第九六九号通告全东北，促进建设部落集团，实施了强制归屯并户政策，要求东北民众集体居住，以断绝老百姓对抗日武装的支持。

1936 年 4 月 10 日,关东宪兵队司令部发布《关于昭和十一年四月至昭和十四年三月警宪施行之满洲国治安肃正计划大纲》(关宪作命第 45 号),决定对"国境地区特别是能彻底封锁的国境地区;国防上及工业重要地区;铁路沿线(包括预定线)、县城和主要城市附近需两天路程之地区;匪化地区及可压缩匪团的游击区;省、县城附近几区;除以上各项外均将重点放在滨江、吉林、间岛、三江(特别是饶河及汤原等县)等省"的六个地区实施治安肃正。①

然而,根据日方对"讨伐"作战的记录,我们发现日军记载的同日军交战的对手均为"匪贼",例如表 1 - 5 是日军统计的 1936 年间东边道地区的匪情表:

表 1 - 5   1936 年东边道地区"匪情"表

	匪首数	匪数	百分比	
			匪首数	匪数
共匪	45	2590	35.4	47.0
政治匪	37	1720	29.2	31.2
土匪	45	1210	35.4	21.8
合计	127	5520	100	100

(《东北"大讨伐"》,北京:中华书局 1991 年版,第 305 页。)

在 1936 年东边道地区"匪情"包括共匪、政治匪、土匪等。如何理解同日军作战的"匪贼",这些"匪贼"的真实身份如何呢?

首先,我们看日方对"匪贼"身份的认识。"从九·一八沈阳事变起,一直到 1945 年战争结束时,日本始终不愿承认中日战争是战争。"②由于日方不承认是战争,那么"战争在中国境内继续下去,不算是战争,只算是'事变',而抵抗日本侵略的中国军队也不算是军队,竟然变成了'匪徒'。"③另外一个文献表明"匪贼"就是组织化的抗战力

---

① 《关于昭和十一年四月至昭和十四年三月警宪施行之满洲国治安肃正计划大纲》,1936 年 4 月 10 日。《东北"大讨伐"》,第 209 页。

② [日]神吉晴夫等编著:《日本屠杀秘史》,台南:西北出版社 1978 年版,第 43 页。

③ [日]神吉晴夫等编著:《日本屠杀秘史》,台南:西北出版社 1978 年版,第 43 页。

量。"东边道匪贼的主流是作为思想匪、政治匪的共产匪和反满抗日匪,他们并不单是匪贼,他们有具体政纲、并为民众的解放和幸福而努力,因而是政治的军事的思想的团体。对此不能只用武力进行讨伐,而对政治战、思想战、寄予很大的期望,其理由就在于此。"①

其次,战后国际法庭的审判也认定了日方指称的"匪贼"身份是中国抵抗力量。"因为日本政府把中日战争正式称为'事变',把在满洲的中国军队看做'土匪',所以陆军拒绝给战斗中被俘虏的人以俘虏的资格和待遇。"②在战后的审判中,日方逮捕的所谓"匪贼"都是中国抗日武装,都被法庭确认为战俘无疑。

由此可知出现在日方文献里的"匪贼"是反抗日军侵略的中国抵抗力量。日军将中国抗日力量当做"匪贼"的处理贯穿整个中日战争过程中。"当时(1935 年),东边道的治安尚未平稳,各地抗日军(日军将之称其为"匪贼")的枪声不绝于耳。"③甚至到了 1944 年 7 月 5 日《帝国政府声明》中还在宣称:"对中共本部暂称延安政权,对其所属军队,在需要讨伐时则以匪贼称之。对反共、剿共、灭共等名称,一般情况下应避免使用。中共的名称也尽量不要用。"④

九·一八事变之后,日本将中国的反日武装统称为"匪""匪贼"。日方所称的"匪贼"在不同时期所指的对象不同,但都是反抗日本侵略的中国力量。1931 年 9 月 10 日关东军独立守备队司令官的《告示》中便有"然近时匪贼跳梁已极,竟有极呈险恶不稳之情势,而任意加害者频出。由是而人心战战兢兢,不得各安其业"之语。这里的"匪贼"是指"加害于铁路或电信、电话等之通信机关"的中国人。⑤ 九·一八事变之后,对日本利益产生威胁的就是中国的抗战力量了,"匪贼"也成了日

① 伪满治安部:《各地治安工作调查报告集》,转引自《东北"大讨伐"》,第 311 页。

② 《远东军事法庭判决书》,张效林译,北京:群众出版社 1986 年版。第 482 页。

③ 〔日〕冈崎哲夫:《日苏虎头决战密录——关东军虎头要塞失陷纪实》,肖炳龙译,哈尔滨:哈尔滨工业大学出版社,第 3 页。

④ 〔日〕日本防卫厅战史室:《华北治安战》(下),天津市政协编译组译,天津:天津人民出版社 1982 年版,第 436 页。

⑤ 关东军独立守备队司令部《告示》,1931 年 9 月 10 日。转引自中央档案馆、中国第二历史档案馆、吉林省社会科学院合编:《日本帝国主义侵华档案资料选编:九·一八事变》,北京:中华书局 1988 年版,第 105 页。

方对中国抗战力量的蔑称。

中国的抗战军民被日军称为"匪贼",在日方的记载中"匪贼"也有不同的类属。1935年关东军参谋部《关于昭和十年度秋季治安肃正工作概况》中说:"在本期逮捕中政治匪50人、思想匪261人、土匪1986人、通匪者227人",将"匪贼"分为"政治匪""思想匪""土匪""通匪者"。1936年的《吉讨作命第11号》文件中说:"国内土匪之势力最近虽有减少倾向,但共匪及反满抗日匪的活动仍很顽强,今后务必将重点至于此,继续进行彻底讨伐。"①将"匪贼"分为"土匪""共匪""反满抗日匪"等。

通过之前的论证,我们知道日方所称的"匪贼"实为中国的抗战力量,日军又将"匪贼"分为不同的类属。在这些划分中,需要对"土匪"作出特别交代。近代中国东北多土匪,甚至很多正规军事力量也是源自土匪。在民族大义面前,很多占山为王的土匪也打起了抗日救国的旗号。日本也认识到土匪对其造成的打击。"共军派出政治指导员潜入土匪、败残匪、民团匪之中,进行赤化或收买工作,使之改变为共军。"②1931年东北沦陷后,很多土匪成为了抗战武装。三江好、殿臣、胡宝山、马炮头、李宝亭等人在日本人眼中都是土匪,但是他们领导的却是抗日武装。另外,日方乐于接纳中国土匪的依附、投诚,既然日本讨伐这些土匪,则说明了这些土匪抗日的一面。

"共匪""反满抗日匪""政治匪""思想匪"等都是反抗日本侵略中国东北的中国抗日力量。不仅如此,"通匪者"也成了日本人眼中的"匪贼"。下面的表1-6中有对"通匪者"的记载:

表1-6 1936年秋季关东局警察队讨伐概况表

	时间	交战	逮捕	射杀
第一次	自10月19日至11月16日	70	匪贼89,通匪227,投降34	103

---

① 《军政部训令》(吉讨作命第11号),1936年2月13日。《东北"大讨伐"》,北京:中华书局1991年版,第16页。

② [日]日本防卫厅战史室:《华北治安战》(上),天津市政协编译组译,天津:天津人民出版社1982年版,第114页。

	时间	交战	逮捕	射杀
第二次	自 11 月 17 日至 12 月 5 日	13	匪贼 26，通匪 89，投降 5	6
总计		103	匪贼 115，通匪 416，投降 39	109

（《东北"大讨伐"》，北京：中华书局 1991 年版，第 127 页。）

"通匪者"其实就是支持中国抗战武装的东北民众。日军称中国抗日势力为"匪贼"，民众支持"匪贼"而成为"通匪者"。这同民众与"匪贼"的关系可见一斑。"民众对匪贼的认识是极为良好的，并不像我们所认为有不共戴天之仇，甚至可说，三千万民众在精神上与匪贼无大差别者为数不少，大多数的民众还没有与匪贼完全分开，如果进行精神上争夺，假定匪数有三万，精神上的匪军之友军，不知有几倍或几十倍。这些匪贼精神上的友军，虽不敢持枪反抗我们，确实扶育匪贼之母体。历来讨伐效果不大的最大原因，就在于此。"[①]

日军的持续大规模讨伐取得了"重大成就"，严重削弱了东北地区的抗日力量。虽然日军不承认中国抗战力量的政治身份，但是被日军逮捕的"匪贼"则成为了日军的战俘。下表 1－7 是三江省的讨伐"匪贼"作战明确了"俘房"数目。

表 1－7　"三江省"讨伐"匪贼"效果一览表

	1936 年 1—6 月	1936 年 7—12 月	1937 年	合计
打死	866	711	1280	2877
打伤	676	390	775	1841
俘房	72	71	185	328

（根据《东北"大讨伐"》，北京：中华书局 1991 年版，第 400 页内容制作）

1936—1937 年东北三江地区讨伐的情况表明中国东北地区抗战

[①]《关东军参谋部〈关于昭和是年度秋季治安肃正工作概况〉》。转引自中央档案馆、中国第二历史档案馆、吉林省社会科学院合编：《日本帝国主义侵华档案资料选编："东北大讨伐"》，北京：中华书局 1991 年版，第 12 页。

力量的损失,需要值得注意的是,这里已经出现了"俘虏"的字样,这些俘虏都是中国的抗日力量。但是,单纯根据这份文献,中国东北被俘的抗日力量的下落很难考证。

在以上讨伐过程中,日军残酷镇压中国的抗日势力,给东北居民带来了沉重的苦难。日军在中国东北的暴行罄竹难书。现试举几例:

> 1933年3月前后,在间道省的老头沟进行了所谓师团讨伐。第十师团不听第十联队长人见顺士大佐命令:在这次作战中,就是妇女、儿童、老人,只要发现,就全部打死。①

> (1936年10月中旬到11月中旬的东边道肃正工作)"天黑以后被命令到大堡去,大堡分驻所在一年以前曾被抗日游击队袭击,在该分所住一夜,当时听说在分驻所后院内正用凡士林罐蒸煮抗日联军肝胆,我遂到那里去看了,说肝胆是从被杀害的抗日联军身上取下来的,有两副(即两个人的)。这件事是国武(日本大队长)委托做的。"②

> (1936年10月中旬至11月中旬,安奉线治安肃正)"佐藤中队所属的别动队在凤城县东汤地区,以抗日联军便衣的罪名逮捕四名中国人(均系男子,二十岁左右者一名,其他均系三十五六岁,都是农民打扮)。我奉佐藤中队长之命,和三名巡查,将被害者带到东汤沈山林里予以枪杀,同时我用短刀,其他巡查用日本刀将被害者腹部切开,取出他们的肝脏带回配药,尸体埋在现场。我把肝脏拿回家以后,日本家里来信说妹妹患腹膜炎,我便将肝脏磨成粉末,寄回日本,给妹妹吃了。"③

> 在临江南围子驻扎的日本宪兵"设有狼狗圈和电刑,把抗日人员和老百姓抓去就过电,让狼狗咬死,并给狼狗吃。我知道被弄死给狼狗吃掉的人总共在五十多以上,其中我认识的,有丘金堂、程

---

① 《本行武夫笔供》,1954年7月29日。转引自《东北"大讨伐"》,第134页。
② 《前渊秀宪口供》,1954年5月27日。转引自《东北"大讨伐"》,第118页。
③ 《角田信一笔供》,1954年7月22日。转引自《东北"大讨伐"》,第119页。

三、徐伯生、董先生等"①。

在日伪对东北抗战力量的讨伐过程中，抗日爱国者的命运不同，或被杀、或被俘、或逃亡、或投降。日军的武器装备远远超过东北的抗日武装，日军又能集中优势兵力，对抗日武装实施封锁、围剿作战。翻看档案记录，到处是"打死匪徒"的记录。

另有一部分抗日将士被俘，被俘者的命运亦非常坎坷。他们有的被屠杀，成为敌人训练士兵拼刺技法的工具；有的被送入厂矿劳作；有的则不知所踪。由于关东军在东北经营多年，九·一八事变后迅即大规模地侵占中国领土。据当时担任抚顺警察署兵事系内勤刑事系统计的江见俊男后来说，9 月 18 日当晚，日军就在战斗中收容了中国战俘。"十九日晨五点奉署长之命，要解除千金寨的官宪武装，我和巡查数十名在警部补安达权六郎的指挥下，配合守备队、宪兵队及预备役军人编成的抚顺防备队员共约三百名，包围了中国公安局，解除武装约三百名，缴获手枪、步枪、小型迫击炮、弹药等，用汽车一辆运回交给日军守备队了。"②此外，"独立守备步兵第三大队，在 19 日午前 6 时 30 分前，解除了营口的中国军（约五百七十名）武装；独立守备步兵第四大队，在午前 10 时前解除了凤凰城的中国军武装。"③然而，九·一八事变后这批最早中国战俘的下落，现在还未找到足够的资料。

随着战事的演进，被俘的中国士兵数量越来越多，日军对中国俘虏施行了惨无人道的屠杀政策。事变前担任东北军东边镇守使署骑兵第一团团长的曹秉森后来交代自己投敌犯下的罪行时候说："1931 年 9 月 20 日左右，即九·一八事变后两三天的样子，奉天清源县大孤家子发现有抗日部队二三十人，当发现后，我带了骑兵第四连前去打了一下，结果被打伤、打死、打跑的十余名，捉回了八名。"并且"命令我的部下在大孤家子，把被捉住的八名抗日军枪毙，并报告了于芷山"。而于

---

① 《查问证人高秀山笔录》，1954 年 8 月 30 日。转引自《东北"大讨伐"》，第 99 页。
② 《江见俊男口供》，1954 年 12 月 25 日。转引自中央档案馆、中国第二历史档案馆、吉林省社会科学院合编：《日本帝国主义侵华档案资料选编：九·一八事变》，第 159 页。
③ ［日］日本政府参谋本部编：《满洲事变作战经过概要》（第一卷），田琪之译，北京：中华书局 1981 年版，第 11 页。

芷山的态度是"于完全同意,没有表示什么态度"①。

之后,日军屠杀战俘的记载不断出现,日本战犯野崎茂作在战后供认如下:

> 1932 年 12 月 6 日讨伐岫岩等三角地带地区时候:"在庄河县城内外进行搜查,结果从城里逮捕了邓铁梅部下士兵五名,在附近村庄里逮捕十三名。我命令宪兵曹长以下十名,对爱国志士进行拷问,并在该日傍晚,奉岸宪兵队长的命令,我亲自指挥宪兵十五名在庄河县城北的沙滩上,将这十八名抗日武装人员排成一横列,用马枪枪杀了,并将尸体弃在原处。"

> 1932 年 12 月 19 日在大孤山西方二十公里的村庄中:"……在该村村长家中,我对这五名爱国者进行了拷问,我用了棍子打脸,翻译使用了大弯腰、喷气式等酷刑。我肯定该二人是邓铁梅部下,三名是南方人,中国共产党员。当晚,我命令渡边伍长及部下十名,将这五名爱国者带到该村北方的田地里,用马枪杀害。"

> "12 月 13 或 14 日,宪兵曹长等六名,在复县和庄河县境的村庄,以及庄河县内的村庄,共逮捕了邓铁梅的部下十名,枪杀了。因为我曾对曹长等六名宪兵传达了岸宪兵队长的命令:如捉到邓铁梅的部下,就地枪决。"②

时任伪凤凰城警察署刘家河派出所巡查的北岛吉人在战后供述:

> "1933 年 12 月前后,派出所某密探报告,刘家河站东三十公里处有抗日武装部队三十余在那活动……于当日午后逮捕一名抗日关系人员(男,三十岁左右,穿一身黑棉衣)而归,在守备队兵营内监禁拷问两天后,某下士官指挥两名士兵,将该人带到刘家河站西方十五公里的山上,吊在树上,用刺刀刺死。"③

---

① 《曹秉森口供》,1954 年 8 月 13 日。转引自《九·一八事变》,第 178—179 页。
② 《野崎茂作口供》,1956 年 8 月 15 日。转引自《东北"大讨伐"》,第 112 页。
③ 《北岛吉人笔供》,1954 年 8 月 14 日。转引自《东北"大讨伐"》,第 113 页。

本行武夫的笔供里供述：

"1933 年 5 月前后,连我在内的十四名队员,在小队长市川沼郎指挥下,进攻吉敦铁路威虎岭站,在西方一公里处与抗日军约五十名交战四小时,打死抗日爱国者五名,刺杀伤病(男,三十八岁)一名。当时我是第一分队的二等兵,参加了此次战斗,集体枪杀四名。奉指挥者市川沼郎之命,以教育新兵为名,用枪刺将这名三十八岁的伤病刺死了,尸体弃于原地。"

"1933 年 7 月前后,在吉林省哈尔巴岭站东约 30 公里的 15 师兵营里,在人见部队第六中队第一小队市川沼郎的指挥下……逮捕抗日士兵二名(四十岁左右的男子),将被捕者绑在房前挖好的坑里(直径二米,深一米二十,中有少许垃圾),分队长万代军曹以教育新兵(连我在内十一名)为名,用枪刺将他刺成蜂窝,最后杀害了。"[1]

三宅秀也供述道：

"同年(1934 年)秋季,我的部下关德权和迫田,带领警察,逮捕了该游击队的十四名队员和一名抗日地下工作人员,将其全部杀死后,把尸体和房屋一并烧毁。我的部下还杀死过被俘的十一名游击队员及三名地下工作人员。"[2]

在时任第 10 师团第 30 旅团第 10 联队中队长太田寿男的笔供里有关虐杀战俘的记录：

"1934 年 2 月中,我和联队共同在密山附近清乡……抗日军的兵力约 120 名。战场遗弃尸体 5 具。俘虏 2 名(战斗后枪杀了)。"[3]

---

① 《本行武夫笔供》,1954 年 7 月 29 日。转引自《东北"大讨伐"》,第 135 页。
② 《三宅秀也口供》,1954 年 12 月 22 日。转引自《东北"大讨伐"》,第 133 页。
③ 《太田寿男笔供》,1954 年 8 月 3 日。转引自《东北"大讨伐"》,第 139 页。

桥本岬笔供：

"1935 年 2 月，第二连附小林逮捕抗日地下工作人员 1 名，我与小林把他带到伊通县城外，由我拿枪警戒，小林用刀把他砍杀了。"

"1935 年 3 月，在战斗中俘虏抗日武装人员 1 名，由团部教官染川及小林和我把他带到伊通县城被面的洼地，由染川、小林警戒，我亲自用军刀把他砍杀了。"①

曾经担任过伪警察的张振华揭发日军屠杀中国战俘的罪恶：

"1935 年春天，抗日联军陈翰章部队的战士来敦化县城筹集粮食。荒木秀次得到这一情报后，即命令部下警察、自卫团和日本宪兵队进行了三次大搜查。搜查结果，在敦化县城东关的旅馆里搜出抗联战士 4 名、和平居民 9 名。这 13 名被交给日本宪兵队之后，宪兵队把其中的抗日联军战士 4 名、和平居民 2 名，在敦化县的北山上用日本刀砍杀，其余 7 名不知下落。"

"1935 年冬天，荒木秀次命令指挥部下警察、自卫团等 150 名和伪军一个连，包围了驻在敦化县郑家屯的黑龙抗日部队战士 20 名，其中 11 名被逮捕，最后枪杀于郑家屯西北的炮台附近。"②

被揭发人荒木秀次回应说："关于张振华告发我于 1935 年任敦化县伐理参事官时，指挥伪敦化县警察配合伪满军杀害抗日武装人员罪行的检举书，经翻译用日语念给我听过，这均属事实。但杀害抗日武装人员的数字有若干出入，我确认被杀害的抗日武装人员是 24 名。"③

日军在讨伐作战中，对被俘的抗日将领也实施残酷杀害政策。抗

---

① 《桥本岬笔供》，1954 年 8 月 1 日。转引自《东北"大讨伐"》，第 142 页。
② 《查讯检举人张振华笔供录》，1954 年 11 月 17 日。转引自《东北"大讨伐"》，第 144 页。
③ 《查讯检举人张振华笔供录》，1954 年 11 月 22 日。转引自《东北"大讨伐"》，第 145 页。

日将领王凤阁将军被日军屠杀。当时执行杀害王凤阁任务的日本军人回忆:"1937年4月中旬,我奉分队长儿岛大尉的命令,将王凤阁夫妻和三岁的儿子等三人带到通化县城东玉皇山麓,命令伪军骑兵中尉用日本战刀将王凤阁斩杀,命令伪军枪杀其妻子和儿子。"[1]

参考战后日本战犯的审讯材料,在东北的"讨伐"作战中的中国战俘多被日军杀害。日军根本未给中国士兵以战俘身份,当然更不会给他们战俘待遇。在战场上肆意屠杀战俘的做法一直贯穿日本侵华战争的始末。尤其是在全面侵华战争的前期,日军在新的战场完全借鉴了随便屠杀战俘的做法,严重违背了国际法的有关规定,犯下了不可饶恕的罪行。

除了屠杀战俘,文献中也出现了利用中国战俘充当伪军的记录。日本战犯吉兴在战后审判中供述到,他所在的部队"俘四十余人,将其中一人枪毙,余者均编入伪军"[2]。表1-8是1937年日军讨伐东北过程中对投降者的处理情况统计表,这表明在1937年1月到12月,在黑龙江省有2742名战俘投降日军。但是日军如何处理、使用、改造这批投降的战俘,情况不明。但是根据标题中"归顺匪"的记载,最有可能的情况是日军将其变成伪军为其所用。

表1-8　归顺"匪贼"处理情况表(1937年1月—12月)

	1月	2月	3月	4月	5月	6月	7月	8月	9月	10月	11月	12月	合计
佳木斯			2	1	1								
桦川	2	1	2	38	35	12	37	17	12		10	40	206
富锦					35	34	33	64	121	93	292	45	717
宝清	1	1	17		36	4		9		25	11		207
勃利	23	5		17		75	30	40	60	4	19	3	276
依兰	2	1	2	6	64	139	52	45	26	13	65	24	439
方正	12	2	371	1		3		9	40	38	57	50	583
通河				3	184		1	2		2		2	194

---

[1]《坂根觉次郎笔供》,1954年12月1日。转引自《东北"大讨伐"》,第296页。
[2]《吉兴口供》,1954年8月21日。转引自《东北"大讨伐"》,第128页。

续　表

	1月	2月	3月	4月	5月	6月	7月	8月	9月	10月	11月	12月	合计
凤山													
汤原						8	9		18	12	10	1	58
萝北								2		2			4
绥滨										3	12	6	21
同江				1							2		3
抚远	2												
饶河		2	3	1	9	3	8						
总计	142	12	397	68	364	278	171	188	280	190	480	173	2742

(《东北大讨伐》,北京:中华书局 1991 年版,第 392 页。)

除了做伪军,有的中国战俘被日军用做苦力,还有的被投入到厂矿企业中去。1937 年全面战争开始后日军利用中国战俘的形态,在此时已经全部出现。"满洲事变成为中国事变的原因,中国事变又成为大东亚战争的原因,这些事变和战争是日本侵略政策的连锁反应。"[1]九·一八事变后日本对中国战俘的残暴行为在全面侵华战中被完全继承下来,被日军俘虏的中国抗战军民经历了悲惨的战俘生活。

五、一·二八事变中的日本俘虏政策

1932 年 1 月 28 日,日军向驻扎在上海闸北的第十九路军发动进攻,随后进攻江湾和吴淞,一·二八事变爆发。此为九·一八事变后日本为了转移国际视线,掩护其在东北组建伪满洲国的闹剧,并迫使南京国民政府屈服之作。面对日军的侵略行为,中国军队顽强抵抗,给日军以沉重的打击。第 61 师在蕴藻浜的作战尤为惨烈,"……卒以我官兵存乎一心,振臂一呼,莫不同仇敌忾,视死如归,搴旗杀敌,奋勇向前。敌虽顽抗,终归败退。是役计当场毙敌千余,伤者不计。我亦伤亡千余。单间蕴藻河畔,死亡枕籍,有如山积,河水为红,惨不忍睹。"[2]

---

① 《武部六藏笔供》,1946 年 8 月 30 日。转引自《九·一八事变》,第 5 页。
② 《淞沪抗战作战纪要》,1932 年 4 月 26 日。转引自《九·一八事变》,第 564 页。

从 1 月 28 日开战到 3 月 3 日,日军占领真如、南翔后宣布停战,中国士兵的顽强抵抗给日方造成了重大伤亡。据日方记载:日本陆军战死 620 人,负伤 1622 人;海军战死 149 名,负伤 700 名。[①] 当然,在这一过程中,中方部队也付出了巨大的代价。在一·二八事变中,日本对待中国战俘主要以野蛮残杀为主。

杉下兼藏在战后供述称:

> "二月二十二日在上海白杨村南侧河岸运输伤病时,发现有十九路军伤员三名,我用脚将他们踢下河淹死。"

> "二月二十六日奉第三十六联队第十一中队长之命,带领部下二十名向江湾北之阵地与十九军作战,捕获俘虏三人,亲自刺杀一名,其余二人由部下杀死。"

> "次日又于大场镇、真如镇间公路旁的竹林子内,我担任斥候长,亲自用军刀刺死十九路军伤病三名,命令部下刺死十五人,向前走发现伤病十二名,亲自刺死二人,命令部下刺死十名。再向前我又刺死三名,命令部下刺死十五名。在次日共杀死五十余名内,我亲自杀死八名。"

即使宣布停战之后,以杉下兼藏为代表的日本军人仍然在残杀中国战俘。

> "三月九日在真如铁路北侧修筑工事时,发现十九路军伤病三名,我用刀刺死。同时在真如北车站公路上运送伤病时,发现负重伤的十九路军二名,我命令部下将其投入黄浦江中。"

> "三月十三日我参加修筑工事时,在真如国际广播电台南两千公尺通往铁路的散兵壕内,发现有五名负伤的十九路军士兵,我亲自刺死于沟壕中。"

> "三月十五日任第九师团第七联队第一大队卫生队步兵曹长,

---

① [日]日本政府参谋本部编:《满洲事变作战经过概要》(第一卷),田琪之译,北京:中华书局 1981 年版,第 176 页。

在真如铁路南侧修筑工事中,刺死十九路军伤病五名。"

"三月十六日在真如镇北方十公里修筑工事时,发现十九路军五名伤病藏于民家,我命令松田上等兵用手榴弹集体炸死。"

"三月十九日至四月十五日又在真如镇国际广播电台附近杀死十九路军伤病十几名。"

"四月二十日在大场南约一公里的阵地内,日军混成第九师团为了拍照在上海会战的战况,将六十名俘虏和老百姓伪设成战斗情况,并有飞机助战轰炸。当时我代理小队长指挥作战,共打死十名,其余五十名由其他小队杀害。"①

对于被俘的中国军人,日军将他们关在临时俘虏营中。临时俘虏营设在北四川路的俭德公寓。俭德公寓在一·二八事变"前数日为日本浪人子女避难之所"②。事变爆发后,"日军将北四川路北四川里之铁栏打破,并将俭德公寓大门及后门捣毁,占据公寓后之老虎灶,作为临时俘虏收容所。……约半小时后,日军将妇孺释放,男子则由日陆战队汽车载往福民医院旁日本小学之日海军陆战队司令部内,押至二楼俘虏诘问所审问。……当时数日军押来一俘虏,装束似小工,而日军硬指为中国便衣队,将其衣服撕去,用二寸径粗绳索,痛击其身……复时以击棒球木棍,向手臂猛击,此人辗转哀号,满地作滚,惨不忍睹。时穿洋服者已盘地而坐,日军微笑向前,令其起立,连举双手,方不虞有他,而木棍已向其背部如雨而下,痛极昏于地……"③

由于一·二八事变只是一次局部冲突,战争之后日军也未能实现对上海的有效控制。故一·二八事变后的战俘处理不同于九·一八事变后的东北,和1928年的济南事变后的战俘处理有相似之处:冲突之后释放中国战俘。1932年5月19日,中日两国在上海北站交换了俘虏,日军向中国军队交还了38名俘虏。"中日作战时双方所有俘虏,业于前日由双方约定,于今日上午十时,在北站交换。我军被日军俘虏者

---

① [日]《杉下兼藏口供》,1954年8月13日。转引自《九·一八事变》,第657—659页。
② 上海市档案馆编:《日本帝国主义侵略上海罪行史料汇编》(上),上海:上海人民出版社1997年版,第18页。
③ 《日兵污良民为俘虏》,《申报》,1932年1月31日。

计三十八人，我十九路军当时对于俘虏，皆因经过一度审讯后，即予开释，故始终未有拘留，祇四月廿一日太仓新木桥接触时所击毙之日兵两名，曾用厚椁盛敛、寄存太仓、兹因交换，特电令太仓县长，于前晚运沪，交还日方领回。"[1]20 日的《庸报》记载日军释放的还有中国平民，"皓（19 日）晨八时半，接收委员会派陆绍基、查南强两员，会同十九路军秘书沈毅同至北火车站会见日方参谋富田直亮，接收被日所俘十九路军兵士十名，第五军兵士六名（中有病兵一名），又被拘禁之平民二十三人，共计三十九名云。"[2]总之，由于一·二八事变只是一次地域性的冲突，并且中日两国僵持的时间不长，况且日军突入中国作战，日军俘虏的中国士兵在签订条约后释放。

[1]《今午交换俘虏》，《申报》1932 年 5 月 19 日。

[2]《江湾昨接收俘虏已交换，庙行日军已退江湾仍准日军习战，战区善后会昨开会推定各组委员》，《庸报》1932 年 5 月 20 日。

第二章　全面侵华战争时期日军
战俘集中营的设立

　　1931 年九·一八事变之后，日军占领中国东北。1937 年 7 月 7 日卢沟桥事变之后，日军开始发动全面侵华战争。面对日军侵略，中国人民奋起抵抗日本法西斯的暴行。然而，由于当时中日两国存在的客观差距，中国方面正面战场的抵抗多以军事失败结束，中国方面被迫以空间换取时间，行全民抗战来应对日本的侵略。全面抗战爆发之后，大量中国抗战者沦为日军的战俘。在全面抗战的初始阶段，日军主要对中国战俘采取屠杀的政策，后来由于日军"速决战"计划破产，全面抗战将日本拖入"持久战"阶段。在面积广大、人口众多的中国面前，日本侵略者实施"以战养战"的策略，掠夺中国资源以维持侵略战争。

　　掠夺中国的各种资源均需要劳动力。然而，出于战争的需要，日本的役龄人口集中到军队，造成劳动者数目短缺的状况。为了满足对劳动力的需求，日本在动员本国以及台湾、朝鲜等地劳动力仍不能满足需要的情况下，为了实现"以战养战"的策略，停止了在战场上大规模屠杀战俘的策略，转而利用中国战俘的劳动力资源。为了管理、训练、改造中国战俘，日军在中国的北平、济南、石门、太原、徐州、杭州等地设置了战俘集中营，管理中国战俘。日军并没有制定专门的战俘管理制度与政策，日军对中国战俘的管理完全出于对劳动力资源的需求，以对劳工的经济需求取代中国战俘的政治身份及其应该享受的基本权利。

第一节　全面侵华时期的中国战俘

一、战俘的一般定义

战俘是对战争俘虏的简称,按其表面意思理解就是"战争中一方捕获的对方的成员"。然而,对战俘做出一个权威的解释则比较困难,尤其是在是否给予非战斗人员战俘身份方面。

《辞海》对战俘的定义是:在武装冲突中落于敌方权力之下的武装部队人员、民兵、支援部队人员、游击队员等,包括战斗员和非战斗员。[1]《中国大百科全书》对战俘的定义是:战争或武装冲突中落于敌方权力之下的合法战斗人员;合法交战人员包括参战的军人、志愿部队人员、游击队员、民兵(包括战斗员和非战斗员)。[2] 这两种定义都认为"战俘"概念包含"战斗员"和"非战斗员"。

大英百科将战俘(prisoner of war)定义为"战争中被捕获的人,尤其是国家的军事组织成员在战斗中被敌人捕获"(a person captured in war; especially a member of the armed forces of a nation who is taken by the enemy during combat)。这种对战俘的宽泛定义强调发生环境是在战争/战斗中。

《简明不列颠百科全书》中对战俘的定义是指战争期间被交战国俘获或拘留的任何人员。狭义仅指列入正式编制的武装部队人员,广义则包括游击队、拿起武器公开抗击敌人的平民,以及同武装力量有联系的非战斗员。[3] 大英百科特别强调"军事组织成员",《简明不列颠百科全书》则突出"任何人员",这两种定义的区别关键在于理解非武装战斗人员是否应该被认同为战俘。

通过以上的概念罗列与辨析,我们可以知道"战俘"这个概念包含

---

[1]《辞海》(第4册),上海:上海辞书出版社1999年版,第2678页。
[2]《中国大百科全书》(军事卷),北京:中国大百科全书出版社1989年版,第1212页。
[3]《简明不列颠百科全书》(第9册),北京:中国大百科全书出版社1986年版,第367页。

以下主要内容：

一、战俘概念发生的环境是战争与冲突,战俘必须是在对立的状态下才有其意义,和平的环境不产生战俘。根据战争与冲突的规模,战俘又分为两种：一种是局部冲突条件下的战俘,另外一种是大规模持续战争状态下的战俘。结合本课题研究,在中日两国大大小小的战争与冲突中,不同的对抗等级条件下中国战俘的遭遇是不同的。1928年"济南惨案"和1932年"一·二八事变"为代表的中日两国局部对抗条件下的中国战俘遭遇总体上要好过1937年到1945年全面侵华战争时期的中国战俘。

二、战俘是失去战斗力的有生命的个体。这个特点强调被俘者的生存状态,强调生命的延续,与战死者相对。对这一问题的强调看似不必要,然而却同以下两个问题紧密相关。一是战场上残杀俘虏的行为,在中日战场上中国投降士兵被残杀的情景屡见不鲜,那这些受害者是战斗中的牺牲者还是日方违背国际公约残杀战俘暴力行为的受害者呢？二是涉及到国际法中战俘应该享受待遇的问题,许多受伤而丧失战斗力的人在被俘后应该享受怎样的待遇,国际法对这一问题的回答是应该给与受伤者同本方军队相同的医疗待遇,维持受伤战俘的生命是国际战争法、人道法的基本条款。

三、战俘是俘虏的敌方的战斗人员还是被捕的敌方所有个体？对这个问题的回答构成了战俘概念的主要内容。学术界对这一问题的讨论也是见仁见智,多数学者倾向于战斗中的参战个体。然而,一场战争中的参战个体未必只是军事人员,以1937年到1945年的中日战争为例,中国方面曾经以全民族抗战的模式对抗日本的入侵。日方设置的集中营里关押了大量的武装部队人员,同时日军还抓捕同抗战有关的中国平民。按照《简明不列颠百科全书》的规定,则这些中国受害者都是战俘。在各方就战俘标准未能达成共识的情况下,笔者认为,战俘范围应该由管理战俘的参与方来界定,到底哪些是中国战俘,应该以日本方面的管理者界定为准,应该关注日方对中国战俘的界定。

以上三点只是普遍意义上对战俘概念的理解,至于本课题要研究的日本全面侵华时期的中国战俘概念的界定,笔者主张应该遵循以下两个原则：一是以日方对中国战俘的概念界定为基础,至于哪些中国人是日军战俘,在当时的战争条件下日本的战俘管理者有极大的话语权。二是要考虑中方的军事力量组成时态。全面抗战爆发之后,国民党在正面战场组织大规模会战阻挡日军的疯狂进攻,共产党则深入敌后,在广大地区开辟敌后根据地,以全民抗战形态对抗日本的优势军事力量。这些共同构成了中国抵御日本侵略的国防力量。中国的抵抗力量呈现出多种形态,日方记录中的正规军、非正规军,共产党编制里的野战军、地方军、游击队、自卫队共同构成了中国方面反抗日本帝国主义入侵的中流砥柱。

二、日本对侵华战争中的战俘定义

1931 年九·一八事变之后,日本占领中国东北,1937 年卢沟桥事变日本侵华由之前的蚕食政策发展到全面入侵。然而,直到 1941 年底太平洋战争爆发的这段时间,虽然中日两国在战场上打得不可开交,但是双方都没有宣布进入战争状态。太平洋战争之后,中国才在美英之后宣布对日战争,日本方面一直不承认中日之间的战争。中日战争进行了十年以上,但是从九·一八沈阳事变起,一直到 1945 年战争结束时,日本始终不愿承认中日战争是战争,而只认为是同中国的冲突。"从九·一八事变的爆发到战争结束为止,日本历代内阁都不承认在中国的敌对行为是战争。他们坚持地称它为事变。以此为借口,日军当局主张战争法规不能适用于这一敌对行为的实行。"[①]

对于这场持续 14 年的战争,尤其是 1937 年之后的全面侵华给中国方面造成的苦难,这不是日方能够用否认战争所能解释的。日本不承认战争的原因在于不想受到国际法的约束。"日本人这样故意玩弄名词,就以为找到了藉口,可以宣称在进行这些战争时,有关战争的法律和惯例都不适用,也无须乎遵守。"[②]然而,在事实面前日本学者也不得不承认"由于政略上的原因并没有正式宣战,但实际上完全是一场战

---

① 《远东国际军事法庭判决书》,张效林译,北京:群众出版社 1986 年版,第 479 页。
② 〔日〕神吉晴夫等编著:《日本屠杀秘史》,台南:西北出版社 1978 年版,第 43 页。

争,而不是什么事变"①。在日本方面普遍认为这场战争是对中国进行惩罚的情况下,所以"日本军部主张说:日本和中国之间没有存在着战争状态,纷争只是'事变',所以不能适用战争法规,抵抗日军的中国军队不是合法的战斗员,仅仅是'土匪'。为了消灭在满洲的'土匪',所以开始了无情的作战"②。正如前文所言,日本在侵略东北三省之后,将东北三省的中国抗战军民称为"匪贼",全面侵华战争之后,日本将此项政策由东北扩展到全国。"因为日本政府把中日战争正式称为'事变',把在满洲的中国军队看做'土匪',所以陆军拒绝给战斗中被俘虏的人以俘虏的资格和待遇。日本战俘武藤供述道:在一九三八年已正式决定,依旧称中日战争为'事变',并以此为理由,依旧拒绝将战争法规适用于这次的纷争。而东条也对我们作了同样的供述。"③

日本方面拒绝承认战争,拒绝给予中国被俘者战俘待遇,认为中国抵抗者只是"土匪"。在一份文件中,我们看到日伪对"共匪"的定义:包括 1. 曾担任匪方党之核心工作者;2. 曾担任匪方党之外围工作者(如各抗会干部各团体指导员等);3. 曾担任匪方军队之重要工作者(营长或同阶级以上之官佐);4. 曾担任匪方军队之下层工作者(连长或同阶级以下之官佐士兵);5. 曾担任匪方重要行政工作者(区长以上之行政人员);6. 曾担任匪方下层行政工作者(区公所助理乡镇长等);7. 曾担任匪方特殊教育机关教职员者(如抗大、鲁艺等各种党政军训班);8. 曾担任匪方普通教育机关教职员者(如普通中小学教员);9. 为生活或环境所迫,担任匪方无关重要之工作,而存心来归者;10. 为生活或环境所迫,担任匪方较重要之工作而存心来归者。④ 通过以上十条,我们发现这些人就是抗战人员,他们被捕后理应享受战俘待遇,根本不是日方所称"匪徒"。

不管日本给不给予被捕中国士兵战俘待遇,被捕的中国抗日武装

---

① 〔日〕松村俊夫:《日军大本营》,黄金鹏译,北京:军事科学院出版社 1985 年版,第 8 页。
② 《远东国际军事法庭判决书》,张效林译,北京:群众出版社 1986 年版,第 482 页。
③ 《远东国际军事法庭判决书》,张效林译,北京:群众出版社 1986 年版,第 483 页。
④ 《苏北清乡地区匪共自首暨管理自新户暂行办法》,1943 年 4 月。中央档案馆、中国第二历史档案馆、吉林省社会科学院合编:《日本帝国主义侵华档案资料选编:日汪的清乡》,北京:中华书局 1995 年版,第 679 页。

成了日本战俘的状况不能改变。日本不承认中国战俘的政治身份,所以并未制定专门针对中国战俘的政策。并且由于战后档案文件的损毁,日本方面划分中国战俘的具体标准未能找到,但是日本战败后,日本战犯的笔供中留下了日方对战俘标准的些许线索。上村喜赖在战后接受审判中留下的材料表明,日本陆军作战要务中的战俘含义和范围是:战俘的含义是在战争过程中的军事俘虏,其范围是:1. 交战对方敌军的军队成员——新闻记者、马夫和从军工作者都在内;2. 交战地区的敌国政权系统人员及参加战线的敌国政权成员;3. 参加战线的敌国政府组织成员和敌国政府领导下的社会群众团体成员,参加战线的个人。①

上村喜赖是北平西苑集中营的管理者,他在战争中的任务就是管理战争期间被关押在集中营里的中国战俘。他是日本战俘管理系统的具体承办者,所以他的供词对我们理解日本方面的战俘划分具有重要的价值。我们分析他的笔供:他将战俘定义为"战争过程中的军事俘虏",强调军事性,似乎排除了平民。然而,我们分析其具体的三条内容:第一条是"交战对方敌军的军队成员——新闻记者、马夫和从军工作者都在内",这个标准涵盖了参加中国军事系统的所有人员,只要是参战的中国军人,被俘后就成为战俘。第二条是"交战地区的敌国政权系统人员及参加战线的敌国政权成员",按照中国实际情况,这个标准涵盖了中国政权系统的人员,只要是战线所及地区的中国政权系统的人员被俘后成为战俘,包括国民党员、共产党员等等。第三条是"参加战线的敌国政府组织成员和敌国政府领导下的社会群众团体成员,参加战线的个人",这个标准涵盖到政府系统,而且扩展到每个"参加战线的个人",即对抗日本侵华的个体。

上村喜赖从军队、政党、政府、个人层面给出了日方对中国战俘的划分。分析其划分标准,基本可以用一句话概括:日本方面的中国战俘是指在战争中对抗日本侵华行动、并被日方逮捕的中国人。日本虽然不给中国战俘以国际法规定的待遇,但是确实有其对待中国战俘的

---

① 《上村喜赖笔供》,转引自张子峰:《侵华日军战犯手记文档揭秘》,北京:中国青年出版社2007年版,第28页。

政策。日本的战俘标准不排除中国平民,只要是反抗日本入侵的中国人,被日本人逮捕后都成为战俘。这一问题同中国抗战的独特性密切相关。

三、中国抗战的独特性与战俘问题

日本方面的中国战俘标准是:只要反抗日本侵华战争的中国人被捕后都是战俘,当然这个"战俘"是指事实上的战俘,而不是概念上的,更不是应该享受战俘待遇的国际法上的概念。日本不承认被捕的中国人是战俘就不用顾忌国际法对战俘的待遇的种种规定,就可以肆无忌惮地虐待中国战俘、榨取他们身上有用的一切资源。

日本对中国战俘的判断标准比较简单,但是从中国抗战组织的角度来讲,这个问题又比较复杂。二战的盟军阵营中,中国反抗日本侵略的情况比较复杂。不同于英、美、苏等国政府主导的战争,也不同于法国、欧洲沦陷国家民众的地下斗争。中国的抗战名义上是在国民政府的统一领导下进行,但事实上中国的抗日战争是由两个政权、两种军队体制领导下的全民族战争,其复杂性不言而喻。

国民政府、国民党军队是中国抗战的一条线索。自卢沟桥事变之后,国民党政府组织中国军队在平津、淞沪、华东、华北、湖广、浙赣等地区组织了数十次大规模战役,中国军人以生命为代价阻挡日本侵略者的进攻步伐。在涉及到战俘问题上,国民党战线的抗战比较容易判断,中国士兵的成分也比较简单。国民党体系的军队有中央军和地方军的分别,也有正规军和游击队的区分,但是不管地方军还是游击队,都在国民党军事化管理之下。国民党领导下的抗日军人被日本人逮捕,成为日方战俘。

敌后战场的边区政府、共产党军队领导的抗战是另外一条线索。抗战初期,在国共合作的旗帜下,共产党军队配合国民党主力参加正面阻击战,但是,在日本强大的军事实力面前,中国军队在阵地战中并不占优势,唯一能做的是以空间换时间,以牺牲延缓日本军队的前进步伐。在这样的情况下,中国共产党领导的军队采取了深入敌后、发动民众实现全民族抗战。全民族抗战排斥了政治、阶层的划分,团结全体中国人实施抗战,这样对抗日军入侵的力量就成了全体中国人。按照日军对战俘的划分标准,只要反抗日本侵华战争的中国人被捕后都是战俘,那么就取消了军队与平民的区分。

中国共产党领导了敌后战场的全民族抗战,广泛发动民众,其组织方式同国民党有很大的区别。共产党领导的抗战是全民族抗战,其特征是共产党领导下的党政军一元化的抗战领导模式。表2-1体现了中国共产党领导的党政军一体化的抗战模式。

表 2-1　共产党领导下的党、政、军一元化的组织情况表

单位	党	政	游击队		正规军
			正规	地方	
边区	边区党委会	边区政府(边区行政委员会)	边区军		师
地区	地区党委会	行政主任公署	军区军(纵队)	纵队	旅
行政区	分区党委会	督察专员公署	军分区军(支队)	支队	旅
县	县党委会	县政府	团	县基干队	团
区	区党委会	区公所	营	基干中队	营
村	村党委会	村公所	连	村自卫队	连

([日]日本防卫厅防卫研究所战史室:《中国事变陆军作战史》(第3卷第1册),田琪之译,北京:中华书局1981年版,第12页。)

通过表2-1,中国共产党在敌后战场领导的全民族抗战的特征一览无遗。尤其值得注意的是,制作这个图标的是日方军事机构,说明了日本军方已经知道了共产党领导全民族抗战的特点。日方已经了解中共领导的敌后战场全民皆兵的特性,出于这一认知,他们对待中国平民的态度就值得思考。在战争过程中,日本对待中国的平民极端残酷,对敌后地区的扫荡与屠杀平民行为带有严重的报复性特征。

1940年5月,日军根据缴获的一二九师野战军暂行编制表表明军队分成四种:野战军(正规军)、地方军(正规化的地方游击队)、游击队(各县有100—300人的基干游击队及区游击队)、自卫队(担任乡村自卫的民众组织),并且指明野战军及地方军、游击队均为脱产的武装组织。判断"共军的发展意图是从游击队向正规

军方向发展。① 中共通过组织人民武装自卫队、农民救国会、工人救国会、青年救国抗日会等组织发动全民族抗战。《冀中区人民武装自卫队组织条例》规定该组织的任务有："协助抗日作战,开展游击战;侦察、警戒、防止泄密、维持地方治安,剿灭通敌分子,镇压汉奸,逮捕敌人间谍;传递情报、运送军需物资和伤员;破坏敌军交通、维护我军交通以及协助构筑工事。"②1941 年的《冀鲁豫边区人民武装旷日自卫团暂行条例》规定"本队定名为冀鲁豫边区人民武装抗日自卫队","本队为不脱产的人民武装组织,凡在县政府法令规定的年龄内(年满十六岁以上五十岁以下的男性公民及十六岁以上四十五岁以下的女性公民均编入本组织)",基本任务:"进行人民游击战争,与抗日军队协同作战;维持抗日治安,担任抗战勤务。"③日军调查冀中地区军民一体化组织的时候,认为最基层的村长负责管理人民武装自卫队、壮年队、青年救国队、妇女救国队、儿童团、老年会、农民合作社、农民会、工会等群众组织。

关于敌后战场全民皆兵的挑战,日本方面心知肚明。通过调查,日军发现敌后的普通民众也是他们的敌人。"民众武装力量,大致分成两种:一是半脱产的民兵;二是不脱产,专门负责保卫家乡的自卫队。前者以青年抗敌先锋队、基干游击队形式编成区队,积极配合正规军参加游击战或锄奸工作,或作为推动地方行政的力量。其战斗力虽比正规军低,但因与群众保有直接联系,在动员群众工作上起很大作用。后者纯属群众自卫组织,原则上青壮年男女均为自卫队员,并分为青抗先、基干队及一般自卫队,这些自卫队在县、镇、村分别设有支队、大队或中队等各级指挥部,按行政区划建立指挥系统。有关军事行动则由正规军团长指挥或直接隶属于军分区司令。此种武装比游击队更为软弱,仅十分之一的人员有步枪或手枪。但是,他们担负着情报活动、救护伤病员、运送物资、补充正规军、空室清野等极为重要的任务。他们的武

---

① [日]日本防卫厅战史室:《华北治安战》(上),天津市政协编译组译,天津:天津人民出版社 1982 年版,第 344 页。

② [日]日本防卫厅战史室:《华北治安战》(上),天津市政协编译组译,天津:天津人民出版社 1982 年版,第 287 页。

③ [日]日本防卫厅战史室:《华北治安战》(下),天津市政协编译组译,天津:天津人民出版社 1982 年版,第 263 页。

装和党组织渗透到一般群众之中，应当看到匪区的全体民众都是怀有敌意的，因此单凭宣抚工作来分离匪与民是很困难的。"①1941 年日军制定了"治安肃正三年计划"，该计划起草人、华北方面军作战参谋岛贯武治大佐认为中共势力"是党政军民结成一体的组织，具有明确的使命观。他们为了实现革命，力图通过争取民众，组织民众，以扩大、加强其实力。他们巧妙地把思想、经济、政治、军事的各项措施统一起来，且将其努力至于七分政治、三份军事之上，从而使我方单靠军事力量无法进行镇压，也必须发挥多元的、综合措施"②。

日军对敌后地区全民抗战的领导者——共产党的研究与定位也比较准确。"中共是有铁的纪律的党组织，以党委核心团结军政民进行所谓四位一体的活动。它一方面与重庆政府保持不即不离的关系，一方面自己结成抗日民族统一战线，以抗日救国的口号动员、引导民众，并以民主联合政府理论逐渐改造社会的政策，来掌握民心，从而不断扩大和加强党的势力。它以七分政治三份军事的方针，将抗日战变成政治战，在建设解放区的同时，鼓动民众广泛开展游击队活动。"③此外，"共军派出政治指导员潜入土匪、败残匪、民团匪之中，进行赤化或收买工作，使之改变为共军"④，以扩大抗战队伍，实现真正的全民族抗战。中共方面的文献中，也留下了"争取土匪参加抗日，逐渐使其编制，建立起纪律"的记载。⑤ 在这样的情况下，日本军队觉得中国全民皆兵就不难理解了。

在日军正面战场攻势不断取得胜利的情况下，中共领导敌后战场的全民抗战给日军带来了挑战。日军在占领地区展开了多次清剿活

---

① ［日］日本防卫厅战史室：《华北治安战》（下），天津市政协编译组译，天津：天津人民出版社 1982 年版，第 141—142 页。

② ［日］日本防卫厅战史室编：《日本军国主义侵华资料长编——〈大本营陆军部〉摘译》（中），天津市政协编译委员会译，成都：四川人民出版社 1987 年版，第 425 页。

③ ［日］日本防卫厅战史室：《华北治安战》（下），天津市政协编译组译，天津：天津人民出版社 1982 年版，第 472—473 页。

④ ［日］日本防卫厅战史室：《华北治安战》（下），天津市政协编译组译，天津：天津人民出版社 1982 年版，第 103 页。

⑤ 邓子恢：《新四军怎样做政治工作——在欢迎上海民众慰劳团席上的报告》，1939 年。安徽省档案馆、安徽省博物馆、新四军军部旧址纪念馆编：《新四军在皖南（1938—1941）》，1985 年版，第 213 页。

动,但是在全民抗战的情形下,占领区的抗战活动此起彼伏。日军重视清剿抗战民众。"尽管我方武装扫荡力量目标指向敌方基干部队,但在防范地区分散存在的小股兵力是很难捕捉的。而且要摧毁这些基干队无需动用大兵力,必须隐蔽作战意图,予以突然急袭。""我方剿灭的对象虽为此等武装(小股兵力),但由于他们之中大部分与生产完全结合在一起,致使匪民难分,而且由于依靠动员民众成立的联防组织,使我方难以进行远距离的包围奇袭。"①日军在敌后战场陷入了人民战争的困境中,人民战争的特点就是混淆士兵和民众的身份,这可能是日本军方将大量非战斗人员作为战俘处置的原因所在。投入集中营里的中国人,很多人都认同自己只是普通农民,只是加入农会、帮中国军队做点事情而已,其实他们不知道,在当时日本军队的眼里,他们就是士兵。所以,日军"招来的居民,按照俘虏处理,于阳泉集合后,送到太原收容所,委托新民会总会加以指导"②。

在 1940 年 3 月的一份日军战报里,日军将华北方面的中国军队分为正规军和非正规军,正规军包括中央军和中共军,非正规军包括"共产党游击队、共产系匪团、国民党系游击队、国民党系匪团、纯匪团等"。③ 日军已经发现分辨抗战军队所属政治团体不是一件容易的事情,要分清抗战军队和平民更是费尽周折,甚至是不可能之事。日军在《北特警战斗详报》中曾经列出甄别"民匪"的注意事项,以此来寻找抗战士兵:(1)八路军人员,比一般老百姓步行速度快;(2)逃跑时,村民四处分散,工作人员则结成组向同一方向迅跑;(3)工作人员的口袋是鼓的;(4)正在耕地的老百姓,通常一处大约在五人以下,人数多的往往是来不及逃跑的伪装士兵;(5)指挥官和工作人员,大部分是本地人,要怀柔、利用与他们有关系的人。④

---

① [日]日本防卫厅战史室:《华北治安战》(下),天津市政协编译组译,天津:天津人民出版社 1982 年版,第 147 页。

② [日]日本防卫厅战史室:《华北治安战》(下),天津市政协编译组译,天津:天津人民出版社 1982 年版,第 440 页。

③ [日]日本防卫厅战史室:《华北治安战》(下),天津市政协编译组译,天津:天津人民出版社 1982 年版,第 218 页。

④ [日]日本防卫厅战史室:《华北治安战》(下),天津市政协编译组译,天津:天津人民出版社 1982 年版,第 424 页。

但是,以上的五点显然不足以满足日军甄别战士和平民,在《扫荡剔抉共军根据地的参考》一书中,日军找到了分辨抗战军队和平民的"民匪分离要领":①

　　扎根于群众,善于掌握民心的共军,与一般的民众很难辨别,尤其在敌人根据地内更为困难。现将以前实行的比较有效的方法、手段介绍如下:

　　(一)长期有规律的生活是不易改掉的。因此,突然或连续使之操练军队的各种动作,就能区别出是否是军人。例如:

　　(1)集合民众,连续进行"立正""稍息"动作,或在谈话和休息时,出其不意发出口令,根据其瞬间的动作,便可判明是一般群众还是共军。

　　(2)凡是听到别人讲话,就马上起立或有站立习惯的人,不是党员就是士兵。

　　(3)早晨突然吹起共军的起床号,根据其反应可以识破。

　　(二)实行身体检查,根据其肌肉发达状况可以辨别。例如,共产党员的肌肉是平均发达的,而士兵则肩上有扛枪的膙子,脚上也有膙子,农民的腕部,挑担行商的肩部特别发达。

　　还有根据日晒程度来识别,即农民通常赤膊劳动,日晒比较严重,党员和士兵比农民皮肤稍白,尤其是脖子,日晒部分和无日晒部分区别很明显,然而,最近共党的工作人员和农民共同从事劳动,所以也经常日晒,手掌也有老茧,应加注意。

　　(三)根据审讯及简单的谈话得以辨别。

　　(1)讯问出生年月日,回答"公历某年"而不说民国年月日者,多数是党员。

　　(2)党员对党外事项能够答辩,但转问有关党的事务时,则默不作声者居多。另外,讯问是否为党员时,党员多显出兴奋态度,并强调不是党员的理由。

---

① [日]日本防卫厅战史室:《华北治安战》(下),天津市政协编译组译,天津:天津人民出版社1982年版,第351—353页。

（3）利用审讯、谈话等机会，给以纸烟和其他物品，试验其对物资的"共有观念"，党员由于共产主义意识浓厚，如给纸烟，往往分给他人，并且在吃饭时，有先让别人自己不争先的优点。另一方面，由于私有观念淡薄，有的向审讯官等人，不客气地索要纸烟。

（四）根据检查服装的辨别方法

（1）化装便衣人员的服装，不合身的居多，有的穿用一般农民所不穿用的袜子，还有的仅仅上身是便衣，而下身还是军用的等不协调现象。

（2）穿着便衣的人员，多数衣服不合体，也有脏的地方与一般群众的不同，另外，衣服上往往沾有不是当地的土。

（3）被服一般为上等品，并且清洁，衣襟上的纽绊较多。

（五）根据携带物品的辨别方法

（1）仅靠良民证是不可完全相信的，特别是在敌地区内，敌人平时都有所准备，有良民证的反而多是可疑的人，可用放大镜检查其指纹，中国人一般不关心指纹的重要性，故借此可以辨明。

（2）敌人尤其是工作人员，携带有自行车。

（3）一般携带金钱较多，另外还携带有仁丹、牙粉等。

（六）其他

（1）在拘留所及其他俘虏收容所等地，安插自己人与新来的匪民同住，秘密侦查其状况，是查出党员的有效方法。

（2）在匪民混淆之中，频繁窥视审讯者的脸色，或偷看其眼光者，是党员的征兆。

（3）打听儿童，辨明是否真正村民，或是某人的亲戚。可疑者如称某人为熟人时，可将可疑者和其熟人分开，个别讯问双方家属的情况，进行对证。

（4）党员中有表示特别亲日态度的和表现恐怖的。

在这份"要领"中，日军利用生活规律、身体特征、谈话特征、服装衣着、随身物品等方面寻找藏匿在平民中的共产党抗日武装。并且采取安插耳目、利用孩童的方式实现自己的目的。这份文件显示了日军在分辨军民方面所作功课之完备，同时也从一个侧面反映出辨别隐身于民众之中的抗战武装之困难。

虽然有这样的办法，在全民抗战的情况下，日军还是无法有效辨别抗日军人和平民，于是日军将抓到的民众都认作战俘。1943 年 11 月，日军在作战中俘虏 335 人，其中包含区党委级 4 人，地方党委级 1 人，县委级 9 人，分区委级 43 人，村支部以下 278 人。[①] 需要值得注意的是，"村支部以下"当为平民的身份，而日军在这里将他们认同为战俘，和职级较高的被捕者相同。12 月，日军华北特别警备队俘虏 1559 人，其中区党委级 3 人，地方党委级 5 人，县委级 21 人，分区委级 74 人，村支部以下 1456 人。[②] 1944 年 6 月 9 日完成第一期作战任务，俘虏 13438 人，区党委级 9 人，地委级 32 人，区委级 225 人，分区委级 928 人，村支部以下 12244 人。[③] 通过这三组数据，我们发现以清剿华北为主要任务的华北特别警备队的俘虏中"村支部以下"的普通民众占据了俘虏的绝大多数。1943 年日本人前田一考察了石门战俘集中营，他发现"无论如何共产党八路军在所内还是占大多数，归顺兵眼下收容还不太多：八路军 29％，伪县政府委员或其游击队 22％，共匪 32％，土匪 12％，归顺兵 3％，中央军 0.2％。"[④]

四、全面侵华时期中国战俘统计情况

抗战期间，日本俘虏中国战俘的总数非常难以统计。原因包括以下几个方面：一、战争的特殊环境使得一切以战斗为主，这使得对战争中牺牲、被俘的军民关注不足；二、中国战俘的特殊性，正如前文所言，中国战俘不仅包括国民党、共产党领导的正规军，还包括两党领导的敌后抗战力量，包括统一战线中全部抗日爱国者。日本在敌后"治安肃

---

① ［日］日本防卫厅战史室：《华北治安战》（下），天津市政协编译组译，天津：天津人民出版社 1982 年版，第 381 页。

② ［日］日本防卫厅战史室：《华北治安战》（下），天津市政协编译组译，天津：天津人民出版社 1982 年版，第 383 页。

③ ［日］日本防卫厅战史室：《华北治安战》（下），天津市政协编译组译，天津：天津人民出版社 1982 年版，第 385 页。

④ ［日］前田一：《特殊劳动者的劳务管理》，1943 年 11 月 25 日。转引自何天义主编：《日本侵略华北罪行档案：集中营》，石家庄：河北人民出版社 2005 年版，第 87—91 页。

正"逮捕中国战俘的数目繁多而又凌杂,很难有个统一的计算;三、日方在战争结束之前对战俘管理档案统一焚烧,把最有可能统计战俘数据的资料付之一炬,并且在战俘集中营的高死亡率使得计算更加困难。

统计全面侵华期间的中国战俘数目非常困难,战争已经结束 70 余年,当年的战俘绝大多数已经离开人世,绝大部分有关战俘的档案资料也已经损毁消失,想完全还原这段历史已无可能。但是,我们可以根据现有的一些线索对该问题进行研究。本研究的目的不在于得出中国战俘的具体数目,而是大致勾画出中国战俘群体的总体形象。表 2-2 是中国方面记载的关于中日军队损失情况表。

表 2-2　中国方面记载的抗战中日军队损失情况表

年次	中国军	日本军	中国军损失倍比
1937	125130	51230	2.4
1938	249213	88978	2.8
1939	169652	82019	2.1
1940	339530	68327	5.0
1941	144915	36207	4.0
1942	87719	27841	3.1
1943	43225	31905	1.2
1944	102917	50185	2.0
1945	57655	47051	1.2
总计	1319956	483706(483743)	2.7

(国民政府国防部史政局:《抗战简史》,1948 年 6 月版,转引自[日]《大本营陆军部》(上),第607 页。)最后总计日军数目为 483706 人,这一数字同 1937 年到 1945 年累计相加所得数据不相符,括号中的数字是作者根据 1937 年到 1945 年累计相加所得。

该表格统计自 1937 到 1945 年间,中国军人损失 1319956 人,日本损失 483706 人。表格中的数据是国民党政府所统计的,数字中宣传的成分更大。"蒋介石对于日军方面公布的伤亡数字,常以 10 倍去估算,如 1938 年 5 月日本方面发布开战以来日军战死 59098 人,蒋推断其实际战死者当在 59 万人以上。当 1940 年 2 月日方广播声称在广西击毙国军 8000 人的战绩,蒋则推断国军死亡'并不过千,损

表 2 - 3　国军抗战伤亡统计表:（军令部报告）

年月	官兵总计				官佐				士兵			
	合计	负伤	阵亡	失踪	合计	负伤	阵亡	失踪	合计	负伤	阵亡	失踪
总计	2468973	1400306	1045674	22993	90285	55646	33830	809	2378688	1344660	1011844	22184
1937.07 - 12	367692	242952	124740	—	14694	9810	4884	—	352998	233142	119856	—
1938.01 - 12	735557	486004	249553	—	29463	19652	9811	—	706094	466352	239742	—
1939.01 - 12	348583	176121	172462	—	13394	7170	6224	—	335189	168951	166238	—
1940.01 - 12	671299	337438	333861	—	20707	12612	8095	—	650592	324826	325766	—
1941.01 - 12	299483	137254	144915	17314	10201	5452	4162	587	289282	131802	140753	16727
1942.01	46359	20537	20143	5679	1826	950	654	222	44533	19587	19489	5457

（韩启桐主编:《中国对日战事损失之估计:1937—1943》,第 15 页。）

表2-4 国军抗战伤亡统计表：(抚恤委员会报告)

年月	官兵总计				官佐				士兵			
	合计	负伤	阵亡	失踪	合计	负伤	阵亡	失踪	合计	负伤	阵亡	失踪
总计	1263000	574881	520776	167343	65846	34628	26112	5106	1197154	510253	494664	162237
1937.07-12	27102	15979	11123	—	2609	1621	988	—	24493	14358	10135	—
1938.01-12	339604	162975	140752	35877	20212	11425	7607	1180	319392	151550	133145	34697
1939.01-12	340031	160965	141667	37399	16682	9337	5031	2314	323349	151628	136636	35085
1940.01-12	352923	174144	145754	33025	15447	8639	6209	599	337476	165505	139545	32426
1941.01-12	149260	43701	53224	52335	5190	2314	2217	659	144070	41387	51007	51676
1942.01-04	54080	17117	28256	8707	5706	1292	4060	354	48374	15825	24196	8353

（韩启桐主编：《中国对日战事损失之估计：1937—1943》，第15页。）

失必不甚大'。"①这表明,中方统计资料中缩小中国军人的损失情况,扩大日军的伤亡数目。表2-2中显示,抗战中中国军人和日军人损失比例为2.7。

表2-3、表2-4是抗战时期中国政府组织的抗战损失调查,资料来源的权威性较强。表2-3是国民政府军令部对国军抗战伤亡情况的统计表,表2-4是国民政府抚恤委员会对国军抗战伤亡统计表,二者的制作主体不同,得出的数据偏差较大。

在两个表格中都没有关于被俘人数的统计,在负伤、阵亡、失踪三个选项中,最为接近被俘的是失踪。在抗战期间,国民政府组织的正面抗战大部分都以溃败告终,战场投降也不是孤立事件,在日本军队前线的战斗详报中,绝大多数战斗都有俘虏中国军人的记载。在军令部报告中,1937年到1940年的"失踪"人数没有统计,直到1941年才开始统计失踪人数,这也同日军在进入相持阶段后才收容战俘、之前肆意虐杀战俘的情况相一致。根据军令部的统计,1941年失踪17314人,而阵亡144915人,二者之间比例为1:8.37,1942年1月份,失踪5679人,阵亡20143人,二者之间比例为1:3.55。根据抚恤委员会的统计,1941年失踪17314人,而阵亡144915人,二者之间比例为1:8.37。

对抗战中中国士兵的损失情况,战争期间就有中国学者根据军事学相关内容进行过统计。学者利用一战中的数据,对当时中国军队的死亡、受伤、被俘等情况作了研究。

表2-5　第一次世界大战交战国伤亡分配统计

交战国别	阵亡		负伤		失踪(被俘在内)	
	人数	%	人数	%	人数	%
总计	10004771	100	20297551	203	5983600	60
协约12国	6944519	100	11954237	172	4653522	67
同盟4国	3060252	100	8313314	273	1330078	43

(Ernest L. Bogart, *Indirect costs of the Great world war*, 1920, p. 272. 转引自韩启桐主编:《中国对日战事损失之估计:1937—1943》,第16页。)

---

① 王奇生:《抗战时,蒋介石扩大敌方伤亡数10倍》,《新京报》2014年4月8日。

对第一次世界大战中阵亡、受伤、失踪的士兵数目进行整理研究后得出的总体数据表明：负伤人数约为阵亡人数的 2 倍，而失踪人数则为阵亡人数的 60%，这是基于大数据样本分析出来的数量关系，也基本符合战争学中对以上三组数据关系的研究。

表 2-5 中，失踪人数占阵亡人数的 60%，其中协约国占 67%，同盟国占 43%。这里的失踪人数包括沦为对方战俘的军人。至于战俘人数与真正失踪军人人数的关系很难判定。对待这一问题，我们只能按照常理推论，在战场特殊的环境中，在统计了阵亡、负伤的情况下，失踪人数中大部分成为俘虏。

由于战场环境的艰难，加之抗战之后中国又深陷内战的环境，当时的调查都是在困难的条件下实施的，所以当时学者就知道政府统计数据存在水分。"在军令部统计各项数字中，吾人以为仅有阵亡人数一项尚可勉强合用……依据军医署负责人意见，我军负伤率至少应为阵亡率之二倍。失踪一项因无可靠资料为据，不得已，假定其数约为阵亡人数二分之一。"[①]按照这个标准，重新修正的结果如下：

表 2-6　抗战六年(1937—1942)来中国损伤官兵估计表

	总计	阵亡	负伤	失踪	病故
拟用比例数(阵亡为100)	450	100	200	50	100
估定之人数(万人)	675	150	300	75	150

(韩启桐主编：《中国对日战事损失之估计：1937—1943》，第 18 页。)

根据修正后的统计，失踪数目占阵亡数目 50%，从 1937 到 1942 年，正面战场上大约有 75 万正规军失踪，加之我们前文的分析，这些失踪的中国军队中被日军俘虏的占多数。然而，这个统计主要是针对国民党军队组织的正面战场，对于敌后战场，尤其是中共领导的敌后抗战的中国战俘未能统计。此外我们更需要注意的一点是，1942 年之前大批国民党士兵被俘的战役只有中条山战役，其他正面战场大批战俘被俘的战斗都发生在 1942 年之后。按照此项统计，1937 年 7 月到 1942

---

① 韩启桐主编：《中国对日战事损失之估计：1937—1943》，北京：中华书局 1946 年版，第 17 页。

年 4 月共约 1760 天,正面战场的失踪者数目为 75 万人,平均每天为 426 人。

根据日军的另外一份文献记载,1939 年 9 月,"在华北某些地方,每日平均有 42 次交战,给与(予)地方的损伤平均每日遗尸约 460 具,俘虏 56 人。"[1]与华北地区"日均俘虏 56 人"相比,每天 426 人失踪的数字偏高。然而,这两个数字的可比性不强,"华北某些地区"在地域广度上肯定不如正面战场,而"75 万正规军失踪"只是一个假定数值,有关中国方面记载的中国战俘数目还待新的资料,做出深化研究。

五、日本方面对中国战俘的记载

日本方面有对中国战俘的详细记载,这些记载主要在前线部队发回到大本营的战斗详报中。日军的作战单位:大队、联队、师团、方面军等都做过战事汇报和总结。在这项工作中,中国军队中"遗尸"和"俘虏"是两个重要的指标。战后日本防卫厅战史研究室出版的战史丛书中,日方引用了这些档案文献。战史丛书也未能详尽地收罗各个部队历次战斗中的详报,并且前线部队的战斗详报也存在错报、漏报的情况。笔者以战史丛书为依据,大致统计了日方记载的中国战俘情况,制成下表。

表 2-7　日方档案记录中国战俘情况表

战斗	时间	日方部队	中方部队	中方被俘	中方战亡	材料来源
突破大别山作战	1938 年	第 2 军第 10 师团	第 1 军 78 师	450	12000	《中国事变陆军作战史》(第 2 卷第 1 分册),第 148 页。
汉口作战	1938 年 8 月至 10 月	第 2 军	主要为李宗仁第五战区长江北岸部队	2300	52000	《中国事变陆军作战史》(第 2 卷第 1 分册),第 195 页。

---

① 韩启桐主编:《中国对日战事损失之估计:1937—1943》,北京:中华书局 1946 年版,第 125 页。

战斗	时间	日方部队	中方部队	中方被俘	中方战亡	材料来源
武汉会战	至1938年11月13日	第11军	主要为陈诚第九战区长江南岸部队	9581	143493	《中国事变陆军作战史》（第2卷第1分册），第201页。
广州战役	1938年10月	第21军	第四战区所属部队	1340		《中国事变陆军作战史》（第2卷第2分册），第33页。
南昌会战	1939年3月	第11军（第6、101、106师团等）	第三战区、第九战区、19集团军罗卓英部	8600	24000	《中国事变陆军作战史》（第2卷第2分册），第125页。
随枣会战（襄东会战）	1939年5月	第3、13、16师团	第五战区汤恩伯31集团军	1600	15000	《中国事变陆军作战史》（第2卷第2分册），第137页。
湘赣作战（江南作战）	1939年8月	第6、33、106师团	第九战区19、15集团军	4000	44000	《中国事变陆军作战史》（第2卷第2分册），第151页。
华北方面军战果	1939年9月	华北方面军	华北抗日军队	1704	13887	《华北治安战》（上），第125页。
110师团治安肃正战	1939年1月—10月	华北方面军110师团	河北冀南道（保定、石门）的抗日武装	7260		《华北治安战》（上），第155页。
海南扫匪作战	1939年10月			144	372	《大东亚战下外地俘房收容所》，第90页。
桂南会战之南宁作战	1939年11月	第21军第5师团、台湾混成旅团	第四战区26、16集团军	664	6125	《中国事变陆军作战史》（第3卷第1分册），第45页。
翁英作战	1939年12月	第21军18、104师团、	第四战区第12集团军	1196	16312	《中国事变陆军作战史》（第3卷第1分册），第71页。

战斗	时间	日方部队	中方部队	中方被俘	中方战亡	材料来源
桂南会战之昆仑关作战	1939 年 12 月	第 21 军	第四战区 26、16 集团军	15	323	《中国事变陆军作战史》(第 3 卷第 1 分册),第 54 页。
宾阳作战	1940 年 1—2 月	第 21 军	第四战区第 38 集团军、46 军、64 军等	1167	27041	《中国事变陆军作战史》(第 3 卷第 1 分册),第 74 页。
春季皖南作战	1940 年 4 月	第 15、116 师团等	第三战区第 50 军等	387	6271	《中国事变陆军作战史》(第 3 卷第 1 分册),第 90 页。
宜昌作战(鄂西会战)	1940 年 5 月 1 日—6 月 24 日	第 11 军	第五战区李宗仁部队	4797	63127	《中国事变陆军作战史》(第 3 卷第 2 分册),第 28 页。
宜昌会战期间的南昌作战	1940 年 5 月	第 6、40、33、34 师团等	第 74 军等	647	16583	《中国事变陆军作战史》(第 3 卷第 2 分册),第 30 页。
宜昌会战期间的江北作战	1940 年 5、6 月	第 3 师团警备队	第 7 军	101	2445	《中国事变陆军作战史》(第 3 卷第 2 分册),第 29 页。
桂南作战之龙州会战	1940 年 7 月	第 21 军	第四战区 26、16 集团军	17	1600	《中国事变陆军作战史》(第 3 卷第 1 分册),第 61 页。
汉水作战	1940 年 11 月	第 11 军第 3、4、17、39 师团	第五战区汤恩伯部等	474	6439	《中国事变陆军作战史》(第 3 卷第 2 分册),第 122 页。
百团大战之晋中作战	1940 年 10 月到 12 月	第 1 军独混第 4 旅团	共产党第 129 师为主的抗日军队	240	1240	《华北治安战》上,第 314 页。
兴化战斗	1941 年 2 月 19 日	独混第 12 旅团	第 117 师	960	3300	《中国事变陆军作战史》(第 3 卷第 2 分册),第 140 页。

续　表

战斗	时间	日方部队	中方部队	中方被俘	中方战亡	材料来源
苏北作战	1941年2、3月	第13军	李长江部队	约40000（投降）		《中国事变陆军作战史》（第3卷第2分册），第140页。
冀南作战	1941年4月29日—5月15日	第12军	冀南地区抗日武装	击毙俘虏蒋5000，共4500		《大本营陆军部》（中），第409页。
中条山作战	1941年5、6月	第36、37师团、第16旅团等	卫立煌部	35000	42000	《中国事变陆军作战史》（第3卷第2分册），第132页。
第二次长沙会战	1941年9月	第11军第3、4、6、40师团等	第九战区薛岳部第27、30集团军等	4300	54000	《中国事变陆军作战史》（第3卷第2分册），第165页。
沁河作战	1941年9、10月	第36、41师团，独混第16旅团等部	国民党98军	3007	1348	《华北治安战》上，第463页。
博西作战	1941年9、10月	第12军之独混第6、10旅团等部	共军山东纵队第4、6旅	642	282	《华北治安战》上，第464页。
汾西作战之禹门口战斗	1941年11月10日	华北方面军	第16军预1师	2238	1555	《华北治安战》上，第470页。
冀中作战（第一期）	1942年1月—4月	110师团	冀中根据地抗日武装	6462	10191	《华北治安战》下，第150页。
第二次冀南作战	1942年5月	第12军林、吉田、铃木支队	冀南地区的国共军队	780	2200	《华北治安战》下，第136页。
第二次冀南作战	1942年5月	第12军重田兵团	国军高树勋部	2350	4127	《华北治安战》下，第137页。

战斗	时间	日方部队	中方部队	中方被俘	中方战亡	材料来源
冀中作战（第二期）	1942年5月	独混第9旅团、第41师团110师团	冀中地区吕正操部	9525	2299	《华北治安战》下，第158页。
蠡县战斗	1942年5月29日	步兵163联队	冀中地区抗日武装	104	245	《华北治安战》下，第160页。
华北肃正作战	1942年9月—11月			19046	25395	《大东亚战下外地俘房收容所》，第90页。
浙东作战	1942年5月	第五师团、第13军	第三战区顾祝同79师	440	2400	《中国事变陆军作战史》（第3卷第2分册），第117页。
冀中作战（第三期）	至1942年6月20日	华北方面军第27、41、110师团	冀中军区抗战武装	5197人，20468（嫌疑者）	9098	《华北治安战》下，第161页。
第四次鲁中作战	1942年8月21日	第12军第5、6旅团	国军于学忠部	733	1861	《华北治安战》下，第186页。
浙赣作战	1942年5月15日—9月30日	第13军第15、22、32、70、116师团等	第三战区第10、25集团军等	8564	24430	《昭和17、18年的中国派遣军》上，第170页
夏季治安战	至1942年9月30日	华北方面军	华北抗日武装	16158	113861	《华北治安战》下，第190页。
东平湖西方剿共作战	1942年9月27日—10月5日	第12军	东平湖西鲁西地区的共产党抗日武装	1250	1252	《华北治安战》下，第222页，

战斗	时间	日方部队	中方部队	中方被俘	中方战亡	材料来源
冀东一号终期作战	1942年9月17日—11月15日	第27师团	冀东地区共产党抗日力量	14479,612人投降	2337	《华北治安战》下,第214页。
第三次鲁东作战	1942年11月19日—12月29日	第12军	山东纵队第五旅为主的胶东军区	8675	1183	《华北治安战》下,第225页。
大别山作战	1942年末、1943年初	日11军、13军	卫立煌部队	911	4150	《昭和17、18年的中国派遣军》下,第13页。
江北歼灭作战	1943年2月—4月7日	第11军13、40、58师团等	国民党王劲哉部	23214	8604	《大本营陆军部》(中),第734页。
江南歼灭战	1943年4月9日到6月10日	第11军第3、13、39师团等	国民党第44、73军等部	4279	30766	《昭和17、18》下,第107页。
冀西作战	1943年4月18日到5月1日	110师团	晋察冀边区聂荣臻部	575	1078	《华北治安战》下,第304页。
12军肃正作战	1943年5月14日	独混第7旅团	于学忠114师	1000	1000	《华北治安战》下,第319页。
太行作战	1943年4月20日—5月31日	第1军36、37师团等	庞炳勋第24集团军,晋冀鲁豫边区军队	15900,58000人投降	9913	《华北治安战》下,第313页。
1943年夏太行作战	1943年7月10—7月底	华北方面军35、36师团等	第27军、40军、45军等	4853	1371	《华北治安战》下,第317页。

战斗	时间	日方部队	中方部队	中方被俘	中方战亡	材料来源
冀西作战	1943 年 9 月 16 日—12 月 10 日	26、63、110 师团、63 旅团、独混第 3 旅团等	冀西的抗日武装	2600	4300	《华北治安战》下，第 345 页。
常德歼灭作战	1943 年 11 月 2 日至 12 月 29 日	第 11 军	第六、第九战区部队	14025	29503	《昭和 17、18 年的中国派遣军》下，第 191 页。
北特警作战	1943 年 9 月 20 日—1944 年 6 月 9 日	华北特别警备队	华北抗日武装	13438	1984	《华北治安战》下，第 385 页。
北特警第一期作战	1944 年 3 月 10 日	日特别侦谍队	中共北方分局联络部	186		《大本营陆军部》（中），第 93 页。
京汉作战	1944 年 4、5 月，至 25 日攻占洛阳	第 12 军	第 1 战区汤恩伯部	13379	36700	《湖南会战》上，第 32 页。
新郑战斗	1944 年 4 月 26 日	独混第 7 旅团	第 42 师 124 团	503	2477	《河南会战》上，第 84 页。
许昌战斗	1944 年 4 月 30 日	第 37、62 师团等	第 29 师等	858	2432	《河南会战》上，第 108 页。
1 号作战之河南前期作战（包括洛阳）	至 1944 年 5 月 25 日洛阳	第 12 军	第一战区第 4、28、31 集团军等部	15000	37500	《大本营陆军部》（下），第 213 页。
长沙会战	至 1944 年 6 月 20 日攻占长沙	第 11 军	长沙守军第 59、90、102 师等	111300	35400	《湖南会战》上，第 81 页。

战斗	时间	日方部队	中方部队	中方被俘	中方战亡	材料来源
浙江策应长沙作战	1944年6月	第13军	衢州、金华、兰溪部队	664	5080	《湖南会战》下，第68页。
连江作战	1944年7月	第104师团	第156、159师	319	406	《广西会战》上，第29页。
衡阳保卫战	1944年6—8月	第11军第68师团	第10军	13300	4100	《大本营陆军部》（下），第272页。
增城牵制战（衡阳）	1944年7月	第22师团	第152、153师	673	1944	《广西会战》上，第30页。
宝庆作战	1944年9月	11军第37、116师团	第74军、100军	5000		《大本营陆军部》（下），第359页。
常宁作战	1944年10月	第34师团	第44师	600		《大本营陆军部》（下），第359页。
河北丰润杨家店战斗	1944年10月17日	华北特别警备队	中共抗战武装	170	400	《华北治安战》（下），第415页。
桂林作战	至1944年11月11日	第11军第37、40、58师团等	第4战区16集团军	13151	5665	《大本营陆军部》（下），第475页。
南丹作战	1944年11月22日—28日	第11军第3师团	第42师	735	1822	《大本营陆军部》（下），第488页。
柳州喇堡	1944年11月中旬	第11军第3师团步兵第68联队	37军95师、柳州自卫团等	58	234	《广西会战》下，第161页。
南丹战斗	1944年11月28日	第13师团	第42师等	735	1822	《广西会战》下，第190页。

续　表

战斗	时间	日方部队	中方部队	中方被俘	中方战亡	材料来源
新郑战斗	1944年4月26日	独混第7旅团	第42师124团	503	2477	《河南会战》上，第84页。
许昌战斗	1944年4月30日	第37、62师团等	第29师等	858	2432	《河南会战》上，第108页。
1942年战果	昭和17年(1942)			124408	260805	《大东亚战下外地俘虏收容所》，第83页。

（资料来源：根据日方战史丛书资料制作。）

　　根据表2-7，除去1942年的中国战俘数目是467607人。根据笔者表格中的统计，1942年中国战俘数目是115754人，而按照《大东亚战下外地俘虏收容所》记载1942年全年中国战俘数目是124408。这样得出的全部战俘数目分别是583361人和592015人。

　　根据以上统计，大概有60万名中国战俘被日本军队逮捕，但是这个数据是不全面的，只能反映日本公开发表的资料里的部分记载，更多的战斗中中国军队的被俘情况没有被记录。而且这些被俘的中国士兵仅仅是记载的有限的正面战场的中国士兵数目，对敌后战场的关注不足。

　　有关中国战俘数目的研究，旅美华人吴天威"据日本军方资料，在10次战役中共俘虏国民党军队20余万人，包括：武汉会战俘虏9581人；江北（鄂西）会战俘虏23214人；浙赣会战俘虏8564人；江南（湘北）会战俘虏4279人；常德会战俘虏14235人；洛阳会战（一号作战）俘虏18807人；河南战役俘虏2109人；第三次长沙会战俘虏111300人；衡阳会战俘虏13300人；桂林会战俘虏13151人，总计俘虏218330人。"此外，吴天威还指出"中共于1946年和1947年所公布的华北解放区被日军俘虏军民2760227人，其中133147为中共军人。"[1]这些数据与表

――――――――――

① 吴天威：《日本在侵华战争期间迫害致死中国劳工近千万》，《抗日战争研究》2000年第1期。

121

2-7 中记载的不同战争中的数据有出入，需要更为翔实的资料予以证明。

第二节　侵华战争、经济掠夺与战俘管理

1937 年卢沟桥事变之后，日本开始了全面侵华战争。日本军方在发动全面侵华战争之初，其对华军事策略以"速决战"为目的，试图依仗强大的军事实力，在极短的时间内打败中国，从而实现殖民中国的企图，极力避免对华战争成为持久战。日本军方虽然狂妄，但是在具体的事实面前，他们不得不承认：中国是一个大国，人口和资源能够维持一场持续战争，而日本在这些方面存在天然劣势。这一状况也被中国政治家所洞察，毛泽东的持久战思想享誉全国。历史证明，中国依靠综合国力终于战胜了日本的侵略企图。

同中国相比，无论是在国土面积、资源，还是在人口规模方面，日本都是一个小国。虽经明治维新后，日本已经开始进入现代国家的行列，尤其是在甲午战争、日俄战争，乃至第一次世界大战中都取得了令日本人振奋的胜利。这种胜利带来两种结果，一种是战争促进了日本的发展与强盛，甲午战争中的两亿三千两白银、日俄战争对中国东北地区的掠夺、一战中又获取了德国在远东的权利，这一切都对日本的经济发展起了积极的促进作用，为日本走上国际舞台铺设了道路。第二种结果是促进了日本国内对待战争获利的非理性狂潮的激化，他们过分看重战争在解决问题上的快捷与获利，尤其是利用战争占领中国，认为中国军事孱弱，不经日本打击之万一，关东军石原莞尔、板垣征四郎等青年军官是这一狂潮的代表。这种思潮使得日本国内很少有人理性地对待中日两国的国力差距，认为日本战胜中国是水到渠成之事。淞沪抗战后"三个月灭亡中国"当是这一思维的典型表现。

日本人承认："对华战争的本质，归根结底就是日本对中国大陆的依赖乃民族生存和国家存在所不可少的条件。"[①]日本国力本来有限，

---

① 〔日〕堀场一雄：《日本对华战争指导史》，北京：军事科学出版社 1988 年版，第 1 页。

而有限的资源又要被用来维持军事需要。这个国家从对外战争中获得收益，然而又将积累的财富用于发动对外战争的准备工作，这种围绕对外战争来发展国家的模式是日本发动全面侵华战争的根源。这种模式的特点是通过迅速的战争胜利来攫取对方的财富，用掠夺来的财富应对自己的需求和下一场战争的准备。

为了应对全面侵华战争，日军在徐州作战前后就开始做了持久作战的战争指导方案。汉口作战前后开始转入战略持久阶段。1939 年 12 月，日军调整日华关系，试图积极促成汪蒋合流，于 1940 年正式转入对华持久作战阶段，并同汪伪政权合作。太平洋战争爆发后，中国战场是亚太战场的一个组成部分，当面临海上战场失利、盟军海空封锁的时候，日军面临的经济压力更大，需要从中国战场获取更多的资源以维系战争。

一、日本国力不足以支撑持久侵略战争

日本对中国的全面侵略战争面临着国力不足的现实挑战。由于持续对外用兵的原因，日本的军事开支一直维持在较高水平，表 2 - 8 是 1907 到 1926 年的日本军事开支情况。

表 2 - 8　1907—1926 年的国家预算和军费

年度	国家预算 （亿日元）	军费 （亿日元）	军费占国家 预算的百分比	陆军 （亿日元）	海军 （亿日元）
1907	6.16	1.98	32.1	1.26	0.72
1908	6.36	2.12	33.3	1.41	0.71
1909	5.32	1.74	32.7	1.04	0.70
1910	5.34	1.84	34.4	1.01	0.83
1911	5.69	2.04	35.8	1.04	1.00
1912	5.77	1.99	34.5	1.04	0.95
1913	5.87	1.91	32.0	0.95	0.96
1914	6.21	1.76	28.0	0.87	0.89

年度	国家预算 （亿日元）	军费 （亿日元）	军费占国家 预算的百分比	陆军 （亿日元）	海军 （亿日元）
1915	5.86	1.82	31.0	0.98	0.84
1916	6.01	2.10	34.4	0.94	1.16
1917	7.54	2.86	37.8	1.23	1.63
1918	10.63	3.42	32.1	1.24	2.18
1919	12.20	5.36	44.0	2.20	3.16
1920	14.44	6.49	31.1	2.46	4.03
1921	15.83	7.29	46.0	2.47	4.82
1922	14.81	6.03	40.0	2.30	3.73
1923	13.88	4.98	35.8	2.23	2.75
1924	16.15	4.55	28.2	2.06	2.49
1925	15.49	4.42	28.5	2.14	2.28
1926	15.79	4.33	27.4	1.96	2.37

（［日］中原茂敏：《大东亚补给战》，纪华等译，北京：解放军出版社1984年版，第46页。）

　　自1907年到1926年日本军费的开支总体呈现上涨趋势，在军费具体开支方面，只是在1909、1912、1913、1914、1922—1926年出现小幅降低，但是其军费占国家预算的百分比大多在百分之三十以上，只是在1924到1926年间出现了低于百分之三十的情况，但是最低数目27.4%仍然在四分之一以上。1921年军费更是占到了国家预算的46%，几乎占到了国家预算的一半。总体来说，日本军费维持在一个较高水平。从1907年到1926年横跨日本明治、大正天皇在位时期，这两位天皇在位期间，日本基本采取的是扩军备战的策略。1923年开始，日本军费占国家预算的百分比稍微下降，大正天皇在位的最后几年是日本军费占国家预算的比重出现下降态势，在此期间中日关系也保持了基本的稳定。1926年是昭和元年，昭和前期日军的军费情况如表2-9所示：

表 2 - 9 1926—1931 年的国家预算和军费

年度	国家预算 （亿日元）	军费 （亿日元）	军费占国家 预算的百分比	陆军 （亿日元）	海军 （亿日元）
1926	15.8	4.34	27.5	1.97	2.37
1927	17.6	4.91	27.9	2.18	2.73
1928	18.1	5.17	28.5	2.49	2.68
1929	17.4	4.95	28.4	2.27	2.68
1930	15.6	4.43	28.4	2.27	2.68
1931	14.8	4.54	30.3	2.27	2.27
1932	19.5	6.87	35.2	3.74	3.13
1933	22.5	8.73	38.8	4.63	4.10
1934	21.6	9.41	43.5	4.58	4.83
1935	22.1	10.32	46.7	4.96	5.36
1936	22.8	10.78	47.3	5.11	5.67
1937	47.4	32.70	69.0	16.60	10.70

（［日］中原茂敏：《大东亚补给战》，第 47 页、53 页制作。）

在昭和初始的 1926 年到 1931 年，日本军费开支保持在一个相对较低水平，自 1931 年九·一八事变入侵中国东北开始，日本的军费开支又重新超过了 30％，之后逐渐升高，到了全面侵华战争开始的 1937 年，日军的军费开支已经高达国家预算的 69％，已经是全民动员模式。1937 年陆军军费从 5.11 亿日元陡升到 16.60 亿日元，是 1936 年的 3 倍以上。与此同时，海军军费支出也从前一年的 5.67 亿日元上升到 10.70 亿日元。

1937 年卢沟桥事变后日本发动全面侵华战争，并且在第一年取得了显著战果。战争初期日方胜利的原因有二：一是中日双方在军事力量方面的不对称，日本已经进入现代国家，军事实力比中国高出一个等级。二是日本长期以来的战争准备，这从 1937 年之前军费的上升情况可以看出。1931 年，日本就开始形成国防国家体制，在增强国力的同时，逐年扩大武器、舰艇的生产。战前 1936 年度的武器生产约占国民收入的 2％，在整个工业系统中的动员率为 4％—5％。1937 年 7 月全面侵华战争战争爆发，日本的武器生产开始急剧增长，1937 年度占国民收入的 4％,在整个工业系统中的动员率为 10％。[①] 全面侵华战争爆发前后,日本军事开支占据国家预算比例过高的特征暴露无疑,这也意味着日本国力面临着战争带来的巨大挑战。

卢沟桥事变之后,日本在本土、朝鲜半岛、中国东北等地都施行了扩军备战。日本陆、海军根据 1936 年 6 月的国防方针和用兵纲要制定的军备扩充计划中,追加了进行长期战争所需的装备物资,调整军需品供应计划,并于 1937 年 10 月 5 日下达了《军需动员实施训令》。1937 年日本的基本武器产量如下:步枪 42600 支,机枪 2300 挺,火炮 670 门,坦克 330 辆,飞机 879 架,与 1931 年度相比,约增长了 9 倍。[②]

淞沪抗战之后,日方"三个月灭亡中国"的狂妄设想被打破,中国军队逐次摆开抵抗阵地。日本以平津为跳板,西进山西,向南占领山东,跨越黄河后进军徐州。以上海为基础,沿长江西进,并且在攻下南京后派兵北进,接应华北日军的南下。速决战打成了持久战,这是日方不愿看到的结果。1938 年 6 月 10 日的御前会议上,日方准备在秋天攻占武汉的基础上,期望年内促使中国无条件投降,以解决日中战争。攻占武汉前后,日方对是否扩大战争尚存分歧。"有人提出进攻汉口应当慎重。因为他们认为中国进行的'是一种殖民地的解放战争',而日本却'缺乏足以唤起国民同仇敌忾的力量',而且中国'是一个半封建、半殖民地的国家',日本'在大陆作战,通常越是深入内地,其补给线越长,陷入敌人所提倡的游击战的消耗战战术的危险性也越大。'"[③]1938 年底武汉、广州战役之后,中日持久战局势最终得以确立。

大规模的扩军备战是需要强大的国家实力支撑,战争爆发后日本国力不足以支撑大规模持久对华作战的缺陷便暴露出来。1938 年 4 月 1 日,日本正式实施国家总动员,以维持对华战争的需要。随着侵华战争发展成为持久战,日本武器生产持续急速增长,在整个工业系统中的动员率也增至 1938 年的 12％、1939 年的 16％、1940 年的 26％、

---

① [日]中原茂敏:《大东亚补给战》,纪华等译,北京:解放军出版社 1984 年版,第 79 页。
② [日]中原茂敏:《大东亚补给战》,纪华等译,北京:解放军出版社 1984 年版,第 78 页。
③ [日]木户日记研究会编:《木户幸一关系文书》,东京大学出版会 1966 年版,第 324 页。

1941 年的 30%、1942 年的 35%、1943 年的 48%，1944 年则高达 58%。① 日本"在取得如此辉煌战果的时候，国力已达到极限。表面上作战能力通过动员正在迅速增强，其实国力以 1938 年度最强，自日中战争第三年即从 1939 年夏起，开始逐年下降……弹药极端不足，军械预算大部用于生产弹药，弹药费 1937 年度占军械费的 56%，1938 年度实际上占军械费的 76%，所以火炮和坦克只能生产那么多"②。

随着全面侵华战争的进行，日本军费占国民生产总值的比重从 1921 年的 3.76% 上升到 1937 年的 14%，1941 年太平洋战争爆发后更是翻倍达到了 28%，战争结束时期日本的国民生产总值基本上全部用来应对军事开销。

表 2 - 10 日本国民生产总值、军费统计表(1931—1945)(单位：亿日元)

项目＼年度	1931	1937	1941	1942	1943	1944	1945
国民生产总值	125	234	449	543	638	745	
军费	4.6	32.7	125	188	298	735	170
所占比例(%)	3.76	14	28	34.6	46.7	98.5	

(刘庭华：《中国抗日战争与第二次世界大战系年要录·统计荟萃》，北京：海军出版社 1988 年版，第 485 页。)

军事支出对日本经济带来了严峻挑战，1939 年日本国内因为干旱、电力不足而影响民事和军工生产。日本从朝鲜向其国内运进了 1 千万担大米，从国际市场上购进 26 万吨面粉运进华北，暂时解决粮食供应不足的问题。③ 战争也影响了日本的对外贸易。1938 年度与上年度相比，出口减少 20%，进口下降 30%，贸易严重萎缩。

当时的日本大体上是一个轻工业发达的国家，机床、石油、钢铁等战略物资严重依赖进口。日本所需的"石油 95% 依靠进口。其中，70% 从美国进口，15% 从荷属东印度(印度尼西亚)和英属婆罗洲进口，

① [日]中原茂敏：《大东亚补给战》，纪华等译，北京：解放军出版社 1984 年版，第 79 页。
② [日]中原茂敏：《大东亚补给战》，纪华等译，北京：解放军出版社 1984 年版，第 78 页。
③ 王辅：《日军侵华战争：1931—1945》，沈阳：辽宁人民出版社 1990 年版，第 1340 页。

其余则从苏联的库页岛等地进口"①。1938 年的石油进口量最高达600 万千公升。铁矿石 88％依靠进口和从海外运进。其中,90％从英属马来亚、海峡殖民地和中国进口,部分则从满洲和朝鲜运进。② 随着太平洋战争的打响,日本的海外进口渠道被截断,日本更加依赖从中国的掠夺。

汉口作战时期,日军的经济压力已经很大。"随着汉口作战的推进,国家总动员法逐渐成型,其方案约达 20 件之多。8 月 25 日批准的1939 年度预算为 94 亿日元。事变所需军费加上这次批准的 46 亿日元,累计达 119 亿日元。资金的筹备,大部依靠发行公债。目前公债的发行和国民的储蓄情况大体较顺利。……但 1938 年进出口贸易急剧下降。上半年出口额为 12.8 亿日元。"③而且,"汉口作战的实施,使储备军需消耗过大,加之长期作战和加强国防的需要,故军需当局鉴于本身职责而拼命想优先取得庞大的军需物资。利益方面,作为适应国际形势的基本任务的扩大生产力,虽有进展,但已陷入材料准备不足之境地。"④

面对巨额的军费支出,日本国内靠实施动员令、加强对国内资源的开发和利用来维系对华战争。1939 年颁布的一系列国家总动员法令,要求国家经济发展首先满足战争的需要。1939 年 7 月 15 日施行《国民征用令》,规定征用的人员到军需动员部队或工厂工作,最终形成战争中的全民总动员。1939 年底通过有关物资使用的总动员令。1941年 9 月实施《金属回收令》。1942 年起将每月 8 日定为"诏书奉行日",要求公民为国家免费服务。以上种种,都是日本政府在国内"开源"应对对华战争需求的行动。

然而,即使有以上日本政府在国内做出的种种努力,但是国力的缺陷使得日本政府难以应对。尤其是战争必须的煤炭、钢铁等资源难以满足战争的需要。战争使得钢材的需求量大增,而此时日本钢材的供应能力下降。煤炭工业的发展链条甚至断裂,只得增加原始的人工采

① [日]中原茂敏:《大东亚补给战》,纪华等译,北京:解放军出版社 1984 年版,第 69 页。
② [日]中原茂敏:《大东亚补给战》,纪华等译,北京:解放军出版社 1984 年版,第 71 页。
③ [日]堀场一雄:《日本对华战争指导史》,北京:军事科学出版社 1988 年版,第 242 页。
④ [日]堀场一雄:《日本对华战争指导史》,北京:军事科学出版社 1988 年版,第 243 页。

煤措施,人均产煤量急剧减少。这种状况只能通过增加劳动者数目填充。表 2-11 是煤炭工业的物资配额率变化表。反映了随着战争的开展,日本国内的资源优先投入到军事工业中去,从而造成整体经济的衰败,劳动生产率也下降。人均采煤量从 1940 年的 177 吨,下降到 1945 年战争结束时的 66 吨。

表 2-11　日本煤炭工业中物资配额率及其影响

年度	钢铁配额	炸药配额	水泥配额	坑木配额	机械故障率	煤炭产量下降	人均年产量(吨)
1940	100	100	100	100	100	100	177
1941	63	100	85	98		95	167
1942	47	98	81	83		91	153
1943	40	100	63	96	230	88	146
1944	29	100	40	94	1610	83	122
1945	30	74	12	86		56	66

([日]中原茂敏:《大东亚补给战》,第 154 页。)

　　战后,日本学者也反思了战败与国力的关系。"扩充军备的结果是国力在日中战争第二年即 1938 年达到顶点,从 1939 年开始下降,这才是最值得注意的。也就是说,陆、海军的军用物资生产虽在不断增长,但其基础——国力已开始下降。在综合体现作战能力和国力的国家总体战中,真正的国力已自 1939 年逐步下降。这种国力是不能保证国防需要的。陆、海军的军用物资产值,1938 年为 15 亿日元,占工业产值的 12％;军用钢材占钢材产量的 20％左右。国力得不到发展,军用物资生产势必受到限制。这样的国力是无法满足陆、海军军备需求的,因为按当时的工业生产能力,军备显然过于庞大。石原莞尔认为,日本没有 10 倍于当时的国力,就无法打日中战争。"[1]然而,这样理性的分析已经是战后的事情了,在战争过程中,日方急于通过速决战打败中国。

---

[1] [日]中原茂敏:《大东亚补给战》,纪华等译,北京:解放军出版社 1984 年版,第 61 页。

太平洋战争之后,日本面对的经济压力更大,而且很多进口路线也被封锁。为了应对这一情况,日本扩大了从中国掠夺资源的计划。"1942年2月28日,企划院总裁铃木贞一提出资源圈的设想,认为,由于日、美开战,日本占领了南方要地,在战略上对美、英处于优势地位,在经济上由于控制了南方资源,应大力发展以日、满、华为核心的大东亚经济。这是以今后15年为期限的大东亚生产力扩充计划。15年后,日本建立以日、满、华为核心,包括南方在内的大东亚资源圈,钢材将达3000万吨,石油2000万千公升,铝60万吨,船舶保有量2000万总吨,哪一项在15年后都是当时最高产量的几倍。"①战争的需要,加上日本自身资源的不足,使得日本将解决经济困难的希望寄托到中国,日本对中国的掠夺加强,日军的以战养战战略开始形成。

二、侵华战争与资源掠夺

侵华战争中的开支对日本经济造成了巨大压力,资源短缺的事实迫使其通过掠夺来满足战争需要。全面侵华战争的开始也是日军大肆掠夺中国资源的开始。为了掠夺中国资源以支持战争,日本制定了一系列掠夺中国资源的计划。

1937年初日本在伪满实施"第一次产业开发计划",重点是开发东北地区的军需产业和重工业。1938年11月攻占武汉后开始把战略重点放在加强对中国占领区的政治统治和经济掠夺。1938年11月7日,华北开发公司成立。1938年12月16日,日本政府设置兴亚院,由总理大臣直辖,掌管对华事务。1940年11月5日的《日满华经济建设要纲》提出了将华北劳动力有计划地移入满洲的设想。从1942年8月的瓜岛战役到1943年7月太平洋战场开始反攻,大东亚战争经济共荣圈破产,日军重点加强了对华北经济的统治和掠夺。1943年7月到战争结束的阶段是日本疯狂开发、掠夺中国资源的时期。

日本政府制定的一系列方针政策都是围绕经济掠夺开始的。全面

---

① [日]中原茂敏:《大东亚补给战》,纪华等译,北京:解放军出版社1984年版,第199—200页。

战争开始之时,日本掠夺的重点是中国东北和华北。"战争指导当局,计算了军民平时和战时的需要量,详细研究了日满华集团经济形式所拥有的生产力以后,认为在日满可以满足其大部,一部需依靠华北解决。"[1]在这样的情形下,日方加大了对华北地区的掠夺。

1938 年 7 月 15 日的《建立中国新中央政府的指导方策》中就提出了"利用开发华北资源"的想法,"关于资源的开发利用,在华北蒙疆方面,以寻求日满两国所缺乏的资源,包括地下资源为政策措施的重点,中国应根据共同防卫和经济合作的观点,对此提供特殊便利。在其他地区,关于特定资源的开发,也应根据经济合作的观点,提供必要的便利。"[2]1938 年 11 月 30 日的御前会议出台了《调整日华新关系的方针》,该方针提出:"在华北和蒙疆划定国防上、经济上(特别是有关资源的开发利用方面)的日华紧密结合地区。"[3]"关于资源之开发利用,在华北蒙疆地区以寻求日满所缺乏之资源,尤其地下资源为施策之重点,中国从共同防卫及经济合作观点出发,提供特殊便利。在其他地区,关于特定资源之开发,亦从经济合作观点出发,提供必要便利。"[4]12 月 6 日,陆军省、参谋本部制定《昭和十三年秋季以后对华处理办法》中提出:"如无特别重大的必要时,不企图扩大占领地区,而将占领地区划分为以确保治安为主的治安地区与以消灭抗日势力为主的作战地区。……治安地区主要包括河北省北部;包头以东的蒙疆地方;正太线以北的山西省,特别是太原平原;山东省的重要部分,胶济沿线地区;上海、南京、杭州的三角地带。"[5]该办法提出不扩大占领区,而实施对占领区的治安肃正,其实根本目的是在治安肃正之后进行资源的掠夺。

1939 年 3 月 30 日,日方文件《从战争指导观点出发处理目前各案件的准则》中提出:"为使各种资源供应充分,在华北要进行重要地区的

① [日]中原茂敏:《大东亚补给战》,纪华等译,北京:解放军出版社 1984 年版,第 44 页。

② [日]堀场一雄:《日本对华战争指导史》,北京:军事科学出版社 1988 年版,第 190 页。

③ [日]外务省编:《日本外交年表和主要文书(1940—1945)》(下卷),1969 年版,第 405—406 页。

④ [日]《大本营陆军部》(上),第 474 页。

⑤ [日]《现代史资料》9,《日中战争》2,1964 年版,第 553 页。

开发工作,在华中要依靠各种措施吸收现存的物资,在华南要获取特种资源。要使现地兵团为了军队的生存而保持长期持久的自给态势",
"在华北作为国防和经济上的日满华北体制的一环,确立我国的国防圈为基本方针,特别要重视其治安地区内的重点地区,华中限定在扬子江下游地区实行日华经济结合,还有在汉口及华南方面等作战地区,目前以恢复我原有状态为目标,一般暂不进行新的建设。"①日方明确了华北、华中、华南各个地区的经济掠夺重点。

1940 年 11 月 13 日,御前会议决定的《处理中国事变纲要》提出:"在中国的经济建设的根本方针是,一面配合日满两国的情况,彻底开发并获取国防资源,一面借此安定占领地区的民心。"②11 月 30 日的《日满华共同宣言》中提出了对待中国关系的三原则:"日本国、满洲国及中华民国为了实现三国间以互惠为基础的一般合作,尤其是善邻友好、共同防共、经济合作,在各方面采取必要的一切手段。"③其实,三原则中所谓的经济合作的实质就是掠取中国的资源。

1941 年 1 月 25 日制定《对华长期战争策略要领》规定:"日军在当地独立生活的必要物资,及属于物资动员的物资,特别是埋藏资源,帝国按对华要求额,全部取得。"④并且进一步指出:"中国经济建设的根本方针,是结合日满两国情况,彻底开发和取得国防资源。"⑤1942 年 1 月 21 日《大东亚建设的构想》中对资源掠夺做了更加明确的划分,"为了设法维持和增强战时的生产力,对于特别重要的优秀企业,必须重点的集中资材、劳动力、电力、资金等等,设法使现存设备得到最高限度的运用,同时对重要国防产业的生产扩充加以特别考虑。"⑥1942 年 3 月 7 日,大本营、政府联席会议通过了《今后应采取的战争指导大纲》,明

① [日]日本防卫厅防卫研究所战史室:《中国事变陆军作战史》(第 2 卷第 2 册),田琪之译,北京:中华书局 1980 年版,第 63 页。
② [日]外务省编:《日本外交年表和主要文书(1940—1945)》(下卷),1969 年版,第 464—466 页。
③ [日]原田熊雄:《西园寺公与政局》(第 8 卷),岩波书店 1952 年版,第 454 页。
④ [日]日本防卫厅防卫研究所战史室:《中国事变陆军作战史》(第 2 卷第 1 册),田琪之译,北京:中华书局 1979 年版,第 127 页。
⑤ [日]日本防卫厅防卫研究所战史室:《中国事变陆军作战史》(第 2 卷第 1 册),田琪之译,北京:中华书局 1979 年版,第 130 页。
⑥ [日]《东条英机首相演说集——面临大东亚战争》,改造社 1942 年版,第 10—11 页。

确表示："确保占领地区及主要交通线,促进国防重要资源的开发利用。"①2 月 21 日,大本营、政府联席会议决定在《应如何使用帝国资源圈》的文件中指出"帝国资源圈为日本、满洲、中国及西南太平洋地区"②。12 月 18 日,大本营政府联席会议决定:"取得为完成帝国的战争所必要的更多物资,确保军队的自给,并有助于维持民生,谋求于占领区域内重点地并有效地取得重要的国防物资,同时积极地获得敌方的物资。"③21 日,御前会议《为完成大东亚战争而决定的处理中国问题的根本方针》指出:"当前的对华经济措施,以增加获取战争必需的物资为主要目标;设法重点开发和取得占领地区内的重要物资,并积极取得重要的地方物资。"④

占领期间,日本侵略者在物资丰饶的东北地区掠夺了大量的资源。如果以 1933 年日本对东北的煤炭、生铁、钢资源的掠夺数量为 100,则 1937 年指数高达 14387、810 和 520,1941 年更是高达 24632、1390 和 580。

表 2-12　日本掠夺东北煤炭、生铁、钢的产量及其指数

产品	1933		1937		1941		1943		1944	
	数量	指数	数量	指数	数量	指数	数量	指数	数量	指数
煤炭	10888	100	14387	132	24632	226	25398	233	26527	244
生铁	433	100	810	187	1390	321	1700	393	1180	273
钢	20	100	520	2600	580	2900	970	4350	470	2350

(严中平等编:《中国近代经济史统计资料选辑》,北京:科学出版社 1955 年版,第 146 页内容制作。)

随着日军战线的扩大,尤其是太平洋战争之后,东北的资源已经不能满足日本备战的需要,日军开始疯狂掠夺中国其他占领区的资源。华北地区成为日军掠夺资源的新选择。

---

① [日]参谋本部编:《杉山笔记》(下卷),原书房 1967 年版,第 81—82 页。

② [日]参谋本部编:《杉山笔记》(下卷),原书房 1967 年版,第 85 页。

③ [日]参谋本部编:《杉山笔记》(下卷),原书房 1967 年版,第 324 页。

④ [日]外务省编:《日本外交年表和主要文书(1940—1945)》下卷,1969 年版,第 580—581 页。

表 2‐13　华北、蒙疆煤炭的生产和对日供应量(1939—1944)

年份	生产量	供给实额				日本物资动员计划从华北输入量
		对日供给量	对满供给量	对华中供给量	当地销售量	
1939	1387	325	21	165	549	330
1940	1774	477	48	189	917	
1941	2374	480	206	177	1070	
1942	2511	510	255	192	1152	570＋40
1943	2214	372	280	132	1191	635＋45
1944	2006	222	178	131	1166	455

(日本外交文书馆藏《对华北四省(不定)的建设及其规划的具体案》,转引自刘大年主编《中日学者对谈录——卢沟桥事变五十周年中日学术研讨会论文集》,北京:北京出版社 1990 年版,第 350 页。)

　　侵华期间日本对中国煤炭、钢铁资源的掠夺最多。煤炭和钢铁资源是现代工业的基础,尤其是发展军工产业的必备,从中国掠取煤铁资源成为支持日本以战养战的基础。

表 2‐14　日本对中国煤铁资源掠夺统计表(1938—1945)

年份	铁矿石(吨)	生铁(吨)	煤(吨)
1938		1868485	27451968
1939	4502222	1064221	36578974
1940	5317159	1118833	44453465
1941	7559917	1452983	56275591
1942	9894561	1706673	59208409
1943	10654235	1818517	50075141
1944	7949346	1370000	48280463
1945	426245	176138	23918000

(严中平:《中国近代经济史统计资料选辑》,北京:科学出版社 1955 年版,第 143 页。)

　　表 2‐14 的数据显示日本为了维系战争,对中国资源的掠夺达到了惊人的规模。根据上表的内容,自 1938 年到 1945 年,日本在中国掠夺铁矿石、生铁和煤炭资源分别达到了 46,303,685 吨、10,575,850吨、346,242,011 吨。

除了煤炭、钢铁等战略资源，日军还掠夺中国的劳动力资源。日军对中国劳动力资源的掠夺，一部分用于配合其侵华的军事行动，另一部分用于开发占领区的资源。用中国的人力开发中国的资源，然后满足日本侵华战争的需要，这是日本侵华的总体构想。

三、侵略战争与战俘

日本发动侵华战争，不光需要物质资源支持战争，还需要人力资源的支撑。全面侵华战争后，由于战线的拉长，日本在华战场上兵力不足的特点开始显现。根据日本方面的统计资料，1937 年日本陆军人数为95 万人，海军 126891 人，总兵力 1076891 人。到战争结束时的 1945 年，日本陆军、海军、总兵力分别达到了 640 万、186 万、826 万，分别是1937 年的 6.7 倍、15 倍和 7.7 倍。战争使得日军数目猛增，这从表 2 - 15 中可以明确看出。

表 2 - 15　1937—1945 年日军兵力统计表

年度	兵员（人）		
	陆军	海军	合计
1937	950000	126891	1076891
1940	1350000	191500	1541500
1941	2100000	320000	2420000
1942	2400000	450000	2850000
1943	2900000	684000	3584000
1944	4100000	1296000	5396000
1945	6400000	1863000	8263000

（［日］朝之新闻编辑局编：《防卫手册》，1980 年版，第 428—429 页。转引自刘庭华：《中国抗日战争与第二次世界大战系年要录·统计荟萃》，北京：海军出版社 1988 年版，第 482 页。）

根据表 2 - 15，日军兵力由 1937 年的 107.6891 万上升到 1945 年的 826.3 万，军队数目急剧增加。军人数目增加，但是根据表 2 - 16，日本役龄男子的数目并没有显著变化，总体维持在 1600 万到 1800 万之间。日本役龄男子数目最少时为 1939 年的 1638 万,最多时为 1944 年的 1844 万。现役士兵占据整个役龄男子人群的比例一直呈现上升趋势,由 1937 年的 6.4% 逐渐上升到 1945 年的 41.3%。也就是说在日本役龄男子中有将近一半的人要走上战场。

表 2-16　1937—1945 年日本现役、后备役人员比例表

	年度	役龄男子	后备役	现役
1937	万人	1693	1474	108
	%	100	87.0	6.4
1938	万人	1658	1422	120
	%	100	85.7	7.77
1939	万人	1638	1391	142
	%	100	84.9	8.66
1940	万人	1629	1339	157
	%	100	82.2	9.65
1941	万人	1827	1316	242
	%	100	72.0	13.25
1942	万人	1708	1268	283
	%	100	74.3	16.6
1943	万人	1752	1207	380
	%	100	68.8	21.7
1944	万人	1844	1151	537
	%	100	62.4	29.1
1945	万人	1741	899	719
	%	100	51.7	41.3

(刘庭华:《中国抗日战争与第二次世界大战系年要录·统计荟萃》,北京:海军出版社 1988 年版,第 484 页。)

士兵数目不断增加,但是劳动力人口在总人口中所占的比重变化并不明显。根据表 2-17 的数据,日本劳动力人口在总人口的比重大体维持在 45%—50% 左右,最低的是 1931 年的 44.8%,最高的是

1945 年的 55％。士兵数目增加,而劳动力数目维持基本平衡,这加剧了社会劳动力资源短缺的趋势。

日本军队数目的迅猛增加带来的后果就是大多数劳动力参加军队,这样就减少了社会生产中劳动力的数量,影响到社会经济的正常发展。军人数目在整个役龄人口中所占的比例不断增加,同时也意味着在整个社会劳动力人口中所占的比例不断增加。根据表 2－17 中的数据,1931 年日本的人口为 6546 万人,兵力 30.8 万,兵力和劳动力之比为 1∶94.1。1937 年,日本人口增加到 7063 万,兵力增加更多,达到 108.4 万人,士兵和劳动力之比缩减到 1∶28.8。战争结束的 1945 年,日军总兵力高达 719.3 万人,士兵和人口比仅为 1∶4.5,也就是说不到 5 个日本人就要养活一名士兵。

表 2－17　1931—1945 年日本人口构成及兵力与劳动力比例表

年度		总人口	15 岁以上人口	劳动力人口	役龄男子	兵力	兵力∶劳动力
1931	万人	6546	4140	2930		30.8	1∶94.1
	％	100	63.3	44.8		0.5	
1937	万人	7063	4499	3225	1693	108.4	1∶28.8
	％	100	63.7	46.1	24.0	1.5	
1941	万人	7222	4755	3500	1827	242.2	1∶13.5
	％	100	66.5	48.7	23.4	3.9	
1942	万人	7288	4840	3543	1708	282.9	1∶11.5
	％	100	66.5	48.7	23.4	3.9	
1943	万人	7390	4910	3618	1752	380.8	1∶8.5
	％	100	66.5	48.9	23.7	5.2	
1944	万人	7443	4950	3716	1844	536.5	1∶5.9
	％	100	66.5	49.9	24.8	7.2	
1945	万人	7251	4900	3972	1741	719.3	1∶4.5
	％	100	67.9	55.0	24.1	9.9	

(刘庭华:《中国抗日战争与第二次世界大战系年要录·统计荟萃》,北京:海军出版社 1988 年版,第 484 页。)

在日本本国劳动力资源紧张,战场又需要大量的士兵和后方工作人员的情况下,日本开始利用中国东北、华北占领区的劳动力资源。日本的劳动统制政策也发生了一个大的变化。九·一八事变后日本严格控制关内的劳动力到东北,1933 年 2 月 17 日,"伪满民政部"制定了《满洲国外人入国取缔规则》,限制劳动力进入东北。1933 年 9 月 5 日,关东军特务部会议设立的"劳务统治委员会"成为伪满劳动统治的最高机构,负责制定各种劳动政策。10 月,满铁经济调查会出台了《劳工的国民统制的必要性》文件,指出对华北劳工入满实行统制的原因有以下几点:(1)华北工人中有反满抗日分子,需要防止,否则不利于其占领秩序的稳定;(2)华北工人回乡时会带走大量劳动收入,不利于日伪的外汇储蓄;(3)由于日伪的"治安肃正"政策,使农田荒废,农村有过剩的劳动力,而华北工人功效高、工资低,这会使得当地工人失业、酿成社会问题;(4)从日本移民政策出发,防止其移民用地被华北移民占用,需要限制华北移民数量。①

1934 年 1 月 9 日全满劳动统制委员会会议对入满华工实施限制。4 月 1 日,关东军伙同日军天津特务机关在天津浪速街二六番地成立大东公司,该公司负责在劳动统制委员会限定的数量范围内发放劳工身份证明书,并负责入满劳工的检查甄别、招募供给、输送及入满后的"保护性管理"。1935 年 3 月,关东军和伪满政府颁布了《外国劳动者取缔规则》,规定对华北劳工入满实施全面统制。

随着日军对东北地区的"肃正"计划不断进行,东北三省的秩序逐渐稳定。日军从 1936 年开始转变劳务统治政策,由限制华北劳动力进入东北三省改为引进华北的劳动力参与东北三省的"开发",并于当年成立了伪满劳动协会。是年 10 月,关东军制定了《满洲产业开发五年计划(1937—1941)》,该计划的重点是发展军需工业和重工业,为全面侵华战争做准备。为了配合东北开发政策,1937 年 12 月 14 日,"伪满民生部"制定了《满洲劳工协定》,开始鼓励引进劳动力。1938 年 1 月 7 日,满洲劳工协会成立。1938 年 5 月 7 日,伪满国务院规划委员会成

---

① 青岛市档案馆编著:《铁蹄下的罪恶——日本在青岛劫掠劳工始末》,北京:中国档案出版社 2003 年版,第 12 页。

立了下属的劳务委员会，专门管理劳工事务。1938 年 6 月，北平成立新民会劳工协会，9 月，在青岛成立山东劳务福利局，10 月，在济南成立了山东劳务公司。1939 年 6 月 30 日，满洲劳工协会接管大东公司的财产和机构，实现满洲劳动一元化管理。1939 年苏满边境实施北边振兴计划，这需要大量的劳动力在"满洲"与苏联边境地区从事军事工事建设。对劳动力的需求进一步增大。

　　然而，此时不论是满洲还是华北的自由劳动力都不能满足日本侵华战争的需要。在此情况下，日本开始对东北和华北地区的劳动力实施统制政策。1939 年 4 月颁布了《防止从业人员移动令》，7 月 18 日日本政府通过了《国民征用令》，在该命令中明确募集朝鲜人支援战争对人力资源的需求。7 月 28 日，内务省厚生省两次官会议通过征用朝鲜人劳务案。1940 年 9 月兴亚院华北联络部设立"中央劳务统制委员会"，专门负责劳工问题。1941 年 7 月 1 日，由华北政务委员会和日本华北开发公司联合投资的华北劳工协会成立，该协会一直处于日本军政当局控制之下。华北劳工协会在北平、塘沽、石门、太原、济南、青岛成立战俘劳工集中营，训练战争中捕获以及通过各种手段抓捕的中国战俘。该协会统一了华北各地的劳务机构和伪满在华北地区的劳务机构，在强募、抓捕、管理、输出中国劳工方面犯下了不可饶恕的罪行。

　　在实行劳务统制的政策下，日本仍然不能通过正常手段实现对劳动力的需求。这时候日本开始利用战场上的战俘劳动力资源。1941 年 4 月 5 日，关东军同华北方面军签订《紧急动员工人入满协议》，把华北讨伐作战的俘虏送往伪满充当特殊工人。1941 年 6 月，华北方面军与华北伪新民会中央总会签署了《向东北遣送特殊工人的协议》，新民会劳工协会协助华北方面军做战俘收容登记押送工作，7 月份归华北劳工协会办理。1942 年 5 月 12 日，关东军参谋部制定了《关于特种劳工之处理办法》和《特种劳工使用管理规程》，详细规定了对中国战俘的劳务管理制度。1942 年 11 月 27 日，东条英机内阁通过《关于向日本内地移入华人劳工的决定》，开始实验将中国的战俘输入日本充当劳动力。1943 年 3 月 2 日通过了《华工内地移入要领》。1944 年 1 月 1 日起，华北劳工协会直接参与到济南新华院、石门劳动训练所等战俘集中营的管理工作。2 月 28 日,日本次官会议出台了《关于促进华人劳工移进国内事项》细则,准备在 1944 年移入 4 万名中国劳动力。

由于日本不承认中国战俘的政治身份,日方也就不给予中国战俘国际法上规定的人道待遇。日方对中国战俘的管理手段忽略政治上的管理,强调经济上的掠夺。由上文可知,日本并未制定专门的中国战俘管理政策,而是将中国战俘作为劳工中的一部分来处理。日本对中国战俘的管理多蕴藏于对劳工的管理之中,这是学界将"战俘劳工"作为一个问题混合研究的原因。将"战俘劳工"身份混合,加剧了研究战俘问题的难度。

第三节　屠杀战俘与战俘劳动力资源的再利用

卢沟桥事变爆发后,日本开始全面入侵中国。自卢沟桥事变到 1938 年底攻占武汉、广州,日军一直是攻击作战,战线不断延长,并且此阶段的作战方式是不间断的"追击作战"。日军攻占中国军队的阵地后继续前进,主动出击并寻找中国军队作战。日军此阶段的战斗任务是消灭中国军队的有生力量,还未顾及对占领地的巩固问题。

在这样的总体情形下,加之日本方面预想的速决战策略,因此日军对战场上的中国战俘主要采取屠杀政策。日军对中国战俘的屠杀在攻占南京战斗中达到顶峰。1937 年到 1938 年间,大量中国战俘在战场上就被日军屠杀。日军在战场上实施大规模屠杀战俘政策的原因,有以下几个方面的原因:

一、日本试图通过屠杀政策使得中国抗战军民屈服。面对当时反日情绪高涨的中国,日本法西斯势力主张通过战争暴力来解决与中国的争端冲突。"日本人一心以为,只要这样对中国进行野蛮战争,中国人民保家卫国的斗志就会被摧毁。"①战争打响后,日本政要表达了对中国抗战军民的态度:"我希望中国人民了解日本的意图,才可以

---

① [日]神吉晴夫等编著:《日本屠杀秘史》,台南:西北出版社 1978 年版,第 44 页。

跟我们合作。对于那些不了解的,我们别无他法,只有消灭他们。"①

　　日本军队特别强调通过战争摧毁中国民众的抗战决心。日军华中派遣军参谋长在写给板垣征四郎的一篇战局检讨书中说:"我们对中国内地进行攻击,是希望在地方军民之间造成心理恐怖,而不是我们直接对敌人官员和装备的物质损害。我们一定要看见他们在极度恐怖中神经错乱而崩溃,并等待他们疯狂地展开反蒋求和的运动。"②在这样的思维之下,日军屠杀中国战俘,从而制造恐怖的局势,可谓是日方的既定政策。

　　二、战争初期大规模屠杀战俘政策与战场形势有着密切关联。正如前文所言,1937、1938 年间是日军对中国军队的攻击作战,此阶段日军以消灭中国军队的有生力量、攻占中国领土为第一作战任务。日军处于不断地进攻之中,处置战场俘虏面临多种困难。运送到后方需要大量的人力和粮食供应,在进攻作战的过程中不容易实现。如果对中国战俘实施原地安置政策需要一个稳定的后方,而在此过程中,日军不注重对占领区的巩固,没有形成稳固的后方。此时日本的战略大后方还在本土、朝鲜与中国东北。在将中国战俘运送到后方、就地安置和屠杀等不同选项中,屠杀成为日军的主要选择。

　　三、日军受到帝国主义宣传的蛊惑,厌恶中国人,屠杀战俘是其报复中国人的手段。自明治维新日本走上侵略扩张路线之后,中国就成为日本侵略战争的受害者。受害者的经历使得中国人对日本抱有深刻的敌意,尤其是"二十一条"的提出,增强了中国人的反日情绪,"中国排日、抗日、侮日形势达到高潮。军队干部、尤其下级干部态度更加露骨。"③日本法西斯势力在国内大肆宣传中国的这种反日情绪。全面侵华战争之前,日本大肆宣传 1936 年 7 月的丰台事件,8 月的成都事件,9 月的北海事件、汉口事件等。日方不反思其对中国的侵略,反而批评:"对于推行以经营满蒙谋求稳定我国民生活之国策,不求之于发动本国之国力,而一味追求渺茫的中日亲善,结果使我举国上下汲汲于逢

<hr>

① 〔日〕神吉晴夫等编著:《日本屠杀秘史》,台南:西北出版社 1978 年版,第 44—45 页。
② 〔日〕神吉晴夫等编著:《日本屠杀秘史》,台南:西北出版社 1978 年版,第 44 页。
③ 〔日〕日本防卫厅防卫研究所战史研究宝编:《中国事变陆军作战史》(第 1 卷第 1 分册),北京:中华书局 1979 年版,第 123 页。

迎中国,以致陷入自屈而不觉,徒使趋炎附势之中国人妄自骄傲。"①宣传的结果使得基层官兵认为中日之间的争端问题出自中国,是中国实施排日政策引发了中日冲突。日本开战是对中国"反日"政策的回击。日本法西斯式的宣传政策,使得日本基层士兵分不清历史事实,不能认清自己的侵略者角色,反而将战争的戾气都施加于中国受害者身上。

四、在抗战初期,中国军队的奋勇抵抗给日本军队造成了较大伤亡。1938 年 4 月台儿庄战役进行的时候,日本步兵第 10 联队《战斗详报》记载中方军队的表现时候说:"全部守军凭藉散兵壕顽强抵抗至最后。敌在狭窄的散兵壕内,尸体相枕力战而死的情景,虽为敌人,亦须为之感叹。曾令翻译劝其投降,绝无应者。尸山血河,并非日军所特有。"中国军队的英勇作战,给日本第 10 联队造成重大杀伤。从中国方面来讲,这是保国安民,提振国威。对日军来讲,面对俘获的曾经给己方军队造成重大杀伤的中国军队,日本军人心中的不满可想而知,为了报复,日本军队采取屠杀的手段对待中国战俘。

一、日军对中国战俘的屠杀

自平津开战,日军在南下、西进作战过程中不断屠杀中国战俘,查阅此时的日军作战详报和日方出版的侵华战史丛书,内容都是以屠杀为主,留下的都是"中方遗尸"等内容,很少有俘虏中国士兵的记录。此时的日军屠杀政策还可以通过战后中国军人的回忆文章中找到线索。根据笔者对各地文史资料内容的翻阅以及何天义出版的两套战俘劳工访谈录,我们发现受害者大都是在 1941 年之后成为战俘的,尤其以 1944、1945 年居多。然而,1937—1941 年间,日本侵华发动过多场大规模会战,中日双方在战场上厮杀,战争规模甚至远超后期。1937—1941 年间日军俘虏中国士兵不多的原因主要是以下两点:一是 1941 年之前的战俘数量很少,尤其是 1939 年底之前战俘大量被杀,二是日军对

---

① [日]日本防卫厅战史室编著:《大本营陆军部》(上),成都:四川人民出版社 1987 年版,第 165 页。

战俘的管理残暴,使得较早被俘的中国战俘受虐待而死。

曾在石门南兵营集中营担任辅助管理者的王铭三在 1941 年刚进入战俘营时候说过:"这个战俘营建立还不到半年,听说在早两年小日本对战俘大部分是要杀死的。今年他们要掠夺我国的劳动力,顶替他们的劳力以扩充兵源,对战俘政策有所改变,押到东北和日本矿山当劳工。"①王铭三本身就是战俘,同时又成为战俘营里的辅助管理者,同日方战俘营管理层的关系密切。他说"早两年小日本对战俘大部分是要杀死的"比较具有说服力。

日军对中国战俘的屠杀政策在攻陷南京时候达到高潮。日军占领南京后"基本上不实行俘虏政策,决定采取全部彻底消灭的方针。但由于是 1000 人、5000 人、10000 人计的群体,连武器都不能及时解除"②。通过分析日军在南京的屠杀战俘政策,我们可以一窥全面侵华战争初期的日军战俘政策。

日军攻陷南京时,大量中国战俘被杀。据何天义的调查,南京沦陷后,日军屠杀的 30 万人中有 9 万人就是放下武器的中国军人。③ 日军"计于中华门卫花神庙、宝塔桥、石观音、下关草鞋峡等处,我被俘军民遭日军用机枪集体射杀,并焚尸灭迹者,有单耀亭等十九万余人"④。在日军的《战斗详报》中大量记载了屠杀战俘的信息,并且表明这种屠杀是受到了军队高层的命令。"根据旅团部命令,俘虏全部杀掉,其方法可以十几名为一组枪杀。下午 3 时 30 分,集合各中队就俘虏处理问题,交换意见,经讨论决定,把俘虏平均分给各中队(第一、第三、第四中队),以 50 名为一组,由大监禁室带出。第一中队在宿营地南谷地,第三中队在宿营地西南洼地,第四中队在宿营地南谷地附近,刺杀这些俘

① 梅欧:《日寇战俘营纪实——我在魔窟中的所见所闻》,第 40 页。
② 〔日〕中岛今朝吾:《阵中日记》。转引自中央档案馆、中国第二历史档案馆、吉林省社会科学院合编:《日本帝国主义侵华档案资料选编:南京大屠杀》,北京:中华书局 1995 年版,第 947 页。
③ 何天义主编:《日军侵华集中营——中国受害者口述》,郑州:大象出版社 2008 年版,序言第 1 页。
④ 国防部审判战犯军事法庭 1947 年度审字第一号判决书。中央档案馆、中国第二历史档案馆、吉林省社会科学院合编:《日本帝国主义侵华档案资料选编:南京大屠杀》,北京:中华书局 1995 年版,第 225 页。

房。监禁室必须配置重兵警戒,将俘虏带出时,注意绝对不能让他们有所察觉。……各部队于下午 5 时前准备完成,5 时开始刺杀,下午 7 时 30 分刺杀结束,向联队报告。"①1946 年 7 月 29 日,在远东国际军事法庭上,南京大屠杀的见证人,金陵大学教授贝蒂斯(Miner Earle Bates)作证说:"华军于武装解除后,均被押送至长江畔用机关枪扫射。在七十二小时内,委员会埋葬军民死尸达三万具。"②

进入南京后,日军发现中国士兵已经脱去军装,为了找到中国士兵,"敌人又向民众演说,凡是参加过军队工作的,请分立旁边,以便分配职务。这样一边哄骗,一边强迫,一万人中总有一二千人被迫站在另一边。他在表面上做得很和善,却不料还没有一忽儿就用机关枪对着这些人扫射。"③

对于那些不主动承认自己是军人者,要想逃离日军的魔爪也并不容易,当时中国人能以通过日军的检查,首先得经过下列五道关口:

1. 洗劫。

2. 摸头:由于战时我军多剃光头,所以日军检查的第二步是摸头,摸摸看有没有蓄发? 蓄得够不够长,否则,就地枪决。

3. 验额:验出来额头上有钢盔印子的,必是我军,一样当场处死。

4. 猫腰:脱下裤子来瞄一眼,但凡腰上有系过皮带的痕迹者,日军一律认作我军,手一挥,拉过去,执行死刑。

5. 看手:命中国人把双手张开来细细验看,如果有右手持过

---

① 《日军第十军第一一四师团第一二七旅团第六十六联队第一大队〈战斗详报〉》,转引自[日]洞富雄:《南京大屠杀之证明》,中央档案馆、中国第二历史档案馆、吉林省社会科学院合编:《日本帝国主义侵华档案资料选编:南京大屠杀》,北京:中华书局 1995 年版,第 329 页。

② 胡菊荣:《中外军事法庭审判日本战犯——关于南京大屠杀》,天津:南开大学出版社 1988 年版,125 页。

③ 文舍:《沦陷后的南京》,《科教丛刊》1938 年。中央档案馆、中国第二历史档案馆、吉林省社会科学院合编:《日本帝国主义侵华档案资料选编:南京大屠杀》,北京:中华书局 1995 年版,第 183 页。

枪的老茧，那就毫无疑问的是军人了，也是当下处决，毫不容情的。①

　　这五道关口除了第一道关口外，其余的四道关口均是为了搜寻隐藏在民众中的中国士兵，然后杀掉，日军以剔光头、验额头、系皮带、看手茧等方式辨别脱去军装的中国士兵，然后杀掉。这样的检验是有效果的。日军士兵小原孝太郎在1937年12月15日的日记中记载："在用竹杆围起的一个广场当中，大约有200名俘虏在我军的监视下蠕动。后来听说，这是攻占南京时抓到的俘虏。有人说，俘虏共有7000人，他们举着白旗投降，被解除了武装，他们当中也有在战斗中负伤被俘的。这些人在军服外边穿上一件中国式便服，借以伪装自己。经过一番调查之后，他们当中有些人被枪杀，有的去做苦役，有些人会被释放。听说背后的山上，被枪杀的俘虏的尸体已经堆积如山，南京已经70％被占领了。"②

　　关于南京战役对中国战俘的杀戮，当时的中国媒体就已经广泛关注。《大公报》1938年2月21日记载，"十三日，我武装军队无论抵抗与否，悉遭枪杀，自是日起，杀人恐怖蔓延全城，嗣地方声称，难民区内藏有武装军队，乃不顾国际信义，公然违反对国际救济委员会之诺言，冲入难民区内，按户搜查，凡貌似军人者辄捆绑以去。十余日内，每日均有十余卡车，满载非武装人民向城外驶去，总计不下万人，惨遭屠杀。"③《新华日报》1938年3月9日记载："在下关方面不及退却之吾军，当场被杀者约有万计，道路变赤，尸阻江流。被俘于麒麟门一带四千余人，无饮无食，每日倒毙者恒四五百人。现在三汊河一带被沉之忠魂尸体尚不计其数。在城内有大批保安队约4000余，以及每日搜捕之

---

① 郭岐：《陷都血泪录》，转引自中央档案馆、中国第二历史档案馆、吉林省社会科学院合编：《日本帝国主义侵华档案资料选编：南京大屠杀》，北京：中华书局1995年版，243页。

② ［日］小原孝太郎：《从军日记》。中央档案馆、中国第二历史档案馆、吉林省社会科学院合编：《日本帝国主义侵华档案资料选编：南京大屠杀》，北京：中华书局1995年版，第955—956页。

③ 《沦陷后南京惨像》，《大公报》，1938年2月21日。中央档案馆、中国第二历史档案馆、吉林省社会科学院合编：《日本帝国主义侵华档案资料选编：南京大屠杀》，北京：中华书局1995年版，第169页。

壮年民众,被认为战士者,每日必有数千,均押赴下关,使其互为束缚,再以机枪扫射,不死者益掷以手榴弹,或以刀刺迫入地窖,或积累成山,聚而焚之。"①1938 年 5 月 30 日又记载:"倭敌自去年 12 月 12 日攻入南京后,即每日派兽兵分赴全市各地,搜捕我军官士兵,并下令凡捕获排长一名奖 50 元,连长 200 元,营长 500 元,团长以上则赏以重金。凡蓄陆军装头发之青年,计每日失踪及被捕者百数十人,几无一幸免。其被捕者则尽押送军政部之敌军司令部,部内有一广大之草场,敌兵预制木十字架百数十具遍插场内,凡被捕获之我军军官士兵,悉被褫去衣服,勒悬架上,然后派敌兵持长枪站在相当距离,试射三枪,不死者则复以刺刀猛刺,或乱割至死。又外交部或军政部内,共有伤病二千余人,全部被杀;下关亦有伤病数千人,被倭敌机枪射杀,几无一幸免。此种残酷手段,实为世所未闻。"②这条记录表明,日军将中国战俘作为训练的工具使用。

南京沦陷时候,大批中国士兵脱掉军装,进入国际和平人士设置的国际安全区内,本应受到国际法的保护。"那些中国军人大多留在所谓'国际安全区'内,即使不在这个区域内,依据国际法,仍无理由杀害他们,因为他们早已放弃了武器,并未进行任何抵抗,他们有权利被当做战俘看待。"③然而,在日军的残暴面前,任何国际法的约束都未被尊重。"12 月 14 日有一日军大佐到难民区,要求将已缴械的六千华军交出。办事人不允,日军便派军到处搜索,在一角落里,发现一大堆除下的军服,于是大发雷霆,将躲在军服旁的一千三百人捆缚起来,硬要拉出去枪毙。这样,难民区办事人当然要提出抗议了,日军却狡辩谓他们捆缚这些人不过是捉去替日军做苦工的。办事人又去日本使馆提出抗议,日使馆又无答复。及夜,去抗议者回到难民区,只见日军将那一群人,捆在一起,帽子铺盖,全部剥光,一应品物,不准携带。用意为何,不

---

① 《日寇在南京兽行》,《新华日报》,1938 年 3 月 9 日。中央档案馆、中国第二历史档案馆、吉林省社会科学院合编:《日本帝国主义侵华档案资料选编:南京大屠杀》,北京:中华书局 1995 年版,第 174 页。

② 《南京同胞惨遭蹂躏》,1938 年 5 月 30 日。中央档案馆、中国第二历史档案馆、吉林省社会科学院合编:《日本帝国主义侵华档案资料选编:南京大屠杀》,北京:中华书局 1995 年版,第 181 页。

③ 〔日〕神吉晴夫等编著:《日本屠杀秘史》,台南:西北出版社,1978 年版,第 47—48 页。

难想象而知。这班人被押至江边全体枪决,嘴里绝无半句乞怜说话。因为明知在不讲理的日军之下,必无幸免的。"①

日军屠杀中国战俘的兽行也引起了国际人士的广泛关注。1937 年 12 月 15 日,南京安全区国际委员会约翰·H. D. 锐比在致日本大使馆的函件中:"由于事情繁杂和时间紧迫,也由于有一些士兵已经脱掉了军装,本委员会未能将放下武器的军人和老百姓分开。本委员会完全承认,士兵一旦被认出,即是战俘。但在处理这些放下武器的士兵时候,本委员会希望日军小心谨慎,不要连累了老百姓。本委员会还希望日军按照公认的战争法对待战俘,并以人道主义精神宽待这些过去的士兵。"②

德国外交官在写给德国外交部文件记载:"日本海军少将近藤对美国海军上将霍尔特说,南京下游的大扬子岛上还有 3 万中国部队,必须'清除'掉。这种'清除'或许像日本人所的'肃清',就是杀害已毫无防卫能力的敌人,是违反战争人道的最高原则的。除了用机枪大批杀害外,还采用了其他特殊的杀人方式,如在人体上浇汽油,然后点上火。"文件还记载了日军搜查中国士兵的情况,"一般是注意当兵留下的标记,如头上圆形的帽痕,肩上背枪的压痕,或者身上是否有背囊等等。一些外国目击者证实,日本人用诺言把许多中国士兵骗出安全区,例如答应不加害于他们,甚至让他们工作,可是后来还是把他们杀害了。"③

日军士兵留下的日记中大量记载了屠杀战俘的事实。中岛今朝吾在 12 月 13 日的日记回忆:"今日中午高山剑士来访,当时恰有 7 名俘虏,遂令其试斩。还令其用我的军刀试斩,竟出色地砍下两颗头颅。"④小原孝太郎在 12 月 17 日的《从军日记》中写道:"二十七班去征集干草时,在农家的草堆里发现了 4 名残兵败将,便把他们抓来了。我和 ＊＊

① 郭静秋:《日军在京暴行目击记》,《宇宙风》1938 年第 68 期,第 97—101 页。
② 《南京安全区国际委员会致日本大使馆函》,1937 年 12 月 15 日。中央档案馆、中国第二历史档案馆、吉林省社会科学院合编:《日本帝国主义侵华档案资料选编:南京大屠杀》,北京:中华书局 1995 年版,第 78 页。
③ 《罗森给德国外交部的报告》,1938 年 1 月 20 日。中央档案馆、中国第二历史档案馆、吉林省社会科学院合编:《日本帝国主义侵华档案资料选编:南京大屠杀》,北京:中华书局 1995 年版,第 149 页。
④ 〔日〕中岛今朝吾:《阵中日记》,中央档案馆、中国第二历史档案馆、吉林省社会科学院合编:《日本帝国主义侵华档案资料选编:南京大屠杀》,北京:中华书局 1995 年版,第 945 页。

＊拔出战刀砍过去,脖子没有被完全斩断,脑袋挂在那里摇摆。接着＊＊＊和＊＊＊也拔刀就砍,脖子还是没有被砍断。这时＊＊＊＊说了声看我的,飞刀一砍,脑袋飞到前边,鲜血随之四处飞溅。他的手腕实在高超。"①小原还记载到:"俘虏来了,前天,在那个村庄里看到的俘虏,他们被一个小队的士兵用手枪押送着源源不断地走过去,不计其数。我跑过去一打听,俘虏人数有 4000,都是三十三、三十八、二十联队在这一带的战斗中捉到的,护卫在那里的也都是这几个联队的士兵。把他们带到哪里去呢? 去南京吗? 有人说他们都会被枪毙,也有人说把他们拉到南京去做苦役。原来的 20000 人俘虏,现在只剩下这些了。"②从他的记载来看,原来 20000 余人的中国俘虏,此时还剩下 4000人,已经有 80％的中国被俘士兵被屠杀。

战争时期东史郎看不起中国被俘士兵,他认为中国士兵是"既无纪律又无秩序一群无知的羊,悄悄地低语着,从黑暗走向黑暗。这一群兽类,很难想象他们就是直至昨天还向我们开枪,使我们大伤脑筋的敌人,无论如何也难以置信他们就是敌军。"③对于这些战俘,"次日早上我们奉命警备马群镇,据说在我们警备郡马(马群)镇期间,将俘虏分配给每个中队二三百名,然后杀掉了。"④即使看不起中国战俘,但是东史郎还有基本的人道观念,"我不明白为什么要将如此大批的俘虏杀掉。我总认为这未免太不人道,太残酷了,是一种令人无法理解的不正当行为。一下子消灭 7000 人的生命,这实是令人难以置信的事实。"⑤

日本政府也承认了南京残杀战俘的暴行。"日军虽不见得攻击难

---

① ［日］小原孝太郎:《从军日记》。中央档案馆、中国第二历史档案馆、吉林省社会科学院合编:《日本帝国主义侵华档案资料选编:南京大屠杀》,北京:中华书局 1995 年版,第 957页。

② ［日］小原孝太郎:《从军日记》。中央档案馆、中国第二历史档案馆、吉林省社会科学院合编:《日本帝国主义侵华档案资料选编:南京大屠杀》,北京:中华书局 1995 年版,第956—957 页。

③ ［日］《东史郎日记》。中央档案馆、中国第二历史档案馆、吉林省社会科学院合编:《日本帝国主义侵华档案资料选编:南京大屠杀》,北京:中华书局 1995 年版,第 972 页。

④ ［日］《东史郎日记》。中央档案馆、中国第二历史档案馆、吉林省社会科学院合编:《日本帝国主义侵华档案资料选编:南京大屠杀》,北京:中华书局 1995 年版,第 973 页。

⑤ ［日］《东史郎日记》。中央档案馆、中国第二历史档案馆、吉林省社会科学院合编:《日本帝国主义侵华档案资料选编:南京大屠杀》,北京:中华书局 1995 年版,第 973 页。

民区,但其入城后的举动,可称得上残暴。强迫悬挂日本国旗,将中国军事俘虏逐一枪杀……"①这是日方对屠杀战俘野蛮行为的承认。日军也曾反省在南京的暴行使得其名誉扫地,"日军进入南京后,军纪极端紊乱,骇人听闻。日军对非战人员妇女、儿童残杀、掠夺、强奸,种种暴行,罄竹难书。其残暴程度远超中国匪贼。素以忠勇武士道文明的日军,可谓已名誉扫地。"②

　　战后,中国政府对日本战犯南京屠杀战俘的暴行给予公开审判,在审判资料中,调查了大量日军屠杀中国战俘的案例。1946 年 10 月 19日的《白增荣、梁廷芳陈述日军在中条山码头集体屠杀情形的讯问笔录》是其中之一:

　　　　问:姓名、年龄?
　　　　答:白增荣,三十五岁,山西人,住三牌楼校门口九十一号。
　　　　问:你做什么事?
　　　　答:在章嘉呼图克图驻京办事处服务。
　　　　问:日本兵打进南京城的年月日,你还记得么?
　　　　答:在贰拾陆年阴历十二月十二日下午。
　　　　问:你当时在哪里服务?
　　　　答:在军政部收容所当看护长。
　　　　问:你被俘虏没有?
　　　　答:被俘虏的。
　　　　问:是哪一天?
　　　　答:十六号。
　　　　问:你受害了没有?
　　　　答:那一天共被俘虏老百姓有五千多人,五六个一起,陆续的

---

① 〔日〕《广田外务大臣致驻北平森岛参事官电》,1937 年 12 月 22 日,合第 3214 号。中央档案馆、中国第二历史档案馆、吉林省社会科学院合编:《日本帝国主义侵华档案资料选编:南京大屠杀》,北京:中华书局 1995 年版,第 326 页。
② 〔日〕《广田外务大臣致驻北平森岛参事官电》,1937 年 12 月 22 日,合第 3215 号。中央档案馆、中国第二历史档案馆、吉林省社会科学院合编:《日本帝国主义侵华档案资料选编:南京大屠杀》,北京:中华书局 1995 年版,第 327 页。

被日本兵带到别的地方去了。我当时知道一定是屠杀的,与其被他杀死,我就同梁廷芳两人一齐跳下江去。当时江面上都飘的死尸。我们在死尸上面,所以没有死,然后就慢慢的逃走了。

……

问:你(梁廷芳)当时在哪里?

答:我当时在军政部第三收容所,做担架队的队长。

问:你遇难的时候是什么情形?

答:日本兵进城时,我便换了便衣到五条巷五号难民区避难,在 12 月 16 日上午 11 时,被日本兵带到华侨招待所后边大空厂商……后来陆续的聚集了有五千多难民……(日本军官)讲话之后,日本兵就开始用枪射击被俘的人。①

法庭对谷寿夫的罪证调查中认为:"在调查证据中,集体大屠杀在下关草鞋峡一次达五万余人,汉中门外二千余人,又在鱼雷营有七千余国军被解除武装后集体射杀,又在下关码头一次屠杀九千余人。"②有关谷寿夫犯下的屠杀战俘的罪行包括:

"民国 26 年 12 月 18 日夜间,日军将被俘之国军及难民计五万七千四百十八人囚禁于幕府山之下四五所村,断绝饮食,冻饿死者甚多。复用铅丝两人一扎,排成四路,驱至下关草鞋峡,用机枪悉予扫射后,复用刺刀乱戳,最后浇以煤油,纵火焚烧,残余骸骨悉投于江中。"

"民国 26 年 12 月 15 日夜间,有平民、官兵共九千余人,被日军俘获,押往海军鱼雷营,用机枪集体扫射。除殷有余等九人逃出外,其余全体牺牲。"

---

① 《白增荣、梁廷芳陈述日军在中条山码头集体屠杀情形的讯问笔录》,1946 年 10 月 19 日。中央档案馆、中国第二历史档案馆、吉林省社会科学院合编:《日本帝国主义侵华档案资料选编:南京大屠杀》,北京:中华书局 1995 年版,第 637—638 页。
② 《审判战犯军事法庭检查官陈光虞对战犯谷寿夫讼词》,1947 年 2 月 8 日。中央档案馆、中国第二历史档案馆、吉林省社会科学院合编:《日本帝国主义侵华档案资料选编:南京大屠杀》,北京:中华书局 1995 年版,第 743 页。

"民国 26 年 12 月 19 日上午,在龙江桥江口,将我军民五百余名绑扎后,全体堆于马路空地旁,以机枪射杀后,纵火烧毙,尚有气息者,更以刺刀连续刺毙。"

"民国 26 年 12 月间,在上新河地区,屠杀军民 28730 人。"

"民国 26 年 12 月间,军民五百余名在下关九甲圩江边等处,被枪杀。"

"民国 26 年 12 月间,士兵两千余名,在南门外附近凤台乡,花神庙一带,被屠杀。"①

其他战犯也供认了在南京屠杀战俘的罪行,战犯东口义一在笔供中承认:

"1937 年 12 月 19 日,在南京城内军官学校东方的飞机场,师团武器部某大尉为了试验中国的步枪和日本的步枪的杀害能力而杀害了 50 名被俘的抗日军战士。当时我和 14 名士兵担任挖坑、警戒及埋没尸体的任务。"

"1937 年 12 月 19 日,侵入南京的第十六师团步兵第三十八联队第二大队在盘踞在城内军官学校时,我——步兵炮小队第二分队炮手上等兵和以下 14 名,在联络系熊本军曹指挥下,带着步枪、锹和十字镐,到南京城内军官学校东飞机场中央道路上集合,师团兵器部某大尉称:要实地检查中国步枪弹和日本步枪弹的杀伤力,关于屠杀,细节由熊本军曹做指示。我以下 14 名按熊本军曹的命令,挖一个埋尸体的坑(深 1.5 米、宽 2.0 米、长 10 米)和筑二个射击台。当时,由该大队的第七中队的二个小队(30 名)警戒,用 3 辆汽车拉着 50 名抗日军俘虏到现场。兵器部某大尉令步枪中队使抗日军政士兵二列纵队站在距射击台 2 米的位置,手和手,脚和脚都绑着,眼睛用白布蒙着,然后由兵技曹长某二名对离

---

① 《谷寿夫战犯案判决书附件关于计提屠杀部分统计节录》,1947 年。中央档案馆、中国第二历史档案馆、吉林省社会科学院合编:《日本帝国主义侵华档案资料选编:南京大屠杀》,北京:中华书局 1995 年版,第 753—756 页。

射击台 2 米的成二列纵队的 50 名抗日军士兵,用日本步枪和中国步枪各射击一发。结果,中国步枪打穿 15 名,日本步枪打穿 12 名。当时,由兵器部某大尉和军官下士官 10 名进行检查,然后将其余的 23 名抗日士兵,在 30 米外的场所,用轻机枪二挺加以射杀。结果 50 名抗日军全被杀害。"

"1937 年 12 月 18 日,步兵三十八联队第二大队盘踞在南京城内军官学校时……为了教育见习士官,将 10 名抗日军俘虏斩首。关于此事,按'大队日日命令',在步兵炮小队长的命令下,我——第二分队炮手上等兵指挥谋一等兵,按大队本部中西军曹的指示,我以下 9 名在挖掘深 1.5 米宽 1.2 米长 2.0 米的埋尸体坑时,联队本部教育系某助手及五名士兵将用麻绳绑着的抗日军政大学押送到现场。我将 1 名抗日军政大学的眼睛蒙起来,并使之坐在坑前。增田大尉举着自己的军刀说:'就这样砍',在 10 名见习士官面前,把他斩首了。其他 9 名抗日军政大学则被见习士官分别斩首。当时,我和其他 9 名在 10 米外的位置担任周围警戒,直接帮助他们砍头,把尸体埋在坑中。"①

井手纯二在《我所亲眼目睹的南京惨剧》中写道:"在铁锹前,似乎是从收容所来的二十名俘虏从卡车上下来,被带到江边,可能是骗他们说要释放而带来的……他们像一群被赶进屠宰场的羔羊,顺从地被驱赶着,对此我感到不可思议,或许是由于饥饿而无力抵抗,这是我的想象,而至今这仍是一个难解的谜。……当然,在此之前,在华北战场我也曾见到过用日本刀处死俘虏的现场。当时,他们也是这样顺从此听天由命地被砍死。难道说善于彻悟就是中国人的民族性格吗?"②日军不仅用暴力屠杀中国士兵,而且在精神上看不起中国军人,把日方的残

---

① 《东口义一笔供》,1954 年 8 月 21 日。中央档案馆、中国第二历史档案馆、吉林省社会科学院合编:《日本帝国主义侵华档案资料选编:南京大屠杀》,北京:中华书局 1995 年版,第 880—887 页。

② [日]井手纯二:《我所亲眼目睹的南京惨剧》。中央档案馆、中国第二历史档案馆、吉林省社会科学院合编:《日本帝国主义侵华档案资料选编:南京大屠杀》,北京:中华书局 1995 年版,第 965 页。

暴归结于中国人的"彻悟"，这是对中国民众极大的蔑视。井手纯二自己也曾经亲手屠杀中国战俘，而且用中国战俘锻炼自己的"战争技巧"。他曾说："我在城里扫荡过残敌，把俘虏绑在树上，军官们一面教导怎样枪杀和刺死的方法，一面把他们弄死，军官和下士官把蹲在挖好的坑前的俘虏的脑袋砍下来。我吗，那时是二等兵，只让我用刺刀刺。……这样的屠杀在城内外一连干了 10 天的光景，当然是按命令干的。"①

对中国战俘的屠杀是日军南京大屠杀研究中值得注意的一个方面。由于此时的日本侵略者不承认中日之间的战争，不承认被捕的中国军人是战俘，更拒绝给予中国战俘国际法规定的基本权利。被俘的中国士兵多被屠杀。在南京屠杀战俘的行为，只是日军自卢沟桥事变后屠杀战俘的一个缩影。自卢沟桥事变到战争进入相持阶段，日军对中国战俘基本采取了屠杀政策。

二、从屠杀战俘到利用战俘

从卢沟桥事变到占领武汉，此阶段日本以杀害战俘为主。日本侵华战争进入相持阶段以后，日本开始改变战场屠杀战俘政策，改为设置战俘集中营，榨取战俘的劳动力资源。中国战俘的命运不再是在战场上被立刻杀害，而是遭受战俘营的悲惨生活。

自 1937 年卢沟桥事变到 1938 年底攻占武汉、广州，日军在短短的一年半时间内在战场上取得优势，迅速控制了中国东南部沿海的广大地区，在此时期内，日军有过诸如台儿庄会战的挫折，但是总体来说以战略进攻为主，从占领土地和消灭中国军队有生力量的角度来讲，日方取得了胜利，中国华北、黄淮、江南、东南地区的广袤领土沦陷，大量中国士兵殉国。

卢沟桥事变的发生是日本长久以来积极筹划的侵华战争准备中的一个环节。卢沟桥事变发生后，日本军方与政府迅速地调整了对华策略，开始了大规模入侵中国的战争。八·一三淞沪会战中，日军提出了"三个月灭亡中国"的目标，中国军队的浴血奋战粉碎了日军

---

① 《日本帝国主义侵华档案资料选编：南京大屠杀》，北京：中华书局 1995 年版，第 997 页。

的狂妄,迫使日军不断地投入更多的军事力量。华北的日军自平津向西进攻山西、向南进攻黄淮,华中的日军沿长江西进直到武汉、向北接应华北日军、在国内派兵的基础上又配合南攻广州。到 1938 年底,日军一直处于战略进攻阶段。与之相对应的是,中国方面损兵失土,这是日强中弱的直接结果,同时也是中国取得抗日战争胜利所要遭受的损失。

在此阶段内,日方没有中国战俘的概念。在战场上对待受伤、投降等丧失战斗力的中国士兵基本上以杀戮为主,其典型代表就是在攻占南京过程中对中国投降士兵的暴虐行径。根据笔者掌握的资料,在 1937 年全面侵华战争爆发到 1938 年底攻陷广州、武汉期间,没有日本军队按照国际法上的规定给予中国徒手士兵以战俘待遇的记录,当然也并不能排除有偶发的给予中国被俘士兵战俘待遇的个案。关于这个问题,在 1946 年至 1947 年,河北省司法行政部门奉令调查的日本侵华罪行材料中有一个案例记载值得注意。在名为《谢振平被敌人杀害之事实调查》的法院调查案中,原告谢培英供述称:"民国二十六年八月十五日夜,日本宪兵队在北新桥大头条二号将民父谢振平非法捕去,时民父正奉命照顾东四六条卫戍医院在卢沟桥作战受伤官兵八百余人。捕去后拘于煤渣胡同宪兵队,每日非刑拷打,追逼口供。"[1]谢培英之父谢振民时任北平市卫生局局长。7 月 29 日,北平已经沦陷,8 月 8 日日军已经进驻北平,而谢振平是 8 月 15 日被捕,彼时"时民父正奉命照顾东四六条卫戍医院在卢沟桥作战受伤官兵八百余人。"以上材料能够说明北平沦陷至 8 月 15 日,中国受伤官兵仍然得到照料,这种照料是由于日方的允许,还是因为日方未能抽出兵力解决东四六条卫戍医院的受伤官兵问题还不得而知。

1938 年底,日军攻下武汉、广州之后,开始转变了侵华策略,进入战略相持阶段。在日方的战场记录中,1938 年底攻占武汉、广州之前对于战场俘虏的记载极少,而在此之后对于战场战俘的记录开始增加。根据日本的侵华战争文件、日本前线部队的战斗详报以及抗战后中国

---

[1] 北京市档案馆编:《日本侵华罪行实证:河北、平津地区敌人罪行调查档案选辑》(上),北京:人民出版社 1995 年版,第 17 页。

军人的回忆文章,可以知道在 1938 年底、1939 年期间,日本逐渐放弃了大规模战场屠杀战俘的政策,改为利用中国战俘,并且逐步建立其战俘集中营系统,关押、改造中国战俘,满足侵华战争中劳动力需求,从而实现以战养战的目的。

　　根据中方幸存者的口述资料,自武汉、广州会战之后,能够得以在战场上保全性命的中国战俘开始出现,我们以此为依据划分屠杀战俘与收容战俘的时间分割。然而,笔者还未掌握能够证明这一结论的日方文献。原因在于日方不承认中国战俘的政治地位,整个侵略过程中未制定专门针对中国战俘的战俘政策。根据笔者掌握的资料,1941 年 5 月中条山战役前后,日方作战详报中最早出现了有关利用中国战俘的记载。日参战部队某参谋长写给陆军次长的秘密电报中称“百号作战中俘虏兵目前已达约 8 千人(其中 4800 人已收容到后方),估计还会增加。另在歼灭 15 军作战中俘获投降士兵约 1000 人。这些俘虏兵,除在当地军队中服役及参加北支建设工程外,其他补充满洲建设,移交关东军。关东军也有迫切愿望,也提出了要求,得到了许可。”[①]由此可知,1941 年的中国战俘被俘后承担军队中的杂役、华北地区的建设工程(多是军事工程与厂矿企业)之外,开始进行远距离输送,战俘被当做劳工运送到东北。

　　运送到东北的战俘受制于关东军的管理。1941 年 5 月 17 日 16 时,关东军参谋长在发给陆军部的电报中称:“中原作战后,北支方面俘获俘虏约 7000 名,将用于国境筑城工事,希望按俘虏对待,所需经费尽可能用筑城工程费支付。对以上事项,请中央部批示。”[②]日方所称的“中原作战”即为中条山战役,文件中的“希望按俘虏对待”说明在此之前的俘虏并没有“按照俘虏对待”。日本陆军部在给关东军的电报回复中说“接受移交之事,应认真考察俘虏的经历、出身地、健康状况;要防止间谍活动及逃跑;要注意劳动法、劳动地等十全;注意掌握好尺度。其处理方法按俘虏劳役规则执行。疑难问题需另向陆军大臣报告批

---

① ［日］《甲集团参谋长给陆军次长的秘密电报》(战甲方参三电第 39 号),1941 年 5 月 18 日。
② ［日］《关东军参谋长给陆军次长官的秘密电报》(关参一电第 504 号),1941 年 5 月 17 日。

准。另外,所需预算的增加部分也应报告。"①陆军部的回复中对中国战俘的注意事项做了规定,并且有"按俘虏劳役规则执行"的说法,强调了中国战俘服劳役的行为。

三、从屠杀战俘到利用战俘的原因

日军全面侵华过程中从大规模地屠杀战俘到保留中国战俘生命,时间节点大约在 1938 年底,但是这个时间节点是一个大概、模糊的时间点,并不意味着在此之前战俘都被屠杀,在此之后的战场战俘都得以在战场上保全性命。武汉、广州战役之后,日方仍然存在大规模屠杀战俘的情况,中国战俘的命运依然悲惨。例如在 1940 年攻占宜昌时,日军仍然在战场屠杀战俘。"在占领了阵地之后,大家一下子变得胆大起来,到处可以听到嘿嘿的刺杀伤兵的声音。第三机枪队的真田少尉拿着手枪,数着人头照伤兵头上开枪,只听到啪啪的枪声在阵地上四处想起。高桥营长拎着血糊糊的军刀,气喘吁吁地站在那算着他已经杀死几个人,他看见木岛和田中提着刀枪正要走过去便叫住他们:喂,我要试试你们的胆量,把那两个人给我杀掉。"②在日本军队的兽性发泄之后,才准备收容战俘,"在杀了许多伤兵之后,大队长楠畑下命令:捉几个俘虏回去,这才开始将那些被瓦斯熏到的伤兵往一起驱赶。"③在屠杀完毕之后,日军共收容了 30 余名战俘。然而就是此时被俘的中国士兵也并不意味着脱离了被屠杀的命运。同样是在此次宜昌作战中,第三联队长楠畑说:"俘虏对我们没有用,全部处理掉吧。"战车中队的松村大尉抢着承担此项任务。松村说:"现在我宣布将这些俘虏全部轧死,快跟在我后面",五台战车发疯冲入洼地,中国战俘头被轧碎,身体

---

① [日]《陆军次官发给关东军参谋长的电报》(陆支密电第 93 号),1941 年 5 月 21 日。
② [日]江先光等:《宜昌作战——烧光、杀光、踏着废墟继续推进》,中国归还者联络会编著:《我们的手沾满了鲜血——前侵华日军士兵反省手记》,杨军、张婉茹译,北京:中国和平出版社 1991 年版,第 118 页。
③ [日]江先光等:《宜昌作战——烧光、杀光、踏着废墟继续推进》,中国归还者联络会编著:《我们的手沾满了鲜血——前侵华日军士兵反省手记》,杨军、张婉茹译,北京:中国和平出版社 1991 年版,第 119 页。

被轧烂,血染红了车轮,溅到了太阳旗上。①

　　类似的资料还有很多,例如:"1942 年 3 月,在蔡甸彭新集,日寇汉口警备队伊藤集体屠杀我新四军及爱国志士 150 余人。1942 年 4 月,汉口宪兵队将收押在保成路太余里的俘虏 128 人,用汽车拖到沙咀全部杀掉。"②日本战犯自己也承认道:"自 1944 年 12 月至 1945 年 8 月止,任中国派遣军第 6 方面军第 34 军第 39 师团长职务期间,所犯之罪行。杀害俘虏:作战时约 6 名,平常时做刺杀教育用约 5 名,实验毒瓦斯用约 6 名,其他 5 名,共计约 22 名。"③

　　日军在战场屠杀战俘的政策一直伴随在侵华战争的全过程。我们选取 1939 年底作为一个时间划分点,只是为了说明在这个大致时间之后,更多的中国战俘能够在战场上保全生命。

　　从屠杀战俘到利用战俘的转变原因如下:

　　一、1938 年底之前日方是战略进攻阶段。作为入侵者的日方军队在进攻过程中,并未实现对中国占领区的有效管理,军队一直处于高速行军、进攻过程之中,在进攻过程中对俘虏的管理有限,不能对中国战俘实行有效管理。此时对于战场俘虏的处理有三种可能的途径:一、将中国战俘就地管理,但是在日军物资供应和人员管理均不到位的情况下,这点很难实现。二、将战俘随军携带或者送到战略后方。此阶段日军处于战略进攻时期,主要精力在于打垮中国军队的有生力量,行军管理战俘不现实,而此时离战略大后方的国内、朝鲜、中国东北路途遥远,运输线路也未完全控制,这一点也很难实现。三、释放中国战俘更不可能,他们害怕中国士兵再次走上战场,同日军作战。以上措施实行皆有难度,那就只好杀害中国战俘。另外还有战争的残酷性使得日方士兵的报复心理。"然而俘虏接连不断地前来投降,达数千人。态度激昂的士兵不听从上级军官的阻拦,对他们一个个的加以杀戮。回顾

---

① [日]江先光等:《宜昌作战——烧光、杀光、踏着废墟继续推进》,中国归还者联络会编著:《我们的手沾满了鲜血——前侵华日军士兵反省手记》,杨军、张婉茹译,北京:中国和平出版社 1991 年版,第 121 页。

② 中央档案馆、湖北省档案馆编:《侵华日军在湖北暴行史料》,北京:中国档案出版社 2005 年版,第 14 页。

③ 《佐佐真之助笔供》,1954 年 8 月 19 日,中档(一)119 - 2,4,1,第 11 号,载中央档案馆、湖北省档案馆编:《侵华日军在湖北暴行史料》,北京:中国档案出版社 2005 年版,第 271 页。

许多战友的流血和 10 天时间的艰难困苦,即使他们不是士兵,也想说都干掉。"①

二、随着战争的进行,日军预想的速决战变成了持久战,正如前文所述,全面侵华战争消耗了日本大量的国力,日方资源不足,人力资源短缺,需要开发占领区的资源,而开发资源需要劳动力。由于战争,适龄劳动力大部分走上了战场,日本国内的劳动力资源不足。在此情况下,日本政府和军方便从中国掠取劳动力资源,而中国战俘正是日本掠取劳动力资源的对象。

然而,对日军的战俘政策进行分类只是出于研究上的方便考虑,并不代表 1938 年底、1939 年战俘政策转变之前,日军对所有的中国战俘都采取屠杀手段,之后对中国战俘不再进行屠杀。这种分类的依据只是日本主要采取的对待中国战俘的总体态度有了变化,1939 年之后开始注重利用中国战俘身上残留的劳动力资源。1938 年底之前全部屠杀,是以屠杀为主要手段,是否执行屠杀政策也与战场有关,比如 1937 年平津战役之后被日军俘虏和解除武装的中国官兵及保安队有 2 万人,日军在南苑、西苑、北苑、通州、丰台等地的 29 军和冀东保安队兵营设立了临时战俘收容所,战俘除了直接服务于日本军事需要外,大多数被押到西苑兵营集训,但是集训之后,这些战俘的命运如何现在还不得而知。1938 年 5 月,浦口战俘营已有 200 名战俘从事货物搬运,此后,当地作战的俘虏陆续被押来,而中国战俘被大批投入到战俘营是在 1941 年之后。

第四节　战俘集中营的设立

随着日军侵华战争的不断推进,日军逐步改变了战场屠杀中国俘虏的政策,改为保全战俘性命,掠取战俘身上的劳动力资源。如前文所

---

① 〔日〕佐佐木到一:《一个军人的自传》。转引自中央档案馆、中国第二历史档案馆、吉林省社会科学院合编:《日本帝国主义侵华档案资料选编:南京大屠杀》,北京:中华书局 1995 年版,第 951 页。

述,战俘政策的改变主要发生在 1938 年攻陷广州、武汉,侵华战争进入相持阶段以后。日军将俘虏的大量战俘投入战俘营接受改造,大约发生在 1941 年。中条山战役之后,大量的中国战俘被送入华北各地的战俘集中营,这批战俘多经历了在华北不同战俘营训练、关押的经历。

一、日军设置的战俘集中营

根据笔者的观察,日军在中国战场的推进过程中,设置过很多临时战俘营。1937 年卢沟桥事变之后,日军就在北平西苑原 29 军西苑兵营设置了临时战俘营。这些临时战俘营即是"军令战俘营",归日军前线军队管理。随着战线的推进,这些战俘营被保留下来,南京、上海、保定、石门(石家庄)、太原、徐州等地的战俘营均为如此。然而,这些战俘营在 1939 年之前关押的战俘非常少。北平、石门、太原的集中营都是在 1941 年之后才出现了大量战俘涌入集中营的局面。

日军不承认中国战俘的政治身份,自然没有战俘集中营的规章制度与正式设立。根据笔者的观察,日军战俘营的设立都是开始于临时战俘关押场所的存在,当中国战俘达到一定规模的时候,日方开始设立更大规模的战俘关押场所。日方害怕中国士兵继续成为抗日力量。"按照当局的意见,经剔抉、扫荡而成为我方俘虏的新四军兵士、工作员等,是尽量释放使其归农,抑或是逆用,其方针历来都由当地决断,它作为争取民心的一种方法,可以说比以前又进了一步。但是,将过去受新四军思想洗礼的人随便释放,会反而导致在清乡地区民众内散布毒素的后果,给现在陆续潜伏地下的新四军方面工作员提供正适宜的隐蔽场所;但如照原样利用他们,又有可能被他们反利用。这个问题很值得考虑,在释放或利用他们之前,收容到诸如反省院之类的机关,实施一定时期的感化教育,以促进他们的反省,是非常重要的。"[①]基于以上认识,并出于对劳动力资源的需求,日军全面侵华期间设立的战俘营如表 2-18 所示:

---

① 中央档案馆、中国第二历史档案馆、吉林省社会科学院合编:《日本帝国主义侵华档案资料选编:日汪的清乡》,北京:中华书局 1995 年版,第 108 页。

表 2-18 全面侵华期间日本在中国设立的战俘集中营统计表

名称	地点（历史）	地点（现在）	时间	关闭时间	管理部队	日军管理者	关押俘虏数目	备注
华北方面军俘虏收容所	北平西苑兵营	颐和园东、西苑医院西部一带	1937 年	1945 年 8 月	华北方面军司令部		5 万	主要是 1941 年中条山战役后
南京浦口集中营	浦口新华街、合作街一带；棉麻仓库	浦口新华街、合作街一带；棉麻仓库	1938 年	1945 年	日军驻南京第二碇泊厂司令部		几千	1941 年大批输入，主要是做工
徐汇战俘营	兆丰西路和小木桥路东三家里一带	兆丰西路和小木桥路东三家里一带	1938 年				几百	做工
保定劳工教习所	保定东关外新立村	保定东关外新立村	1938 年夏	1942 年 10 月	110 师团	波多野	5 千	110 师团驻保定的东兵营
石门劳工教习所	石家庄休门村	桥东区平安公园一带	1938 年	1945 年 8 月	110 师团、六条公馆、华北劳工协会		5 万余人	原石门南兵营
太原工程队	太原城东北角小东门街北巷	太原城东北角小东门	1938 年 6 月	1945 年 8 月	山西派遣军第 1 军司令部	松本大佐	5 万	主要关押山西境内战俘

续　表

名称	地点(历史)	地点(现在)	时间	关闭时间	管理部队	日军管理者	关押俘房数目	备注
徐州特别工人训练所	何家店南、铜沛路中段北侧	江苏省徐州监狱)	1938年8月			向野芳村	1万人以上	
开封集中营	现在开封市西司门门街31号	现在开封市西司门门街31号	1938年9月	1945年			1万人左右	
济南临时战俘收容所	火车站附近小纬北路美孚洋行仓库	火车站附近小纬北路美孚洋行仓库	1939年	1945年		难波博		新华院成立后主要关押劳工
济南救国训练所	千佛山下华北中学	千佛山下华北中学	1940年5月15日	1943年5月	日12军司令部	樱井荣章		并入新华院
临汾俘房院、临汾收容所	临汾尧庙、冯家楼	临汾尧庙、冯家楼	1941年5月					关押中条山战俘从运城转入
运城工程队	运城安邑县	运城安邑县	1941年5月中条山战役后	1945年				主要承接中条山战俘
天津俘房收容所	庆丰面粉公司	河北区六经路1号	1941年中条山战役之后	1941年8月	华北劳工协会、伪天津市政府		五千余人	承接中条山战俘

161

续　表

名称	地点（历史）	地点（现在）	时间	关闭时间	管理部队	日军管理者	关押俘房数目	备注
上海宝山集中营	宝山月浦镇旧机场营房	宝山月浦镇旧机场营房	1941年太平洋战争后					盟军战俘营
沈阳盟军战俘营			1941年太平洋战争后		奉天盟军战俘管理处			盟军战俘营
济南新华院	官扎营街西北角	济南幼儿师范学校	1942年9月	1945年8月	日本12军，1944年后43军	渡边正雄、增田一郎、青井真光	5万余人	
塘沽集中营（新港劳工收容所）	塘沽德大码头，后冷冻公司	天津第一航务工程局一公司船舶工程处	1943年冬	1945年	华北劳工协会天津办事处	户、谷、渡边、山岛		战俘转运
衡阳东洲战俘营	湘江东洲岛	湘江东洲岛	1943年底	1945年			1500余人	关押衡阳被俘
青岛第一劳工训练所	铁山路85号	铁山路85号	1944年	1945年	华北劳工协会、华工赴日事务所		2000余人	战俘转运性质

162

续　表

名称	地点（历史）	地点（现在）	时间	关闭时间	管理部队	日军管理者	关押俘虏数目	备注
青岛第二劳工训练所	汇泉体育场	今汇泉广场体育场	1944年11月	1945年8月	华北劳工协会、华工赴日事务所		3万余人	战俘转运性质
张店战俘营	张店二马路	张店区西一路3号	1941年3月	1943年7月	独立混成第六旅团	掘井、三浦梧楼	5000人左右	博山矿山挖煤
郾城战俘营	郾城县监狱		1944年豫南战役之后	1944年秋			约1000人	
洛阳战俘营	西工兵营	西工兵营	1944年5月	1945年8月	110师团参谋部		3万余人	主要是洛阳战役战俘
郑州战俘营	原郑州第二监狱	原郑州第二监狱	1944年4月	1945年8月			5千—1万人之间	
南京老虎桥监狱							几千人	关押四行孤军
浙江萧山集中营							几百人	关押四行孤军100余人
嵊泗战俘营								上海提篮桥战俘运送此地做工

续 表

名称	地点（历史）	地点（现在）	时间	关闭时间	管理部队	日军管理者	关押俘房数目	备注
裕溪口战俘营	芜湖裕溪口	芜湖裕溪口					3000 余人	淮南煤矿的煤搬运，四行孤军
大冶铁矿矿俘营	大冶县狮子山下		1938 年 10 月				14000 余人	
杭州战俘营	杭州清波门第 107 号				日军第 70 师团		几千人	
苏州监狱							几百人	
承德监狱	承德西大街旱河沿北			1945 年	新京（长春）司法部		几千人	
武汉战俘营	汉口的汉江路泰宁里，保成路泰余里，泰康里，德安里一带及总进四路的武汉印书馆，武昌的文昌门正街及洗马池				华中派遣军司令部兵站司令部		1.5 万人	《侵华日军在湖北暴行史料》，第 14 页。

　　根据对档案文献和受害者口述资料的整理，日军侵华过程中设置的战俘营如上表统计所示。日军在中国设置的战俘营包括盟军战俘集中营和中国战俘集中营。盟军战俘集中营主要集中在奉天（沈阳）、上海和海南岛，其中奉天和上海的盟军战俘营得到日本大本营承认，而海南岛的盟军战俘营主要是关押从事铁矿开采的盟军战俘，日方的文献中未将海南岛的战俘营列入盟军战俘营的行列。中国战俘集中营主要分布在华北地区，北平、石门、太原、济南等地的战俘营关押了大量中国战俘。在华中华南的武汉、杭州、常德等地也有许多关押中国战俘的集中营。

二、中国战俘集中营的总体特征

　　侵华期间日军在中国各地设立了多个战俘营，因为日军不承认被捕中国人的战俘身份，所以日军总部并未设立专门的战俘管理机构，各个战俘营一般由分驻各地的现地军管辖。现地军设置战俘营是出于管理战俘的需要，最初阶段多是临时设置，因此战俘营多采用原来固有的中国建筑。在日军控制的范围内，中国兵营是最理想的选择，北平西苑、石门、太原等大型战俘营均是采取这种模式。

　　除了兵营，中国监狱也是方便的选择，南京老虎桥监狱、郑州第二监狱、郾城县监狱的集中营采取这种模式。日军在华北地区多采用设置专门集中营关押战俘的方式，而在华中地区最大程度地利用监狱来关押战俘。例如，在江南地区的"清乡"中，日军利用监狱系统来关押中国战俘。"本处临时俘房收容所俘房 322 名，本处看守所俘房 20 名，江苏监狱第三分监寄禁俘房 646 名，吴县地方法院看守所寄禁俘房 59 名。总计至 10 月 31 日止，收容俘房 1047 名，其中已讯问 715 名，未讯问者 332 名。"[①]临时收容所、看守所、监狱、法院看守所都成为关押中国战俘的临时战俘营。

---

① 《清乡委员会工作报告节录》，1941 年 11 月。中央档案馆、中国第二历史档案馆、吉林省社会科学院合编：《日本帝国主义侵华档案资料选编：日汪的清乡》，北京：中华书局 1995 年版，第 348 页。

在兵营、监狱之外,大型工厂、学校、体育场也成为候补对象,济南、塘沽、青岛等地的集中营就是设置在这些机构里。

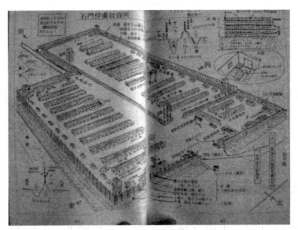

图 2-1　石门战俘集中营内部结构图
(此图为日本方面提供的是们战俘营结构图,何天义提供给作者)

图 2-1 是由日本方面提供的石门战俘集中营的图片。石门战俘营是在原来石门南兵营的基础上建成,受日军 110 师团管理。1941 年 10 月,日军将原来设置在保定的战俘收容所转移到石门南兵营,与 6 月份设立的"石门劳工教习所"合并,1941 年改称"石门劳工训练所",其实质是关押日军在河北各地逮捕的中国战俘的战俘营。

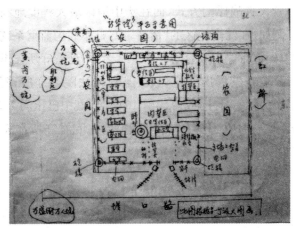

图 2-2　济南新华院战俘集中营方位示意图
(此图是何天义综合在济南新华院的战俘描述后绘制)

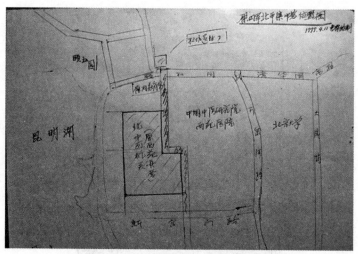

图 2 - 3　北平西苑集中营方位示意图
（何天义提供）

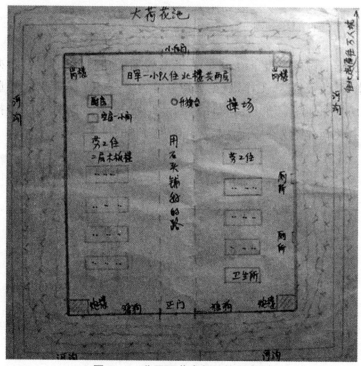

图 2 - 4　北平西苑内部结构示意图
（何天义提供）

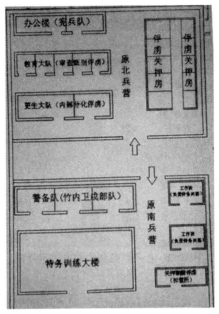

图 2 - 5 西苑兵营结构图
（上村喜赖绘制，张子峰：《侵华日军战犯手记文档揭秘》，第 41 页。）

根据上村喜赖的介绍，北平西苑战俘营的建筑分为北兵营、办公楼、南兵营、警备队、工作班（宪兵特务特别组织）、特务训练大楼、朝鲜人俘房拘留所等。尤其值得注意的是此处出现了"朝鲜人俘房拘留所"，有关朝鲜俘房在中国的情况还需进一步的材料证明。

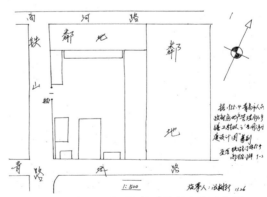

图 2 - 6 青岛第一劳工训练所方位示意图
（何天义提供）

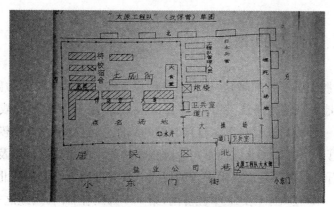

图 2－7　太原工程队草图
（张开明绘，张开明：《多面人生》，2001 年，图 29。）

　　日军战俘集中营的地点选择遵循利用已有建筑的原则，除了在沈阳修建了盟军战俘营以外，还未发现日军专门修建战俘集中营的个案。在已有建筑的选择上，日军选择那些房屋数量多并且交通偏僻之地。太原劳动队是为数不多的设在主城内部的情况，但是也只是安排在城区的东北角，靠两面城墙。北平、济南的战俘营都在郊区，济南更是选择在山脚下。相对封闭的空间，便于日方对战俘营的监管，使得日军对中国战俘的暴行不容易为外界所知，同时也能有效地防止中国战俘逃跑。

　　就日军管理而言，战俘集中营地点的选择优于馆舍条件的选择，甚至还有战俘营缺少建筑、战俘露天而居的情况，像青岛第二劳工训练所所在的汇泉体育场，这里的战俘就是露天而居。即使安排宿舍，住宿条件也非常简单。"在大院内，靠西边有七八排长方形的木板房，很像是日军的旧兵营。男的都囚在那里，是男牢房。听说每排房中间只留一个走道，两边是睡人的地铺。住满时可达一千多人。女牢房是一个坐南朝北的阴暗的大房间。房内靠后墙有一排地铺，即一溜草甸，几条棉毯，可睡二十多人。"①关于这点，在下文中还会有所涉及。

---

① 梅欧：《日寇战俘营纪实——我在魔窟中的所见所闻》，第 15 页。本书作者梅欧 1938 年赴延安参加革命，曾经在晋察冀通讯社、晋察冀日报社等地工作，"1941 年在日本帝国主义扫荡晋察冀根据地期间被俘"，此书当为梅欧的私人回忆，应为其子女帮其整理，在文本首页有"此书记录了母亲当时在日寇集中营中的真实情况……"，私人文献。

三、战俘营的类别

按照中国学者的研究，日军在中国设置的战俘营主要分为四种类型：现地军直辖战俘营、临时战俘营、转运战俘营、工矿作业地战俘营。

第一种为日军侵华部队直接管辖的战俘营，这些战俘营规模大、时间长、管理严密。华北方面军司令部直辖的北京西苑战俘营以及太原、济南、石门战俘营是这类集中营的代表。华北方面军的总部驻北京，下辖的第一军驻太原，第12军驻济南，第110师团驻石门，因此这类战俘营都是较大级别的日军驻地所在。

第二种是临时战俘营，因为日军作战而设立，但收押战俘很多，尤其是在1941年的中条山战役和1944年开始的豫湘桂会战之后，大批中国士兵沦为战俘，为了方便管理，日军分别在运城和洛阳设立战俘营，然后陆续将这些战俘转运到石门、太原、济南、北平等地。

第三类是转运战俘营，主要作用是为了转运劳工而设立。进入转运战俘营的战俘们，在此停留时间很短，这样的战俘营主要包括塘沽和青岛两地的战俘营。从各地战俘营运来的战俘在这两个地方经过短暂停留之后被运到东北、日本、东南亚等地。

第四类是为了役使战俘而设立，这样的战俘营多设立在工矿企业、码头、军事工程建设工地等，例如南京浦口、上海徐汇、淄博张店等地的战俘营。日军将战俘押到附近的工作场进行劳作，剥削中国战俘的劳动力资源。

由于日军不承认中日之间的战争，不承认中国被俘士兵的战俘身份，当然也就不会承认关押战俘的机构是战俘营了。纵观日方资料和档案，除了沈阳和上海的盟军战俘营之外，所有实际上的战俘营，日军都不以战俘营相称。济南的战俘营被称为"济南救国训练所""济南新华院"，北平战俘营被称为"北平第一收容所""北平特别苏生队""北平西苑苏生队"等。徐州的战俘营被称为"徐州特别工人训练所"。运城、山西的战俘营被称为工程队。临汾战俘营称为"临汾收容所""临汾工程队"等。这从一个侧面反映了日军侧重从经济方面奴役、掠取中国战俘劳动力资源的特征。

　　除了以上的划分,我们应该关注日军在监狱关押中国战俘的情况。根据笔者的调查,郑州、南京、苏州、承德的监狱都曾被日军用来大规模关押战俘。伪满洲国的监狱曾经关押过送往东北矿山的中国战俘。表2-19是部分牺牲在承德监狱的部分中国战俘,有据可查者多是被俘的干部,牺牲在承德监狱的普通士兵数目更多,只是由于资料缺乏的原因未能进行统计。

表 2-19　牺牲在承德监狱的战俘统计表

姓名	部别与职务
姚铁民	迁遵兴联合县县长、冀东军分区联络科长
廖　峰	八路军冀东军分区十三团副政委
刘永峰	中国共产党迁安县县委委员、冀东抗日联军第一支队副支队长
张　慧	迁青平联合县武装总队长
张兴国	迁遵兴联合县情报交通队队长
李昨非	丰滦密联合县财粮科长
李裴然	丰滦密联合县七区区委书记
刘握枢	迁遵兴联合县六区区长
王一民	迁遵兴联合县十一区区长
白××	迁遵兴联合县十三区区长
郭忠兴	迁青平联合县五区区长
张连涛	迁青平联合县六区区长
华　如	遵化县×区区长
徐亚东	×县×区区长
王存营	龙赤县三区抗联会主任
温秀之	迁遵兴联合县县委组织部干事
贺　波	迁遵兴联合县九、十区助理
汪国珍	丰滦密联合县大队侦察员
窦中和	丰滦密联合县大队十三区区小队长
李连元	八路军冀东军分区十团排长
徐宝树	八路军冀东军分区十二团政治处干部
盛　兴	八路军冀东军分区十三团政治处干部

续　表

姓名	部别与职务
马文元	迁安县二区马家沟副乡长,共产党员
依　林	蓟宝三联合县兴特区干部

(彭明生主编:《罪证——日军在承德街屠杀罪行录》,北京:中央党史出版社1996年版,第112页。)

　　陈炳靖由上海的盟军战俘营转移到南京老虎台监狱,他曾经亲眼看到"很多俘房都是只有十四五岁的孩子,其中一个少年悄悄告诉他,监狱天天要死人,一点小小的感冒,也会危及生命"。他回忆说:"一天深夜,大家被一阵拖沓的脚步声惊醒。这是一队四十人左右的小队,他们有的吊着胳膊,有的拄着棍子,相互搀扶。再近一些,陈炳靖看到,这是一队刚被日军从战场上押送过来的国军俘房,既有壮年汉子,也有一脸稚气的十几岁少年。"奇怪的是"这群战俘穿着残破,每个人的胸前都有两个洞,还往外渗着血"。后来他才知道"当时日军一共俘房三百多人,强迫他们趴下后用刺刀从身后往里扎,每人两刀,没死掉的再送到这里"。除此以外,"日本人对中国战俘的残忍程度难以想象,尤其是每日审讯的严刑拷打,那种在深夜发出的惨叫让每个人都毛骨悚然,能在老虎桥活下来的人,必须生命力超强。"据他回忆,"从他进监狱到最后获释,有超过250名以上国军俘房死亡。"①

　　曾任"伪满洲国司法部"参事官的中井久二曾经负责管理"伪满洲国"的监狱系统,他在战后供述到:"1943年5月在奉天、哈尔滨、抚顺、长春、鞍山、本溪湖、阜新、大石桥、鹤岗、和龙、齐齐哈尔建立11个矫正辅导院。我在司法部四年(1941—1945)的任职管理全满监狱中,被监禁的抗日志士和中国人民,总数每年约有10万至20万。每天约有28000人的抗日志士和中国人民被监禁着,28000人是从月底统计中计算的每天平均在押人的总数,这个数字是不包括每天进出和死亡的。"②矫正辅导院是专门关押东北劳工中反抗者的监狱,而以"特殊工

---

① 刘小童:《远去的飞鹰——飞虎队里唯一的中国人陈炳清》,《南方人物周刊》,2012年7月2日。http://www.nfpeople.com/story_view.php?id=3263.

② 彭明生主编:《罪证——日军在承德街屠杀罪行录》,北京:中央党史出版社1996年版,第175—176页。

人"身份被运到东北的战俘是反抗情绪最为强烈的劳动者。矫正辅导院关押了大量的被运往东北的中国战俘，由于资料的原因，数目难以统计。

抗战胜利后，战俘集中营失去了其存在的价值。目前，除了几座以监狱形态关押中国战俘的集中营外，绝大部分战俘营的建筑都已经被损坏。笔者手上有一份1982年的《南京市文物古迹调查表》，记载了南京浦口战俘营的一些情况。根据许秀琴老人提供的资料，浦口战俘营"前为英国人办的打蛋厂，日军占宁后为俘虏集中营，由日三井洋行经营俘虏强制卸煤，经日华北公司、远东公司运到广岛。战后集中营解散，剩余俘虏一部分流散外地，所留下的现多为宁港三区退休工人"①。

---

① 《南京市文物古迹调查表》，第0166号，1982年11月3日。

第三章 日军战俘营的管理体制

日军设置中国战俘营的目的是掠夺中国战俘的劳动力资源。为了实现这一目的，日本方面重视战俘营的管理，并建立起了一整套的战俘营管理制度。然而，日方是以培训"劳工"的方式管理中国战俘，战俘营管理制度完全是为了服务"以战养战"的目的，为了便于管理，日军在战俘营的管理上采取"以华治华"的策略。

为了掠取中国战俘的劳动力资源，日本政府、军队、宪兵、中国伪政权等轮番上阵，共同承担起管理中国战俘营的事务。战俘营的各种管理目的在于消弭中国抗战者的意志，使得坚强的抗日者变成顺从日本侵略的奴隶并使其承担其帮助日本侵华的罪恶。进入战俘营的中国战俘虽然逃脱了战场上的屠杀，但是在战俘营里面临各种各样的苦难。很多战俘的经历告诉我们，死亡成了他们逃脱苦难的捷径。在日军的战俘营中，中国被俘士兵遭受了野蛮对待。

第一节 战俘集中营的管理者

研究日军设置的战俘集中营的管理与运作，首先要明确战俘营的管理者等相关问题。中国战俘集中营的管理者，包括日本和中国两部分。日本的管理者主要包括日本军队、宪兵队、特务调查机构。中方管理者包括伪地方政府及其控制下的劳务机构——新民会、华北劳工协会等。此外，日军对集中营的管理采取"以华制华"的手段，利用战俘来管理战俘，这就意味着在中方战俘群体中有少数的管理者存在，我们将被日军利用的、在战俘营同日方合作的中国战俘称为辅助管理者。在战争历史上,战俘营内的辅助管理者一直存在,只不过称谓不同。二战期间日军在中国沈阳、上海等地设置的盟军战俘营中,英美战俘中也有这样身份的辅助管理者,这些人被盟军战俘称为"白老鼠"(White Mouse),单纯从这一称谓就可以看出,战俘群体对这些辅助管理者的敌意。

一、日本军方对战俘营的管理

按照日本政治、军事组织程序,大本营是负责战时各种事项的最高机构,拥有协调战争中各项事务的权利,并且负责前线军事作战的指挥以及军队的调动等事宜。大本营在战时统合陆海军,是统辖陆海军的军令机构。陆军省和海军省为日本内阁的机构,分别负责日本陆海军的编制、军阶、武器、被服、给养及预算编制,为日本军事的军政机构。全面侵华战争期间,大本营和日本内阁的关系比较复杂,中间也有矛盾冲突。大本营和陆军省都涉及到对战俘营的管理。大本营是军令机构,主要负责一线作战部队的调度管理,陆军省、海军省是军政机构,这样就分为了军政战俘营和军令战俘营。战场俘获的战俘由日本军令机构负责,而移送后方或固定战俘营设施后的战俘由日本军政机构负责。

全面侵华战争爆发以后,日本酝酿成立大本营。日本在战争初期向国际社会虚假宣传中国对日本利益的损害。1937 年 7 月 15 日,日本《帝国政府声明》中为其侵略行为辩护道:"此次出兵之目的,是膺罚中国军队之暴戾恣睢,促使南京政府作出反省。日本所期望的是日中合作。为此,应杜绝排日、抗日运动,取得日、满、中团结合作之成就。"①虽然日军一直狡辩声称与中国的战争只是"事变",但是这一切只是日本的策略。"由于政略上的原因并没有正式宣战,但实际上完全是一场战争,而不是什么事变。"②

1937 年 11 月 16 日,日方发布《大本营令》,设置大本营,负责战争指挥协调事项。此外还设立大本营政府联络会议,统一协调国务与统帅的关系;设立大本营参谋会议,主要协调各个作战单位的军事事项;

① [日]松村俊夫:《日军大本营》,黄金鹏译,北京:军事科学院出版社 1985 年版,第 135 页。
② [日]松村俊夫:《日军大本营》,黄金鹏译,北京:军事科学院出版社 1985 年版,第 8 页。

大本营御前会议,主要职能是在大本营会议达成基本共识后,听取天皇对于军事行动的指示。

由于日本陆军与海军的争议,大本营在职能发挥上还承担了协调海陆军矛盾的功能。陆军是日本的传统兵种,陆军省在二战前就是日本行政官厅中一个重要组成部门,主管陆军军政事物。陆军省首长为陆军大臣,包括陆军本部、军务局、军医局、兵器局、整备局、经理局、会计局、劳务局等部门,局下设课,负责陆军系统的军队事务。战俘管理事务由陆军省军务局承担。然而,随着现代战争的进展,尤其是日俄战争中日本海军取得的战绩,日本海军也逐渐发展起来,形成与陆军并驾齐驱的局面,海军在军费分配、参谋部组成等方面要求增加话语权,海陆军矛盾出现。

大本营的设置目的是加强对现地军的管理,然而,在全面侵华战争中,日本大本营、政府与现地军之间一直存在着分歧。"在满洲事变中,日本关东军、朝鲜派遣军以中央独断专行为由,采取了自行其是、先斩后奏的态度。中央统帅部和政府都顺从现地军队,控制力削弱权威丧失。这是从根本上违背军纪的。然而,由于未能坚决纠正这种不正常现象。下克上的风气便导致了以后诸多事件的发生,军部特别是陆军,态度愈益强硬,政府却因此而愈加怯懦、退缩。"①全面侵华战争中,日本驻华部队编制多有改变,华北方面军、华中方面军、中国派遣军等驻华一线部队在不同程度上都与大本营存在分歧。

按照日军军事序列,海军和陆军基本上各成系统。在战俘管理问题上,则多归陆军省管理。日俄战争中,在大本营下设立了俘虏情报局,归陆军省管辖,由陆军部军务局具体管理。然而,在全面侵华战争爆发后日军虽然设置了大本营,但是未设置战俘管理机构。日军的战俘管理置于其经济掠夺中国劳动力资源范畴内,多由现地军管理。日军对战俘的管理是由各现地军制定。在侵华战争期间,不同现地军制定的战俘政策也不尽相同。

临时战俘营由一线部队具体管辖,这些临时战俘营属于军令战俘营的范畴。前线军队将这些战俘运至方面军司令部统一处理,由方面

---

① 〔日〕松村俊夫:《日军大本营》,黄金鹏译,北京:军事科学院出版社1985年版,第8页。

军司令部管辖的战俘营多属于军政战俘营。一线各作战部队承担了对战俘营的管理。

位于北平西苑的华北方面军俘虏收容所直属于华北方面军司令部，是华北方面军司令部的保密单位，其下属管理机构包括"石家庄前线临时收容所——驻石家庄、济南前线临时收容所——驻济南、山西战区收容所——驻太原、内蒙古战区收容所——驻张家口、河南前线临时收容所——驻郑州。"①通过日军的交代，我们知道北京西苑战俘营同石家庄、济南、太原、河南、张家口的战俘收容机构存在管理关系，但是北平西苑在多大程度上对下派机构进行管理还不得而知。北京地区野战军司令部和天津地区野战军司令部没有自己的前线临时战俘营，把俘虏人员直接送到西苑俘虏营。②

由于前线作战单位的移动频繁，这些战俘营的具体管理单位也变化频繁。1944 年洛阳战役之后，日军在洛阳西工设置了战俘集中营。"洛阳集中营直属于华北方面军日军 110 师团参谋部，由参谋铃木少佐及高级副官潮少佐和中岛中尉负责掌握对俘虏的调遣和处理，该师团所属 163 联队负责派兵看守和管理，并负责给养的供给。看管部队进行过几次调换，1944 年 5 月，洛阳俘虏收容所刚成立时，直接负责看管该收容所的是 163 联队的第三队第九中队，收容所的业务由第九中队中队长担任。8 月，看管部队换防，又配属到 163 联队的原驻孟县的汽车队的和田小队官兵管理……该收容所所长即由该小队长和田中尉担任。和田中尉是个高个子，大眼睛，当时年在二十四五岁左右。这时直接负责管理被俘人员的是加藤和佐藤两个伍长，有一个翻译姓朴，是朝鲜人，化名冈本。同年 11 月又换了看管部队，是由 163 联队步兵炮中队长太田中尉率部五十余人接管的，并带去炮两门，太田中尉任所长，直接负责管理被俘人员的是柏原军曹，两个月后又换为相见军曹。1945 年 5 月间，太田中队为参加老河口战役调走，留下两个班兵力进行看管和警戒，当时由太田中队的村上曹长代理所长职务，直到光复为

① 《上村喜赖笔供》，转引自张子峰：《侵华日军战犯手记文档揭秘》，北京：中国青年出版社 2007 年版，第 13 页。

② 张子峰：《侵华日军战犯手记文档揭秘》，北京：中国青年出版社 2007 年版，第 12 页。

止。"①由以上材料可知,洛阳集中营归华北方面军 110 师团参谋部管理,由该师团下属的 163 联队具体负责。西工战俘营的具体管理者变化频繁。刚刚成立时由 163 联队一个中队负责管理,中队长具体负责。三个月之后,又换成了驻盂县部队汽车队的和田小队进行管理,11 月又换成了 163 联队太田中队,1945 年 5 月间太田中队的一个基层曹长当上了代理战俘营所长。从 1944 年 5 月到 1945 年五月,在一年时间内洛阳战俘营的具体管理者经历了数次变化,可知前线战俘营的日方管理者变化很快。担任战俘营管理者的有中队长、小队长、军曹,这都是日方作战系列中的低级军官,可见中国战俘集中营在日军的管理体系中地位极低。

保定战俘营的日军负责人保持相对稳定,并且具有固定的守卫部队,然而部分守卫部队是经常变化的。"据我所知该所(战俘营)属于上坂部队,负责人是左腾中尉,驻在这里的日本兵分两部分,一部分是常驻在这里的约有二十人左右,另一部分是每星期换一次卫兵,约有十二人。"②济南新华院成立初期"是直属于'仁'部队军司令部,一九四四年三月,'仁'部队转移河南省后,同年六月设立了'秀岭'部队军司令部,又直属该军司令部,都是由参谋部主管。"③

笔者掌握的材料中对石门战俘集中营的日方管理机构最为详细。石门战俘集中营同太原、济南、青岛、塘沽的战俘营均受当地驻军司令部和日军华北方面军参谋部二科"六条公馆"领导。石门战俘营受日军驻石门 110 师团(日军代号 3906 部队)领导。在 1941 年 6、7 月刚刚成立之时,所长波多野负责所内的一切事宜,翻译有石川、谷川、金村等人,还有日方医务兵一人。1941 年下半年,"保定劳工教习所"与"石门俘虏收容所"合并,管理的俘虏人员增加很多,因此组织机构也发生了很大变动。根据多位曾被关押在石门的中国战俘的口述资料,此后日

---

① 《路延延对日军洛阳俘虏收容所罪行的揭发》,1954 年 8 月 2 日,中档,档案号(一)119 - 2,3,3,第 3 号。
② 《刑福元控诉书》,1954 年 7 月 17 日,中档,档案号:119—2,3,3,8。
③ 《原田庆幸口供》,1955 年 3 月 15 日,中档,档案号:119—1,565。日军 1937 年 12 月占领济南,1938 年在济南组建华北方面军第 12 军,后改称"仁"字第 4221 部队,该部队 1944 年3 月离开济南,入侵河南。1944 年 6 月,日军在济南组建华北方面军第 43 军,代号 1700部队,称为"秀岭"部队。

军增加了管理人员。所长还是波多野,下设主任办公室,由翻译金克村仁、松岗、审讯宫梶川等人组成,医务室有医务下士安田爱,另外还增加了医兵三名,增加了情报室曹长三浦动,翻译一人,伍长一人,警卫室主任一人。

1942年5月初,日本对冀中军区开始了空前残酷的大扫荡,中方称为"五一大扫荡"。日军凭借军事上的机动优势,采取"拉网式""梳篦式"扫荡策略,企图从四面八方将八路军冀中军区领导机关和主力部队压缩在深县、武强、饶阳、安平四县相接地带。日军为达到战役目的,采用远距离调动大规模机动作战部队的办法,构筑大的包围圈,力图最大规模消灭冀中的抗日力量。由于日军力量强大,准备充分,冀中地区的抗日力量遭到重大损失。大批抗战人员被俘,造成日军战俘营关押战俘猛增。1944年1月,石门"劳工教习所"改名为"劳工训练所",在原来隶属关系的基础上,伪华北劳工协会和当地伪政权组织参与到战俘营管理,并向战俘营派驻伪职员。此后,石门战俘营内部机构变化较大:战俘营所长改为中国人,日本人任顾问,并且担任具体的管理职务。日方派驻的顾问先后有奥藤寿人、芦田孝顺等。此时,日军占据石门战俘营管理的核心力量,战俘营下设几个具体的管理机构由日本人具体负责:事务室主事香川义光;练成室主事为钉畸严、藏本厚德;医疗班主事田国靖之;农园班主事一本次郎;会计组主事后滕士。事务室又分为总务系和用度系,总务系系长为香川义光;用度系系长为松下常雄。这一阶段在俘虏营的日方管理者还包括户火口正、保果政次、福岗干、藤本恒男、板川八雲、中村一雄、吉村辉子等人。

二、宪兵队等情报机构与战俘集中营

除了日军前线部队,日本宪兵队和情报机构在管理俘虏集中营方面也发挥重要作用。日军的宪兵制度开始于1881年,最早的日本宪兵从警察中挑选,目的是"视察军人违法乱纪"。[①] 随着对外战争的发动,日本宪兵也逐渐增多。全面侵华战争期间,日军宪兵队给中国民众带

---

① 〔日〕井上清:《天皇制的军队的形成》,姜晚成译,北京:商务印书馆1985年版,第215页。

来了深重的苦难。"中日战争期间,宪兵除掌军队纪律问题外,也非常积极于中国方面的所谓'敌性剔抉'工作,但实际上往往乘机敲诈,没收中国人的财产,名之曰补充机密费,而暗中却进入私人腰包,供他们挥霍浪费之用。"①

全面抗战之前,在中国的日军部队中,配属有宪兵长以下的宪兵约20余名,1936年6月新设了隶属于中国驻屯军司令官的驻中国宪兵队。中国宪兵队总部设于天津,在北平、天津各设宪兵分队,另外在丰台、通州、山海关、秦皇岛、唐山、塘沽各地分别设置了由总部指挥的分遣队。② 1937年8月25日,根据军令陆甲第13号,日军施行了中国驻屯宪兵的临时编制,中国宪兵队隶属华北方面军的指挥下,总人数237名。③ 此外,分别在北京、天津、济南、青岛、石家庄、太原、临汾、张家口、徐州、开封等地设置宪兵队。日本宪兵本来承担着监督日本军纪的任务,但是由于日本军队的残暴,加之宪兵数目较少的原因,根本未能发挥其基本职能。南京战役中,"当时日军的宪兵,奉派负责维持军纪的不过17人。"④从实际来看,日军宪兵队不但没有约束日军的暴行,反而给中国民众带来更深的灾难。

1941年5月22日,根据军令陆甲第17号文件,日军改变华北战场的宪兵编制。6月24日,日方最终编成华北派遣宪兵队,总人数2595。⑤ 这样,华北宪兵队由司令部及北平、天津、青岛、济南、开封、临汾、太原、石门、张家口九个宪兵队和教习队所组成。后来又经过改编,压缩为总数约970人的北平、济南、太原、张家口四个宪兵队。⑥

在中国战场上,宪兵队的职责有维护军纪所在,但是其承担的更多

---

① 〔日〕土肥原贤二刊行会编:《土肥原密录》,天津市政协编译组译,北京:中华书局1980年版,第90页。

② 〔日〕日本防卫厅战史室:《华北治安战》(上),天津市政协编译组译,天津:天津人民出版社1982年版,第182页。

③ 〔日〕日本防卫厅战史室:《华北治安战》(上),天津市政协编译组译,天津:天津人民出版社1982年版,第183页。

④ 〔日〕神吉晴夫等编著:《日本屠杀秘史》,台南:西北出版社1978年版,第49页。

⑤ 〔日〕日本防卫厅战史室:《华北治安战》(上),天津市政协编译组译,天津:天津人民出版社1982年版,第183—184页。

⑥ 〔日〕日本防卫厅战史室编:《日本军国主义侵华资料长编——〈大本营陆军部〉摘译》(下),天津市政协编译委员会译,成都:四川人民出版社1987年版,第90页。

任务还是获取情报。在中国战场上,日本宪兵队以残暴著称。下面这份材料记载了日军宪兵队殴打战俘、获取情报的手段。

(日本宪兵)通常使用的方法有:

酷刑:包括脚踢、殴打以及任何足以使身体受到痛苦的方法,但这种方法必须在试过其他种种方法未有效果之后方可采用,因为这种方法是要费工夫的。施行酷刑之后,应该另换他人询问。这时,如果新来担任问话之人采用了一种比较同情的态度,往往可以获得良好的效果。

恫吓:(甲)用酷刑、杀害、饥饿、个别监禁、不准睡眠等足以使身体遭受痛苦的方法来恫吓;(乙)用不准寄信,不准给予与其他俘虏一样的待遇,交换俘虏时留在最后一批交换等足以引起精神上痛苦的方法来恫吓。

宪兵队通常使用的残酷刑罚有:灌水、火烫、电刑、夹棍、悬空吊起、跪刑、鞭打等等。

灌水:这是宪兵队最普通的一种刑罚。将受刑者面朝天绑在长凳上,用水从鼻子和嘴部灌进他的肺部,直到他失去知觉为止。跟着在他的肚子上加压力,有时就由一个人站在他肚子上跳,将水挤出来。这种刑罚,往往是周而复始地使用。

火烫:这也是一种很普通的刑罚。一般是用烟头烧受刑者的皮肤,有时也会使用点着的蜡烛、烧红的铁条、点着的汽油等用刑,被烧之肤往往是身体上最敏感的一些地方,如鼻孔、耳坠、肚脐、生殖器。女性则往往是乳头部分。

电刑:将身体上最敏感的部分接通电流,使身体触电受到难受的震动。

夹棍:这也是宪兵队的拿手戏,将受刑者两手反绑,跪在地上,然后将一根很粗的棍子,有时直径达三寸,放在腿弯处。行刑者在受刑者大腿上施重压力,有时就由两名宪兵站在他大腿上跳。这样,膝盖被压脱节,痛不堪言。

悬空吊起：将受刑者两手手腕、手臂或头部用绳子绑住，凌空吊起。有时吊起之后还加以鞭打。

跪刑：令受刑者在尖锐的石子或三角形木头的边上，跪上数小时之久，不准动一动。稍动即用鞭子毒打。

拔指甲：用钳子将手指甲或脚趾甲拔掉，也是一种常常使用的刑罚。此外，宪兵队也喜欢用一支支的竹签，敲进指甲下面的肉里面。

夹手指：将棍子夹在手指的中央，用绳子绑住手指，将绳子拉紧，手指剧痛难忍，往往指骨因此夹断。

除以上几种残酷的毒刑外，盟国战俘和平民也常常受到其他惨无人道的刑罚。最普通的就是鞭子毒打。①

以上各种严酷刑法对待战俘的目的在于获取情报，宪兵队是日军在中国战场上的情报收集机构。战俘集中营成为日本宪兵获取中方军事、政治、经济情报的重要机构，因此各个战俘营都有日军宪兵队的身影。华北特别警备队驻石家庄的1417部队就是以宪兵为骨干的特务机动部队。其任务是破坏占领地区的中国共产党地下组织、游击地区的共产党组织，城工队及解放区党组织政权、民兵组织。这支部队同石门战俘集中营关系密切。他们把集中营里叛变的中国俘虏经过一个时期的训练之后，把他们作特务、伪军使用。

为了获取情报资源，日本宪兵利用以上酷刑野蛮对待中国战俘。许多战俘经受不住宪兵的严刑拷打而离世，日本宪兵队无视中国战俘的生死。"各宪兵分队就地枪杀或拷问致死平民和被捕人员，报告时都说战斗中打死的。"日军宪兵队的上级机构对此司空见惯。战后，宪兵木村光明在接受审讯时候承认"上级看到了也不管，当做很平常的事情。"②

除了宪兵队，其他日军情报机构也乐意利用战俘营收集情报。华北方面军参谋部第二课负责战场情报的收集工作，曾经在北京设有"黄

① ［日］神吉晴夫等编著：《日本屠杀秘史》，台南：西北出版社1978年版，第270—272页。
② 《木村光明口供》，1956年6月3日。彭明生主编：《罪证——日军在承德街屠杀罪行录》，北京：中央党史出版社1996年版，第158—159页。

城事务所"作为其外围机关,但随着它的机能的扩大,已经成为军内的机关。总部设在北京的"六条公馆",在济南、太原、石门等地设立派出机构,搜集各地的情报。日军文献中记载"六条公馆"的主要业务有:一、调查敌方工作的实际情况,分析缴获的文件;二、研究治安对策,并作出有关献策;三、综合、评价送来的情报;四、对当地驻军,进行有关中共势力情况的教育;五、编辑发行"剿共指针"等资料,在1942、1943年期间其"成绩"最为显著。[①]

华北地区的战俘营都与"六条公馆"有着密切的联系。"六条公馆在西苑俘房收容所里担任叛变俘房的训练,六条公馆派训练专门人员在西苑俘房收容所内活动。"日本战犯上村喜赖还交代,"1945年,我听说六条公馆在石家庄机关也是在石家庄俘房收容所内进行俘房的利用工作。因此叛变俘房的训练问题及训练后的利用问题上二大队与六条公馆有联系。"[②]

除了收集情报,日本情报机构也直接参与到战俘营的管理中来。济南救国训练所就是由日方情报部门管理的战俘营。"济南救国训练所"设立于1940年5月15日,地点在济南千佛山脚下的华北中学,主要收容在山东作战过程中俘房的中国士兵,5月21日收容第一批战俘。该战俘营的管理者"由山东省区军队特务机关配备的中华民国新民会山东总会会务职员九名充当",包括:所长(日本人樱井荣章);总务、管理员中日各一名;教化官员二名,中日各一人;授业指导官三名:1名日本人,两名中国人;翻译两名,两名中国人,一人来自伪满洲国。[③]自1940年成立到1943年并入新华院战俘营,该战俘营处于日方特务机关、情报机关的管理之下。

三、伪政权与战俘集中营

全面侵华战争中,日军注重对中国占领区的讨伐与秩序巩固,并且

---

① 〔日〕日本防卫厅战史室:《华北治安战》(下),天津市政协编译组译,天津:天津人民出版社1982年版,第24页。
② 《"北京六条公馆"日特上村喜赖口供材料》,何天义藏。
③ 〔日〕前田一:《特殊工人的劳务管理》,1943年11月25日。

扶植成立了多个伪政权组织,并且最终形成了以汪精卫为首的傀儡政府,建立了规模不小的伪军部队。伪政权的任务是维持日本占领地区的治安情况,并为日本巩固占领区秩序、掠夺占领区资源提供帮助。中国的伪政权处于日本的控制之下,在日军侵华过程中扮演了政策执行者的角色。伪政权、伪军在管理中国战俘、掠夺战俘的劳动力资源方面发挥了重大作用。

《上海地区第一期清乡工作要领》中展现了日方军方与伪军处理中国战俘的策略。"中国各部队逮捕的间谍、俘虏,由中国方面处理,同时,通报日军。日军逮捕的经过必要的处理后,由师团长指示,以转交中国方面为原则。"①根据这份文件,在清乡过程中逮捕的战俘首先要向日方通报,在日方做出指示之后交由中方处理。当然,交由中方处理的多为对日无利用价值的普通战俘。

伪政权与战俘集中营的关系非常密切,自战俘营建立起始,地方伪政权就负责集中营给养、后勤等工作。当战俘营需要后勤人员而该项工作又不方便由战俘群体担当之时,这些后勤人员多由地方伪政权提供。例如在石门战俘营担任处理战俘尸体的石家庄市民,就是由地方伪政权出面安排的。

青岛档案馆藏的涉及青岛特别市与战俘营的档案集中体现了两者的关系。战争后期,随着战场压力的增加,日军需要更多的劳动力资源维系战争。此时地方伪政权和华北劳工协会承担起为日军输送劳工的任务。正如前文所述,这些劳工大都是战俘。青岛和塘沽作为劳工赴日的中转站,分别建立和完善了战俘中转集中营。地方伪政权和华北劳工协会看似是不同的机构,但是华北劳工协会驻地方的负责人和地方伪政权的负责人往往由同一人担任,即伪政府市长兼任华北劳工协会驻该市的负责人。青岛的两任市长赵琪和姚作宾均是如此。

1941年9月,青岛特别市建设局局长赵鹏九在写给市公署《呈为改修四方菜市场为劳工收容所工程奉准验收,请指定主管机关接收以便移交由》中要求市政府同意设置劳工收容所的计划。"查四方菜市场

---

① 《上海地区第一期清乡工作要领》,1942年9月。上海市档案馆编:《日本帝国主义侵略上海罪行史料汇编》(上),上海:上海人民出版社1997年版,第215页。

改为劳工收容所工程,由中孚工务所修理完竣,并奉到验收命令准予验收在案,查该项房舍系属官产,应由主管机关管理,除饬第三工区就近暂派工人妥为看守外,理合具文呈请。"①12月24日,社会局呈青岛市公署《为四方劳工收容所交接完竣呈报备案并拟具管理方案呈请鉴核示遵》中汇报说:"以四方菜市场改为劳工收容所,业经修理完竣理合具文呈请鉴核,指令主管机关前往接收等情,据此查该市场改为劳工收容所应归该局管理,仰迅即派员接收妥为管理具报等,因奉饬遵于十月二十八日,派员会同建设局前往该所,逐一查点交接完竣,遂即派员住守,以资管理。"②这两则文献表明战俘营的修建与管理是在伪青岛市政府的管理下进行的。

青岛的战俘转运集中营由伪政府负责修建,华北劳工协会参与管理。1944年5月12日,华北政务委员会内务厅答应了华北劳工协会要求派驻警备人员的要求。"劳工协会呈,称窃查职会对日供出之劳工,每批均由青岛、塘沽两港出国。惟该劳工等分子复杂,性质不一,恐有发生意外情形之虞,不可不急加准备以策万全事。前警备实所必要,拟请总署转行绥靖总署及内务厅警政局,分示所属军警机关,对于本会办理对日供出人员前往接洽时,务请随时派员协助,俾利进行实为公便等情。据此除分咨并指示知照外,相应咨请查照转示协助等,因准此除咨复外,相应咨请。"③可见,地方伪政权与劳工协会运送战俘安全负有直接责任。

地方伪政权还参与管理战俘营的治安、卫生工作,如果战俘因各种原因暂时出走战俘营,地方伪政权的警察局要保证这些战俘不会逃跑。1944年6月5日,青岛警察局在给市政府的呈请中谈到:"现有劳工五人因患病已送往传染病院医治,请派警监视等由。当经电饬市南分局派警监视,……该五人因患回归热病,经日本领事馆送往传染病院,现

---

① 《呈为改修四方菜市场为劳工收容所工程奉准验收请指定主管机关接收以便移交由》,1941年9月8日。青档23—1—745。

② 《青岛特别市社会局呈青岛特别市公署为四方劳工收容所交接完竣呈报备案并拟具管理方案呈请鉴核示遵由》,青档23—1—2409。

③ 《准咨据华北劳工协会呈以对日供出劳工分子复杂转请派员协助警备一案请饬属协助由》,青档23—1—2587。

在医治中。请鉴核等情,除仍令派警监视外,理合将办理情形报请。"①
被转运日本日本途中中国战俘的健康问题也要由转送地的伪政府和劳
工协会负责。

1944 年 10 月 24 日,"青岛特别市政府"与华北劳工协会青岛办事处
"为关于借用市体育场充作劳工训练所"一事,双方订定借用契约如下:②

> 甲方(青岛特别市政府)将汇泉市体育场及与训练劳工有关一
> 部附属设施,免费借予乙方(华北劳工协会青岛办事处)使用。自
> 订立契约之日起,为期壹年。期满后无条件交还甲方,如乙方仍原
> 续借,须于期满一月前,声明理由,商得甲方同意时,继续换订
> 借约。
>
> 关于修改内部工事,乙方须先取得甲方同意,再行实施。惟以
> 不妨害各项体育用途为原则。并于期满后按照立约时原状,修复
> 返还之。
>
> 该场东西两仓库存储各项用品,仍由甲方管理不在借用之内。
>
> 借用期内甲方如遇有重要用途(如运动会等),得随时使用之,
> 但须于前五日通知乙方。
>
> 在借用期内,该场如发生一切事故,应由乙方完全负责,如遇
> 空袭时所有损失不在此限。
>
> 乙方不得将该场转借他方,亦不得改作其他用途,如有违反本
> 约订定各条时,甲主得随时无条件收回之。
>
> 甲方于契约签定之日起,将该场就借一切设施点交乙方。
>
> 本契约书成同样贰份,甲乙双方各执一份,存证并施行。
>
> 借与者　青 岛 特 别 市 市 长　　　　姚作宾
> 借用者　华北劳工协会青岛办事处长　　姚作宾

这份文件显示了地方伪政府与华北劳工协会就劳工训练所达成的

---

① 《青岛特别市警察局呈市政府为准日本领事馆有劳工五人因患病送传染病院医嘱请派警
监视情形报请鉴核备案由》,青档 23—1—2587。
② 《青岛特别市政府函劳工会办事处、教育局准华北劳工协会青岛办事处借本市体育场
暂充劳工所嘱俯允等因由》,青档 23—1—1202。

协议,劳工训练所里关押的大都是中方战俘。该协议的"借用者"与"借与者"代表都是姚作宾,其身兼青岛市长与劳工协会青岛办事处长双重职位。

为了配合日本政府将战俘运往本国强制劳动的政策,伪青岛市政府还创办办理战俘出国的"华工赴日事务所"。1944 年 8 月 31 日,青岛特别市政府在发给社会局的文件中称:"为训令事查大东亚战争已届决胜时期,为发扬中国参战义务,对于供给劳工增强战力实为当前之急务。本府自即日起创设青岛特别市华工赴日事务所,专门办理华工赴日事务,并派该局劳工科科长李明德所长,负责筹备一切规章及组织,以期早日实施是为至要,除令委外合行令仰该局知照此令等,因奉此遵即加紧组织,筹备一切。"①

对于逃跑的战俘,战俘营在报告给伪政权后,伪政府还负责抓捕事宜。1944 年 10 月 5 日,青岛战俘营向市政府报告说:"(9 月)三日晨乘降雨之际,将场内东南角宙字八号内木窗毁坏,潜逃华工 10 名。五日晨复将宙字二号木窗毁坏,潜逃华工 30 名。六日派员率领华工 20 名,赴太平镇泰德涌检查工作,乘机潜逃华工 4 名。同日下午,七时许发觉招待所内由墙头跃下潜逃华工 7 名。11 日于遣送胶州区患病及年老华工回县至车站候车之际乘间潜逃一名。以上由八月三十日截至九月十二日止之期间内,共计潜逃华工五十四名,业于日报表内详细注明每日呈报。"②接到战俘营的报告后,政府要指令警察局逮捕逃跑的战俘。1945年 2 月 19 日,青岛市政府在发给警察局的指令中指明:"汇泉体育场内居住之劳工协会工人二百八十余名,忽于本月十六日午后八时五十分暴动。当经该分局长率同官警及警防团员前往镇压,并饬分局及各分驻所官警全员出动,搜索截缉,彼时体育场附近,有盟邦桐部队出动布岗。当经调查该工人等原住市北分局铁山路。(注:由铁山路转运到汇泉体育场)于本月十三日,移住体育场,由劳工协会日人三名、中国青年队员十二名,在场看护管理。并由该分局派遣徒手警士七名,分班协助。于暴

---

① 《青岛特别市政府指令社会局为遵令在胶即劳三区所募集之劳工责任供出额数组织勤劳工作团及分配工作等情准予备案由》,青档 23—1—2789。

② 《青岛特别市政府指令华工赴日事务所据该所呈报华工在出工作时及乘雨破窗越墙先后潜逃人数等情形嗣后督饬严加防范以重要政由》,青档 23—1—1298。

动时,各工人多以石块向青年队员打击,经制止及鸣枪镇压,均属无效。因工人人多势众,即将体育场之南铁门破坏逃跑。同时亦有越墙逃跑者。结果该分局查获十四名,桐部队查获六名,共计二十名。内有受伤者五名,均经盟帮宪兵队会同劳工协会领回处理处,现体育场内,尚有未逃者十四名,死者四名,伤者三名等情。"[①]这表明伪青岛市政府负有抓捕逃跑战俘的责任,并且配合日本军队逮捕逃跑的中国战俘。

地方伪政府与战俘营的联系,多是通过华北劳工协会驻各地方的办事处实现的,日军支持华北劳工协会等在战俘的转运、医疗、关押等管理方面负有直接责任。以劳工的名义管理华北地区的中国战俘,成为华北劳工协会最为重要的职能。

四、华北劳工协会与战俘集中营

进入战略相持阶段之后,日军注重对中国占领区的治安肃正与秩序巩固,并且扶植成立多地伪政权。伪政权的任务是维持日本占领区的治安情况,并为日本巩固占领区秩序、掠夺占领区资源提供帮助。中国的伪政权在日军侵华过程中扮演了政策执行者的角色。掠夺中国劳动力资源是日军的战争目标之一,对中国战俘劳动力资源的掠夺也离不开伪政权的支持。伪政权成立多个机构配合日军对中国占领地区的管辖和资源掠夺,在这些机构中,1941年成立的华北劳工协会与日军掠取战俘劳动力资源的关系最大。

日军没有专门的战俘管理政策,但是出台了很多劳工管理政策与方案。日本侵华战争中的中国战俘问题一个典型特征是,日军将中国战俘视为劳工,战俘之所以不在战场被屠杀,就是因为日军要利用中国战俘的劳动力资源。日本掠夺中国的劳动力资源,华北劳工协会发挥了很大作用。

1940年11月4日,华北政务委员会通过了《华北劳工协会条例》,规定:"华北劳工协会主要从事的工作包括:一、对华北地区内劳工者

[①]《青岛特别市市政府指令警察局据该局呈报汇泉体育场劳工暴动经过情形准备查由》,青档23—1—1312。

的募集、配给、输送及其斡旋；二、对出国劳动者的募集、配给、输送及其斡旋；三、对入国劳动者的配给及其斡旋；四、劳动者的登陆及劳工证与劳动票的分发；五、劳动者的训练及保护设施的经营；六、劳动介绍所的管理经营及一般职业介绍；七、对劳动的各种调查；八、与上述各项相关的附带事项；九、其他由华北政务委员会所特别命令的事项。"①由此可知，华北劳工协会的主要工作涉及劳工的征召募集、训练配给等方面。由于日军将中国战俘以劳工的身份予以处理，故华北劳工协会在管理中国战俘方面发挥了重大作用。

1941 年 7 月 8 日，华北劳工协会正式成立，该协会由华北政务委员会及华北开发公司各出资 20 万元将新民会、满洲劳工协会等在华劳务机关统和起来而成立。会址设于北平市内六区北池子草垛胡同 12 号，成立的目的在于消除华北与满蒙劳工分配使用上的矛盾，全面调整华北劳工在华北、蒙满之间的分配，掠夺中国的劳动力资源，用以维系日本的对华侵略战争。华北劳工协会设立总务部、管理部、辅导部三部，总务部下设总务科、经理科、计划科，后又增加人事课，主要掌管人事、文书、财政、监察、调查、计划、宣传及统计事项；管理部下设管理科、斡旋科、登记科，主要掌管统制及劳工的管理、输送、分配、调整、斡旋、登记等事项；辅导部下设辅导科、福利科，主要掌管劳工的训练及福利事项。华北劳工协会在青岛、天津、济南、太原等市设立办事处，办事处之下又分设劳工所。中国战俘就被关押到该协会设置的劳工训练所内，故华北劳工协会是管理中国战俘的主要机构。

1943 年之后，日本开始实验将中国战俘输送到日本做劳工，以弥补日本的劳动力不足。组织中国劳动力出国、对日供出战俘发证等事务均由华北劳工协会处理。在笔者看到的名为《对日供出劳工发证事务处理暂行要领》的一份档案中，列出了出国劳工（战俘）规定填写的表格包含以下项目：（1）介绍人的情况，包括介绍人的姓名、住址等；（2）出国劳工的家庭住址；（3）出国劳工的近亲属相关信息，包括姓名、年龄、与运送出国的战俘关系等；（4）被运送出国劳工指定的收受汇款

---

① 《华北劳工协会条例》，何天义主编《华北劳工协会罪恶史》，北京：新华出版社 1995 年版，第 361—363 页。

者之姓名住址。[①] 虽然这些做法好像表明给予出国战俘以经济收入，但是这些只是写在纸上的骗人文字，从具体的操作来看，中国战俘只是运往日本的奴隶，从笔者的调查情况来看，被运送出国的中国战俘根本没有收到日本政府所谓的汇款。

华北劳工协会加强对战俘营的管理是在 1944 年以后。此时期正处于战争相持阶段，日军败相初显，已经不能自己独自控制战俘营。就是在这个阶段，石门"劳工教习所"改名为"劳工训练所"，由"华北劳工协会"和汪伪政权共同领导，日本开始通过控制华北劳工协会来管理战俘营中的俘虏。战争后期，日本为弥补本国劳力不足、挽救国内经济危机，在俘虏政策上也随之改变：将中国战俘输送到日本从事强制劳动。对被捕被俘人员进行短期"训练"后，大批输送到日本充当劳工。此时石门战俘营的管理者开始由华北劳工协会派遣，杨瓒臣、韩亚援二人共同担任石门战俘集中营所长。其中杨瓒臣代表华北劳工协会，负责集中营的总体事务，韩亚援是石门市长，兼任战俘营的管理。

华北劳工协会作为日本侵略者掠夺中国劳动力的机构，日军占据了主要职位。总部职员 290 人，日本人占 150 人。各地办事机构有290 人，日本人占 219 人，总部主要负责人及各地办事处主任、业务科长多由日本人担任。表 3-1 是华北劳工协会济南办事处的职员名簿，主要职员均由日本人担任。

表 3-1　华北劳工协会济南办事处职员名簿表

姓名	职别	年龄	任职年月日（民国纪元）	籍贯	学历
盐柄盛义	主任	53	33 年 3 月 1 日	福冈	□学院大学
岛木武夫	业务科长	35	32 年 9 月 16 日	鹿儿岛	早稻田大学专门部经理部，中退
河野正直	事务员	50	32 年 3 月 1 日	大分	台北中学校
友田三四	事务员	38	30 年 11 月 1 日	鹿儿岛	中学校
大岩英勇	事务员	39	33 年 11 月 10 日	爱知	中学校

---

① 《对日供出劳工发证事务处理暂行要领》，何天义藏。

姓名	职别	年龄	任职年月日 （民国纪元）	籍贯	学历
斋藤甲子	事务员	46	30 年 12 月 2 日	茨城	县立商业中退
桑山实雄	事务员	36	32 年 3 月 15 日	鹿儿岛	工业学校
武田武夫	事务员	37	32 年 12 月 10 日	神奈川	中学校
高桥□新	事务员	38	33 年 9 月 1 日	熊本	商业学校
冈忠勇	事务员	30	32 年 3 月 15 日	北海道	装□试验场□习生
田口兼□	事务员	29	32 年 3 月 15 日	熊本	新京工学院预科中退
志□正夫	事务员	36	33 年 3 月 13 日	北海道	中学校
赤田□稔	事务员	30	32 年 12 月 13 日	香川	中学校
西□辉夫	事务员	34	33 年 12 月 13 日	和歌山	中学校中退
松下英二郎	事务员	33	33 年 3 月 13 日	秋田	□松夜间商业三年修了
中岛一寿	事务员	30	33 年 9 月 10 日	京都	县立商业学校
岩村博吉	事务员	27	33 年 3 月 10 日	东京	实业学校
远藤□之□	事务员	27	33 年 1 月 24 日	北海道	青年学校
吉田忠作	事务员	27	33 年 1 月 21 日	北海道	矿业学校
协田代博	事务员	32	34 年 4 月 1 日	宫崎	高等学校
石司茂太郎	事务员	42	31 年 7 月 2 日	长崎县	商业学校
漆原纯夫	事务员	33	32 年 4 月 1 日	宫崎县	东京大学文学法科
神□正四	事务员	39	32 年 10 月 12 日	青森市	日大法文学部
三蒲德造	事务员	33	32 年 3 月 13 日	富山	商业学校

（青岛市档案馆编著：《铁蹄下的罪恶——日本在青岛劫掠劳工始末》，第 65—66 页。）

　　劳工协会下属的劳工训练所，其主要职员均由日本人担任。济南劳工训练所的管理者米仓俊秀毕业于陆军士官学校，有着显著的军方背景。这表明虽然日军在战争中出现了很大问题，减少了对中国战俘的直接管理，但是并未放弃对中国战俘的管理。他们通过寻找同军队保持密切关系的候选人，参与到战俘营的管理中。

表 3-2　华北劳工协会济南劳工训练所职员簿

姓名	职别	年龄	任职年月日（民国纪元）	籍贯	学历
米仓俊秀	参与	62	34 年 2 月 11 日	东京	陆军士官学校
漆原雅治	事务员	54	33 年 1 月 15 日	北海道	师范学校
桥重敏	事务员	37	33 年 1 月 15 日	石川	中学校
田崎石松	事务员	58	33 年 9 月 1 日	北海道	中学中退
米原□□	事务员	32	33 年 6 月 1 日	熊本	武道专门学校中退
奈良胜太郎	事务员	49	33 年 3 月 15 日	北海道	高小
高桥大三郎	事务员	32	32 年 11 月 1 日	茨木	高小
吉田昌义	事务员	36	33 年 1 月 15 日	福冈	农学校
堤□幸男	事务员	30	33 年 4 月 25 日	和歌山	青年学校
今井□武	事务员	31	32 年 12 月 15 日	爱□	中学校
□名勇治	事务员	29	34 年 4 月 1 日	冈山	外务省巡查教习所
龙前一夫	事务员	27	33 年 4 月 1 日	埼玉	农学校
千田勇一	事务员	37	33 年 9 月 1 日	爱知	高小
播磨次勇	事务员	30	32 年 12 月 9 日	鹿儿岛	高小
白石武夫	事务员	27	33 年 1 月 24 日	北海道	高小
阿部宗一	事务员	27	32 年 11 月 1 日	北海道	高小
末吉忠良	事务员	29	33 年 3 月 15 日	岛取	高小
山下喜一郎	事务员	27	33 年 1 月 19 日	北海道	高小
山田春义	事务员	27	33 年 1 月 19 日	北海道	高小
宫岛忠□	事务员	26	32 年 12 月 10 日	长野	青年学校商业科
小林泰三	事务员	31	33 年 6 月 1 日	□木	高小
小泉广一郎	事务员	28	33 年 9 月 1 日	北海道	青年学校
市村大助	事务员	32	33 年 6 月 1 日	千叶	高小一年中退
山田定义	事务员	29	34 年 4 月 1 日	山梨	高小
尾内喜代司	事务员补	23	33 年 3 月 15 日	北海道	高小
驹津元治	事务员	31	34 年 4 月 18 日	长野	高小
小川敏男	事务员	25	34 年 4 月 10 日	北海道	中学校
木村きン子	事务员补	38	34 年 4 月 1 日	山口	师范学校

（青岛市档案馆编著：《铁蹄下的罪恶——日本在青岛劫掠劳工始末》，第 69 页。）

不同于济南,青岛劳工训练所的事务员多数是中国人。然而,青岛劳工训练所的主任、业务科长等重要职务由日本人担任,在事务员中,日本人的排名在中国人之前。在青岛劳工训练所中,日本事务员有7人,而中国事务员有34人。

表3-3 青岛劳工训练所职员簿

姓名	职别	年龄	任职年月日 (民国纪元)	籍贯	学历
浅川保	主任	39	33年3月13日	山梨	日大高师
奈良冈良二	业务科长	38	34年2月20日	青楳	日大法文学部
园田贞治	事务员	36	31年9月20日	福冈	高小
岛田寿	事务员	39	33年3月1日	群马	高小
藤原卓夫	事务员	37	33年3月18日	岛·根	农学校
冈田荣之助	事务员	35	32年12月10日	鹿儿岛	高小
河内胜	事务员	33	32年11月20日	冈田	农学校中退
中间尚武	事务员	29	31年11月28日	鹿儿岛	兴亚学校
仓田利世	事务员	35	32年12月13日	富士	中学校
刘丕志	事务员	25	31年2月20日	芝罘	芝罘市私立益文中学
夏凤溢	事务员	35	30年11月1日	山东平度	滨江县立师范
王伟光	事务员	26	31年10月1日	同上	青岛东文书院夜学日语科
万铭善	事务员	26	30年11月1日	同上	青岛市立中学
王长茂	事务员	28	34年4月1日	北京市	北京陆军军官学校
迟广运	事务员	37	34年2月21日	山东蓬莱	大连市日语学校
周直青	事务员	35	34年1月1日	山东平度	烟台益文国中
贾子魁	事务员	31	30年11月1日	山东胶县	胶县私塾七年
张积富	事务员	31	30年11月11日	山东黄县	黄县县中学
郑光军	事务员	29	34年4月1日	唐山市	国立师范大学
蓝碧然	事务员	31	34年4月1日	河北武清	北京师范学校

姓名	职别	年龄	任职年月日（民国纪元）	籍贯	学历
杨中卫	事务员	33	34 年 4 月 1 日	河北丰润	同上
庚镇戎	事务员	31	34 年 4 月 1 日	山东蓬莱	同上
陆振伟	事务员	20	32 年 6 月 16 日	山东胶县	大连河沙口公学堂
王培林	事务员补	34	32 年 3 月 1 日	山东文登	文登县立中学
蓝仁蓬	事务员	29	33 年 5 月 20 日	山东即墨	即墨县立中学
卢亚光	事务员	35	32 年 7 月 1 日	山东牟平	牟平县立初中
刘嘉祥	事务员	32	32 年 11 月 23 日	天津	天津商业学校
蓝仁寿	事务员	27	33 年 3 月 1 日	青岛	青岛崇德中学
王杰民	事务员	25	33 年 1 月 1 日	青岛	即墨县立初中
刘效俊	事务员	20	33 年 1 月 1 日	山东临朐	大连南满商业学院
戴方俊	事务员	21	33 年 1 月 1 日	山东即墨	青岛市立小学
吕莘祥	事务员	22	33 年 1 月 1 日	山东平度	大连协和实业学校
宋光伟	事务员	29	33 年 1 月 1 日	山东蓬莱	营口日语学校
王宗桂	事务员	21	33 年 6 月 1 日	青岛	青岛东文书院
高汉杰	事务员	21	33 年 4 月 1 日	山东临朐	大连南满商业学校
王培昌	事务员	24	32 年 3 月 1 日	山东文登	文登县立中学
蓝天翼	事务员	23	32 年 11 月 20 日	山东日照	日照县立中学
冯九思	事务员	29	31 年 2 月 20 日	江苏赣榆	县立师范
于春华	事务员	28	32 年 7 月 1 日	山东即墨	安东县立初中
潘协润	事务员补	22	33 年 4 月 1 日	山东诸城	四平省立东丰国民高等
张照财	事务员补	25	34 年 2 月 1 日	山东临朐	青岛警察学校
马宣洲	事务员补	21	34 年 2 月 1 日	山东临朐	益都县立高中
王宝山	事务员	32	34 年 5 月 1 日	山东莱阳	大连商业学校

（青岛市档案馆编著：《铁蹄下的罪恶——日本在青岛劫掠劳工始末》，第 72—73 页。）

五、战俘营里的辅助管理者

日方实施以华制华的方略，由于战线逐渐拉长，日军需要的作战士兵数目越来越多，在兵力不足的状况下，日军想尽各种办法抽调人力，原来战俘营的管理者被抽调到一线作战部队，这就使得战俘营内的日军管理者数目有限。例如洛阳西工战俘营，参与管理的日军士兵最多也不过两个小队。石门日方士兵有一个小队，日籍管理者数十人而已。在日方管理人员不够的前提下，日本采用"以华制华"的方针，不仅同伪政权合作，还从战俘中训练、选拨战俘营管理人员。战俘集中营的日常管理的具体事务很多是由这些中国战俘承担的，这就是战俘营的辅助管理者。

日本人在集中营内管理俘虏的方法是"以华制华""以俘制俘"，即利用自首叛变分子充当汉奸干部，后期派入少数中国伪职员为其效劳服务。日方采用严刑拷打、威逼利诱等方式对待中国战俘，对于屈服者，则采用怀柔手段、利用各种优惠条件腐蚀中国战俘，达到为其所用的目的。

在各个战俘营中，日军选择那些"表现较好"的战俘组成"干部班"，进行培训后派驻到集中营的各个部分实现"以俘制俘"。日军选择辅助管理者具有一定的条件，在石门战俘营，辅助管理者所在的部门称为"干部班"，初步选入干部班的中国战俘要经过特别培训之后才能成为战俘营的辅助管理者。这些战俘首先进入干部训练班，内容主要是日军的奴化教育、学习战俘营的各项管理规定等。经过一段时间的训练、培训考核达到日本要求者方可充到集中营承担管理职能。

在干部班学习、训练完毕之后，这些人将被派往战俘营的具体科室，替日军工作。这些具体科室包括审讯科、处理科、教育科、生产科、卫生科、调查科、组织科、地相科、编成科、工作科、治安科、监察科、保卫科、指导科的具体负责人都是集中营里的辅助管理者。这些科室虽然都以"科"命名，但是负责人一般都称班长，每一科都有班长、副班长，及数量不等的办事人员组成。这些辅助管理者一般都经历了干部班的学习经历。各个班长选副班长和办事员，选人的时候，一般选择同自己有交集的战俘。在这一点上,国共纷争尤其明显,如果班长是国民党战俘,这个科的辅助工作者也是国民党战俘,如果班长是共产党战俘,则所在科的辅助工作者也多是共产党战俘。据石门战俘集中营的张子元回忆,中共党组织派他在战俘营里潜伏,利用这一特性,使得中共战俘少受虐待。

此外,石门集中营还设立调解委员会,该委员会由干部班副总班长和各科长组成,副总班长为该委员会委员长,具体处理违反战俘营规则的中国战俘。除了各科科长,警备班的所有成员都是辅助管理者。该班一般维持在七八十人左右,具体负责集中营内的巡逻、警戒、站岗、看押、监视劳动等。

日军是战俘营的管理者,很多战俘营配置的朝鲜籍翻译也属于管理者行列。战俘营的辅助管理者一般都是中国战俘,但是也出现过日本人做中国战俘营辅助管理者的特例。1937年12月21日的《日本帝国在乡军人会上海支部作战报告》中报告在上海的日军退伍军人其任务有监视俘房、承担辅助管理者的工作。"在俘房收容所内昼夜执勤,监视俘房,在俘房干活时,进行监督。偶尔敌弹落到收容所,正进行监视的宪兵负伤时,不少俘房乘其混乱逃跑,此时用刺刀对俘房进行镇压,度过危机。"①这种情况主要发生在战争的前期,是日军还未大规模设置中国战俘集中营时候的事情。

战争后期,华北劳工协会在战俘营管理方面的分量加重。1941年之后,石门战俘集中营内的教官、助教等辅助管理者除了从战俘中选拔以外,增加了由伪华北劳工协会调派而来的途径。华北劳工协会的雇员进入战俘营担任管理岗位,可以自由出入战俘营,并有月薪。教官、助教均为训练所正式职员。

战俘营的辅助管理者被日方认同为已经屈服的战俘,是日方可靠的同盟,日军已经不再认同其为中国战俘,他们在战俘营里担任的管理工作能够领取薪金。吴先红于1942年初被俘,几经转折进入石门战俘营,并且担任辅助管理者。"干部和其他人员一样,所不同的是,干部发给薪金。记得总班长10元,科长5元,一般科员3元,薪金为伪钞,但

---

① 上海市档案馆编:《日本帝国主义侵略上海罪行史料汇编》(上),第87页。

钱不发给本人。到发钱时在名单上按个手印,出所走时一次付清,我走时拿了 21 元(七个月)。"①除此之外,日军管理者还拉拢腐蚀这些辅助管理者:"为了培养日本走狗,每逢过年,日本队长便召集干部班、警卫班的总班长等人在一起会餐,并组织观看有关大东亚战争的电影,有时还组织干部班的几十个人集体去逛妓院。尽管如此,大多数干部并不真心效忠敌人,但也有个别的干部,打骂自己的同胞。"②

承担了辅助管理者的中国战俘未必都已经屈服,有很多战俘是被其他辅助管理者出于照顾的原因拉入了这个行列。那些配合日军工作的辅助管理者,也未必失去了民族大义。王铭三曾经担任过石门战俘营的指导员,他认为辅助管理者并不完全相同。"这里管理人员中有两种人,一种是甘心情愿为敌人服务的。他们为了赢得主子的欢心,在日寇面前卑躬屈膝,对待自己的同胞却很凶残。另一种人是贪生怕死,被迫向敌人干事的,他们想给自己留条后路,自然对战俘的态度就不一样了。"③

梅欧曾经回忆在她进入集中营的时候,王铭三曾对她谈起自己对做辅助管理者的心理。"我在这里当指导员,人们把我看成汉奸叛徒,是很自然的,但我没有忘记我是中国人,还当过八路军,我知道做什么。"④王铭三说:"这里的伪人员当然都是有罪的,可不一定都是丧尽天良,心甘情愿为日寇服务的人,也不一定都有严重的破坏活动"。

除了辅助管理者以外,还有一些战俘享受日军的优待,这就是日军的俘虏营秘密情报员。日军会选择一些已经同其合作的战俘,但是不让他们直接担任辅助管理者,而是不暴露其身份,仍然隐藏在大批战俘之中,搜集日本想得到的情报。西苑战俘营就有许多这样的秘密情报员。"他们是受特务训练后,留在俘房营内,渗入在俘房人员中,监视俘房动态,受工作班的指挥……劳动大队成立时,渗入在这个大队内,到

---

① 吴先红:《在石门劳工教习所》,何天义主编:《日军侵华集中营——中国受害者口述》,郑州:大象出版社 2008 年版,第 19 页。

② 邱祖明:《石门劳工教习所及对敌斗争》,何天义主编:《日军侵华集中营——中国受害者口述》,郑州:大象出版社 2008 年版,第 22 页。

③ 梅欧:《日寇战俘营纪实——我在魔窟中的所见所闻》,第 48 页。

④ 梅欧:《日寇战俘营纪实——我在魔窟中的所见所闻》,第 39 页。

工地,受所管宪兵队的指挥……"①这是日军获取战俘情报的重要手段之一。

第二节　战俘集中营的日常管理与规章制度

日军在中国设置了多个战俘集中营,但是没有统一的管理机构,卢沟桥事变后虽然设置大本营,但是没有设立专管俘虏事务的俘虏情报局,该局是 1941 年底太平洋战争爆发后才设立的,主要是针对英美等国战俘的管理。日本不承认中国被俘士兵的战俘身份,所以俘虏情报局不管中国战俘营事务。日军对中国战俘的管理是为了满足侵略中国的经济需要,在掠取劳动力资源的目的下,日本现地军与地方伪政权、劳工协会等合作管理中国战俘集中营。

日军对战俘集中营的管理有一系列的规章制度,现在再还原这些规章制度已经非常困难,原因在于日军战败前夕对日方档案文件的焚烧销毁。现在重新梳理日军战俘集中营的管理与规章制度,材料来源有三个方面:一是当时文献记载的有关战俘营管理的规章制度,部分战俘营的管理被零星地记载于中方和日方文献之中;二是中国战俘的回忆文章,他们以自己的亲身经历讲述在集中营里的遭遇,口述文献达到一定数量,并且经过去伪存真之后,对于集中营管理的还原非常重要;第三是日本战犯的审讯材料,在日本战犯交代的口供中,尤其是在日军集中营管理者的口供中,能够还原日军对中国战俘集中营的管理。

一、中国战俘进入集中营的过程与管理

被俘的中国士兵在进入战俘营的过程中,需要经过日军的初步认定与审查。这个过程造成了两种结果:一部分中国战俘被日军杀害,尤其是 1940 年之前被杀的比例较高。需要明确的是 1941 年大规模制定俘虏使用计划之后,日军仍然存在屠杀战俘的行为,这一点下文还会述及。

---

① 张子峰:《侵华日军战犯手记文档揭秘》,北京:中国青年出版社 2007 年版,第 20 页。

现地军管辖前线俘虏的审查、甄别事项。根据日本战犯的口供，日军一线部队在俘虏中国士兵后会设置临时的战俘关押场所。"前线临时战俘营也会对战俘进行初步的训练，训练是由各野战军司令部对共调查班——参谋部二课对共调查班在野战军司令部的单位和野战军宪兵队负责。前线日军对逮捕的中国战俘先进行审讯，以获取有用的情报。日本想获取的情报主要有两个方面，一是关于战俘本身的情况，二是前线日军想获取的军事、政治、经济等情报。"①据参与北平西苑战俘营管理的日本战犯上村喜赖交代，日军前线部队要获取的信息包括："前线俘虏的部队，结束战斗后立即向他们进行审问如下两个问题：(1)姓名、年龄、身份、职位、有无受伤及其程度，(2)前线战斗所需要的情报。"②

前线部队对俘虏进行初审之后，要做两件事情。一是对于那些已经过审讯并且没有发现特殊利用价值的俘虏要送往野战军司令部设立的临时战俘营，但是如果中国战俘提供的情报得到前线部队的重视，他们可能将战俘临时收押，继续获取情报。二是关于从中国俘虏口中获取的情报，这些情报都要上报给各野战军司令部，由各野战军司令部统一汇总后，向更高机构汇报。华北方面军就曾经规定：各野战军司令部，每天晚上十点以前，把俘虏情况在内、当天的作战情况，向华北方面军报告。

在经历一线部队抓捕者的审讯之后，进入临时战俘营的中国战俘面临着全面性审查，这次审问比在战场上刚刚逮捕时期的审问更加详细。"在前线临时收容所进行全面性审问，但其审问重点和范围是：(1)在前线俘虏的分类、处理，所需要的俘虏的身份、职位，历史活动情况；(2)野战军司令部所需要的作战情报、审问机关是野战军司令部对共调查班、情报科、野战军宪兵队。"③在临时战俘营，处理审讯战俘的

---

① 《上村喜赖笔供》，转引自张子峰：《侵华日军战犯手记文档揭秘》，北京：中国青年出版社2007年版，第13页。

② 《上村喜赖笔供》，转引自张子峰：《侵华日军战犯手记文档揭秘》，北京：中国青年出版社2007年版，第13页。

③ 《上村喜赖笔供》，转引自张子峰：《侵华日军战犯手记文档揭秘》，北京：中国青年出版社2007年版，第13页。

单位包括野战军司令部对共调查班、情报科、野战军宪兵队等都是日军的情报机构,其目的是从中国战俘那里获取更多的战场信息。

前线临时战俘集中营对中国战俘进行短暂管理,由于战事的连续性,日军部队换防频繁,因此对临时战俘集中营的管理是暂时的。前线临时战俘集中营的管理者有权释放中国战俘,也有权力将中国战俘送至战略后方、规模更大的战俘集中营。

日军在前线就将中国战俘做了分类,主要包括纯军事战俘和军政治战俘。纯军事战俘是指中国军队的普通士兵,军政治俘虏包括军队政工人员、地下组织领导者、行政组织人员等。对于不同的中国战俘,他们所采取的措施也不同。华北方面军在作战中对纯军事俘虏的处置比较简单,"纯军事俘虏,从他们身上了解必要的作战情报以后,向西苑俘虏营送。"①对军政治俘虏的处理相对复杂,"一般的军政治俘虏经过野战军军法处裁决后向西苑俘虏营送,军政治俘虏的中级干部、政工干部、地方中级干部由野战军军法处审问,他们中涉及重要问题者,往华北方面军军法处送,其他人员审问结束以后,除当地机关利用者外,其他向西苑俘虏营送。"此外还规定,"送到华北方面军军法处的军政治俘虏是审问结束以后,除了给日本军造成重要军事损失的军事地下工作人员和日本占领地区地下组织领导机关负责人以外,送西苑俘虏营……","军事工作人员是一般情况下判刑,地下组织领导机关负责人是具备利用条件者并利用可能这为有关机关利用,其他人是等到这个人的地下组织处理完以后判刑和送西苑俘虏营……","文工人员、经济工作者等都经过前线野战军军法处裁决,送西苑俘虏营。"②

经过战场与前线临时战俘营的审讯之后,部分中国战俘进入到日军直辖的战俘集中营。进入集中营之时,有严格的程序,这些程序包括:

一、集中营接收战俘

前线战俘营将收押聚集的战俘统一押运到后方战俘营,在此过程

---

① 《上村喜赖笔供》,转引自张子峰:《侵华日军战犯手记文档揭秘》,北京:中国青年出版社2007年版,第13页。

② 《上村喜赖笔供》,转引自张子峰:《侵华日军战犯手记文档揭秘》,北京:中国青年出版社2007年版,第13页。

中，前方临时战俘营会派出押运人员，并且持有战俘名簿。到达战俘营后，负责押运的日军将战俘名簿交给战俘营办公室，办公室再派翻译通知集中营内的处理科和卫生科接收，处理科接受战俘名薄后对押运而来的战俘进行清点，清点完毕后将战俘名簿交卫生科。

二、消毒

由前线临时战俘营押来的战俘，经过战场作战和关押，个人卫生状况较差。战俘集中营的管理者害怕新来战俘携带传染病。因此，在各地的战俘集中营里，刚来的战俘首先消毒成为惯例。每个战俘营的消毒手段不同，有的战俘营用水缸盛水，令战俘脱光衣服后进入水缸，全身泡进装有消毒药品的水中。有的战俘营令战俘脱光衣服后，用水管、喷射器洒向战俘。1942 年 1 月 4 日，在 129 师 386 旅旅部工作的邱祖明被捕后被关押到石门战俘营，此时的石门战俘营还没有供战俘消毒的水缸，只用汽油桶临时充当。"进所后，首先要脱光衣服，跳进装有石碳酸水的两个汽油桶'洗澡'。"[1]

用水消毒完毕后，战俘营管理者会让新来战俘跑步，直到身体晾干为止。然后每人发一套衣服。衣物不是自己入营之前所穿，更没有统一标准，是之前进入集中营的战俘脱下来的衣物。这些衣物也不分夏季服装和冬季服装，随机分配。

在战俘消毒的同时，集中营管理者在战俘脱下的衣物中进行搜查，将搜查出来的私人物品一律没收。这些没收物品可能上交集中营，也可能成为辅助管理者的个人所得。

三、登记

消毒完毕后，对新来战俘进行登记，这一工作由战俘营处理科来完成。战俘营要求俘虏填写俘虏登记表，登记表又名"声调书"或"身上调书"。据战俘回忆，登记表的项目包括姓名、年龄、籍贯、职务、政治面目，所在机关部队、参加工作年限、被捕年限、崇拜何人等。登记表的填写方式由处理科人员代笔，填完后本人按手印。可惜的是，这些档案在日军战败时已经全部烧毁。如果有这些档案资料，可以对中国战俘数

---

[1] 邱祖明：《石门劳工教习所及对敌斗争》，何天义主编：《日军侵华集中营——中国受害者口述》，郑州：大象出版社 2008 年版，第 20 页。

目进行量化研究。

在北平西苑战俘营,中国战俘的人事管理单位是西苑俘虏收容所人事课,即日方所称的"文书单位"。送入集中营的中国战俘需要经历繁杂的入营手续,人事课对每一名战俘进行登记,并准备必要的文件和表格。这种表格被称作"人事书类"。据上村喜赖回忆,他见到的人事书类"是同一格式填写两份,一份是归华北方面军参谋部二科——俘虏档案库。另一份是跟本人走,例如,被编入劳动大队到塘沽码头,此文件送到天津宪兵队本部。变节者经过更生大队受训,分配到新民会,此文件被送到新民会顾问部秘书室"①。

有关进入集中营的中国战俘的文件,不仅包括人事书类,还包括在集中营内进行调查和审查的文件。"俘虏本人也将自己的所述单位、职位、籍贯、被俘虏的地点、事件、历史等填表。俘虏自己填的表,记得是日本陆军十六开的规格纸。"②这些档案文献也已经被日方销毁。

四、分组编号

登记之后进行分组编号,根据之前登记的内容,战俘营已经初步了解新入营战俘的基本情况。日军按照登记的内容,将新来的战俘进行重新分类,分类标准就是这些战俘的政治背景。在石门战俘集中营,编号时候按照国军(国民党被捕军队)、八党(八路军党员)、八捕(八路军被捕人员)、政党(地方党员)、政捕(地方被捕人员)、"通匪"(多系群众与八路军联系的)进行分类。然后一般按照"天地玄黄、宇宙洪荒"为标准进行分班,然后发给每个战俘一个战俘营符号标志,符号上面写有战俘进营的日期。石门集中营的分班管理情况一般如下所示:

1. 天字班(中捕班),中央军被捕被俘人员。

2. 地字班(中归班),中央军投降人员。

3. 玄字班(八捕班),八路军被捕俘人员。

4. 黄字班(八归班),八路军投降人员。

5. 宇字班(八党班),八路军党员。

---

① 《上村喜赖笔供》,转引自张子峰:《侵华日军战犯手记文档揭秘》,北京:中国青年出版社2007年版,第23页。

② 《上村喜赖笔供》,转引自张子峰:《侵华日军战犯手记文档揭秘》,北京:中国青年出版社2007年版,第23页。

6. 宙字班（政捕班），八路军党、政、群、团体被捕人员。

7. 洪字班（政归班），八路军党、政、群、团体投降人员。

8. 荒字班（政党班），八路军党、政、群、团体党员。[1]

太原战俘营被俘士兵按照中央军、晋绥军、八路军、老百姓等类别进行分类，用"天地人才、春夏秋冬、东南西北、甲乙丙丁、松竹梅兰"等编号分班，每字 1000 人，设一名队长，队长由日军从被俘人员中挑选，队下设班，每 100 人编成一班，设班长一人，由队长指定，班下又设三个小队，各设小队长 1 人。[2] 1941 年张开明被捕后，所在的战俘大队按照"春、夏、秋、冬"编组，他是春字第 25 号。[3] 编号之后，代表战俘的就变成了一个号码。战俘营管理者对所有战俘的管理都按照号码进行，点名时候也不称战俘的姓名，只叫号码。

日方文献中也记载了进入战俘营的程序，济南救国训练所"入所的第一件事是消毒，洗脸吃饭、洗澡、理发、分宿舍、所长训话、分班（扫除、打水、分担炊事）、入所前生活调查、各家的通讯联系等"[4]。中国战俘进入石门集中营时候，"在进门处脱光，在装有石碳酸水消毒液的圆桶中浸泡消毒。衣服用福尔马林、蒸汽消毒，开水煮消毒，所带财物上交所部统一保管，如本人死亡，归共同基金所有。"[5]日方文献中的记载除了美化了战俘生活之外，在战俘入所程序方面与中国战俘的回忆材料基本相同。

二、战俘的审讯

被转运的中国战俘在完成编号编班之后，意味着战俘进入集中营的手续已经办理完毕，此时他们已经是战俘营的一员。在正式集中营生活之前，中国战俘还要面临战俘集中营的审讯。战俘营管理方之所

---

[1] 何天义编著：《日本侵华战俘营总论》，北京：社会科学文献出版社 2013 年版，第 48 页。

[2] 何天义编著：《日本侵华战俘营总论》，北京：社会科学文献出版社 2013 年版，第 149 页。

[3] 张开明：《多面人生》，私人文献，2001 年，第 24 页。

[4] ［日］：前田一：《特殊工人的劳务管理》，1943 年 11 月 25 日版。转引自何天义：《石家庄集中营》，第 478 页。

[5] ［日］：前田一：《特殊工人的劳务管理》，1943 年 11 月 25 日版。转引自何天义：《石家庄集中营》，第 478 页。

以采取审讯措施,一方面为了日方管理者获取有用情报,另一方面也为了了解战俘情况,方便管理。

集中营的审讯一般由日军作为主审官,有时候也交由中方辅助管理者进行审讯。石门战俘集中营的审讯经历以下步骤:

一、通常进行个别审讯。日军作为审讯官,在战俘营翻译的帮助下提出问题,审讯科人员做笔录,警卫班、保卫班的辅助管理者负责站堂与用刑。有时候也会出现几名俘虏同时受审的情况,这主要是在出现牵连事项的俘虏中,比如来自同一个作战部队的中国俘虏、同一时间地点被俘的中国俘虏等。这种情况下,日军令中国战俘同时交代并互相对质,试图使得中国被俘士兵在敌人的威胁下,动摇变节。

二、严刑拷打,威胁逼供。这是日本人审讯中最常用的手段。日本管理者常用的各种刑法有吊打、灌凉水、火烧、坐木笼、下地窖等对俘虏进行非刑折磨,逼劝中国士兵妥协投降。

三、想尽各种办法腐蚀拉拢。这是日本人的怀柔手段。根据俘虏的不同弱点而采用不同的方式,以自首后给找好工作、发放高工资、找老婆等手段,使中国战俘软化。甚至日军还把中国战俘家属找来劝降,引诱其变节自首。

四、审讯过程中,日本人也讲究策略,多采用一打一拉的办法。这种情况下,两人参与审讯,一个非常严厉,一个装作非常和善,软硬兼施,一个要用刑,一个从中讲情,诱使中国战俘对讲情的管理者发生感激,最终招供变节。

五、欺骗威胁。日军经常表示对被审讯的战俘非常了解,或者强调别的中国战俘已经将其身份、履历完全交代,表现出已经完全熟知被审讯战俘信息的情况。这给受训的中国战俘增加了心理压力,日方要求中国俘虏不必隐瞒、不合作就是自找苦吃等类言语,使中国战俘中其计而招供。

三、战俘营的基层管理制度

日军设置战俘集中营的主要目的是对中国战俘进行收容、管理、训练与利用。日军对战俘营的管理都是为了实现以上目的而进行的。在战俘营管理过程中,日军实施"以华制华"的策略,基层管理由中国人来执行,日军只是实行总体领导。战俘营的权力掌握在日本管理者手中,日方从集中营内部挑选令日军放心的辅助管理者,参与到日常的战俘管理中来。

石门集中营的辅助管理者可以分为干部班以及其他各班的管理者。

一、干部班

干部班是协助日方管理者进行管理、教育、镇压被俘人员的主要管理机构,干部班的成员为中方战俘。战俘进入干部班要具备以下的条件:(1)中方部队中担任过连级以上,地方区级以上干部和军官;(2)要具有一定文化水平和工作能力者;(3)自动变节甘愿为日方劳动的战俘。干部班的主要职能是对新俘虏进行登记并进行日常审讯、编班、编号等工作。此外,还承担着对中国战俘进行奴化教育的工作,具体包括策反被俘干部、为日特机关提供人员、镇压劳工暴动和向外输送劳工等。

石门战俘营的干部班的辅助管理者分布在审讯科、处理科、教育科等不同的部门。

1. 审讯科:主要是对俘虏进行审讯。审讯内容主要有:俘虏履历,包含参加军队年月;参加的军队或地方政权;部队编制、驻地及武器配备;首长姓名、政治信仰情况等。

2. 处理科:主要是对新入所"俘虏"进行登记,发号、编班、编造值夜人员表,向外派出劳工,向日本特务机关及日伪部门提供人员、编队造册,俘虏出入、死亡战俘统计,管理人事档案及行政管理工作。

3. 教育科:主要是对被俘人员进行反动的奴化教育、亲日教育。具体任务有:(1)对新入所人员进行"入所须知"的教育;(2)负责组织点名、升降旗帜、集体活动等;(3)进行奴化教育,除经常宣传"中日亲善""大东亚圣战"外,还运用举办图书馆、"更生报"等活动,进行欺骗宣传;(4)负责中国被俘人员书写"入所感想""对新政权的认识"等事项;(5)负责派工,强迫中国战俘进行劳动。

4. 生产科:主要任务是管理战俘中的部分具有专业技术的俘虏,并负责对其工作的指导和监督,强迫俘虏劳动,为日寇提供战略物资。

5. 卫生科:主要任务是对俘虏进行"消毒",并进行医疗卫生事务的管理,俘房个人卫生、战俘营整体环境卫生事务,并处理在战俘营死亡的俘房。

6. 调查科:主要任务是搜集中国党政军系统的具体运作模式、党政军系统的主要官员资料,并且调查中国军队战斗力的强弱,人员武器、马匹、弹药等材料;还负责对中国共产党领导下的各抗日根据地进行调查,摸索中共军队经常活动的地区、规律,同时负责对俘房劳役的监查工作。

7. 组织科:主要任务包括两个方面,一是通过审讯俘房,了解中国军队、政权、群众团体的组织系统,二是了解中国组织的首长姓名,整理汇总后制成表格供日方参考。组织科的工作同调查科有雷同之处。

8. 地相科:主要任务是负责审讯地方被俘干部,并通过审讯来调查日军需要的各地地理资料,包括地形、人文景观、地理常识等内容,方便日军进行军事进攻或者管理地方。

9. 编成科:专门审问战俘有关各自军队的组织及编制情况,还有武器、首长姓名及特征。该科的工作与组织科任务相似。

10. 治安科:主要任务是考查辅助管理者的政治信仰,看他们在战俘营里是保持原来政治信仰还是真正的忠于日方。此外,治安科还承担监视俘房工作。

11. 指导科:对战俘营内的各项工作进行总体指导。

12. 调解委员会:为一综合组织,由干部班副总班长和各班长组成,副总班长为该委员会委员长。

二、警备班

石门战俘营的警备班一般保持七八十人左右,主要任务是负责集中营内的巡逻、站岗、警戒等任务,并且负责看押被俘房人员,监视俘房劳动,在劳工出国时负责将中国战俘送到火车站。

根据中国战俘的回忆录资料,战俘要进入警备班需要一定的条件,尤其是身体健康状况要好。此班成员一般是从被俘人员中挑选的二十岁以下的青年,体格健壮、迅速敏捷,多由中国战俘中自首者担任,每人持一木棒,作为看管和镇压俘房的武器。

三、特训班

特训班是指战俘营内改造最好、最可能为日军所利用的中国战俘组成的特别团体。特训班的目的是培养为日军服务的中国战俘。石门战俘营的特训班于 1942 年上半年成立,设在石门劳工教习所院内,即石家庄新华路 110 师团通讯团院内。此班由日军 110 师团司令部主管,特训班不仅设于集中营内,还同日本部队驻地发生联系。参加特训班的战俘多系被捕后自首变节的中国军人。训练内容主要是对战俘进行奴化教育,使其忠于日军,帮助日军侵华。具体内容主要有:向日军提供被捕前所在的部队编制、装备,首长姓名、活动区域及党政方面的材料;此外,特训班学员可以随时翻阅伪新民报等汉奸报纸,另外还能观看日方提供的电影,这些电影多是鼓吹"满汉一家""中日合作"等反动内容。

特训班时间每期 1—2 个月左右,参加特训班的战俘生活待遇比较好,同战俘集中营的普通战俘有着天壤之别。按照战俘的回忆,进入特训班的中国战俘享受高水平待遇,其待遇同日军士兵的待遇相似,每天发给纸烟一盒,可以穿新衣服,甚至可以跟随日本兵或者翻译出去游玩。

四、中等班

中等班是指经日军改造后发生变化,但是又没有达到日方期待的变节、投降日军的中国战俘组建的战俘团体。日军希望中等班能够为其培养更多的汉奸、为转运出国的战俘组建的劳动队伍培养管理者。中等班的组成人员多是被捕的中国党、政、军干部中暴露身份者。此班训练时间长短,均根据战俘被运送出国情况而确定。日军对中等班的战俘采取的主要改造方式是奴化教育,以"新民报"为主要教材,另外还让中等班的中国战俘学习日文字母,进行身体锻炼,学唱反动歌曲等。

五、普通班

包括鞋工班、缝工班、园艺班、电工班、铁木工班、老头班、病残班等若干集体。其他各班、科(室)人员分别按条件配齐后,余者均编为此班。他们经过短期关押训练,大多数派往井陉、东北各地及日本国当劳工。

六、妇女班

女性战俘编入妇女班,隶属于干部班领导。妇女班也要从事劳动,她们的工作以缝工为主,为日军做被服。

七、办公室

由练成室、事务所、医疗班、农园班、会计室组成，各个科室的职能如下：

1. 练成室：主要任务是管理全所俘房，并重点进行训练俘房的工作，掠夺中国战俘的劳动力资源，完成以战养战的计划。

2. 事务所：主要任务是掌管对内对外交涉工作，日方需要俘房劳动力资源，均由该机构负责俘房的选派。

3. 医疗班：下设卫生技术班及简易病房，任务同卫生科。

4. 农园班：管理战俘营内的农园，管理战俘的农业劳动。

5. 会计室：掌管战俘营的经济营收情况。

八、预备班

新俘房入所后，未经登记审讯前先编入此班。待审讯后再根据其具体条件分别编入其他各班、科、室。人数不固定。

九、调查室

搜集中方战俘的党、政、军系统的政治、军事情报，上交日军司令部情报参谋；调查和镇压劳工暴动等。

十、对日供出班（劳工大队）

这是日军在将中国战俘运往日本前临时编成的机构。日军将中国战俘编成劳工大队，在国内对这些战俘进行基本的训练，训练后集体送往日本当劳工。

各个战俘集中营的具体管理模式不同，例如北平西苑战俘营设立了人事课，专门管理战俘的人事档案。战俘入营，每人需要填一个登记表。一般为一式两份，一份归华北方面军参谋部二课；一份跟本人走，如果中国战俘被编入劳工大队押往日本，则先交天津宪兵队本部转日本有关部门。有的中国战俘被分配到伪新民会等机构的，则先将俘房档案转送这些机构的日本顾问部秘书处。除此之外，收容所还逼迫战俘填写调查表、审查表等文书资料，后交日军有关方面查阅。①

北平西苑战俘营的组织构架不像石门战俘营那样细化区分。北平西苑战俘营的组织架构主要分为三个部分：俘房收容所、工作班和警

① 何天义编著：《日本侵华战俘营总论》，北京：社科文献出版社2013年版，第180页。

208

备队。在这三个组成部分里，俘虏收容所是最主要的机构，具体负责中国战俘的管理工作。工作班负责对战俘的审讯工作，警备队负责战俘营的安全保障工作。

俘虏收容所是管理中国战俘的主要机构，北平西苑的中国战俘主要在俘虏收容所内活动。俘虏收容所的日方管理人员由战俘营的管理者和日本宪兵共同管理。"俘虏收容所是俘虏营的行政单位——俘虏人员的生活管理和一般教育，以宪兵和若干步兵人员组成。"负责俘虏收容所的日军宪兵常驻战俘营，是"从北京宪兵分队调出的宪兵"①。

北平西苑战俘营的工作班是由华北方面军参谋部二科派驻战俘营，负责集中营内中国战俘的审查、训练、甄别、处理等工作。日军驻西苑集中营工作班人员的数目随着集中营内关押中国战俘的数目而变化，并且对中国战俘以政治立场为标准进行分类治理。"有关共产党方面的俘虏人员，由二科（华北方面军参谋部二科）对其负责调查，有关国民党方面的俘虏由二科茂川机关负责。"②曾经担任日本共产党第二书记的锅山贞亲就曾经担任过二科驻北平西苑战俘营对共调查班的顾问。

警备队负责西苑战俘营的安全保卫工作，维持集中营的日常秩序，防止中国战俘逃跑，主要由日军武装部队组成，本着就近管理的原则，战俘营的安全保卫部队是从日军驻北平的武装部队中选派。"俘虏营的警卫武装，从北京地区野战军司令部派一个营的部队"，"1943年期间，俘虏营大门挂着一个'竹内部队'的牌子，很可能是警备队的代号。"③

四、集中营内对战俘的惩罚制度

日军设置战俘营的目的是惩戒、改造中国战俘，如果能够改造中国战俘并为日本所用，是日方最希望看到的情况。然而，许多中国士兵被

---

① 张子峰：《侵华日军战犯手记文档揭秘》，北京：中国青年出版社2007年版，第15页。
② 张子峰：《侵华日军战犯手记文档揭秘》，北京：中国青年出版社2007年版，第16页。
③ 张子峰：《侵华日军战犯手记文档揭秘》，北京：中国青年出版社2007年版，第16页。

捕后仍然忠于国家和民族,虽然身在险境但是秉持中国人的良心。这些中国战俘不同日本人合作。为了惩戒这些不同日方合作的中国战俘,日军在华的战俘集中营采用多种惩戒措施。中国战俘在回忆其被俘生涯时候认为:"日寇一旦发现谁有抗日思想或对他们的暴行流露出不满,轻者被禁闭,重者送地牢。地牢实际上是死牢,它是在地下挖掘的有几米深的地窖,里边不但黑暗、潮湿、阴冷,还满地爬虫。潮虫、蜈蚣、蜥蜴、蝎子应有尽有,人一旦进入地牢,不但受潮、挨饿、挨冻,还被蝎蜇虫咬,受尽折磨,更可恨的日寇还对地牢中的人断粮、断水,并施以重刑,直到受难者被折磨致死。"[1]

北平西苑战俘营更是对中国战俘进行身体迫害。"战俘终生不能再端枪战斗,从而丧失战斗力,日军竟丧心病狂地把八路军战俘的右臂,弯曲成 45 度角,再打上石膏。几个月以后打开时,八路军战俘的胳膊就变成了肘死关节,再也不能端枪打仗,也不能用右手劳动了。"[2]

日军战俘集中营的常见惩戒措施包括身体惩戒、不给食物等。日军在制度方面的惩罚措施是其管理集中营的根本。石门战俘营制定的有关惩戒战俘的十条规则是:

1. 见日本兵不敬礼罚跑步十圈;

2. 不在指定地点吸烟者罚嘴巴十个,跑步十圈;

3. 身带洋火者罚嘴巴三十个,跑步二十圈;

4. 怠情者罚不吃饭一天,跑步二十圈;

5. 说谎话者罚禁闭三天不吃饭;

6. 打架吵嘴者打扛子四十个;

7. 无事外出者全班人员砍头;

8. 不服从班长命令者由队长亲自处理;

9. 坐夜者停止游动着打鞭子二十个;

10. 见队长不敬礼者罚跑步二十圈,不吃饭一天。[3]

上村喜赖在审判中交代北平西苑战俘营对战俘的惩罚措施包括:

---

① 梅欧:《日寇战俘营纪实——我在魔窟中的所见所闻》,第 20 页。

② 何天义:《日军侵华战俘营总论》,北京:社科文献出版社 2013 年版,第 189 页。

③ 何天义:《日军侵华战俘营总论》,北京:社科文献出版社 2013 年版,第 55 页。

在前线俘虏以后，反抗者、在前线扣押事件和押送途中企图逃跑者，所有日军士兵有权当即枪杀……前线部队俘虏以后，审问过程中，俘虏人员不谈情况，就作为反抗者杀掉……

在前线俘虏营，企图逃跑和暴力反抗的人，野战军军法处一律枪杀。在西苑俘虏营里，企图逃跑的人，经过军法处裁决，把他交给俘虏大队长，让俘虏自己处理——叫俘虏自己枪杀他……①

《华北方面军作战条令》《华北方面军军律》《华北方面军俘虏管理规定》中详细规定处罚项目包括：

1. 在日本机关利用变节分子中，有对抗行为、逃跑企图，都按其状况，送回西苑俘虏营或交军法处。

2. 劳动大队中集体逃跑、叛乱时，以战斗行动处理……逃跑、放火、破坏工地等问题，一律在劳动大队俘虏面前枪杀。

3. 凡是放在华北、华中地区劳动大队部放心者，有抗日言行者，一律送回西苑俘虏营，他们都往日本送。集体逃跑和叛乱准备者，按规定凡是组织参加者一律枪杀……实际上，组织首脑和参加密谋计划者，在俘虏面前枪杀，其他人员送西苑俘虏营，往日本送……

4. 在武装部队战斗时被俘的人员，拒绝说话、在审问时不说出自己的姓名、年龄、职位者，经军法处裁决枪杀……②

五、特别战俘管理制度

在日军设立的战俘集中营里，日军将一批中国俘虏视为"特别俘虏"。特别俘虏一般指称包含以下特征的战俘：一、对日本抱有强烈的

---

① 《上村喜赖笔供》，张子峰：《侵华日军战犯手记文档揭秘》，北京：中国青年出版社 2007 年版，第 25—26 页。

② 《上村喜赖笔供》，张子峰：《侵华日军战犯手记文档揭秘》，北京：中国青年出版社 2007 年版，第 25—26 页。

敌对意识,但没有现实的反抗行为者;二、有逃跑、组织叛乱的危险者;三、从劳动大队送回来的、发生反抗事故者、思想上的危险人物;四、宪兵队其他谍报、防卫机关送出的人,他们是被捕以后宁死不屈、拒绝谈出问题的地下工作人员和政工人员;五、华北方面军军法处审理的无刑期处理的人员;六、从各机关送回去的更生大队训练利用者中发生逃跑和反抗性事故的人。[①] 特别战俘属于中国战俘群体中的"危险分子",是日军在战俘营中重点关注的对象。日军认为这些俘虏是"要监视的人物,直到战争结束,在任何情况下也不能释放"。

从上村喜赖的招供中,我们可以看到日方对中国战俘管理的基本思路。在日方管理者看来,反日思想坚定的中国战俘最好送到日本接受劳动。这些俘虏人员不能放在华北和华中充当劳工,因为华北、华中都有抗日队伍,日本人害怕这批战俘在劳动改造的过程中逃跑,再回归到抗日队伍中来。这些人要送到远离抗战队伍的地方,大部分是送到日本本土,一部分送朝鲜、东北和台湾。对于那些思想上有对抗意识,不能放心使用的俘虏,要求一律送日本。由此看来,中国战俘被掳掠到日本,一方面是日本国内对劳动力资源的需求,另一方面则是出于管理中国战俘的需要。

第三节　集中营内对战俘的残杀

中国战俘进入集中营以后,他们面临的是日寇的残酷迫害,他们在集中营里接受训练和改造。1929 年《日内瓦公约》规定"战俘在任何时候都应受到人道待遇和保护,特别是不遭受暴行、侮辱和公众好奇心的烦扰",并且强调"对战俘的报复措施应予禁止"。然而,日军并不以国际法规定的战俘待遇对待中国战俘,进入战俘营,对中国战俘来说只是意味着生命的延长,并不意味着他们的生命权利得到了保证。战俘营内到处充满了暴力,杀戮行为更是屡见不鲜。在日本军人眼中,中国战

---

① 《上村喜赖笔供》,张子峰:《侵华日军战犯手记文档揭秘》,北京:中国青年出版社 2007 年版,第 19 页。

俘只是能够代替他们劳动、为日本国发动战争提供资源的工具而已。况且,在军国主义氛围的渲染下,日本军人从内心鄙视沦为战俘的中国军人,中国战俘的命运可想而知。

进入战俘营的中国战俘随时可能面临死亡。他们可能因为日本士兵的心情不好而被打死,可能因为逃跑未成而被杀死,有可能成为日军训练新兵枪刺技巧的工具。中国战俘的命运异常悲惨。在中国战俘幸存者的口述资料中,有大量有关日军在战俘营杀害战俘的记录。何天义先生编著的《日军枪刺下的中国劳工》和《二战掳日中国劳工口述史》资料中都有大量有关战俘受到虐杀的文献。笔者在寻找档案文献的过程中,找到一些战后对战俘营受害者尸体挖掘的档案,可以看出日军的残暴。

在日军前线临时收容所内,残杀战俘的情况屡见不鲜。日师团长佐佐真之助在审讯中承认:"在湖北驻防期间,收容着以前的重庆军俘虏,各步兵联队基于师团命令,大概收容五六十名俘虏,起个名称叫协力部队,为日常作各种劳动而役使。办理这个的虽然是联队长所规定的,可是横暴的日本将兵,在此中,如果俘虏发出正义行动来抵抗,就加以殴打拷问等残酷的压制。步兵第 233 联队为了教育刺杀练习试斩等使用,惨杀了俘虏 5 名,这是基于师团以命令所给予部队守备和警备的作战任务。"[1]

郭基羚是国民党士兵,在中条山会战中被俘,曾经被关押在临汾战俘营和太原战俘营。他在回忆录中说 1941 年六七月,一个国民党的团长企图逃跑,竟被日本兵活活地挖出心来,送给集中营的日本军官当下酒菜。而且,战俘营里凡是胖一点的俘虏,常常不知不觉地就不见了,胖一点的或体格好一点的俘虏都是提心吊胆,怕被日本兵发现做了下酒菜。[2]

正常条件下,战俘的生命安全都没有保证,对于那些逃跑未成的战俘,其命运更加悲惨。石门战俘营曾经发生过四次有组织的逃跑暴动,

---

[1]《佐佐真之助笔供》,1955 年 6 月 8 日。中档(一)119—2,4,1,第 7 号。中央档案馆、湖北省档案馆编:《侵华日军在湖北暴行史料》,北京:中国档案出版社,2005 年版,第 421 页。

[2] 郭基羚:《日军吃战俘的心》,何天义主编:《日本侵略华北罪行的档案——集中营》,第179—181 页。

1944年5月份的第二次暴动中,中国战俘未能成功逃脱,日军查出王秋长等三人是暴动的领导者,决定将其枪毙。警备班将王秋长等三人押赴战俘营西北角处枪杀,后又将三个人头挂在战俘宿舍前的电线杆上,并在挂人头的电线杆下面召集战俘开会,对战俘进行精神恐吓。

1944年12月23日石门战俘营第四次暴动时当场打死战俘3名,一人被电网电死,审查出十九名战俘参加暴动,其中刘风奇、高清海、张银锁被审为战俘暴动的首领,随后将十九名暴动者关进地牢,并决定对十九名暴动者杀头示众。当天夜里,警备班的人员将十九名战俘杀掉,杀掉之后将"三个暴动首领"的人头挂电线杆上示众。每个人头的下面附有一张白纸条,上面写着姓名、籍贯等,同时还张贴了一张警告战俘再次暴动逃跑为内容的布告,人头一直挂了三四天才做了处理。

日军对集中营内中国死亡战俘的处置手段有扔、埋、烧。"扔"就是将战俘尸体扔在人迹罕至之处,洛阳西工集中营将死亡的战俘尸体扔到井里,很快就将一眼深井填满。在塘沽、青岛的集中营里,日军将死亡战俘扔在河里、海里。冯树栋回忆说:"劳工死后用席子卷起来,装上马车运到集中营外面扔到海河里。"①王吉林回忆说:"因为集中营离海边比较近,所以死了的劳工就被扔到了海里。"②

"烧"是将战俘烧掉,这种情况一般用于日军认为中国战俘死于传染病的情况。"埋"就是将死亡的战俘埋葬,这是大部分集中营采取的方式。石门战俘营的死亡战俘被埋到了石门休门镇的义地中,原来的地不够用,又增加了新义地的面积。休门义地的看坟人李小可在1951年曾经说:"鬼子杀我们的人海了。一年三百六十五天,哪天不死几十口。那年冬天下大雪,活活冻死好些人,平常都是太阳落了往地里拉,这回太阳老高就拉了,一车装30个,四个人拉,拉了三趟,咕咚咕咚地扔在一个坑里,那些人呀,都是光着屁股,面黄肌瘦,皮包骨头。到夏天,脸肿多高,瞪着两只大眼,浑身是伤,是血,是粪,有的从车上往下一搬,就烂成截了,后来没地方埋,就把原来埋的地方再刨刨填进去。我

---

① 《冯树栋访谈录》,何天义主编《二战掳日中国劳工口述史——雪没北海道》,第89页。
② 《王吉林访谈录》,何天义主编《二战掳日中国劳工口述史——雪没北海道》,第426页。

们看坟二年多,估摸着最少埋了两万人。"①

　　除了日常的残杀、对逃跑犯错战俘的惩戒性残杀,日军还用中国战俘做训练士兵的靶子。太原战俘营就以用战俘训练新兵而出名。"很快来了百多个全副武装的日本法西斯匪兵,把第一批 20 个革命同志剥去上衣,捆起双手,排成一字队形。看吧! 那灭绝人性的法西斯匪徒们,对着那些手足不能动弹的俘虏端起刺刀,呀呀地吼叫着冲上去。"②当时报纸披露日军的这一暴行,引起了全社会广泛关注。"今年 7 月,太原敌寇秘密屠杀被俘的抗日志士,先后共计 200 余人,其中有我八路军、中央军及晋绥军的官兵。第一次从俘虏营里调出了百人,借口送到关外去做工,实际拉到太原小东门外东北角的乱坟滩里,在一个预先挖好的土坑沿上单排起来,用刺刀一个一个不声不响地刺杀了。7 月半,强盗们又一次地用同样的办法暗杀了数十人,7 月 26 日又用'做工'名义,调出了 80 余人去杀害,其中知名者有我军干部张友清、袁立夫、蒋弼、史子乾、裴一平、梁跃、陈良陈、韦公杰等同志。我们的赵培宪同志,就是这一次从日寇的血刃下逃回来的。世界上还再有比这样更凶恶、野蛮、毒辣、令人切齿痛恨的事实吗? 然而这仅仅是几年来日寇几百件残害俘虏罪行中的一次而已。"③

　　在战后审判中,日本战犯这样供述对战俘的屠杀。"一九四三年四月上旬,我在山东省历城县、济南市济南兵站合营所管理伙食的时候,听说要屠杀'十二军俘虏收容所(新华院)'的中国俘虏,感到很有兴趣。于是命令由十二军直辖中队派来的炊事勤务兵与中队联系后,我率领冈本上等兵同到济南市郊外,参加了屠杀由中队押送来的二十五名中国俘虏的大屠杀事件。当时我曾亲自用日本刀试斩,砍死一名三十岁的中国男子,随后便命令冈本上等兵用步抢杀害了两名。"④

　　1954 年 11 月 15 日,为了配合审讯日本战犯,河北省人民法院在保定市小刘村对战犯上坂胜的犯罪行为进行取证。上坂胜曾任日军

---

① 何天义主编:《石家庄集中营》,第 12—13 页。
② 赵培宪:《我曾被当做"活肉靶子"》,《新华日报》(华北版)1942 年 8 月 21 日。
③ 《十八集团军野战政治部为揭穿日寇残杀"俘虏"的暴行并追到二百余被害的抗日志士的通知》,《新华日报》(华北版)1942 年 9 月 8 日。
④ 《立花孝喜笔供》,1954 年 8 月 9 日,中档,(一)119—2,513,1,第 5 号。

59 师团 53 旅团少将旅团长,1941 年时任一一〇师团一六三联队联队长。当时,他统辖部队屠杀我被俘士兵。取证结果"刨出股骨四十块、髋骨四十块,荐骨二十个来计算,应为二十具尸骨,其中有三具未发现头颅骨",而对尸骨进行检验得出的死亡原因是"证实全部尸骨之死因,由其中仅检取下颌骨一块、腓骨两块施行显微镜检查,发现骨质之哈佛氏管内充满大量血液,证明生前受强大暴力侵袭而造成之骨荫。另一个头骨,头顶右方有宽形破孔一处,按其位置和形状,亦为生前以钝器所致之严重伤痕。由此证明,这二十具尸骨均为生前遭受不同之方法和不同之暴力而致死亡。"[1]

战犯立花孝喜回忆济南战俘营对中国战俘的屠杀情况时候说道:"在济南俘虏收容所里被收容的俘虏之中,为了把有彻底抗日思想的、思想没有转变的抗日爱国者加以暗害,曾作过大量的屠杀。军直辖中队曾于一九四二年八月中旬及一九四三年五月,都曾杀害了约各三十名俘虏。又曾于一九四三年四月上旬,杀害了约二十五名。又于一九四三年的四五月间,曾每隔十天屠杀二十至三十名。"[2]对于当时屠杀的情景,立花孝喜招供说:"将抗日爱国者用粗绳反捆双手,用汽车运到济南市西南郊外丁家山麓庙内执行死刑的地点,使之站在预先挖好的坑旁,仍然反捆着双手面向坑穴,从其后方约八米之处,向他的脑部开枪将其击毙;或者,有时为了拿军刀练习砍人,也曾以砍头加以杀害。尸体则置于坑内,用砂土掩盖其上。当爱国者的尸体腐烂下沉时,则在他的上面又会有新的爱国者被屠杀而置于坑内。在庙内的三个坑内,是交替着用爱国者的尸体埋入其中的。"[3]

关于济南新华院对战俘的残杀,济南市民于吉山回忆说:"庄的西南角有一座琵琶山,山前当初是国民党修的烈士祠。日本鬼子来到济南以后,就在里面挖了八个两三人深的大坑,那时常见鬼子用汽车装着我抗日同胞拉到那些坑里去杀,杀人的次数是数不清的,隔不几天就来杀一回。我们记得民国三十一年腊月的下半月有一回,下午日本鬼子

---

[1] 《尸骨鉴定笔录》,中档:119—2,3,3,11。
[2] 《芳信雅之笔供》,1955 年 2 月 6 日,中档,119—1,521。
[3] 《芳信雅之笔供》,1955 年 2 月 6 日,中档,119—1,521。

开来三辆汽车,头一辆是装的日本鬼子,后两辆是满装着我受难同胞,看见人都躺在车上,从汽车桄缝看得很清,上边还有鬼子站着。汽车开到山前,鬼子先在周围站上岗,把受难同胞从车上拉下来,狼狗先咬,再用枪打。狗咬、枪响及受难同胞惨叫的声音我们听得很清楚,听了都伤心落泪。一会看见鬼子提着木桶从山前下来,到我们村南头唐盛祥石灰窑厂的井上打水,给狼狗洗血嘴,吓得我们整天提心吊胆。这样日子我们过了六七年,在这六七年间,鬼子在这些坑里杀死我抗日同胞是数不清的,所以我们就叫它'万人坑'。"①

《济南市人民检察院对日本侵略军华北方面军所辖第十二军和第四十三军在山东省济南市西十里河庄琵琶山下屠杀我抗日军民暴行一案的侦查终结报告书》记载了战后对遇难战俘尸体进行鉴定的报告。在经历 1954 年 12 月 10 日、1955 年 1 月 7 日实施对该案现场进行挖掘尸骨工作后,济南市检察院在鉴定书中写道:"先后在第一号坑和第二号坑共挖掘拣取尸骨四木箱和八席包,并拣取枪弹一发,枪弹头十六个,及生锈铁钉五十五个。在勘验过程中见到被屠杀的我抗日军民的尸骨的形状,互相堆积压叠,横三竖四,有的弯曲,有的侧卧,有的仰卧,有的向地俯卧。大部分两上肢骨肘关节弯曲,两腕关节部压在腰椎的背侧下面交叉被捆绑着。有的左右胫骨与腓骨围有皮带,有的头骨上有圆形小孔等等,惨状使人看之目不忍睹。并发现子弹头等证物……第二次现场勘验挖掘工作是于 1955 年 1 月 7 日……又挖掘三个坑,即第三号坑、第四号坑(分为四坑南一区、南二区、中区、北区)和第五号坑,均发现有大批尸骨,互相压叠,横三竖四,层层堆积,相互交叉,大部尸骨的两上肢骨以两面腕关节部在腰椎背侧交叉,均有腐朽的绳索捆绑着。"根据挖掘情况,济南检察院做出如下鉴定结论:"一、鉴定人先后接受我院挖掘的两批尸骨,用清水刷去泥土晒干,经过配骨检验认定,第一、二、三、四、五坑内的尸骨被屠杀的我抗日军民,共有七百四十六人(男女老幼都有)。二、各坑之尸骨经过检验鉴定后,可以认定的男性尸骨有八十三具,女性尸骨有七具。由此可证明,各坑被屠杀的我抗日军民有男性亦有女性。三、鉴定人根据尸骨全身骨骼的发育状态推断

―――――――――――

① 《于吉山控诉书》,1954 年 8 月 20 日,中档:(一)119—2,1058,1,第 22 号。

年龄的根据,经过检验鉴定结果认定,在十三岁上下者有一具,十五岁上下者有十八具,二十岁上下者有四十七具,二十五岁上下者有五十六具,三十岁上下者有一百三十四具,四十岁上下者有一百三十一具,五十岁上下者有七十五具,六十岁上下者有十六具。另一部分尸骨因骨骼残缺不全,或因有骨朽不能认定其年龄。四、检察员与鉴定人在参加现场勘验过程中,查明有三百一十具尸骨是在死亡前两手被反绑在背后,有的颅骨非常明显地被锋利之刃器砍削的骨质缺损。经过检验鉴定认定,颅骨被枪弹射击所致的骨质缺损有一百八十五人。认定肩胛骨、肋骨、腓骨被遭受钝器暴力损伤所致的骨质缺损的特征,有的在遭受钝器暴力所致的骨折裂痕边缘有骨痂的七十二人。认定遭受暴力所致之颅骨粉碎者有二百二十九人。综合上述各种骨质损伤者,经鉴定人鉴定认定,共有四百四十二人。"①

太原战俘营附近也存在因日军杀害战俘而形成的"万人坑"。《山西省高级人民法院法医尸骨鉴定意见书》记载了"对在山西省太原市小东门外赛马场,两次参与独立混成第四旅团第十三大队集体屠杀八路军被俘干部及抗日大学师生张友清等三百四十名一案"②进行鉴定,特作出鉴定意见如下:"根据现有的二十一具尸骨,依次进行检查,其中有男尸十八具,年龄均在三十岁左右,女尸三具,年龄均在二十岁左右。根据骨髓腐败程度,确定上述被检之尸骨至今约十三年光景。在多处肋骨上有明显之锐器伤,伤口每每为斜形,而且每每适于第五、六、七肋之上缘。在肩胛上有多处锐器刺伤。多数头颅骨上、髋骨、胫骨、股骨上,均有明显之锐器劈伤。上述损伤均有明显之血淤,洗刮不退,置紫外光线下检查为土棕色。据此足以证明为生前损伤","根据上述尸骨鉴定的结果,结合本案案情及住冈义一供述,当时杀害的方式和经过与所检查尸骨断定的刀伤均在五、六、七肋之上缘等结果,完全相符。"③

---

① 《济南市人民检察院对日本侵略军华北方面军所辖第十二军和第四十三军在山东省济南市西十里河庄琵琶山下屠杀我抗日军民暴行一案的侦查终结报告书》,中档119-2,5,12,第1号。

② 《山西省人民检察院关于进行尸骨鉴定笔录》,1955年5月21日,中档119-2,14,2,第7号。

③ 《山西省高级人民法院法医尸骨鉴定意见书》,1955年5月21日。中档119-2,14,2第7号。

证明这些战俘均于战俘营中被日军屠杀。

如前文述及,日军在败亡之际,曾经对管理的战俘营下达过销毁档案材料的命令。其实,当时日军也下达过消灭战俘的命令。保存在澳大利亚堪培拉战争纪念馆的一份文档显示,败亡前的日军加强了对战俘营的管理。龙应台在作品《大江大海:一九四九》中引用了这则材料:

> 1945年8月1日,日军对各战俘营的总管下达非常命令:在现状之下,遇敌军轰炸、火灾等场合,若情况危急,必须立即疏散至附近的学校、仓库等建筑物时,俘虏应在现在为止进行压缩监禁,并于最高警戒状态下,准备进行最后处置。处置的时机与方法如左:
> 时机:
> 原则上依上级命令进行处置,然若有左列场合,得依个人判断进行处置:
> 甲:群体暴动,且必须使用兵器才能镇压时;
> 乙:自所内逃脱成为地方战力时。
> 方法:
> 甲:无论采各个击破或集团处置的方式,皆依当时状况判断后,使用火药兵器爆破、毒气、毒物、溺杀、斩首等方法进行处置;
> 乙:无论在何种情形下,都要以不让任何士兵逃脱、彻底歼灭,并不留下任何痕迹为原则。

第四节　战俘营对中国战俘的改造和情报收集

日军设立战俘营的最重要目的是掠取中国战俘身上的劳动力资源。根据笔者的研究,日本掠取的中国战俘劳动力资源的使用主要包含以下几个方面:一是向日军屈服,充当日伪工作人员、谍报人员;二是被迫为侵华日军服务充当搬运军需用品的伙夫;三是被迫到东北的煤矿和军事建设工地做工,即"特殊工人";四是被转运到华北、华中、华南各地的厂矿码头,为日军侵华提供劳役;五是被转运到日本本土提供劳役;六是被转运到东南亚各地,为日军侵略提供劳役。

除了对中国战俘劳动力资源的觊觎和掠夺,战俘集中营还承担着改造中国士兵的抗战精神、获取情报等功能。正如前文所及,石门战俘集中营三项主要任务:一、利用战俘的劳动资源实现资源开发、以战养战;二、策反中国军队中被俘之领导干部,促使中国战俘自首叛变;三、培训特务、汉奸,搜集中国方面的各种情报。在战俘营里,日军利用战俘营关押、改造中国士兵的抗日精神,并且获取情报资源,以实现其"以战养战"的战略意图。

一、集中营对中国战俘的思想改造

中国战俘是以"反叛者""匪贼"的身份落于日本侵略者手中的。日本在侵华过程中一直注重对中国人思想的改造,因此提出了诸如"将中国从欧美列强控制下解放""大东亚共荣"等宣传口号。在占领地区,日军更是施行了广泛的奴化教育,甚至在学校里要求中国孩子使用日语,禁用中文,希冀将中国人变成拥护日本侵略的顺民。面对着反抗日本侵华的中国战俘,日军希望改变他们的政治立场,甚至能够为日本侵华出力。在战俘营里,日军管理者也试图改造中国战俘的思想,使其变成支持日本侵华的力量。

对中国士兵思想的改造是日本军方一直注意的事项。1940年出台的《华北地区思想战指导纲要》中要求日军在作战过程及其日常活动中"对敌方军队进行各种宣传、鼓动和助长回避战争及反战的气氛,使敌丧失战斗意志,煽动官兵的不满情绪,挑拨官兵不合,使之意志颓废。同时,加强优待俘虏工作,诱敌投降和逃亡,从思想上瓦解敌方军队"[①]。加强优待俘虏工作的目的是诱使中国军队投降,对于那些被日军俘虏的中国军队,日军的做法是优待和严刑结合,集中营里的中国战俘们成了日军争取的对象。

日军争取中国战俘成为支持其侵华力量所采用的手段最重要的是

---

① [日]《华北治安战》(上),第267页。

思想改造。在石门战俘营,日军管理者采取提倡中国传统道德、讲究礼节的心理改造手段,让俘房看传统忠义小说,消磨被俘人员的民族气节和战斗意志。每天的训练过程中要唱《兴亚建设队队歌》。日军还在石门战俘集中营内修一关帝庙,每日烧香供奉,令俘房每日早晚二次向关帝庙行礼祈祷。日军管理者声称中国战俘应向关帝爷恕罪,停止抵抗日本"大东亚共和"的政策。在一段时期内,战俘死后日军会用香烛纸祭奠,令全体人员肃立,一齐敬礼,并雇用日本和尚念经,日本人用此来宣传中国人与日本人平等,中国人和日本人死了一样对待。

日军在战俘营里采取的改造中国战俘抗日思想的主要仪式包括"向天皇朝拜、呼喊反动口号、唱反动歌、读反动报、推行奴化教育等"。① 在石门战俘营"由教育科负责对劳工进行奴化教育。主要是向劳工宣读《石门日报》《新民报》等汉奸报纸,伪华北电影公司还专门在教习所拍摄过纪录片《华北新闻》,以此来反映劳工的生活,大搞欺骗宣传"②。在幸存者的口述资料中,多次出现过日军在集中营里拍摄、放映反动电影的记录,但是根据现有的资料,还无法得知放映电影的内容。在日方的战史资料中,有过日军"巡回放映电影、演剧等,收到很大效果。电影主要内容为治安强化运动、自卫团的活动、修筑治安道路等"的记录。③ 可以推测在战俘营里放映的电影,也无非是这样的内容。

济南新华苑战俘营里"收容的人,不只是共匪,也有中央正规军参谋长级的,收容中,对他们的态度是努力于宽宏大度。以有规律的起居,结束过去的生活,使他们获得新生,即抹去俘房的概念,自律自戒,理解此次圣战意义,真正了解皇军的正义"。为了实现这样的目的,日军"先是思想训练,通过广播、电影、取材于时势问题,历史等,进行教育。致力于日语训练。就思想动向,召开座谈会,发表意见会,努力进行了解。体能训练,进行农耕、养鸡、养猪之外,还到所外的日华各设施

---

① 何天义主编:《日军侵华集中营——中国受害者口述》,郑州:大象出版社 2008 年版,序言第 3 页。

② 邱祖明:《石门劳工教习所及对敌斗争》,何天义主编:《日军侵华集中营——中国受害者口述》,郑州:大象出版社 2008 年版,第 21 页。

③ [日]《华北治安战》(上),第 447 页。

去参观,使其广见多闻,作为出所后的准备。教授各种工作作业方法,反复进行适应性训练"①。这是日方的记载,对战俘营的训练方式多有溢美之词。并且,这种"优待"只是对于主动接受日方"改造"的中国战俘。

日方管理者虽然采取多种手段改造中国战俘的思想,但是改变战俘对日本侵略者的痛恨也非易事。日军采取各种精神改造措施,但是中国战俘大多采取蒙混过关的方式。在战俘营里,日军经常强迫中国战俘呼喊"打倒共产党"等反动口号。然而,针对这条反动口号,中国战俘们想出了各种各样的应对办法:"将口号变为大声喊'打倒',小声喊'小日本';或者小声喊'拥护共产党';或者小声喊'壮大',大声喊'八路军'等。"②

当然,在日方的努力下,战俘营中有不少战俘投靠日寇,为日军所用。日方记载战俘营的作用:"有人参加了占领地内的反共和平运动,为东亚民族自由而不懈努力。特别是很多人在家庭生活中善待姐妹妻子,成为改善周围人们生活中的中心人物,自觉立足于公民位置,不轻举妄动,成为可靠朋友的人层出不穷。"③由此可见日方鼓吹战俘营对中国战俘的思想改造作用。日军设置战俘营的主要任务还是为侵华战争服务。1943 年春天,西苑俘房营训练了冀东叛变的单德贵,并帮助其建立了特务部队。

二、集中营内对中国情报的收集

搜集情报是日军设置战俘集中营的主要功能之一。为了取得侵华战争的胜利,日军采取一切手段搜集中国政党、政府、军队、经济、资源方面的情报,从而了解中国方面的抗战总体情况,便于日方据此作出政策安排和改变。

百团大战之后,日军开始认识到中共领导的敌后战场的威力,日军

---

① 〔日〕前田一:《特殊工人的劳务管理》,1943 年 11 月 25 日版。转引自何天义主编《日本侵略华北罪行档案:集中营》,石家庄:河北人民出版社 2005 年版,第 87—91 页。

② 王忱:《冲出牢笼 重返冀中》,何天义主编:《日军侵华集中营——中国受害者口述》,郑州:大象出版社 2008 年版,第 30 页。

③ 〔日〕前田一:《特殊工人的劳务管理》,1943 年 11 月 25 日版。转引自何天义主编《日本侵略华北罪行档案:集中营》,石家庄:河北人民出版社 2005 年版,第 87—91 页。

在《第一线兵团取得的教训》中总结道："尽力逮捕潜入我治安地区的敌人密探、工作人员等,并要利用俘虏、归顺者侦知敌人的企图。"①在此之后,日军在制定政策、作出军事安排的情况下都会注重对俘虏情报资源的安排。在日军制定的《讨伐一般要则》中规定："为了审讯俘虏及居民,必须有多数的翻译和优秀的侦探同行,让他们直接讯问;在战场上的审讯,要通过巧妙适当的方法,迅速进行审讯,使其自行招供。在释放时可带到其他地区作适当处理。"②

从 1940 年开始,日军加强了对敌后战场的控制,治安肃正与扫荡接连不断。在敌人制定的《晋察冀边区肃正作战情报收集计划》里,华北方面军司令部对其下属的驻蒙军、第 1 军、第 110 师团、独立混成第 15 旅团、华北宪兵队提出了作战情报收集计划,总体方针是："在收集肃正讨伐所需资料的同时并为今后确立治安的参考,特别应详细掌握共产势力的实际情况。"③日军规定的情报收集要项非常详细,包括战前应该收集的事项,作战期间及作战后要收集的项目等等。

作战之前要收集的项目包括："一、边区内共军各师及其他匪团的现驻区(尽量详细),以及其隶属系统,特别是根据地;二、共军、匪、各级干部(特别是领导干部)的所在;三、边区政府以下行政公署的所在及其主任、组织;四、武器弹药制造所以及仓库、被服、粮秣库、印刷所、金融机关、教育设施的所在;五、地形、交通通信网的状况以及军的组成装备上需要加以考虑的事项。"

作战期间及作战后收集的事项包括："一、共军、匪、各种机关等今后的动向,特别是移动情况;二、共军、匪的战斗力的估计及战术中的特殊事项;三、共方实施的对民众思想、招兵、行政、经济、金融工作(包括对日军占领地区内的)等的真相,以及民众的反应;四、武器、弹药、资材、粮秣等及其原料的供应路线及真相;五、地方资源,特别是煤炭,民众必需物资等的状况;六、驻军要地的资料。"除了这些事项,华北方面军司令部还要求各作战单位"应该将主要俘虏尽量送到各兵团司令部,

---

① 《华北治安战》(上),第 328 页。
② 《华北治安战》(下),第 350 页。
③ 《华北治安战》(上),第 431 页。

以便取得情报或在其他方面为我利用;并且努力收集各种文件,其中重要的应该按顺序尽速送交方面军司令部;特别强调勿使敌人得知我方收集情报的意图。"①

1943 年 10 月 15 日制定的名为《华北特别警备队收集情报的实施要领表》的文件,对日军情报搜集工作的记载更为详尽。情报收集的目标包括敌后战场的党、政、军、民各个系统,包括政治、经济、军事、治安等各个方面:

一、党的系统情报包括:

1. 党的领导系统、组织及中枢机关的所在地及活动情况;
2. 党的动向及其现在和将来的企图;
3. 有关政治攻势的事项;
4. 有关谍报、宣传、谋略机关等事项;
5. 对民众宣传事项;
6. 有关对特别警备队的对抗战略事项。

二、军队系统情报包括:

1. 有关军队的组织、装备、战法动向等事项;
2. 有关军队的活动状况;
3. 有关军队的盘踞地区及游动路线状况;
4. 军队的补给、设施、补充、教育、训练等事项;
5. 军队区建设状况;
6. 有关对特别警备队的对抗事项。

三、政权组织系统情报包括:

1. 行政组织、区划及行政机关的所在地的事项;
2. 有关行政事项(基层行政事项、经济行政事项、警察事项、

---

① 《华北治安战》(上),第 431 页。

税制事项、货币金融事项、土改政策、文教及文化事项、宗教事项、卫生事项、交通通信事项、有关简政事项）；

 3. 民众团体、组织领导及其活动状况；

 4. 人民武装事项；

 5. 行政渗透程度；

 6. 有关对民众宣传事项；

 7. 有关对特别警备队的对抗战略事项。

四、经济方面的情报包括

 1. 经济的一般方针及其特点；

 2. 经济机关活动的状况；

 3. 经济建设尤其有关产业措施的状况；

 4. 各地区的农业生产及上市情况；

 5. 经济运输通道情况；

 6. 有关劳动力及运输力的情况；

 7. 与我方交易的关系。

五、治安相关情报包括：

 1. 民心动向（对我政策的动向、对敌方政策的动向、对中国机关的动向）；

 2. 中国方面行政渗透的程度；

 3. 中国方面行政机关二重性的状况。

六、兵要地志相关情报包括

 1. 有关人口分布状况；

 2. 天气、气象、地形的特点；

 3. 交通通信事项；

 4. 有关各地方的局地特性；

5. 行政区划事项；

6. 有关政策及其执行情况；

7. 有关经济事项；

8. 有关财政税制事项；

9. 有关保安队、警察司法事项；

10. 有关宗教、结社事项；

11. 有关文教事项；

12. 有关宗教事项；

13. 有关宣传事项；

14. 有关管理腐败状况；

15. 有关卫生、防疫事项。①

另外还包括："蒋系秘密活动的状况"与"国共合作矛盾状况"。日军在战俘营内要收集的具体情报目录不得而知,但是根据受难战俘的口述史料、集中营内情报科室的安排,可知日军想从战俘口中得到的情报与此大致类似。

从俘房中搜集各方面的情报,也是战俘营的主要任务之一,战俘营内日军搜集情报的方式主要有以下几种：

一、个别搜集与互相引证。经过审讯科审讯后由调查科(室)依据口供搜集材料。多以个别谈话的形式进行,着重对地方和部队的组织系统首长姓名、领导关系、部队编制、人员、武器、装备、物资等,然后根据个别谈话的材料,从同一部队的人员或彼此有关系的人员中互相印证而搜集之。

二、开调查会。召集中国战俘,有时把同一部队的被俘人员一起找来,以座谈的方式进行。管理者预先准备好茶点、糖果、纸烟之类的东西,以麻痹俘房的心理,并事先布置安排政治立场不坚定的战俘带头发言。以此方式搜集各方面情报。

三、利用叛变俘房混在俘房中秘密搜集情报。将已经自首叛变为敌效劳的分子,潜藏在俘房群中,从俘房的言论行动中搜集秘密情报,

---

① 《华北治安战》(下),第365—369页。

报告敌人，利用警备班人员随时监视，日夜放游动哨，偷听俘虏中的言论消息，偷偷报告给日本人。

日军搜集情报并非是中国人说什么就信什么，而是经过反复验证的，一般来说日军会反复辨别中国方面提供情报的真伪情况。"利用居民及俘虏，对搜索和刺探敌情效果极大，但对居民的话不可轻信，尽量分别听取多数人所说的情况，并须加以综合分析。"①而对于俘虏提供的情报，日军在查证多个背景相同俘虏的情况下相对更加可靠。

中国方面也认识到日方对战俘情报资源的收集工作，并展开相对的预防工作。1941 年 8 月，新四军在有关日伪清乡扫荡的电报中曾经认定："敌人战略是强迫与利用被俘人员叛变自首，带路捕捉我工作人员，找我埋藏人及资材，并向我宿营地不断搜索。"②针对日方利用中国俘房开展的情报工作的应对策略，有效的整理与研究还待深入。

---

① 《华北治安战》（上），第 446 页。
② 《陈毅、刘少奇、赖传珠关于苏南敌人扫荡清乡略况的电报》，1941 年 8 月。转引自《日汪的清乡》，北京：中华书局 1995 年版，第 323 页。

第四章　战俘在集中营的日常生活

　　进入集中营之后,中国战俘完全被集中营的管理者所支配,中国战俘的生命安全也不能得以保障。在日复一日的重复性"训练"之余,他们还要承担繁重的劳役。日本设置战俘营的目的就在于掠夺中国战俘的劳动力资源,为日本侵华提供劳动力,从而实现"以战养战"的目的。战俘营里管理严苛、物资短缺、暴力充斥、绝望弥漫,在这个充满了苦难、无助、鲜血和死亡的地方,中国战俘经历了不堪回首的苦难岁月,许多人逃离了战场,却死在了战俘营里。一些战俘历经了饥饿、劳累、疾病等重重苦难的摧残后,幸存下来。

第一节　战俘在集中营内的活动

　　中国俘虏进入集中营后要接受日方管理者的管理与培训。每个战俘在集中营内所经历的培训时期不同,根据笔者的统计,绝大多数的战俘都曾经历两个以上战俘集中营的关押与培训。例如在日本发动花冈事件的领导者耿谆,1944 年 5 月在洛阳被俘后,暂时关押在洛阳西工集中营内,5 天之后转运到石门战俘营,在石门战俘营经过半月时间,又转运到北平西苑战俘营,在西苑接受两个月的训练之后,被运至青岛战俘转运营,在青岛停顿了几天后又去日本。像耿谆这样,有过几个战俘营训练经历的战俘,在笔者详细考察的 800 名战俘样本中,比例占到 80％以上,这表明,日军的战俘管理有其轮换体系。但是由于档案资料的缺乏,不能明确研究这一轮换体系是出于制度的安排,还是应对劫掠战俘劳动力资源的临时需要。

战俘武心田,1942年11月份在河北省新河县被俘,随即被关入新河县监狱,然后转运到石门战俘营,3个月后被运至北平门头沟大山中的门头沟集中营,在门头沟短暂停顿后又转运到北京西苑战俘营,20多天后被送到黑龙江黑河,替日军挖军事要塞,3个月后被转运到辽阳挖煤,在此期间逃跑。

战俘黄文,是共产党抗三团教员,1942年5月在河北安平被俘。先被关押在日军驻辛集联队司令部内,三四天后被转运到石门战俘营,经过三个月的训练后,被运至阜新新邱煤矿挖煤,在那里,黄文参加了战俘暴动,失败后被关押到海州工人辅导所,再次接受教育培训后被送到高德煤矿,在高德煤矿挖了8个月煤炭之后,被送到黑龙江修建虎林要塞的铁路,7个月之后又被送回辽阳,在辽阳桦子沟煤矿逃跑。

根据笔者分析的800多名战俘口述资料的样本,大致能够还原他们的战俘经历。在战场上被俘后,首先关押在一个临时战俘营。如果是在正面战场上被俘,中国战俘多进入由前线部队设置的临时战俘收容所,这种战俘收容所的一般是中队、联队负责;如果是在日军的"扫荡""肃正"等敌后战场中被俘,中国战俘一般被送往地方日军的宪兵队、司令部、监狱等短暂羁押。然后,华北临时战俘营的战俘陆续被送入太原、石门、济南、郑州、徐州、北平等地的战俘营,这其中的一些战俘(北平战俘营除外)在进入这些战俘营一段时间之后可能会被押送至北平西苑集中营,经过训练之后,一部分战俘经过塘沽、青岛两地的中转集中营被当做中国劳工运送日本,一部分直接去了中国东北的煤矿和工程工地,还有部分留在当地的工矿企业。在华中和华南,被关押在临时战俘营的战俘会被安排就近的"作业场",例如南京浦口、芜湖裕溪口、湖北大冶等地的工矿企业被要求强制劳动。

战俘进入集中营后,要严格按照战俘营里的规章制度,接受日方管理者的培训与改造。普通中国战俘在战俘营经历大约三个月的教育,然后被安排到劳动场所为日本的经济掠夺服务。根据石门南兵营幸存战俘的回忆资料,他们在战俘营里每天的生活大致如下所述:①

---

① 本部分资料主要是根据何天义对幸存战俘所作的田野调查。见何天义主编:"日军枪刺下的中国劳工"丛书,北京:新华出版社1995年版。本丛书包括《华北劳工协会(转下页)

1. 起床

据石门战俘营幸存战俘的回忆,战俘营内一般是七点半起床,起床后整理队伍、排队并进行点名。身体不适的战俘,如果不能参加点名,可能会被管理者送入病号专用的病栋。因为进入病栋的待遇极差,所以战俘们都不愿被投入病栋,即使身体不适也挣扎起床。

2. 点名

点名时全体战俘都要参加,一般都是在空旷地区集合。在此过程中,战俘要向翻译官、班长等管理者敬礼,并进行点名报数。副总班长到宿舍内检查未参加点名的病号情况,并且决定是否将其送入病栋。

3. 升旗

点名结束后举行升旗仪式,升旗时候操场上竖起两面旗帜,日本旗和汪伪旗帜。石门战俘营在升降旗时,俘虏们向东或者向北行鞠躬礼或注目礼。升旗仪式在八点进行,下午四点还有降旗仪式。

4. 喊口号

参加点名后,战俘要集中起来喊口号,并将此作为教育战俘的时机。在战俘营的操场上树立有五块牌子,上面写有口号,包括"日华亲善""拥护新政权""建设大东亚秩序"等。

5. 跑步

喊完口号后,战俘要进行跑操训练,并且要做体操。

6. 分配劳动

跑步完毕后开始分配当天工作。管理者害怕俘虏逃跑或闹事,把入战俘营时间长的老俘虏安派出所劳动,入战俘营时间短的新俘虏安排在所内劳动。

7. 早饭

早饭时候所有战俘在一起吃,出营劳动的战俘有午餐,而对于在战俘营内不出去的战俘没有午餐。战俘们对吃的记忆多是吃不饱。

(接上页)罪恶史》《石家庄集中营》《伪满劳工血泪史》《中国劳工在日本》四本;何天义主编:"二战掳日中国劳工口述史"丛书,济南:齐鲁书社2005年版。本丛书包括《雪没北海道》《血洒九州岛》《矿山血泪史》《冤魂遍东瀛》《港湾当牛马》五本。

8. 劳动

早饭结束之后,俘虏们有的出去做工,有的在战俘营内徒步训练。按分配计划,辅助管理人员分别带赴劳动地点强制劳动。外出劳动由干部班人员监视,警备班派人看押,站岗放哨。

9. 晚饭

从早饭结束一直到下午五点,期间留在战俘营的俘虏没有任何吃的。下午五点开始晚饭,饭后点名唱歌《东亚进行曲》。

10. 训话

晚饭后由翻译官或日本队长训话,训话内容涉及:违犯纪律者的处罚情况、日军在太平洋战争取得胜利等等,并且对战俘进行奴化教育,从而为日本侵略中国寻找借口。通过读报向中国战俘宣传"日本必胜,中国必败"的观点,灌输"中日亲善、同根同种、中日一家、解放中国"等侵略借口。教唱"旭日升,耀光芒……"①等歌曲。

11. 睡觉

日方管理下集中营内中国战俘睡觉的时间普遍较早,一般晚上七点战俘就要睡觉。值日人员检查晚上作息情况,主要目的是监视战俘、清点战俘人数防止战俘逃跑。站岗人员不停地在战俘营走动,不准吸烟打瞌睡,并且要特别注意夜间去厕所人员,以防他们逃跑。为了防止战俘逃跑,管理者们一般不让战俘晚间去厕所。

以上材料是根据石门战俘营幸存者的回忆资料综合而成的。不同的战俘营内日常生活的安排也不尽相同。根据一份文件,济南"救国训练所"内战俘们每天的日常安排如下:

7 时——起床、点名、洗漱、整队、训话;

8 时——体操;

9 时——识字;

10 时——早饭;

11 时—17 时——各学科作业工作;

---

① 此为《东亚进行曲》的歌词,此歌曲是日本为了发动侵略战争,麻痹中国人民而作。歌词为:"旭日升,耀光芒,扬子江上金龙啸。皎月照,亘天长,富士山岭彩凤翔。同舟共济,雄秀辉煌,亚洲基业兴国祯祥。前程万里,大风泱泱,神明华胄齐发扬。"

17 时半——晚饭；

18 时——洗澡；

18 时半—21 时——自由时间（电影娱乐等）。①

第二节　战俘在集中营里的劳动

中国战俘进入集中营之后，在经历训练、改造的同时，要参加劳动。对日本军方来说，保留中国战俘生命的价值就是为其提供劳动力资源，进入战俘营接受改造的中国战俘，虽然还没有达到日军希望的程度，但是他们要以实际劳动换取生命的延续。日方认为劳动改造和思想改造应该是同时进行的。战俘集中营里设有技术班，下设缝纫、农园、窑工、铁木工、电工等班，每班有班长，受管理科领导。管理科又名生产科，其主要任务是管理集中营内设立的为敌人生产服务的单位，强迫中国战俘劳动，为日寇提战略物资。

在日军划分的特训班、中等班、普通班中，战俘营内的劳动工作主要由普通班承担。分入普通班的战俘多为尚未暴露身份的中方战俘，日本人认为他们只是普通士兵，没有强烈的爱国感情，可以通过训练，使得这些战俘放弃对日本人的抵抗。日本管理者试图通过短期的关押，将这些中国战俘派往井陉、东北等各煤矿充当劳工。

据战俘回忆资料，石门战俘营里的缝工班由女战俘组成，"缝工班第 8 班，每日为日军缝补旧军袜，拆洗做旧军被。全班数十人都是被俘的八路军，班长是到缝工班比较早的一位被俘的老红军，暗自教我们如何磨洋工，还常常摆龙门阵。"②"缝工班又叫第二工厂，它是为日军衣粮场做工的。缝工班还有为日军缝补军装的缝纫班，在这个班干活的

---

① ［日］前田一：《特殊工人的劳务管理》，转引自何天义主编：《日本侵略华北罪行档案——集中营》，石家庄：河北人民出版社 2005 年版，第 87—91 页。

② 王润丰：《我在南兵营》，何天义主编：《日军枪刺下的中国劳工：石家庄集中营》，北京：新华出版社 1995 年版，第 68 页。

全都是女俘房,通叫妇女班,共约十几个。"①

如前文所述,并不是战俘营中的所有战俘每天都要参加劳动。早上八点的点名会上,管理者会宣布劳动者的名单。对中国战俘来说,战俘营外的劳动是一种福利和解脱。原因是参加劳动可以吃午饭,而不参加劳动者只能在下午五点吃晚饭。此外,在外劳动总体上受日军的管理为轻,不像在战俘营里随时担心被日军惩罚。在战俘营外面劳动还可以寻找食物,填饱肚子。战俘回忆起他在石家庄修飞机场的情景。"到了飞机场是平地坪、铲草、捡石子和砖头。我们拣石子砖头,是一手拿一块送到堆积点。扯草时是一根一根地扯,一棵一棵的拿去丢,饥饿把身体搞坏了,草长得高,草籽也多,很多人把草籽送到嘴里嚼着吃。秋天的蚂蚱多,肉又肥,大家捉到有的就生吃了。又一次我捉到10多个蚂蚱,用草杆穿成串,用鬼子丢的烟头把柴草猛吹燃,烧来吃。"②"关押期间,我们也出去干活,有的去当铁匠,有的去当木匠,有的去砖窑干活,有的去种菜等等。日本人经常来要人,要多少人就派出去多少人。"③

然而,并不是每个人都有外出劳动的机会。要想外出劳动,首先要和中方的辅助管理者搞好关系,一般来说有机会外出劳动的总是进入战俘营时间较长的老战俘。此外,外出劳动者还需要身体强壮。"一天,敌人说要选拔一批劳工到高迁修汽车场,敌人把个打铁用的铁砧子放在队列前说,谁能把砧子举起来就为全力,可以出去做工,举不起的不行。"④

除了外出劳动,战俘集中营内部也会有诸多工作要战俘来做。太原战俘营里就让战俘做很多事情,"关押期间,日本人还让我们干活,刚开始是和煤球,如果和的不圆,日本人就用木板打屁股。"⑤石门南兵营

① 王润丰:《我在南兵营》,何天义主编:《日军枪刺下的中国劳工:石家庄集中营》,北京:新华出版社1995年版,第70页。
② 张东里:《从集中营到本溪矿》,何天义主编:《石家庄集中营》,第314页。
③ 李清文:《从南兵营到赤平矿——李清文访谈录》,何天义主编:《二战掳日中国劳工口述史:雪没北海道》,济南:齐鲁书社2005年版,第461页。
④ 张士修:《九死一生话劳工》,何天义主编:《石家庄集中营》,第367页。
⑤ 何天义主编:《二战掳日中国劳工口述史:港湾当牛马》,济南:齐鲁书社2005年版,第68页。

里"每天吃完早饭就跑操,跑完操就去砖窑里干活,有时挖土,有时背砖"①。有的战俘还从事农业生产活动,"南兵营里有一个菜园,鬼子安排我到那里干活。"②

在敌人工矿企业附近设立的战俘营中,中国战俘的命运更加悲惨,在南京浦口战俘营内,"劳动及其繁重,从早晨 5 点一直要干到晚上 10 点,每天 16 个小时,中间还不准休息,动作稍慢一点就要挨皮鞭抽或军犬咬。"③

关于战俘劳动的文献,何天义等人都做了比较详细的口述资料,笔者没有必要再罗列战俘在劳动中所受的苦难。然而,学界对华中、华南地区战俘营的劳动状况研究不足,笔者找到了有关杭州、武汉等战俘营内中国战俘劳动的资料。以下是杭州战俘营里日军利用战俘从事强制劳动的记录。"敌人对俘虏的利用是一点不放松的,每一俘虏都须替他们做苦工,苦工分为二种:一种是到外面去做的,初进来的先在里面做,等到敌人爪牙认为你是稳当了,再押到外面做。这二种苦工生活,我自然也一一经历过了。在里面做的是糊火柴匣子,每天规定要五百个,不管熟练与否,每天要做到规定的标准,做到了可以休息,因此,初进来的人实在是一件最苦的事,有时做到半夜还不到规定的标准,那只好受敌人或爪牙的拳打脚踢,或是打一顿鞭子,最后的是吃了这一顿痛打后,第二天还要补足未做的数目,糊火柴匣子本来是极轻巧的事情而在里面却变成最苦恼的工作了。其次,是到外面去做的苦工。大概有拔草、扫马粪、运物件、理仓库、采木料等几种。做工的地区,近的就在杭州本城,远的到富阳城区附近,及杭县的阳平、平窑、塘楼等处,这几种工作时间做满了,就可以回所休息,理仓库也轻便,这些仓库就是敌人在我方抢劫去的东西,凌乱复杂。在整理的时候,乖巧的人可以揩些油。扫马粪、运物件、采木料这些工作,比较辛苦,大家都感到头痛,但采木料要到富阳乡下山上去,有一个乘机逃脱的机会,因此也有人愿意担任,敌人带俘虏去采木料,必先组成"采伐队",指定一个爪牙队长,并

---

① 刘国正:《在日本赤平煤矿——刘国正访谈录》,何天义主编:《雪没北海道》,第 448 页。
② 马叔儿:《我在赤平煤矿服劳役》,何天义主编:《雪没北海道》,第 458 页。
③ 何天义:《侵华日军战俘营总论》,第 266 页。

派敌兵若干人押往前去,在采伐逃脱了人,回来时一定要杀人示威,而杀人毫无标准,不一定在采伐队内选择,有时候在内部工场里拉一个去也有的。有一次到富阳采伐队,逃了人,敌人到里面拉了一杭州师范毕业的学生章兰去枪毙了,虽经章兰再三辩护,结果一点也没有效用。由此可知敌人虐杀俘虏,全凭他当时的高兴,根本是没有理性的。"①

日军在汉口也设置了战俘营。"日寇在武汉设有集中营,所有集中营统属于派遣军司令部兵站司令部管理。这里关押的多是我新四军及抗日爱国志士,俘虏营普遍建设在军事区,内幕极为秘密。根据我们了解,在汉口的汉江路泰宁里,保成路泰余里、泰康里、德安总里一带及前进四路的武汉印书馆,武昌的文昌门正街及洗马池等 4 处,都是集中营的旧址。"②有关汉口集中营的成立、管理,学界的研究还有待深入。"在集中营(汉口江汉路泰宁里)关了 7 个月逃跑出来的俘虏龚镜泉说,他目睹被汽车送出去不再回集中营的受难同胞有五六百人,陆续新来的俘虏有三四百人。根据这个数字计算,仅在汉口这一处的集中营,七年来先后关押我爱国志士转而置于死地的,当在 1.5 万人左右。"③

汉口集中营内战俘的生活条件恶劣,并且承担着沉重的劳役。"汉口地区的两个集中营里,最多时关押过一千五六百人,最少也有七八百人。日寇对俘虏的虐待是惨无人道的,给俘虏吃的是碎砂米和坏面粉,并吃不饱,绝大多数人都患有肠胃病与贫血病,一个个都是面黄肌瘦。每天天不亮就起来做苦工,直到晚上才回来,经常的劳役是拆房子、打石头、修飞机场。在大热天还强迫俘虏在太阳下跑步,经常用皮鞭抽打俘虏,一批批的人被折磨得病了。"④

---

① 克非:《黑狱六月,我逃出杭州俘虏营》,《读者》1945 年第 2 期,第 34—35 页。

② 中央档案馆、湖北省档案馆编:《侵华日军在湖北暴行史料》,北京:中国档案出版社 2005 年版,第 14 页。

③ 中央档案馆、湖北省档案馆编:《侵华日军在湖北暴行史料》,北京:中国档案出版社 2005 年版,第 15 页。

④ 中央档案馆、湖北省档案馆编:《侵华日军在湖北暴行史料》,北京:中国档案出版社 2005 年版,第 14 页。

第三节　战俘营内的医疗卫生状况

　　中国战俘被囚禁于战俘营,总体来说他们的身体状况非常不好。很多人是在战场上受伤后沦为战俘的,日军并未按照战争人道法的要求对中国战俘进行必要的医疗援助,因此他们的伤口感染、化脓状况屡见不鲜。日军在战场上以"治疗"为名义残杀了大量战俘。中国战俘李子恒在战后的审判中检举说:"1942 年春,我 29 集团军各部队正守御松滋县属沙道观、百里洲一带等处,日寇大举攻略湘西,39 集团军藤部由沙河市过河进攻,以骑兵包围我军,更以空军助战,我军大败。我们各部被俘者二三百人,当时被关在邱家槽房集中营内。(日寇)曾哄骗我们内中有病的、受伤的俘虏说'我们皇军的药顶好,你们有病的可以出来同我去看病。'有十几个弟兄以为真的去看病,报名同去,谁知去了始终不见回营。据看守的中国保安大队张队长私下告诉我们说'我们都是中国人,诸位有病有伤的须勉强支持,不要去看病。我老实告诉你们,先去的十几个人都遭老东(日寇)用刺刀戳死了。'"①

　　进入战俘营后,由于卫生状况极差,跳蚤、老鼠、苍蝇、蚊子横行,因此战俘营内传染病流行。为了防止传染病流行,洛阳、石门、北平、塘沽、青岛集中营都制定了不能喝生水的制度,但是日军不提供热水,不能喝生水的制度变成了不能喝水。"敌人还特地下令禁止喝生水,也是为了所谓'讲卫生',但教习所里压根没有开水,于是'禁喝生水'便成了'禁止喝水'",这促成了"当时集中营里有痢疾、黄疸、回归热等好几种传染病流行,每天要倒下好几十人,而鬼子却视若无睹。"②然而,人又不能离开水而生活,"为了解渴,尿所结的冰碴也被人们捡回来吃了,使不少人染上了流行病,这种病主要症状是面部发黄,鼻孔发黑,口角起

---

① 《李子恒等控诉书》,1951 年 11 月 12 日,中档:(一)119-3-208,载中央档案馆、湖北省档案馆编:《侵华日军在湖北暴行史料》,北京:中国档案出版社,2005 年版,第 198 页。
② 李振军、朱韬:《"六月特支"》,何天义主编:《日军侵华集中营——中国受害者口述》,郑州:大象出版社 2008 年版,第 32 页。

白沫。如染上此病，很快就死亡。"①

在每个战俘营中，都有名义上的医疗机构。石门集中营设置医务组，总负责人是日本医官，1941 年到 1942 年医务室有医务下士安田爱和医兵三名，1944 年之后石门医疗班的主事变为田国靖之。除了日本医疗人员，还包括中方医疗人员。石门还设有卫生科和医疗班，卫生科的主要任务是对俘虏进行"消毒"和"医疗"，所内俘虏个人及环境卫生的指导及处理死亡人员等。后来有中国医务人员加入，当然这些医务人员都是中国军医战俘。

中国战俘的身份决定了他们的悲惨命运，决定了他们不可能得到基本的医疗治疗。在他们的记忆里，战俘营的医疗室是一个不能接近的地方，医疗室对他们来说意味着痛苦和死亡。

石门集中营内有三个病栋。一号病栋有专人看管，如果战俘身体不适，经辅助管理者的同意后进入一号病栋，进入一号病栋后，情况不见好转进二号病栋。二号病栋内属于病情比较严重者，有病号饭。如果情况再严重就进三号病栋，三号病栋情况最为糟糕，俘虏们都说三号病栋是进去活的出来死的，一般日军雇佣的拉死亡俘虏的车就直接开到三号病栋，从三号病栋向外拉死亡的战俘。"卫生科还是医务科记不清了，该科多是日本人，设有三个病栋，即 1 病栋、2 病栋、3 病栋，每个病栋能装很多病人，犯人稍微有点病被检查出来，就送 1 病栋，到病栋就更不自由了，有专人看管，病不见好，稍微重一点，就转到 2 病栋，到 2 病栋就有病号饭细粮，每顿一碗面有几根面条。这样一天比一天病重，就转到 3 病栋，到 3 病栋，就是进去活的，出来死的。"②

对于战俘营内的医务人员来说，并不是战俘的病症有多么复杂，而是因为他们根本不想治疗生病的战俘，其根本原因在于他们不重视中国战俘的生命权利。如果病重的战俘对日本有用，那么战俘营内的医务人员在这时候就表现了"高超的技艺"，哪怕是战俘自杀都能救活。"原冀中军区供给部政委王文波被俘后，为了抗议日军虐待俘虏，写述

---

① 秦成成：《我的劳工生活》，何天义主编：《日军枪刺下的中国劳工：中国劳工在日本》，北京：新华出版社 1995 年版，第 143 页。

② 黄旭东：《从集中营到孙家湾煤矿》，何天义主编：《石家庄集中营》，第 249 页。

了日本侵略者的十大罪状后,服毒自杀。鬼子把他救活后,为了收买他,给了一袋白面,派刘根山、王天寿照顾。"①根据这则文献我们可以得知战俘营内医务人员具有一定的水平,战俘集中营内因病死亡率高的根本原因在于日方医疗人员根本不屑于治疗中国战俘,而中方医疗人员根本没有药品。朱韬在石门集中营内生病,由于他得到了中共出身的辅助管理者的帮助,一直得到了中方医疗人员的特殊对待。就在他"打摆子"命悬一线的时候,辅助管理人员从外面市场寻找到过期的606注射针,卫生科医生(共产党战俘)用这些过期606注射针换取了战俘营内医务室里有效的606注射针,注射之后朱韬就摆脱了病魔的困扰,慢慢康复。②

如果中国战俘全部因病死亡,也不符合日军的利益。因此日方对战俘营内大面积战俘得病情况也比较重视。塘沽集中营内卫生条件极差,"在那里,我们每天的食物就是高粱面馒头,每顿给一个,没有水喝,我们就喝床铺下面水坑里的屎尿水。把水撇出来以后,澄清一下再喝。结果呆了十来天,劳工们都生病了——拉肚子,不管日本人如何打,我们就是下不了床,身体一动就要上厕所。后来日本人拉来一车水,至于是什么水,我们也不知道,不过每个人喝过半碗以后,都感觉肚子里稍微舒服了一些。"

战俘营内的医务人员还承担着检查到日本的中国战俘的身体状况,青岛战俘集中营的医务官在战俘去日之前都要检查战俘的身体状况。战俘回忆道:"在这里住了一段时间,然后就给我们检查身体,检验大小便,而且还验血,最后又给每个人打了预防针。"③

但是,总体情况战俘营内医疗水平比较简单,更加上日方医务人员对战俘生命的漠视,战俘营内生病战俘的命运比较悲惨。

1944年河南战役之后,大批战俘进入石门战俘营。战俘营内医务人员对他们进行防疫注射,然而注射了防疫针的战俘全部遇难。④ 幸

---

① 王铭三:《在敌人奴役下的斗争》,何天义主编:《石家庄集中营》,第55页。
② 李振军、朱韬:《"六月特支"》,何天义主编:《日军侵华集中营——中国受害者口述》,郑州:大象出版社2008年版,第37页。
③ 李海水:《从南兵营到北海道》,何天义主编:《雪没北海道》,第595页。
④ 李振军、朱韬:《"六月特支"》,何天义主编:《石家庄集中营》,第166页。

存者回忆道："有一次从河南解来一批战俘，一入所就进行防疫注射，实际上敌人是为了搞什么'实验'，结果这批人全部殉难了。"①

战俘郝丰和是共产党部队里掌管药品的医生，他被捕后也被关押在石门集中营，作为专业的医疗人员，他对集中营医疗卫生水平的认识更具有代表性。"来苏水本是用于物体消毒的，万恶的敌人竟然用来苏水消毒人体，这对口、鼻、眼睛粘膜是有损害作用的。"②

集中营内流行病盛行，但是得病的中国战俘都不愿意进入病栋治疗。北京清华苑中得病的战俘如果进医院则死得更快。"在这期间，有不少人得了一种浮肿病，凡得病的人就被送进医院，凡进医院的比不进医院的死得更快，只见有进院的，不见有痊愈出院的。"③

各个战俘营中都存在日军医务人员抽取战俘的血液的事情。"1945 年春，日寇派了一批医务人员到苏生队抽俘虏们的血。俘虏按号叫到医务室，先验血型再抽血，每人抽 200CC。俘虏们的体质本来就很弱，抽完血后面色煞白，有的瘫在地上，由别人架回去，有的当时就跌倒死去。俘虏们痛骂这座医务室是传染疾病的传染室，是吸人血的吸血室。"④济南新华院凡是被押来的人首先要抽 200cc 血后再进行审查。经历了战场与临时收容所的关押之后，中国战俘身体本已极为虚弱，抽血更是加剧其身体的崩溃，增加了中国战俘的死亡率。当时济南战俘营流传的一首打油诗形象地说明了战俘的艰难："新华院，新华院，它是阳间的阎王殿。谁要到了这里面，既抽血，又剜眼，有时还叫狼狗餐；病了只有死，想治也枉然。十人进去一人出，要想活命真比登天还要难。"⑤

除此之外，北平战俘营还是日军医疗器官的后备基地。北平西苑战俘营的医疗室靠近清华大学，清华大学在战时是日军的伤兵医院。

---

① 李振军、朱韬：《"六月特支"》，何天义主编：《日军侵华集中营——中国受害者口述》，郑州：大象出版社 2008 年版，第 32 页。

② 郝丰和：《石家庄集中营日军罪行见证》，何天义主编：《石家庄集中营》，第 197 页。

③ 寇永文：《难忘的经历》，何天义主编：《中国劳工在日本》，第 305 页。

④ 温南文：《苏生队的血泪纪实》，何天义主编：《日军枪刺下的中国劳工：华北劳工协会罪恶史》，北京：新华出版社 1995 年版，第 37 页。

⑤ 殷汉文：《人间地狱——济南新华院》，何天义主编：《华北劳工协会罪恶史》，北京：新华出版社 1995 年版，第 152—155 页。

西苑战俘营成为日军的血液、器官供应地。"日本伤兵需要输血,就从集中营押来战俘捆在屋里木桩上抽血;日本伤病需要植皮,就将战俘的皮肉割下来补日本兵的创伤;日本伤病需要内脏器官,就把战俘开膛取下内脏器官。"①

日军还用中国战俘进行医学实验、培养日方医务人员。1943 年 5 月上旬至 6 月下旬,日军在湖北省宜昌县高家店"于 6 月某日,大队本部附军医中尉山川速水,以对昭和 17 年(1942 年)征集卫生修业兵的'实地教育'名义,将一名军事俘虏(是 2 中队'宣抚班'军曹吉冈时勇所逮捕的中国抗日军邹连山支队队员,男子,20 多岁)押送到大队本部的后山里,用注射方法使其陷入昏睡的状态后,便从该人的胸部直到腹部实行了解剖,后又用手术刀子刺杀其心脏部位,以该俘虏的身体内的五脏,向卫生修业兵进行了说明"②。

日本战犯的受审档案中也有其对俘虏营中医疗机构的回忆。难波博在 1943 年任济南新华院战俘营所长。他在战后供述:"一九四二年十一月末,我担任济南俘虏收容所所长时……只让俘虏喝生冷井水,卫生设备和医疗条件可以说没有。由于这样的虐待,这些俘虏普遍生虱子。病者增多,回归热也流传起来。因此病人愈来愈多,而我们只是看着这些俘虏中的病人死去。死后由济南市公署用俘虏用的毯子包去埋掉,也不通知家属,这样虐待而患病死亡的俘虏约有十七八名。"③当然,对于像济南新华院这样的大型战俘营来说,这样的事情不可能是全部。"一九四三年一月,我在济南临时俘虏收容所任所长时(少尉),接到济南警备司令部后方系大园准尉所传达的第十二军司令官土桥一次的命令:"让俘虏中的重病患者入院,并将人员调查后上报。"接着又收到补充说明,"俘虏中的重病患者入院后,即由小岩井部队运出处决。"我虽已知道是用欺骗来屠杀俘虏的阴谋,仍命令收容所的中国医生:为让重病患者入院,马上把人数调查一下。傍晚,由军司令部派来两部货车,将已选定的八十名重病俘虏运走,由小岩井部队杀害了。当晚司

---

① 何天义编著:《日本侵华战俘营总论》,第 191 页。
② 《林正笔供》,1954 年 10 月 9 日,中档 119-2,254,1,第 5 号。载中央档案馆、湖北省档案馆编:《侵华日军在湖北暴行史料》,北京:中国档案出版社 2005 年版,第 355 页。
③ 《难波博口供》,1954 年 12 月 27 日,中档 119—2,1058,1,第 4 号。

机回来说:"使俘虏坐在已挖好的坑前,进行了一齐射击,还有呻吟喊叫声就通通给埋上了土。"①可见日本管理者对生病中国战俘的最基本方法就是肉体消灭。

洛阳战俘营对生病战俘的处理同以上战俘营并无区别,"无论轻重病伤被俘人员,日寇概不派医务人员给治疗,又不发给相当药品,除给一部分外伤药品外,其他药品完全不发,因此,病伤被俘人员日渐增加,重者则死去。死后当时由日寇管理负责人检验后,便命令被俘人员的卫生人员将死者身上的衣服扒下来,然后由后门抬出抛在枯井中。从收容开始至光复止,在收容所内死亡者竟达二百人以上。"②

太原集中营"虽然有医疗室,但是有医无药,连一般的病也治疗不了。传染病流行时,日军不但不给治疗,还在大院外用席棚子建造所谓的隔离所,病人进了隔离所只有等死,白天晚上都可以听到席棚子里传来的惨叫声"③。1941 年 8 月,太原集中营 200 名战俘患急性传染病,特务机关长植山英武命令织田又藏前往集中营,将这批重病号移交给伪山西政府看管。伪山西省卫生事务所所长宋彻,以没有病房和设备而推诿。日方人员强调,这些人都是敌军的战俘,好歹有个地方就行。④ 由此可见日本管理者对中方生病战俘的漠视,战俘营内受伤的中国战俘命运之悲惨。

面对战俘营里恶劣的生存环境造成的高死亡率事实,中国战俘也曾想过提升医疗卫生水平。资料中记载太原战俘营里的辅助管理者曾经发动战俘进行消灭害虫的活动。"这里的卫生很差,臭虫、跳蚤太多,难友们通夜不能安眠。三个队长(一正两副,都是俘虏)对此很关心,相互研究消灭害虫的办法。不知是哪个队长让陈财翻译找来些磷磺,把大号子的门窗封闭,将磷磺放在屋里点燃,熏了一天,果真起到作用,害虫全部被消灭。"⑤至于结果如何,便不可知了。

---

① 《难波博笔供》,1954 年 6 月 11 日,中档 119—2,1058,1,第 5 号。
② 《路延廷对日军洛阳俘房收容所罪行的揭发》,中档 119—2,3,3,第 3 号。
③ 何天义编著:《日本侵华战俘营总论》,北京:社会科学文献出版社 2013 年版,第 156 页。
④ [日]织田又藏:《太原工程队》,《太原文史资料》第九辑。
⑤ 张开明:《多面人生》,第 25 页。

第五章　中国战俘的精神世界

　　集中营里的中国战俘不仅经历了身体上的摧残,还经历精神上的折磨。面临着日军的高压管控,中国战俘的思想也在进行着深刻地斗争。他们的思想里有无奈、屈服、失望,同时也有团结、斗争与信念的支撑。在战俘营里,生存下来成为最为重要的事情。为了改造中国战俘,消弭中国战俘的抗日情绪,日军在集中营里采取了种种奴化行动。然而,虽然面临险境,一批中国战俘仍然坚持自己的理想,不对日方的奴化行动屈服。

第一节　中国战俘在集中营里的精神生活

　　中国战俘在集中营里的物质生活,通过战俘的口述资料的掌握与整理,学术界已经做了基本的研究,但是对于集中营里中国战俘的精神状况,目前学界的研究还是空白,笔者希望借助各种资料展现中国战俘的精神面貌。

　　梅欧在 1941 年被捕,她的想法代表了很多战俘的心声:"在我的思想中,一向有一种机械的敌我观念和价值观,我曾认为一个革命战士只能在战场上牺牲,不能被敌人生俘。为此,我刚被俘时,在心里几乎承受不了这奇耻大辱,几次想找机会自杀。"[①]可以说这种对俘虏的排斥和鄙夷,是受到中国传统文化和共产党价值理念的双重影响。中国的传统文化也是尊崇勇敢,在外敌面前要舍生取义,这同日本文化有些相

---

① 梅欧:《日寇战俘营纪实——我在魔窟中的所见所闻》,第 120 页。

似。在这一维度,共产党战俘和国民党战俘均是如此。此外,梅欧是共产党员,她的思想中有共产主义价值导向的影响。在中国共产党的文化中,个人是服从于集体的,个人在必要的时候甚至要付出生命维护集体的利益。狼牙山五烈士等勇于献身者是共产主义信仰里的英雄。受这种文化的影响的中国人,就很难理解二战日本投降仪式上,麦克阿瑟将军将第一支签字笔送给了关在沈阳盟军战俘营的温莱特将军。

但是,被俘的现实使得中国战俘们不得不考虑自己的切实处境。到底是牺牲,还是保全生命?这是一个非常现实的问题。为了民族利益牺牲,勇气可嘉,更是英雄。然而,选择保全生命也是很多人的选择。在生与死的考验面前,个人的力量是有限的。然而,选择了生存,可能会受到自己心灵的拷问,这样做到底对不对?成为困扰中国战俘的一个问题。对于这个问题的回答,不同的人给出不同的答案,有的人选择忠于理想和主义,有人给出的答案是:"逃跑是第一的,生命是第一位的,什么战友,什么朋友,都顾不得了。"[1]

梅欧在进了集中营之后,在经过剧烈的思想斗争之后思想发生了变化。"直到这里,见到张英,思想上才有变化,但对这里为日寇服务的叛徒和变节分子,我非常鄙视和仇视。我不相信他们还会有中国人的良知,可遇到王小铭后,我有点困惑了。联系到我到这里后的所见所闻,我才感到敌我斗争复杂,有些事态也并非一目了然。我也曾朦胧的感到在伪职人员中,也有人像王小铭一样,看到日寇虽很恭顺,但并不低三下四。对待战俘虽很冷漠,但不虐待。"[2]梅欧思想上的变化就是接受了被俘的事实,承认被俘的现状,她的思想意识里还有逃跑、继续抗日的决心,但是对于被俘的现实已经承认。这时候的主要任务是:"如何隐蔽自己和敌人作斗争。"[3]

集中营的战俘,多数已经失去了战斗的激情。"这里的人,多数不是待在木笼傻坐,就是在牢房外站着望天。一脸悲苦,想的都是监狱、受审、过去、未来,愈想愈痛苦,愈想愈悲观,慢慢地人就会变得一点生

---

① 黄旭东:《从集中营到孙家湾煤矿》,《石家庄集中营》,第 252 页。
② 梅欧:《日寇战俘营纪实——我在魔窟中的所见所闻》,第 48 页。
③ 梅欧:《日寇战俘营纪实——我在魔窟中的所见所闻》,第 11 页。

气都没有了。"①在石门集中营里的王礼仁,抗战以前是中学校长,受人尊敬,抗战爆发后组织人民武装抗日,变卖家产购买武器,任某县游击区的区长。率领区小队袭击敌人交通线、截获军粮、火烧仓库、袭击碉堡,日伪胆怯。但是被捕后不能经历酷刑而自首。承受不住变节的耻辱,想过自杀,可身为囚犯,自杀不能。万念俱灰,对生活失去了兴趣,不是坐在地上发呆,就是靠在墙上发愣,不言不语,精神呆滞,活像一尊没有生命的泥塑。他自己常说:"如果日本人放我回家,我就回家种地,再不过问政治",如果不行"那我就出狱后当和尚,面壁而坐,过与世隔绝的生活"②。通过这段描述,我们可以发现战俘经历对中国抗战者的影响是非常大的。被日本人关押,不管是身体上的苦痛,还是精神上的折磨,都对中国战俘产生非常重大的影响。

"在这里的人还有一个普遍的心态,就是不愿再回根据地抗日了。有变节行为的人,他们怕回去被人鄙视、嘲笑和被人怀疑,害怕受组织审查或受人们审判。没有暴露身份表现坚贞不屈的人,也怕回去受长期审查,觉得敌我相隔,一时调查不清,长期不被信任,没法工作。"③这段描述,反映了中国战俘被日军俘虏后的心理状态,他们害怕自己的被俘经历影响到之后的生活。白纬是某军区政治部文化教员,他曾经对梅欧说:"在敌人酷刑下屈服的人,不一定都已经丧尽天良。"因为他就是一个在日寇的严刑峻法下屈服的战斗者。"我屈服于日寇的暴力,并不是贪生怕死,如果我被俘就枪杀我,我绝不会低头求饶,只是日寇的酷刑使我求生不能,求死不得,才有了一念之差。"即使这样,他的目的在于生存,而不是卖国求荣。"我向日寇提供的情报都是假的,不会给国家民族造成实际损失。我现在虽然身为日寇的囚犯,仍心向祖国,是身在曹营心在汉,只要有机会,我还要重新做人。"④他反思自己说:"我刚被俘,满以为自己会英勇不屈,坚贞不移,可没料到事态发展的结果,我会违背自己的誓言,在敌人严刑拷打下屈膝自首。可耻、可卑、可悲。我一想到这里,就会有一种撕裂心肺的羞辱和悔恨。我曾想过自杀,但

① 梅欧:《日寇战俘营纪实——我在魔窟中的所见所闻》,第125页。
② 梅欧:《日寇战俘营纪实——我在魔窟中的所见所闻》,第120页。
③ 梅欧:《日寇战俘营纪实——我在魔窟中的所见所闻》,第141页。
④ 梅欧:《日寇战俘营纪实——我在魔窟中的所见所闻》,第148页。

又无法死,现在死也晚了。因为死也洗刷不了我这一生的污垢,我只有苟且偷生地活着。"①即使这样,在有机会走出集中营的情况下,他也试图抓住所有的机会。"前天,龟田找我谈话,说要我出狱,但必须先到某地的伪宣抚班工作三个月,然后给我自由。谁都知道伪宣抚班是日本人直接掌握的为配合侵华战争进行反动宣传的敌伪组织。我到那里工作,就成了地地道道的汉奸、叛徒。可我不去,出不了狱也没法寻找重新做人的机会。我矛盾极了,我整整想了两天两夜,我还是答应了。我要在出狱后尽快找机会重新参加抗日队伍,当然,不是在原来地区。我要到南方,我的家乡,重新参加革命,别人不知道我这段历史,我心中会好受些……"②白玮的经历表明,战俘营的经历没有磨灭其抗日的决心,但是被俘的经历,使得他对以后的抗战产生了微妙的影响。这种影响,主要是来自中国传统文化,这同日本文化中"羞作俘虏",其本质是相同的。

集中营的苦难不仅包含在物质生活的极端缺乏、严刑峻法的身体之伤,还表现战俘的心灵之痛。日军关押中国战俘,首先就是要磨灭中国战俘身上的反抗精神,让他们麻木,最后变成顺民。日本人简单地认为:"如果只听共产党八路军的名称,就容易认为他们是共产党的先锋士卒,其实不然,他们是农民、被强行征兵,不得已参加八路军的,所以他们没有什么信念。知道共产党是干什么的甚少,总之,思想顽固的几乎没有,假如有,经过训练也就转变了,他们热切希望去满洲那里的事业所干活,他们通过写信及照片,了解到他们的先辈,去满洲挣工资,过着安逸的生活,希望去满洲的很多,好像达到了希望的目的,只是伪县政府委员、游击队、土匪虽已顺从,但他们不愿劳动,思想不通,愿意过安乐享受的生活,和单纯的农民不一样。"③但是,他们忽略了共产党领导民众抵御外敌入侵、建设新中国的伟大决心,正如后文所及,中国战俘在内心深处痛恨日本的侵略,决心为国家独立而努力。为了达到改造中国战俘的目的,日军在集中营里开展了多种多样的教育改造

①梅欧:《日寇战俘营纪实——我在魔窟中的所见所闻》,第148—149页。
②梅欧:《日寇战俘营纪实——我在魔窟中的所见所闻》,第148—149页。
③〔日〕前田一:《特殊劳动者的劳务管理》,1943年11月25日。何天义:《日本侵略华北罪行档案——集中营》,第87—91页。

活动。

集中营管理者为了改造战俘的思想,设立娱乐兼阅读室,备有报纸、杂志、画册。游戏有排球、篮球;乐队有口琴6个,笛子10支,二胡5个,收音机、蓄音器各一个。[①] 为了加强娱乐,日军在集中营里放映电影,日方自认为取得了效果。"巡回放映电影、演剧等,受到很大效果。电影主要内容为治安强化运动、自卫团的活动、修筑治安道路等。"[②]石门战俘营里的战俘在集合时候学习《石门日报》《新民报》等日伪报纸。日军还以北平西苑战俘营为基础,拍摄了纪录片《特别苏生队》,并且组织歌咏队和话剧团。[③]

为了教育中国战俘,日本管理者也颇费心思,试图以中国的传统道德来感化战俘。石门战俘营在靠北位置修建了关帝庙,这是一个没有关帝像的关帝庙。[④] 日本人认为关公最忠实,最讲义气,死后还被封为协天大帝,中国人敬仰关公,要让战俘听话,就要让战俘学习关公的精神。然而,他们不知道关公在中国历史上还有"一臣不侍二主"的典故。日本人让中国人拜关公,中国战俘也乐意拜关公,但是所怀有的心思完全不同。"南兵营里俘虏用的厕所,是日军全副武装的昼夜巡逻兵从不进去的地方,木板墙的内侧上,用各种笔、各种字体写满了各种颜色的标语口号,其中最多的是身在曹营心在汉,其次是入狱是小休

---

① [日]前田一:《特殊劳动者的劳务管理》,1943年11月25日。何天义:《日本侵略华北罪行档案——集中营》,第87—91页。

② [日]《华北治安战》(上),第458页。

③ 何天义编著:《日军侵华集中营总论》,北京:社会科学文献出版社2013年版,第196页。

④ 据集中营内王铭三回忆说:"敌人让我们为他们进行宣传,我就想怎样使我们的革命战士坚定立场。小时候听古书,对《三国演义》里的关公印象很深,我就向同志们讲关公身在曹营心在汉,讲关公上马金、下马银、十二美女陪伴不变心的故事。看到日本人让大家向天皇敬礼,我就和倪欣野商量,能否修个关帝庙,让大家敬关公。于是我们通过朝鲜翻译金村给日本人讲,说中国人最信奉关公,关公最忠实,最讲义气,死了之后被封为协天大帝,全国各地都有关公庙,要想让我们战俘听话,就要学关公。波多野信以为真,就同意我们的建议,让我们在草场北边修建了一个关公庙,底座一米五高,上面有个简单的小庙,里面没有关公的像,由倪欣野写了几个字协天大帝关夫子,两边的对联忘了,横联是义气千秋。此后日本人再让给天皇敬礼,我们就把队伍带到关帝庙前,向关公鞠躬。"王继荣:《小八路——王铭三地下工作纪实》,山西省新闻出版局图书出版管理处内部准印,2003年版,第46—47页。

息,死了是大休息。这些标语如一颗巨石冲击着我的心,激起层层波澜。"①

在集中营里,传统的中国文化也得以体现。石门战俘营中,王铭三同几个战俘结拜干姐妹、干兄弟,在集中营里相互照顾。塘沽集中营里,马汝骏同冀南籍的战俘组成同乡会。中国战俘用这种传统文化方式在集中营内保全性命,坚持斗争。

此外集中营内的战俘要唱歌,日本人让他们唱亲善之歌,他们可能利用日本人不懂中文,而翻译又同情战俘的情况,唱《救亡进行曲》《大刀进行曲》等。"聚集在一起的时候,大家讲述苏武牧羊、岳飞抗金、戚继光驱逐倭寇。晚上回来大家讲怎么整了鬼子,解恨"。② 抗三团的李振军、朱韬是在五一扫荡中被捕,他们回忆说:"有天中午,大伙正聚到一起休息,看守的鬼子兵一时高兴,定要我们给他唱歌,起初我们故意不唱,他戳戳鼻子又拍拍胸脯,意思是不要紧有他担保,于是我们就把《牺牲已到最后关头》《救亡进行曲》《大刀进行曲》等抗日歌曲都唱了起。"当唱到"大刀向鬼子们的头上砍去"的时候,敌人以不能唱作罢。③

石门战俘集中营里还流行走石子的游戏,等有日本人来视察集中营的时候,集中营里有活动。大家盼着加餐,做丢手绢,击鼓传花,篮球赛等游戏。"……鬼子的长官来了,所里的鬼子头头,命令挑选 100 个脸色好、年轻的犯人和驻教习所里的鬼子兵一块'同乐'(这是我给起的字眼)共同做游戏,以粉饰其'文明'"。张东里是被选上的 100 人之一,他回忆在石门战俘营里的"丢弹游戏"时候,"人群围成一个圆圈坐下,有一个人拿一个用手帕结成的圆蛋,绕人而行。坐着的人不许回顾,只许凭感觉或背着去摸摸后边是否有蛋。丢弹的人作着各种掩饰没有丢下的动作,一边急急绕人而跑。如果丢蛋的人跑过来,那个背后落有蛋

① 王润丰:《我在南兵营》,《石家庄集中营》,第 69 页。
② 李振军、朱韬:《六月特支》,《石家庄集中营》,第 168 页。
③ 李振军、朱韬:《六月特支》,何天义主编:《日军侵华集中营——中国受害者口述》,郑州:大象出版社 2008 年版,第 34 页。

的人自己还没觉身后有蛋而被捉住了,就算输了,就要表演节目。"①

第二节　战俘集中营内的政治活动

中国战俘被投入到战俘集中营之后开始进行改造。在此过程之中,不同政治信仰的中国战俘被关押在一起。这里,中国抗战的特殊性又表现出来:国民党和共产党只是在日军入侵、国家存亡危机之下的联合抗战,二者的理念根本不同,并且常常发生冲突。国共双方的将士将这些日常冲突带入到战俘营中。

根据现有的资料,我们看到的战俘营多是关押共产党战俘的集中营。这一现象的主要原因有以下几个方面:一是日军战俘营主要设置于华北,华北是日军占据时间较长、而且秩序比较巩固的地点,转运中国战俘的塘沽、青岛两个基地也位于华北;二是中共在华北领导了艰苦卓绝的敌后抗战,华北的抗战力量在很长时间是在中共的领导之下,共产党军队战俘占据主要地位也是正常;三是对日本侵华危害的调查主要是1949年新中国成立之后完成的,对中国共产党领导抗战力量的重视是自然的。

石门战俘营中,共产党战俘在一段时间占据辅助管理者的多数,所以中共战俘在石门受到的待遇要好于国民党战俘。邸欣进入石门战俘营的时候,审讯他的辅助管理者正是他认识的抗大二分校三团干部张杰。张杰对邸欣介绍的共产党战俘表面严厉,只是说一些"不要反对皇军""好好干活劳动"的话,表面上非常严厉,但实际上却保护了许多被捕的中国士兵。

战俘营的管理者当中,有许多人只是出于自保的原因成为辅助管理者,他们一有机会就逃跑重新加入抗战的队伍。这些人不同于真正的投敌叛变者。张士奎带一挺机枪、两支步枪主动投敌,不知什么原因日军将其投入到战俘营接受训练。共产党系统的辅助管理者主动向日

---

① 张东里:《地狱里的抗争》,何天义主编:《日军侵华集中营——中国受害者口述》,郑州:大象出版社2008年版,第57页。

军汇报，说张士奎是假投敌，敌人将其审问，张受尽磨难，最后被押进了地牢。[1] 辅助管理者们以这样的手段进行着战俘营里的抗战行动。有一个东北籍的中国战俘，"他说是冀中军区司令员吕正操的警卫员，带着两支二十响手枪，一支花眼冲锋枪投敌的，我们说他是假投降，敌人打了一顿开始审问，他很狡猾，承认自己是假投降，结果还是被打了个半死。"[2]

进行审讯的时候，有时候会出现这样的场面：[3]

> "你是拥护毛主席还是拥护汪主席?"堂上问。
>
> "拥护汪……"
>
> 啪，左脸上飞来一巴掌，"是真心话?"
>
> "真……真心……"
>
> "撒谎!"右脸上又飞来一巴掌。
>
> 有一次送来的一批人中有一个投机分子，审问时，那个场面就更"热闹"了。
>
> "你交了几条枪?"堂上把桌子一拍。
>
> 对方还自以为得计，丑表功地竖起一个指头。
>
> "他妈的! 为什么只交一条?"
>
> "我……我……只有一条。"对方有点慌了。
>
> "混蛋，有人告你有两条。"
>
> "我实在只……只有……"这个叛徒浑身打颤了。
>
> "到底藏在哪儿了? 说! ——不给点厉害谅你不肯说，来人，给我揍!"

在不同的战俘营中，由于中国战俘的政治立场不同，共产党和国民

---

[1] 王继荣：《小八路——王铭三地下工作纪实》，山西省新闻出版局图书出版管理处内部准印，2003年版，第48页。

[2] 王铭三：《在敌人奴役下的斗争》，何天义主编：《日军侵华集中营——中国受害者口述》，郑州：大象出版社2008年版，第9页。

[3] 李振军、朱韬：《"六月特支"》，何天义主编：《日军侵华集中营——中国受害者口述》，郑州：大象出版社2008年版，第36页。

党系统所属的战俘会发生冲突与斗争。综合掌握的材料来看,在石门战俘营中,八路军系统的战俘占据数量上的优势。在太原战俘集中营中,一段时间占据优势地位的是国民党和晋绥军战俘,八路军战俘经常受到他们的欺负。在济南新华院战俘营中,八路军战俘会受到国民党军队战俘的欺负。日本人设置的中国战俘营中,仍然存在着国共战俘之间的冲突和斗争。

共产党员被俘后在战俘营成立共产党组织。1941年秋冬,八路军泰岳军区决死纵队一旅五十九团团长胡兆琪和212旅指导员高光鉴等人在临汾集中营设立了党支部,胡兆琪担任书记。他们号召本部队的被俘党员保守秘密,保持联系,被押送到抚顺煤矿后,组织了万达屋暴动。①

1942年初夏,日军对冀中地区发动“五一”扫荡。在“多路并进,纵横合击,反复拉网,梳笼清剿“的战术下,给根据地的抗战军民造成重大损失。在此次扫荡中,日军执行“少杀多抓”的俘虏政策,以此来弥补其人力的不足、达到以战养战的目的。这时,石门劳工数习所内被押俘虏猛增至几千人以上。五一大扫荡时,冀南五地委书记王泊生在衡水、深县一带被俘,五月初入石门劳教习所。王泊生入所后,不久即与干部班总班长徐学俊、副总班长史含光等人成立了党小组。成员有徐学俊、邱为、刘文秀、宁心立、李西亭、徐梦纯、王春岭等人。

根据战俘的回忆,该党小组的任务有:干部班中已暴露身份的要伪装积极、争取敌人信任,以掩护未暴露身份的人;组织力量打击、教育坏分子的破坏活动;设法改善被俘人员的生活;在普通班中未暴露身份的干部让其早日走出战俘营,尽量回到抗战部队,对于到煤矿去的人,组织核心力量,交代任务,组织逃跑等。

1942年5月,抗大二分校第三团组织股副股长谷子珍、抗三团四大队副政治指导员王沉(杜五子)、抗三团宣传股干亭庄子凯(王士林)、抗三团政治教员刘亚龙(张顺)等人被捕送入南兵营。在石门战俘营,他们研究成立了临时党支,由谷子珍任支书、刘亚龙任宣传委员、王沉

---

① 傅波:《罪行·罪证·罪责》,沈阳:辽宁民族出版社1995年版,第246—249、254—261页。

任组织委员，庄子凯为小组长。后来刘亚龙介绍刘志嘉、赵秉均二人加入了支部，支部名称为"六一"特支。"谷子珍给大家提出几条任务，大概意思是：一要坚定革命气节，应付敌人的审讯；二要了解党员的表现；三要揭秘敌人的反动宣传；四要了解所内、所外情况，准备重返部队。"①

1942 年 6 月，"六一"特支知道战俘营内已有王泊生发起组织的党小组，即决定两个组织合并，支部取名"六月特支"，由王泊生负责，谷子珍、刘亚龙协助工作。后经调整，谷子珍任书记，原抗三团特派干事赵秉均任组织委员，刘亚龙任宣传委员。6 月底，谷子珍、王泊生二人被押解到东北本溪煤矿后，工作由赵秉均负责。"六月特支"不发展新党员，原抗三团的党员被关进战俘营后没有自首叛变的现象，并吸收了张兰芳、高成章、颜赤芬、胡志仁等人参加了支部活动。

1942 年 6 月初，抗三团宣传股长李振军、抗三团政治主任教员朱滔在河北安平被俘之后，在敌人的临时战俘营中成立了党的地下组织/政治保证组。党小组的任务是：(1)保证本组织人员坚贞不屈和敌人顽强斗争到底；(2)掌握情况，了解敌人动态和被捕人员的一切情况；(3)不断对群众进行民族气节教育，启发阶级觉悟，研究对付敌人的方针、政策及办法。1942 年 6 月底，李振军、朱滔二人被送入石门战俘营，进入战俘营后他们同"六月特支"合并，改称"七月特支"，李振军、朱滔分别任支部组织委员和宣传委员。

8 月初，"七月特支"支部书记赵秉钧离开战俘营被运往东北抚顺煤矿，特支工作由李振军负责，支部成员包括朱滔、原抗三团保卫股干事石岩(王仁涛)，原抗三团军事主任教员黄涤尘(黄文、黄显文、黄飞鹏)、周铁珊、王可、王占奎、李志忠等。"七月特支"制定了"保存自己，团结应敌，积蓄力量，等待时机"的总方针，还制定了"对变节的斗争打击，对动摇的稳定争取，对消极的团结教育，对积极的巩固发展"等一系列的政策和积极发展党的力量夺取领导权，把敌人的战俘营变成与敌斗争的场所。利用敌人向外输送劳工的机会，把抗日战士送出战俘营，

---

① 王忱：《冲出牢笼　重返冀中》，何天义主编：《日军侵华集中营——中国受害者口述》，郑州：大象出版社 2008 年版，第 29 页。

给他们创造机会逃回抗日战场。

1942年8月24日,李振军、朱韬二人被运往东北阜新煤矿,"七月特支"工作交给支部委员石岩负责,石岩离开战俘营后又把支部工作交给了战俘邱为负责。

然而,统观中国战俘营,像石门战俘营在1942年下半年形成前后相系的政治性组织的案例并不多。1941年下半年的石门战俘营之所以出现政治性组织,有其特殊前提条件所在:一是这个阶段关押的战俘大家比较熟识,大部分来自五一扫荡被抓捕的共产党战俘,没有出现共产党、国民党、不受信任的伪军共处的局面;第二是此时的辅助管理者有很多中共人士,为战俘营内的政治性组织活动提供了可能。

第六章　中国战俘的反抗与离开战俘营

　　日军在战俘营的残暴行径给中国战俘带来了沉重的苦难。面对残暴的日伪管理者，中国战俘奋起反抗，以暴动的方式试图重获新生。这些暴动有的成功，有的失败，总体而言大多数以失败告终。战俘营里中国战俘暴动失败，迎接他们的是死亡，很多参加暴动的战俘不幸罹难。

　　日军设置中国战俘营的目的是掠夺中国战俘的劳动力资源，而不是向国际人道法规定的那样关押敌国战俘。日军是不会将中国战俘关押于战俘营中的，战俘营其实是日军的"劳动力培训、改造中心"，培训完毕的中国战俘主要有六种出路：一是向日军屈服，充当日伪工作人员、谍报人员；二是被迫为侵华日军服务充当搬运军需用品的伙夫；三是被迫到东北的煤矿和军事建设工地做工，即"特殊工人"；四是被转运到华北、华中、华南各地的厂矿码头，为日军侵华提供劳役；五是被转运到日本本土提供劳役；六是被转运到东南亚各地，为日军侵略提供劳役。

第一节　中国战俘的反抗

　　被投入集中营的中国战俘，在战俘营内发动了多次暴动。中国战俘发动暴动的原因一方面由于他们本为中国抗战士兵，许多士兵心向战场，一有机会就想逃出战俘营重新走向抗日战场，二是战俘营内日军管理者的残暴统治，使得中国战俘最终铤而走险。根据现有的史料，各个战俘营都有战俘暴动的记录。

　　1944 年以前，石门战俘营内就不断发生战俘个别或集体逃跑的情况。1943 年 7、8 月间,警备班和普通班的八、九个战俘从集中营内菜园门口集体逃跑,一人失败被重新俘虏,其余全部跑掉。1943 年 11 月初,警备班战俘钻电网爬壕沟跑出了集中营。

1944 年,石门战俘营发动了四次大规模的暴动。

1944 年 2 月,石门战俘营第一训练部发生暴动,被俘刚入营不久的八路军滏西大队战俘经过秘密的研究之后,计划组织集体逃跑。他们挖下地面的铺砖为武器,一齐从战俘宿舍冲出来。当这三十多名战俘冲到门口时,日军立即开枪射击,战俘用砖头为武器和日军哨兵搏斗,日军打死战俘五名,其余战俘全部冲出战俘营。曾经参加过此次暴动的张喜顺回忆说:"我们只找到了一根木杠子,有五六尺长,每人从屋地上扒四块砖作为武器,从正门上冲出去。冲到铁栅栏门口时,有四个日本兵拿枪就打,我们用砖头同日本兵打起来,边打边往外冲,把日本兵打得头破血流,我们终于冲出去一部分,被打死一部分人。"[1]

1944 年 5 月,就在 4 月份入战俘营的 400 余名战俘经过训练即将送往日本的前夕,战俘们在酝酿着组织集体逃跑,冲出劳训所。战俘大队的书记王秋长(抗大学生)酝酿暴动计划,最终决定深夜后打碗为号令一齐出动,打掉门卫,然后冲破电网,爬出沟壕后集体冲出战俘营。然而,暴动消息提前被日军得知。战俘营当即将王秋长等三人抓捕,并立即进行了审讯。经历严刑拷打后,王秋长等三人被处死。

1944 年 8 月,第一训练部普通班的战俘又一次发生了暴动。二百多名战俘一齐出动从劳工宿舍向大门口冲去,当即与日寇门卫发生搏斗,当场战俘牺牲达二十多人。大部分战俘没有逃跑成功,他们又被押回到战俘营宿舍。

1944 年 12 月,战俘营每天都有战俘被冻死。为了摆脱残酷的生活环境,23 日发生了战俘暴动。晚上九点左右,第一训练部普通班劳工大队三四百人冲出宿舍直向大门冲去。日军守卫立即向战俘开枪射击。日军当场打死中国战俘三名,电死一名。由于濠沟、电网、日寇火力阻挡着劳工的冲路,劳工无法逃脱,转身即向回跑。日寇警备班人员将未跑脱的战俘押送回宿舍。经过审讯,日军共扣押战俘五十余人,刘

---

[1] 张喜顺:《在集中营越狱的简况》,何天义主编《石家庄集中营》,第 114 页。

风奇、高清海、张银锁被审为战俘暴动的首领,随后将十九名暴动者关进地牢。日军对十九名暴动者杀头,并将"三个暴动首领"的人头挂在第一、第二训练部的门前的电线杆上示众。每个人头的下面附有一张白纸条,上面写着姓名、籍贯,同时还张贴了一张警告战俘再次暴动逃跑为内容的布告。

根据笔者对资料的整理,发现所有的战俘营都有战俘逃脱暴动的情况,其中青岛集中营战俘逃脱情况的资料比较详细。

1945 年 2 月 16 日,青岛战俘营发生战俘暴动。青岛警察局局长钱宗超在写给市长姚作宾的文件中称"汇泉体育场内居住之劳工协会工人二百八十余名,忽于本月十六日午后八时五十分暴动。当经该分局长率同官警及警防团员前往镇压,并饬分局及各分驻所官警全员出动,搜索截缉,彼时体育场附近,有盟邦桐部队出动布岗。当经调查该工人等原住市北分局铁山路,(注:由铁山路转运到汇泉体育场)于本月十三日,移住体育场,由劳工协会日人三名、中国青年队员十二名,在场看护管理。并由该分局派遣徒手警士七名,分班协助。于暴动时,各工人多以石块向青年队员打击,经制止及鸣枪镇压,均属无效"。最终"因工人人多势众,即将体育场之南铁门破坏逃跑。同时亦有越墙逃跑者。结果该分局查获十四名,桐部队查获六名,共计二十名。内有受伤者五名,均经盟邦宪兵队会同劳工协会领回处理,现体育场内,尚有未逃者十四名,死者四名,伤者三名等情"①。虽然警察局、劳工协会与日军共同应对战俘暴动,但是,仍有 200 多名战俘逃脱。

1945 年 2 月 27 日,青岛战俘又发生暴动。在青岛警察局呈报华北劳工协会第一训练所收容劳工暴动情形时候称:"二月十七日后夜二时余,转据派在华北劳工协会青岛第一训练所,加班警戒之一等警士张玉昆到局报告,该劳工训练所最近收容有他县俘虏、伪保安队暨盟邦兵队炮艇队遣送盗匪共计壹千五百余名,均在该所劳工宿舍收容。于昨日经该劳工训练所,按名换发劳工服装,遂将彼等旧有衣服以及被褥堆积院成行,惟于是晚,该所日籍职员尚未配给劳工棉被,即令劳工等穿

---

① 《青岛特别市市政府指令警察局为呈报汇泉体育场劳暴动经过情形由》,青档 23—1—1312。

着现发服装,夜间分队按名安静睡眠,并因无水关系,未予该劳工等晚饭。遂于是晚二时十分,经该所门卫警戒一等警士张玉昆、二等警士李廷岗,发觉闻得劳工宿舍有劳工喊呼逃走之声,并见有劳工少年队一名赤身跑出,遂经加班警戒之。三等警长白德顺、一等警士李克武、二等警士何作东、三等警士马贵生等分别持枪实弹防御,立见劳工宿舍窜出劳工约计壹百余名,各持窗上铁棍,或是砖石,暴动蜂拥挺身直向该所门口,先用砖石或持铁棍击打警戒长警斯时,经加班长警白德顺等六名,见势不佳,遂即开枪射击,尽力弹压。无奈该暴徒等不惧枪弹威挟,竟敢挺身直向警戒长警夺取枪弹,意欲夺门图逃。至该所驻守日籍职员虽亦鸣枪制止,但因劳工不怕抵御之威,讵料终由暴徒砸开所门,分别逃出计有百余名。"战俘在逃跑过程中同集中营管理者展开了战斗,"有警戒警士何作东、马贵生等因与劳工抢夺步枪,曾被劳工用铁棍砖石击伤手部,幸未被真夺走。警士张玉昆于开枪射击时,曾被劳工用砖石击伤脚部。但于弹压劳工暴动时,曾见击毙劳工壹名,击伤数名。现场秩序紊乱,请求派警援助等语。据此当即分别电报应援外,立派警备巡官叶续华复带武装长警八名,迳往该处鸣枪弹压,并沿途截获劳工三名,送至该所。时其他劳工见应援人多,难再图逃,皆回宿舍。"日本军队也加入了对战俘暴动的处置,"恢复秩序后,有盟邦宪兵队以及警防科警备股董股长带同武装警察一小队赶到,并有职分局派有专员丰田虎雄率领分局员王义昌、暨直辖分驻所巡官司炳铎带同长警四名,莅场查视结果,查得此次暴动共计逃走劳工壹百壹拾四名,当场击毙壹名,击伤壹名。后电请各处协缉。计由本分局青海路派出所查获国劳工壹名,本分局奉天路登州路各分所查获图逃劳工两名,又由台东分局管界各警工线内分别缉获五名,并闻市南分局缉获壹名,大港码头驻守友军共计活抓劳工八名,内有被枪击伤壹名,此外当场击毙两名。至于各处缉获劳工业经分别迳送劳工训练所收容。"①此次暴动,有 100 多名战俘在青岛战俘营逃脱。

北平集中营恶劣的环境使战俘劳工无法生活,因而不少人都想早

---

① 《青岛特别市政府指令警察局据该局呈报华北战俘协会第一训练所收容战俘暴动等情准备查嗣后严加防范由》,青档 231—1312。

日逃离虎口。一个山东籍的战俘,曾用胳膊夹着一个十几岁的孩子接连跳过了集中营的围墙、电网和水沟,成功地逃了出去。而另一名山东籍俘虏在黑夜跳电网时,却被电击中,活活烧死。第二天,日军还把战俘劳工集合起来参观,借此吓唬想逃跑的战俘劳工。但战俘劳工并没有被吓住,逃跑的事还是经常发生。一次,两名八路军战俘越狱被抓了回来,日军将全体战俘劳工集合到广场上,观看对这两个战俘执行死刑。一个战俘被当做活靶用枪打死了。另一个叫王国福的被日军用刺刀活活刺死。

　　根据掌握的资料显示,日军在中国设立的所有战俘营都发生过战俘逃脱事件。从 1942 年 5 月至 1944 年 4 月,南京浦口战俘营先后进行了四次暴动。

　　第一次暴动在 1942 年 8 月,组织者是十余名八路军地方武装人员,他们是从北平用拉煤火车运到浦口的。看到战俘营的恶劣条件,进来三天后他们就同集中营的新四军战俘取得联系,并分头把自己的人组织起来,暗中鼓动大家反抗。经过两天准备,他们组成了四个起义小队,第一小队以八路军、新四军为主,解决日本兵夺机枪;第二小队解决伪警察;第三、四小队对付伪军。暴动时间初定在 18 日的晚饭后。不巧得很,偏偏这天天黑了还下不了工。而天一黑岗楼就上岗,流动哨就派出,电网就通电,栅门也被关上。于是他们把暴动时间往后顺延一天。8 月 19 日,大家好不容易盼到太阳落山,吃过晚饭,战俘们挤在操场上等待点名。"吃烟吃烟喂!"操场上有人喊出一声暗语,人们立即向日军警卫室冲去,第一小队首先动手,他们用铁杠打倒了四个日军中的三个,并夺取一挺机枪,边走边打,冲出了大门,其他小队也跟着往外冲。看到战俘暴动外逃,日伪军警人员开始射击,江中日本军舰上的重机枪也向码头扫射。人们成群的倒下,只有张福贵等 32 人冲出浦口,到达新四军驻地。[①] 这次暴动虽然逃出的人不多,但却在战俘心中点燃了反抗的怒火。过去,战俘营的电网白天不运作,经过这次暴动,日军将电网日夜通电,不再间歇。

　　第二次暴动发生在 1943 年 10 月,由于日军管理残暴,屠杀战俘屡

---

① 《浦口三井煤场工人起义》,《解放日报》1943 年 2 月 27 日。

有发生,浦口战俘营第五、第六中队的战俘决定发动暴动。在新四军团长史城侠的带领下,1000 多名战俘参加暴动。开始时,第六中队一个小队长用尖镐打倒一个看守的日军,夺枪带领几十人冲出去。因为有人向日军告密,致使剩余的大批战俘暴动失败。日军对五中队和六中队战俘进行疯狂的报复,用木棍狠打战俘的下胯,没被打死的就拖出去活埋,一连三天不给战俘饭吃。

第三次暴动发生在 1943 年 11 月,由国民党二十七军二十一团一个姓孔的军官组织。这批战俘抢到日军的两挺机枪、四支手枪、四支步枪和一些子弹,边打边跑,冲出去 70 多人。但由于遭到战俘营的日本兵和浦口镇日本宪兵队的夹击,晚跑的人被抓住后押往坝子窑,日军当场捅死 20 多人。第二天,集中营剩下的 3000 名战俘被日军在太阳下罚站,不许吃喝,还不准动,战俘们受罚整整站了一天。

第四次暴动发生在 1944 年 4 月,由四中队的王占魁等人组织。为了逃出牢笼,他们联络了几十人,秘密察看了地形,前后准备了几个月,并悄悄拧断了集中营一处铁丝网。在王占魁的带领下,30 多人无声无息逃了出去。由于汉奸发现报告,后走的 20 多人被日军用机枪打死。王占魁等人逃出浦口,进入深山。[①]

第二节　中国战俘离开集中营

日军将中国战俘送入集中营接受教育与培训,其主要目的是利用中国战俘的劳动力资源。经过战俘营培训后的中国战俘要分配到为日军工作的各个岗位,根据笔者对档案材料的梳理,培训完毕的中国战俘主要有六种出路:一是向日军屈服,充当日伪工作人员、谍报人员;二是被迫为侵华日军服务充当搬运军需用品的伙夫;三是被迫到东北的煤矿和军事建设工地做工,即"特殊工人";四是被转运到华北、华中、华南各地的厂矿码头,为日军侵华提供劳役;五是被转运到日本本土提供劳役;六是被转运到东南亚各地,为日军侵略提供劳役。这些内容在下

---

① 何天义编著:《日军侵华战俘营总论》,北京:社会科学出版社 2013 年版,第 268—270 页。

文的叙述中还会涉及。

根据资料显示,石门战俘营俘虏的出所情况,大致有如下几种:

1. 绝大部分去煤矿场地当劳工。主要是输送到东北的抚顺、阜新、弓长岭等地,其次是北京门头沟,河北的井陉煤矿。在 1944 年以前,中国战俘主要被运往华北和东北等地,1944 年以后,主要被运送到日本本土充当挖煤劳工。

2. 有一部分经培训后,派往各地特务机关充当日本特务。1943年以前主要派到石门特务机关较多,1944 年以后派往邯郸、洛阳、郑州、深县等地较多。

3. 在集中营内任职较长,对敌人有贡献的科长、班长等辅助管理者,以释放为名,放回解放区,这些人在走时敌人开会送行,并发放身份证明材料。干部班、警卫班、特训班、中等科等科员以上的干部可能随战俘大队一块下矿山,但是到矿山后仍然充任劳工队干部,负责领导、监视、管理战俘劳动。

4. 部分战俘已经屈服于日人,经过训练后长期留在集中营任职,直至战后战俘营解散。

5. 个别战俘由家人、熟悉人作保,被释放。

进入集中营的中国战俘想离开战俘营,但是管理人员会告诉他们所面临的实际情况:"要知道,就是让你离开这里,也不会放你回家,不能用你当汉奸,就用你当奴隶。"即使是女战俘,也要为日本侵华服务。"三三两两不会到市场上去卖,但可能送给日本特务和汉奸家里当女佣人。"①

一份日方文献记载的石门战俘营战俘去向的材料记载"训练所设立以来到去年(1942),收容累计 12477 名,其中对外供出的训练完了者为11094 名,内情如下:本溪湖 2300 名;东边道开发 900 名;煤矿(井陉、正丰)1000 名;满洲煤矿 2200 名;抚顺煤矿 2600 名;昭和炼铁厂 300 名;回国者 400 名。"②根据 1942 年之前的记载,我们发现石门战俘营的战俘

① 梅欧:《日寇战俘营纪实——我在魔窟中的所见所闻》,第 63 页。
② 前田一:《特殊劳动者的劳务管理》,1943 年 11 月 25 日。何天义:《日本侵略华北罪行档案——集中营》,第 87—91 页。

1942 年之前都去了东北，在 11094 名出所战俘中，去东北的有 8300 人，占到总数的 74.8％，在华北工矿企业的 1000 名，占到总数的 9.0％。

这份文件说明了中国战俘大部分都到东北的工矿企业做"特殊工人"，华北工矿企业也吸收了一部分战俘。在战俘营的机构设置上，绝大部分战俘都被分配到普通班，普通班正是培训战俘做劳工的机构。

一、运往东北的"特殊工人"

东北的阜新、抚顺、本溪、通化、大栗子沟、老虎台、老头沟、瑗辉、弓长岭等地的煤矿都是石门战俘营里中国战俘的劳役之所。华北战俘营里的中国战俘，1944 年以前多送往东北、华北各地的工矿场所，1944 年以后一部分战俘被送往日本从事强制劳动。选定的战俘都是经过一段时间的训练之后按批次送出，每批送出的人数不等，少的几十名，多的四五百名。

因为没有找到其他战俘营向外输送战俘的详细资料，只有石门战俘营的资料，根据石门集中营的记载，石门战俘营向东北输送的战俘（特殊工人）被运往阜新、本溪、抚顺各地的煤矿。

（一）被运送到阜新的战俘

1. 1942 年 2 月底或 3 月初，去阜新露天煤矿（孙家洼矿）一个劳工大队 200 人。

2. 1942 年 5 月（阴历），去阜新煤矿（高德矿）一个劳工大队 300 人。

3. 1942 年 7 月去阜新煤矿（太平矿）一个劳工大队 300 人下分三个小队，每个小队有五六个班，每班有 20 名左右。

4. 1942 年 8 月中旬，去阜新煤矿一个劳工大队 300 人。

5. 1942 年 11 月，去阜新煤矿一个劳工大队，分四批送去，每批一百人。第一批于 11 月 9 日、第二批于 11 月 12 日、第三批于 11 月 14 日、第四批于 11 月 15 日出发，共同组成"特殊劳工大队"。

6. 1943 年 1 月去阜新煤矿一个劳工大队 300 人。

7. 1942 年 12 月 10 日左右去阜新煤矿（太平矿）一个劳工大队 200 多人。

（二）北票煤矿战俘。1942 年 5 月去北票煤矿 100 人。

（三）抚顺煤矿战俘。1942 年 5 月去抚顺两批劳工。

（四）本溪煤矿战俘

1. 1942 年 5 月 17 日去本溪煤矿一个劳工大队 400 人。

2. 1942 年 6 月去本溪一批 100 人。

（五）千斤寨煤矿战俘。1942 年秋去抚顺煤矿（千斤寨）一批 150 人。

（六）大栗沟太平矿战俘。1943 年去东北通化临江县大栗子沟太平沟矿一个劳工大队，200 人。

（七）七道沟铁矿战俘。1943 年 7 月去吉林省通化县七道沟铁矿一批劳工，100 人。

石门向华北工矿企业输送，主要是附近的井陉煤矿。笔者仅掌握石门战俘营向井陉煤矿输送劳工的零星资料，如：

1942 年 1 月 10 日，向井陉煤矿输送战俘 30 多人。

1942 年 2 月，向井陉煤矿输送战俘，数目不详。

1942 年 4 月，向井陉煤矿输送有 2 批战俘，每批 100 人。

此外，石门战俘营还向天津地区输送一批战俘 200 人，在天津野战仓库进行劳作。

根据东北满铁资料等文献，我们发现了东北地区的厂矿接受华北战俘营移送的战俘记录。表 6-1、6-2 是抚顺煤矿的搭连坑和龙凤矿接受华北地区运来战俘的统计表。

表 6-1　抚顺龙凤矿特殊工人接收情况表

	时间	人数	战俘营	战俘状况	备注
第一批	1939.10	350	太原战俘营	中条山作战国民党俘虏	
第二批	1941.01	100	临汾战俘营	恒曲县一带作战的国军俘虏	
第三批	1941.10	700	临汾战俘营		
第四批	1941.12	200	徐州战俘营	山东西南部、苏北被俘的共军战俘	
		600	太原战俘营	晋东南国民党战俘	

续　表

	时间	人数	战俘营	战俘状况	备注
第五批	1942.03	100	济南战俘营	山东惠民附近的国军战俘	出发时480人,先在兴凯湖修路,后来抚顺100人
第六批	1942.05	200	徐州北关监狱	徐州地区抗日军民	
第七批	1942.08	300	石门战俘营	共产党军政人员	
第八批	1943.10	400人	石门战俘营等	石门战俘营、山东惠民地区国民党战俘、山东胶东地区八路军战俘	为1943年春修建兴凯湖国防公路的战俘,冬季不能修路来此

(根据李联谊:《中国特殊工人史略》,抚顺市科协印刷厂印刷,1991年版,第26—27页内容制作。)

表6-2　抚顺煤矿搭连坑接受特殊工人情况表

	时间	人数	战俘营	战俘状况	备注
第一批	1940年农历6月	700	太原战俘营	山西各地国军战俘	
第二批	1940年农历8月	56	太原战俘营	晋东南抗日人员	
第三批	1940.10	1000	太原战俘营	国杨虎城部	
第四批	1941.06	800	太原战俘营	国军战俘	
第五批	1942.05	120		静海地区地方军队	
第六批	1942.07	20	太原战俘营	国民党军队	共1200人,到搭连坑20人
第七批	1943年农历10月	400	石门战俘营		1942年11月800人到太平矿,后到兴凯湖,再回搭连坑

(根据李联谊:《中国特殊工人史略》,抚顺市科协印刷厂印刷,1991年版,第28页内容制作。)

　　根据以上两个表格的内容，我们发现早在 1939 年的 10 月，日军就开始将华北地区的中国战俘运送到"伪满洲国"的厂矿企业中做"特殊工人"，榨取中国战俘身上仅存的劳动力资源。而根据李联谊的研究，早在 1938 年 11 月 1 日起，抚顺炭矿就开始秘密使用战俘。该年北满被俘的中国抗日武装 110 人，经哈尔滨劳工训练所训练两个月后，被分配到抚顺炭矿，至 1940 年 7 月底，除 11 人死亡外，有 67 人逃走，10 人被退回训练所，结果只剩下 22 人。[1]

　　被运往抚顺煤矿的战俘主要是从石门、太原两个战俘营运出，还有徐州、临汾、济南战俘营也曾送出战俘到东北地区。这两个表格显示的只是东北地区接受的极小一部分中国战俘。根据粗略统计，被运往阜新煤矿的特殊工人有 9300 人，北票煤矿 4000，本溪 5000 多人，辽阳烟台煤矿 700 多人，鞍山铁矿 3436 人，鞍山昭和制钢所制铁厂 400 多人，丰田兵工厂几百人，西安煤矿和吉林蛟河煤矿 400 多人，通化石人煤矿 300 多人，通化土道沟铁矿 200 多人，吉林丰满发电厂数百人。[2] 辽宁省的抚顺、阜新、北票、本溪、辽阳、鞍山，吉林省的石人煤矿等使用了大批特殊工人。据当时抚顺警察局长柏叶勇一的交代，"自 1940 年被日军俘虏后送抚顺煤矿做苦役的中国抗日人员共 4 万余名。"[3]抚顺宪兵队宝田震策也交代，"抚顺煤矿特殊工人总数约 4 万人"[4]。

　　当然，我们还需深入挖掘东北地区的史料，找寻更多有关"特殊工人"的资料。

二、运往日本的中国战俘

　　根据刘宝辰的研究，被强掳到日本强制劳动的中国人按照职业可以分成四类：一是抗日的军、干、民人员；二是普通的工、农、商、学、平民百姓；三是失去日本信任的原亲日的军、政、警人员；四是极少数的囚

---

[1] 《抚顺工人运动大事记》，转引自李联谊：《中国特殊工人史略》，抚顺市科协印刷厂印刷 1991 年版，第 25 页。

[2] 李联谊：《中国特殊工人史略》，抚顺市科协印刷厂印刷 1991 年版，第 24 页。

[3] 傅波：《论东北战俘劳工问题》，《长白学刊》1997 年第 2 期，第 246—249 页。

[4] 《抚顺文史资料》第九辑，第 7 页。

犯和乞丐。① 由此可知,被运往日本强制劳动的并非全部都是中国战俘,但是被运往日本的有大量的国民党官兵、八路军指战员和县区地方游击队队员、地下工作者、反抗日本侵略的爱国者等人,这些人都是战俘。

根据日本方面的资料,被强掳到日本的中国人来自华北的35778,占 91.9%,华中2137,占 5.5%,"伪满洲国"1020,占 2.6%。② 按照省籍来分,河北省 14951 人,山东省 9167 人,河南省 4149 人,江苏省 1159 人,山西省 612 人,浙江省 385 人,安徽和陕西各 266 人,湖北省 250 人,四川省 127 人,广东省 115 人,被抓人员的机关遍及全国 25 个省区。③ 不论根据哪个统计方式,我们都可以看出华北地区被强掳到日本的中国人最多,这也同日军在华设立的战俘营主要在华北地区相一致。在运往日本的强掳中国人中,战俘占据绝大多数。

表 6-3　日本强制连行中国人统计表

产业	业种	作业场数	人员数
土建业	发电所建设	13	6076
	飞行场建设	8	3428
	铁道港湾建设	6	1575
	地下工场建设	6	2148
造船业		4	1210
矿工业	石炭采掘	42	17433
	铜矿采掘	9	4382
	水银矿采掘	7	3077
	钢铁采掘	6	1397
	其他矿石采掘	5	999
	矿石精炼	1	132

---

① 刘宝辰、林凤升:《日本掳役中国战俘劳工调查研究》,石家庄:河北大学出版社 2002 年版,第 9 页。

② 〔日〕田中宏等:《强掳中国人资料——〈外务省报告〉及其他》,现代书馆 1995 年版,第 217 页。

③ 〔日〕田中宏等:《资料:强掳中国人的记录》,明石书店 1990 年版,第 175—163 页。

续　表

产　业	业　种	作业场数	人员数
荷役业		25	8073
总　计		135	51176

（外务省『華人劳務者就労事情調查報告書』1946 年。转引自田中宏：『在日外国人—法の壁，心の溝—新版』岩波書店 1995 年版，第 214 页。）

　　由上表可知中国人被强掳到遍及日本全国的 135 个作业场，为日本经济开发服务。被强掳的中国人，绝大多数是经过战俘营培训的中国战俘。出集中营之前，每个战俘发给一套衣服，一双雨鞋，一条毛巾，一盒烟。走之前集合由集中营负责人进行奴化教育之类的训话。训话完毕后，由干部班带队、警备班人员武装押送，四人一排列队前进，队伍前面还有警备班的号队欢送到火车站，一个一个押进火车，车门口都有日本军人持枪把守，车厢内由带队干部看管。去东北的劳工到山海关要换人押送，由要人单位押回。去日本的劳工，押送塘沽、青岛等港出国。

图 6-1　"欢送"战俘去日本仪式上的号队

（何天义主编：《日军枪刺下的中国劳工：石家庄集中营》，北京：新华出版社 1995 年版，图 7。）

1944 年之后,中国战俘开始大规模向日本输出充抵劳工,至战败为止共约 4 万多名中国战俘在日劳动。这些战俘多为石门、北平西苑、太原、济南新华院等战俘集中营培训后,经塘沽、青岛二地的战俘转送营送到日本。根据资料显示,石门集中营战俘去日本的情况如下:

1. 福冈:1943 年 11 月去日本福冈县一个劳工大队,208 人。

2. 北海道:1944 年 3 月去日本北海道一个劳工大队,300 人左右。

3. 长野:1944 年 4 月去日本长野一个劳工大队,300 人。

4. 鹿儿岛:1944 年 5 月去日本九洲鹿儿岛一个劳工大队。

5. 石仓:1944 年 7 月(旧历 5 月初 7)去日本北海道石仓一个劳工大队,210 人。

6. 林润野:1944 年 7 月由劳工教习所送到北京西苑一个劳工大队,后由青岛运送到日本福刚县林润野煤矿,500 人。

7. 大阪:1944 年 8 月去日本大阪市一个劳工大队 300 人。

8. 平冈:1944 年 5、6 月(有说 7 月)去日本长野县平冈一个劳工大队(兴亚建设队)400 人。

三、投靠日伪的中国战俘

日军重视中国战俘的情报资源与劳动力资源。如前文述及,日军前线部队注重对战俘的审讯工作,以期获得中方的有用信息。日军 39 师团在湖北战场上重视培训中国战俘为其所用。"师团司令部以前就有重庆军俘虏约 20 名,把他们叫做乐园部队,除为日常各种劳动服务外,为将来搜集情报使用而对他们进行教育并且教授日本语,于襄阳作战时带领他们作翻译而役使。"[1]

进入集中营后,日方所作的各种行动的目的仍然在于消除中国士兵的抗日心理,从而为日本侵华服务。日军通过收买、威逼利诱、严刑逼供等手段对待中国战俘,在日方的种种行动面前,出现了战俘的投靠情况。以下是有关石门战俘营投靠战俘的情况。

---

[1]《佐佐真之助笔供》,1955 年 6 月 8 日。中档(一)119—2,4,1,第 7 号。载中央档案馆、湖北省档案馆编:《侵华日军在湖北暴行史料》,北京:中国档案出版社 2005 年版,第 421 页。

　　石门战俘营以做勤务、介绍工作和自由等不同名义，先后从战俘营干部班各科、警备班、中等科及妇女班等挑选了264名人员去往各地日伪政权、特务组织，这264人的去向包括：

　　石门110师团及其所属基层特务组织"特别调查班""对共调查班""荷野情报处"要去俘虏31名；其中去特别调查班8人、去"对共调查班"11人、去"荷野情报处"4人、去日寇3906、3916部队做特务、情报和文书的8人；

　　邯郸日寇"陆军联络部"及日特情报机构"中大公司"要去俘虏30名；

　　日军1417部队"于底特务队"要去俘虏59名；

　　河南临汝日寇"别动队调查班"要去俘虏17名；

　　驻河南尹川县寨子街日军要去俘虏12名；

　　河南洛阳日寇"宣传班""豫西和平救国会"要去俘虏18名；

　　河南郑州日寇要去俘虏27名；

　　北京日伪"华北宣传联盟"要去俘虏2名；

　　北京日军甲1420部队所属"黄城学院"要去俘虏24名；

　　井陉、深县、临城等县日特机关要去俘虏13名；

　　石门日伪政权、特务组织的31名。

　　各个战俘营都有中国战俘投降敌寇的记录。北平战俘营设立更生大队，"这是日本利用变节叛徒的训练单位，自动表示与日本合作并具备利用条件者，都集中在这里，向他们进行奴化政治思想教育……训练到一定时期，根据本人的志愿和条件分配如以下几个方面：1.充当伪军、伪警察；2.加入到合作社、新民会、华北交通株式会社；3.进入日方国营企业；4.加入陆军特务机关，其他日军机关的军政、宣传、报道部门；5.加入伪政府机关。"[1]

四、服务日军战备的中国战俘

　　日军在侵略中国过程中，一直伴随着对中国战俘的利用。一则史料记载了日军利用中国战俘掠取食物的过程："1941年9月，从武汉南

---

[1]《上村喜赖笔供》，转引自张子峰：《侵华日军战犯手记文档揭秘》，第20页。

下,向湖南省的长沙进犯时,日军某部用武力迫令两百多名中国战俘打劫当地谷仓,为他们抢劫了大量米麦;战俘们抢劫回来时,日军为了掩盖事实,又用机关枪把他们全部枪毙。没有一个人幸免。"①

　　除了这种临时性的抢劫利用以外,中国战俘还承担着日方前线军队的诸多建设任务。曾任中国派遣军第6方面军第34军第39师团长的佐佐真之助在笔供中交代了强迫战俘劳作的事情:"自1944年12月至1945年8月止,任职务期间,所犯之罪行……役使俘虏:作战时约123名,平常时约500个人工,以外甚多。"②1945年3月21日至4月18日在襄樊作战中日方部队"用抗日军俘虏约75名编成'协力部队',强制参加作战,充当担架队等,进行奴役,冒着生命的危险"③。

　　日军的工兵部队中有很多中国战俘。战俘集中营中一批战俘经教育后,被日军直接用于军事活动中,这些人主要是日本前线部队的工兵大队。根据笔者掌握的档案,独立混成第四旅团工兵大队配属的工程队三个小队,共计110人全部由中国战俘组成,

　　独立混成第四旅团工兵大队共有三个小队,工程队长是中央军84师25团的大尉张岩峰,其他构成人员如表6-3、6-4、6-5所示:

表6-3　独立混成第四旅团工兵大队配属工程队第一小队编成表

官阶	氏名	年龄	原所属部队名称	籍贯
中尉	岳广汉	26	中央军65师195团3营	河南滑县
中尉	郭成彩	47	中央军65师195团	河南项城县
中尉	李荣华	30	中央军十二师迫炮营	云南文山县
少尉	周仁普	28	军政部第十五伤病官兵收容所	河南浚县
曹长	李鸿恩	23	中央军六一师一八二团一营机枪一连	河南许昌

---

① [日]神吉晴夫等编著:《日本屠杀秘史》,台南:西北出版社1978年版,第55页。
② 《佐佐真之助笔供》,1954年8月19日,中档(一)119-2,4,1,第11号。载中央档案馆、湖北省档案馆编:《侵华日军在湖北暴行史料》,北京:中国档案出版社,2005年版,第271页。
③ 《黑濑市夫、柴田修藏检举书》,1954年11月9日,中档119-2,794,2,第5号。载中央档案馆、湖北省档案馆编:《侵华日军在湖北暴行史料》,北京:中国档案出版社,2005年版,第279页。

续　表

官阶	氏名	年龄	原所属部队名称	籍贯
曹长	周存武	22	中央军一〇六师七团三营七连	山东新县
曹长	贺世荣	24	山西游击第一大队三连	山西汾阳县
军曹	祁保华	28	中央军六五师十九团迫炮连	山西晋城
军曹	王福元	29	中央军七一师四〇四团三营八连	山西岚县
军曹	王喜滨	20	中央军九四师辎重营一连	河南济源
军曹	邵述明	28	中央军一〇师工兵营营部	河南镇平
伍长	冠靖安	29	中央军九三师辎重营二连	河南许昌
上等兵	黄宗汉	22	中央军第七师炮兵连	湖北汉口
上等兵	王子中	30	平遥县第三区区公所	山西平遥县
上等兵	王立荣	36	中央军一六六师卫生队	河南洛阳
上等兵	郭敬德	34	中央军四二师一团团部	山西翼城
上等兵	黄占中	28	中央军七师二营机三连	甘肃康县
上等兵	吴进财	30	中央军一〇师辎重营一连	江苏溧阳
上等兵	乔学山	22	中央军一〇师工兵营一连	河南南阳
上等兵	李振兴	28	中央军军政部军医署输送队	四川灌县
上等兵	谭福德	23	军政部第六八伤病官兵收容所	陕西汉中
上等兵	蔡耕黑	20	中央军九四师二八〇团卫生队	河南临汶县
上等兵	李祥得	20	中央军九四师二八一团三营八连	河南禹县
上等兵	马建成	24	中央军一六五师四九五团三营机三连	陕西凤翔
上等兵	曹高胜	21	中央军六五师一九五团三营营部	陕西扶平
上等兵	李生祥	21	中央军七师二一团特务排	陕西密县
上等兵	范新顺	28	军政部第六八伤病官兵收容所	四川云县
上等兵	梁瑞民	20	中央军一二师辎重营三连	四川大足
一等兵	张本敬	19	中央军一〇师三〇团三营九连	河南许昌

官阶	氏名	年龄	原所属部队名称	籍贯
一等兵	史水秀	20	中央军一二师三五团二营机枪连	陕西咸阳
一等兵	张九祉	25	中央军六五师一九五团三营九连	陕西密县
一等兵	任新有	26	中央军九四师二八一团一营一连	河南贾县
一等兵	黄珍西	25	山西第七区专员公署	陕西监县
一等兵	张发信	31	中央军一二师三六团步炮连	陕西汉中
一等兵	刘才章	27	中央军六五师一九五团步炮连	陕西汉中
一等兵	召学东	20	中央军三四师一〇〇团三营九连	湖北枣阳
一等兵	干合春	26	中央军六五师一九五团迫炮连	陕西西安
二等兵	赵田玉	26	中央军九四师二八二团三营机三连	陕西蓝田
计三十九名　将校五　下士官八　兵二六(上等兵十六一、二等兵一〇)				

（《独立混成第四旅团工兵大队配属工程队档案》，何天义藏）

表6-4　独立混成第四旅团工兵大队配属工程队第一小队编成表

阶级	氏名	年龄	原所属部队名称	籍贯
中尉	路鼎九	40	中央军九四师参谋处	河南宁陵
少尉	李鸿儒	28	中央军三军通信营一连	安徽阜阳
曹长	胡安全	28	中央军骑四师十一团	江西高安
曹长	郭玉德	32	晋军七一师三团团部	察哈尔宣化
军曹	刘在厚	23	中央军骑一师三团	山西灵武
军曹	张有福	23	山西决死队一九团	山西方山县
军曹	李清海	33	中央军九四师通讯连	河北南乐
军曹	刘学彦	34	中央军一二师三五团六连	山东滕县
军曹	吴青山	23	中央军七四师一一团三营九连	河北宛平
军曹	戴洪恩	27	中央军四二师一团二营六连	陕西华阴

阶级	氏名	年龄	原所属部队名称	籍贯
伍长	华俊亭	23	中央军三四师一〇〇团九连	河南南阳
伍长	陶春华	32	中央军新二师五团六连	安徽寿县
伍长	宴新田	24	中央军七师二一团三连	陕西咸阳
伍长	李道顺	24	中央军三四师一〇三团四连	河南汝南
伍长	李青云	25	中央军前二师七团一营二连	四川重庆
警士	孟宪斌	28	山西灵石县第一区	山西灵石
上等兵	张克明	24	中央军六八师六二四团九连	河南罗山
上等兵	张福顺	20	中央军八师二四团机二连	安徽太湖
上等兵	张忠诚	22	中央军七〇师一二团九连	河南西华
上等兵	李洪武	20	中央军三四师一〇一团迫炮连	河南上蔡
上等兵	常金田	20	中央军一一〇师二〇团九连	河南襄县
上等兵	亏之长	22	太原游击支队	山西灵邱
上等兵	郭石株	18	山西忠臣区工作队	山西祁县
上等兵	梁秀亭	25	中央军骑一师二团三营	山西繁峙
上等兵	何太明	38	中央军新二师四团步炮连	河南杞县
一等兵	张洪恩	36	中央军一二师三四团三营八连	河南卢山
一等兵	屈振荣	21	中央军一〇师辎重营一连	山西永济
一等兵	宋振岐	23	中央军四师四团一营三连	河北任县
一等兵	李世林	23	中央军七师二一团二营六连	陕西扶风
一等兵	杨俊才	20	中央军七师一九团三营七连	陕西尧县
一等兵	高明禄	22	中央军四七师一团机枪连	山西新降
二等兵	李耀志	30	决死队四中队	陕西安康
二等兵	池正志	30	中央军三师三六团一营二连	河南淮阳
二等兵	吴荣华	25	中央军七师二〇团一营一连	陕西三源
二等兵	齐有三	25	中央军七师一九团一营二连	四川富顺
计三十六名　将校三　下士官一三　警士一　兵一九（上等兵九　一、二等兵一〇）				

（《独立混成第四旅团工兵大队配属工程队档案》，何天义藏）

表6-5 独立混成第四旅团工兵大队配属工程队第三小队编成表

阶级	氏名	年龄	原所属部队名称	籍贯
少尉	袁振声	40	中央军一二师三四团团部	山东长山
少尉	王兆发	33	中央军六五师一九五团步炮连	河南杞县
曹长	刘殿胜	25	中央军四一师三团四连	河南永城
曹长	崔有	28	中央军骑一师二团二营营部	山西五台
曹长	梁德川	32	中央军一二师三五团三营八连	河南临汝
曹长	孙金和	32	中央军一二师三五团二营机二连	河南中门
军曹	李春阳	28	中央军八师二三团一营二连	河南汝南
军曹	胡国清	27	中央军一〇师三〇团三营八连	河南开封
军曹	宋成道	24	中央军四师一二团通讯排	山西孝义
军曹	王银生	27	中央军一〇师三〇团二营机二连	河南济源
军曹	刘克元	24	中央军六八师二〇四团一营一连	湖北孝感
军曹	王守义	25	中央军骑四师一团二营五连	绥远蔡城
军曹	王忠贤	24	中央军八四师二五一团机一连	陕西蓝田
军曹	何长寿	23	中央军新二师一团二连	山西孝义
伍长	杨春荣	19	中央军七四师一一团三营八连	山西孝义
伍长	池德纲	25	中央军一师一团九连	山西神池
伍长	陈进禄	28	中央军八师二二团一营一连	甘肃票县
上等兵	严清和	28	中央军一〇四师辎重营一连	四川瑞宁
上等兵	黄世发	30	中央军八五师二〇四团二营四连	河南南阳
上等兵	杜安记	30	中央军一〇一四工兵营	河南闵卿
上等兵	徐照发	23	中央军九四师四团二营五连	河南宝丰
上等兵	赵占魁	20	中央军八军辎重营一连	甘肃高台
一等兵	宋海清	27	中央军新八师二三团一营一连	四川合注
一等兵	丁仁风	25	中央军六五师一九五团运输连	陕西安康
一等兵	王亭廉	31	中央军一〇师辎重营二连	湖南宝庆
一等兵	路中宝	23	中央军新八师卫生队	河南宝丰

阶级	氏名	年龄	原所属部队名称	籍贯
一等兵	和永福	23	中央军三军特务连	河南西华
一等兵	赵文学	21	中央军三军特务连	河南西华
一等兵	杨国霖	26	中央军二七师七九团二营四连	河南杞县
二等兵	钱七壮	21	中央军新八师运输连	河南灵宝
二等兵	范明清	30	中央军六五师——九五团运输连	甘肃高台
二等兵	李忠海	20	中央军八军辎重营一连	甘肃荆台
二等兵	张同聚	20	豫南八师二二团一营一连	湖北光华
二等兵	董训岛	20	豫南八师二二团一营一连	安徽芜湖
工程队编成表				
计三十五名　将校三　下士官一五　兵一七(上等兵五一、二等兵一二)				
总员壹佰拾名　将校十一　下士官三十六　警士一　兵六十二				

(《独立混成第四旅团工兵大队配属工程队档案》,何天义藏)

　　至于有多少战俘在中国战场上为日军侵华服务,由于占有材料的不足,不能做出定量的结论。然而,通过独立混成第四旅团工兵大队配属的工程队的材料,我们知道确实有一批战俘在为日军侵华战争服务。

五、运送到东南亚的中国战俘

　　除了用于中国战场之外,太平洋战争后,日军还将中国战俘运送到东南亚战场,充当日军的劳工,从事后勤各项事务。1946 年 2 月,中国战俘韩庆来在写给上海市政府的书信中说:"不意在民国卅二年一月,分别为日军第四十一师团拘俘,强迫押赴南洋巴拉屋岛(PALAU)服役,担任饲马、搬运等粗重工作。期间三年,不仅备受日军虐害(计工作期间为日军残害者,共 25 名之多),且应得工资分文未给。"[①]1946 年 4 月 1 日,刘荣升等人报告说:"窃民等于抗战期间,原务农、工、兵、学,分

---

① 上海市政府关于强征民工、调遣至国外服役人员损失及其伤亡调查等问题与行政院赔偿委员会、内政部的往来文书(附韩庆来等呈报的归国俘工统计表),上档,档案号：Q1-17-1122。

隶各省,不幸于三十一年,先后被敌俘虏,于三十二年一月,经敌派兵押赴南洋已拉屋本岛,服务苦役,处于敌军不断之严密监视中,只得吞声忍气,期待最后胜利之来临。"①由此可知,有大量中国战俘被运至东南亚为日军服务。下面几个表格是部分到东南亚的中国战俘名单。

表6-7　中国留澳新不列颠暂编第一大队现有官兵名册

阶级	姓名	年龄	原属部队	详细地址
少校	陈国樑	43	独立四十五旅	河北省冀县韩村镇陈家庄
少校	李维恂	29	第三战区淞沪挺进纵队	江苏省无锡县华墅中街申义堂
少校	姚天谅	44	忠义救国军	上海市静安寺路748号
上尉	刘震亚	30	第三战区抗日救国军第四支队	上海市北山西路老泰安里34号刘凯转
上尉	刘伟宝	28	忠义救国军上海沪西办事处	江苏省江阴县王家康同仁记布庄转交
中尉	赵金山	34	忠义救国军	山东省曹县
中尉	谢少明	34	上海市武装警察总队	山东省曹县东南十五里束朱集
中尉	李威烈	26	忠义救国军	江苏省青浦县朱家角镇祥人浜22号
中尉	谈百明	34	忠义救国军锡武宜办事赴	江苏省武进县马山埠25号
少尉	谢贵权	32	常州空军学校管理科	广州市河南宝直和水里9号
少尉	谢云峰	37	皖南敌后先遣纵队	四川省渠县新有镇
少尉	张长清	29	上海浦东别动队	江苏省徐州城内湾林桥
少尉	王哲夫	29	嘉善县战地服务团	浙江省嘉善县枫泾镇南市
准尉	刘宝庆	28	皖南敌后先遣纵队	安徽省合肥县长临河山湖乡刘罗蔡村转交

① 上海市档案馆编:《日本帝国主义侵略上海罪行史料汇编》(上),上海:上海人民出版社1997年版,第353页。

阶级	姓名	年龄	原属部队	详细地址
准尉	陈鹤仲	28	吴江县常备大队	江苏省吴江县黎里镇芥字巷
准尉	张天才	27	忠义救国军	江苏省宿迁县北门内
准尉	林亚林	26	忠义救国军	浙江省镇海江南林塘乡
上士	高斌	28	第三战区游击一支队	浙江省杭州天井巷王老娘邱记木梳号
上士	王筱青	33	忠义救国军	江苏省铜山县西北乡范泾镇
上士	鲍良际	26	皖南敌后先遣纵队	安徽省芜湖县澕港镇
中士	胡春芳	32	忠义救国军	江苏省莆县东南五十里杨浦村
中士	张登保	28	忠义救国军	安徽省潜山县王阴江张家
中士	王根土	43	忠义救国军	浙江省萧山县有山镇
上等兵	张青龙	19	上海武装警察第二大队	上海市新东京路西文德里28号
上等兵	杨守良	19	第二十七军	山西省高平县河西镇北苏庄
上等兵	张辉明	25	忠义救国军	江苏省上海荷巷桥
上等兵	马中元	51	第二十七军	江苏省太仓县刘河镇
上等兵	王忠发	25	忠义救国军	江苏省溧水县新桥镇
上等兵	周亚雄	19	新编三十师	江苏省金山县干巷镇
上等兵	谢群子	31	忠义救国军	河南省唐河漠龙潭小河谢
上等兵	王有水	22	新编三十师	江苏省江阴县陆家桥
上等兵	周金水	36	五十师炮兵营	江苏省金山县干巷镇
一等兵	王鑫元	21	淞沪挺进纵队	江苏省奉贤县南桥镇王庭松眼科

续　表

阶级	姓名	年龄	原属部队	详细地址
一等兵	姚金奎	25	淞沪挺进纵队	江苏省太仓县
一等兵	张汉良	30	忠义救国军	江苏省金山县张堰镇
一等兵	吴炳生	24	忠义救国军	江苏省松江县阮巷填
一等兵	陈彩金	32	新编三十师	江苏省武进县魏村镇马巷村
二等兵	赵树云	24	忠义救国军	江苏省淮阳县张家湾
二等兵	孙华康	21	新编三十师	浙江省余姚县看镇
二等兵	杨小四	31	忠义救国军	江苏省松江县曹泾镇
二等兵	汤宝初	34	忠义救国军	湖南省长沙县小西门
二等兵	仲衡	49	忠义救国军	江苏省江阴县东门外蒲鞋桥
二等兵	杨鹤明	26	吴县自卫团	江苏省吴县盘门外
二等兵	吴補泉	22	三战区游击一支队	江苏省铜庭西山
二等兵	杨和生	19	江苏省保安四支队	江苏省武进县杨桥镇
二等兵	毕占鳌	26	皖南敌后先遣纵队	江苏省溧水县望京镇
二等兵	许梅春	27	忠义救国军	江苏省吴江县芦墟镇
队员	汪宝兴	28	淞沪挺进纵队	浙江省海宁县
科员	方燕雄	27	星洲武装部义勇军	浙江省镇海岩乙乡方
	秦家林	25		上海沪西北新泾镇
	余木天	24		江苏省吴县蠡墅镇
	陆菊生	29		江苏省吴县仪定金沙乡

（粟明鲜：《南太平样祭：新不列颠岛中国抗日战俘始末》，北京：中国文史出版社 2011 年版，第 312—313 页。）

上表所列是中国被运送到澳属不列颠群岛亚包岛上为日军作战服务的中国战俘。在 52 人之中，其中官兵 17 人，士兵 30 人，另有其他 5

人,身份是"队员"和"科员",其中汪宝兴属于淞沪挺进纵队,方燕雄是星洲武装部义勇军。另有三人秦家林、余木天、陆菊生的原属部队不详。

表6-8　留澳属新不列颠岛暂编第一大队军官班现有官兵名册

阶级	姓名	年龄	原属部队	详细地址
上尉	陆学琳	41	保安第四支队	江苏省武进县王家桥镇
中尉	白文海	35	二七军	辽宁省辽中县北冷子堡
中尉	刘明	31	八十八师	江苏省无锡县北乡长安桥镇
中尉	张自强	34	忠救军	湖南省邵阳县小东乡
中尉	张少奎	38	忠救军	山东省度平县殷瓜村
少尉	李梅先	36	六十二师	湖南省湘乡县十三都白田
少尉	孟功远	38	三十师	河南省沂县孟家公祠
少尉	龙正富	35	敌后先遣纵队	四川省华阳县北门外大华街
少尉	陈云飞	27	忠救军	江苏省金山县张堰镇
少尉	周纪隆	29	新四军	安徽省天通县河叶州
少尉	张惠民	27	国民兵团	河南省淮阳县张老家
少尉	段宴清	30	五十五师	湖北省黄冈县仓镇铺
少尉	方宏	31	忠救军	江苏省常熟县孤山
助理员	王景武	28	冀南军	河北省枣县萧张镇程杨村
中士	葛志中	26	保安第四支队	江苏省武进县遥欣巷镇
中士	徐仲英	40	五十二师	福建省建宁县南门外水南街
上等兵	宋明生	30	三十师	江苏省金山县河横

(粟明鲜:《南太平样祭:新不列颠岛中国抗日战俘始末》,北京:中国文史出版社2011年版,第314页。)

　　留澳属新不列颠岛暂编第一大队军官班共有官佐14名,士兵3名,这17名中国战俘既有属于国民党系统的正规军队,还包括国民党组织的地下抗战武装,例如"忠义救国军"、国民民团、保安队等等。此外,还有新四军战俘。这表明,国民党和共产党战俘共同在新不列颠群岛为日军服劳役。

表6-9 留澳属新不列颠岛暂编第一大队独立区队现有官兵花名册

阶级	姓名	年龄	原属部队	详细地址
少尉	朱云	40	四行孤军	湖南省湘青树坪想思桥孟家村
准尉	雷坤	40	四行孤军	湖南省岳阳黄岸市芦德秦宝号
上士	邢国槐	34	四行孤军	湖南浏阳北乡社港市邮局内玉田寻业广收
上士	曹明忠	35	四行孤军	江西九江新港镇曹家门曹光卒
上士	秦烈文	45	四行孤军	湖南永州零陵大西门柳子庙陈兴发倒窄埠秦烈文
上士	张青轩	30	四行孤军	山东曹县东南四十五里攻楼集北门二里张庄张振越
上士	欧文卿	33	四行孤军	湖南湘西玉兴县东门外欧红喜
上士	童子标	40	四行孤军	福建连城中山街天利人转童长寿
上士	邓斌	41	四行孤军	湖北汉阳乾隆巷交肖三爹
上士	毛炎炳	39	四行孤军	湖北通城马灵乡三埠桥棚山益唐桥屋鸽喜
上士	王长林	29	四行孤军	江苏燕子矶鲁夏连
上士	李锦堂	33	四行孤军	湖北荆门南门外大庆元李念芝
中士	杨福贤	36	四行孤军	安徽合肥北乡九十里苏集杨明忠
中士	卢光容	40	四行孤军	湖北武昌南乡五里界太平桥花纪南
中士	李新伍	36	四行孤军	湖北武昌粤汉路山坡镇李大有粮行交李自高
中士	王根	28	四行孤军	河南汝南东南二十五里兴旺店王安尚
中士	熊任民	39	四行孤军	湖北通城麦市邮局堂墩王子青
中士	彭南亭	33	四行孤军	四川巫山大昌镇长发宣彭开先
中士	田有收	30	四行孤军	湖北蒲圻北乡第五区姻墩岭
中士	彭玉成	30	四行孤军	四川丰都县门口对门一洞天茶社张玉卿交彭绍普

续　表

阶级	姓名	年龄	原属部队	详细地址
中士	郭永祥	34	四行孤军	河南塘县西北四十五里桐河镇东南十里小郭庄郭尉浦
中士	周仁山	35	四行孤军	湖北武昌南乡纸坊交潘瑞计
下士	张其友	29	四行孤军	湖北蒲圻石家渡杨子坂吴家湾张望珠
下士	田光前	27	四行孤军	湖北武昌南乡五里界来茉二里马家湾田保清
下士	张应禄	29	四行孤军	陕西城固塩井坝长盛茂张文仲
下士	朱阿金	49	四行孤军	江苏江阴东门外后城通新桥交鼎沅隆
下士	黄汉卿	23	四行孤军	湖北卡金土离城四十五里黄家村黄计奎
下士	赵大炳	28	四行孤军	湖北通城鲤港黄益泰五流段山头界赵大虎
下士	李昌生	32	四行孤军	湖北蒲圻新店枫桥李新白
下士	邓芝和	38	四行孤军	湖北武昌发子州邓有如转邓家边
下士	黄秀锦	33	四行孤军	湖北通城鲤港镇利兴号交黄秀保
下士	鲜印红	35	四行孤军	陕西南临南门外牟家坝义秀堂鲜印龙
下士	徐有贵	23	四行孤军	湖北通城北门外桥交徐江山
下士	吴俊卿	35	四行孤军	四川涪陵镇溪珍横街孟林合永乡四保吴子卿
上等兵	陈树德	49	四行孤军	浙江江东三官堂厂后河 34 号陈何鹤
上等兵	任贤清	41	四行孤军	湖北蒲圻黄龙邮局交邓永兴

（粟明鲜：《南太平样祭：新不列颠岛中国抗日战俘始末》，北京：中国文史出版社 2011 年版，第 312—313 页。）

　　以上表格表明被俘的四行孤军也被运往新不列颠岛为日军服劳役。四行孤军在退入租界之后被集中关押。太平洋战争之后，租界中的"孤军营"被日军接管。退入租界的四行孤军被俘。他们先后被关押在南京老虎桥、浙江萧山、安徽裕溪口等地的战俘营中，从这份资料中，我们可知最少有 36 名四行孤军辗转被运往不列颠岛役使。

第七章　日军在华设置的盟军战俘营

　　太平洋战争之后,日军迅速占领了东南亚地区,俘获了大量的盟军战俘。为了管理盟军战俘,日本军方成立了俘虏情报局,并且制定了一系列的战俘管理政策。日方宣布按国际法规定对待盟军战俘,承认盟军战俘的政治身份。为了实现对盟军战俘的有效管理,日本军方在国内、国外设立了多个战俘营。日本在国外设置的战俘营主要集中在东南亚、朝鲜、中国等地。日本在占领地设置盟军战俘营,一方面便于就地利用盟军战俘的劳动力资源,另一方面也试图加强对占领地民众的心理威慑。其中设置在中国土地上的战俘营包括台湾、香港、奉天(沈阳)、上海,另外在海南岛设置了用于管理盟军战俘劳作的战俘营。

　　台湾在甲午战争后已经处于日本控制之下,因此设置于台湾的战俘营同奉天、上海的战俘营不完全相同。香港长期处于港英当局的控制之下,同内地有很大的区别。在日本设置于中国关押英美盟军战俘的集中营中,本章主要讨论太平洋战争之后日军在奉天、上海两地设置的战俘营。由于杨竞、王铁军等学者对奉天的战俘营已经有比较系统化的研究,故本章的重点在于突出日本在上海设置的战俘集中营,并且对上海、奉天的战俘营进行比较研究。[①]

---

① 研究奉天战俘营的代表作有:杨竞:《奉天涅槃——见证二战日军沈阳英美盟军战俘营》,沈阳:沈阳出版社 2003 年版;王铁军、高建:《二战时期沈阳盟军战俘营研究》,北京:社会科学文献出版社 2011 年版。

第一节　盟军战俘集中营的设立

一、太平洋战争与盟军战俘

1941年12月7日,日本海军舰队偷袭停靠在夏威夷美国海军基地的太平洋舰队,给美国太平洋舰队造成重大损失,美国官兵伤亡4000多人。与此同时,日本陆军分兵四路向马来亚、菲律宾、泰国、中国香港等地的英美军队发动突然袭击。8日,日军在泰国登陆。25日,香港沦陷。1942年1月初,日军控制了马来亚;1月底占领了婆罗洲,2月15日,新加坡沦陷。

1941年12月10日,日军在菲律宾登陆,此后至1942年5月,美国远东军司令麦克阿瑟率领的美菲盟军同日军展开了激烈战斗。1941年12月20日,日军占领了棉兰老岛;1942年1月2日,日军占领菲律宾首都马尼拉,1月10日,日军向巴丹半岛美菲盟军发起总攻。在经历3个月的艰苦战斗后,巴丹半岛守军溃败。3月12日,麦克阿瑟败走澳大利亚,温莱特将军代替麦克阿瑟担任菲律宾战场指挥官。4月9日,守卫巴丹半岛的7.5万名美菲盟军投降。温莱特将军率剩余部队退守科雷吉多岛坚守最后防线。此时盟军的抵抗已经丧失意义,为了避免不必要的伤亡,5月6日,温莱特率领1.5万名美菲盟军投降。

1942年3月1日,日军在爪哇登陆,5日占领雅加达,8日占领仰光。3月15日,日军占领整个荷属东印度,控制了马六甲海峡。

至此,不到半年时间里日军相继占领了新加坡、马来亚、泰国、菲律宾、所罗门群岛、新几内亚群岛等地,控制了东南亚的大部分地区。在日军的进攻之下,英美等国军队措手不及,纷纷投降。1942年12月25日,香港总督杨慕琦率部投降,大批英印军成为日军俘虏。1942年1月30日,印度尼西亚安恩本的1600余名澳大利亚士兵投降。1942年2月15日,马来亚英军司令帕西瓦尔中将率10万名英军、澳大利亚、印度军队投降;1942年3月25日,在爪哇的英美联军投降;4到5月间,守卫菲律宾的9万余名美菲联军投降。

据不完全统计,在太平洋战争初期,日军俘虏英美荷澳等"白人"战俘 125309 人,亚洲战俘 137148 人。[1] 由于这一数据仅仅是依据日本陆军的《战俘月报》统计,实际上的俘虏数目要远远高于以上统计数字。1943 年《申报》曾经刊出文章说明日军收容战俘达 30 万人以上。"陆军省法律局长大山文雄中将,今日在贵族院征兵法改定委员会会议中宣称,自大东亚战争发生以来,日军已获战俘共约 30 万人,内 1138 千名系西人,计有英美荷澳与加拿大人,多拘禁于占领区内,其中亦有若干拘禁于日本、朝鲜与台湾。"[2]通过不同的调查路径得到的盟军战俘数目不同。太平洋战争初期,日军在战场上的胜利,俘获大批盟军战俘这一事实是无疑的。

二、盟军战俘的管理与处置

日本对待盟军战俘的态度与之前所述的对待中国战俘的态度不同。总体说来,即使英美等国屡屡抱怨日本虐待盟军战俘,盟军战俘受到的待遇也比中国战俘要好。卢沟桥事变后,日本不承认中国战俘的政治地位,以"匪徒"对待中国战俘,更未设立专门的战俘管理机构。日方的这一态度在太平洋战争爆发后发生了变化。1941 年 12 月 27 日,日本政府公布了《俘虏情报局官制》,开始完善俘虏收容机构的建制。

首任俘虏情报局长官为陆军中将上村干男。上村干男 1892 年出生,山口县人,1912 年 5 月毕业于陆军士官学校第 24 期。同年 12 月,担任步兵少尉。1921 年 11 月,陆军大学第 33 期毕业,之后担任过陆军步兵学校教官。1926 年 9 月至 1928 年 11 月外派德国。回到日本后,担任过近卫步兵第 4 联队大队长等职。1931 年 11 月起,历任陆大教官、近卫师团参谋、台湾军参谋等职。1937 年 8 月任步兵第 76 联队长,1938 年 7 月任步兵第 5 旅团长,晋升为陆军少将。上村干男曾经

---

[1] [日]内海爱子等编:《东京审判资料——俘虏情报局相关文书》,现代史料出版社 1999 年版,第 179—180 页。

[2] 《日军获战俘达 30 万》,《申报》,1943 年 2 月 3 日。

参加武汉会战,会战后担任台湾军参谋长,1941 年 8 月晋升陆军中将。1941 年 12 月 29 日就任战俘情报局长官。① 除了上村干男,太平洋战争爆发后,日方共有 3 人担任过俘虏情报局长官,其中田中浩的任期更是延续到战争结束后的 1946 年 5 月。②

表 7 - 1　二战时期日军俘虏情报局长官名录

俘虏情报局长官		任期	
首任长官	上村干男中将	开始时间	1941.12.29
		结束时间	1943.03.11
第二任长官	滨田平(少)中将	开始时间	1943.03.11
		结束时间	1944.11.22
第三任长官	田村浩(少)中将	开始时间	1944.11.22
		结束时间	1946.05.31

(秦邦彦编:《日本陆海军统合事典》,东京大学出版会 2005 年版,第 426 页。转引自内海爱子《日本军的俘虏政策》,青木书店 2005 年版,第 184 页。)

　　上村干男担任俘虏情报局长官时军衔已是中将军衔,后来接替俘虏情报局长官的滨田平和田村浩在担任该职位时军衔都是少将,在担任俘虏情报局期间才晋升为中将。由行政长官的军衔变化,也从一个侧面反映了日军对俘虏情报局的重视程度的不足。

---

① 1943 年 3 月,上村担任第 57 师团长,驻屯满州。1945 年 3 月任第 4 军司令官,在哈尔滨被苏联红军俘虏,关押在苏联西伯利亚日军战俘营,1946 年 3 月在伯力战俘集中营自杀。
② 滨田平曾经担任过华北方面军第二课高级参谋兼报道部长。1944 年 11 月 22 日,结束俘虏情报局长官职位后,担任泰国驻屯军第 28 任参谋长,泰国驻屯军在 1944 年 12 月改编为第 39 军后,任第 39 军参谋长。1945 年 7 月改编升格为第 18 方面军后,7 月 14 日,滨田平任第 18 方面军副参谋长,升任陆军中将。1945 年 9 月 17 日在泰国自杀。太平洋战争爆发时候,田村浩任驻泰国陆军武官,军衔为大佐。开战前的 12 月 4 日,田村浩曾经从西贡致电大本营“我于 3 月 15 日同銮披汶首相(即泰国总理),举行会谈,获得如下保证:‘如果日军暂时不向泰国中部进驻,尊重泰国政府的面子,日军进入巴蜀以南泰国领土将不受妨碍,且决心举国上下尽速予以积极协助。’请谅察泰国政府着眼大局的希望,妥善处理,以期得以在此历史性的瞬息取得日泰合作之实绩。”田村浩在战后以甲级战犯身份被羁押,1946 年 4 月 8 日同石原莞尔、真崎甚三郎一起被撤出甲级战犯名录,后被东京特设军事审判作为乙级战犯起诉。(该审判中被告仅海军大将丰田副武和陆军中将田村浩,因设于东京审判丸之内,又称“丸之内准 A 级审判”)田村浩被判处重体力劳动 8 年。

《俘虏情报局官制》规定俘虏情报局归属陆军大臣管理,接受陆军大臣指挥监督。根据表 7-2,我们可以得知日本俘虏情报局内设长官一人、事务官 4 人,长官即为情报局局长。1942 年 6 月份增加了一名事务官。俘虏情报局除了长官、事务官以外,还包括判任官和雇佣人员。在俘虏情报局中,担任管理工作的行政长官、事务官、判任官数目都没有发生明显的变化,只是 1944 年之后俘虏情报局的雇佣人员数目出现了明显的增长,由 1943 年 6 月的 18 人增加到 1944 年 12 月的 77 人,1945 年 8 月日军战败时候已经增加到 99 人。这表明虽然日军对俘虏情报局事务的重视程度不高,但是俘虏情报局的事务则更加繁重,日军雇佣更多的基层管理者来管理战俘事务。

表 7-2 俘虏情报局编成人员表

	1941.12	1942.06	1943.06	1944.12	1945.07	1945.08
长官	1	1	1	1	1	1
事务官	4	5	5	5	5	5
判任官	3	6	6	11	12	12
雇佣人员	17	16	18	77	85	99
合计	25	28	36	94	103	117

([日]内海爱子:《日本军的俘虏政策》,青木书店 2005 年版,第 184 页。)

《俘虏情报局官制》规定该局负责"俘虏的收容、移动、宣誓解放、交换、逃跑、住院及死亡情况之调查以及名牌制作等事项","被宣誓解放、交换、逃跑、住院、治疗、在收容所死亡俘虏之遗物、遗言保管及交付家属等事项","管理为俘虏捐献之金钱、物品事项"。[①] 由此可见,盟军战俘自从被俘开始,收容、移送、管理、释放等事项皆由该局管理。俘虏情报局是日方管理盟军俘虏人员的最重要机构。

在设立俘虏情报局的同时,陆军省内又设立了俘虏管理部,该部负责制定有关战俘的各种管理政策。1941 年 12 月 23 日日本政府公布

---

① 《俘虏情报局官制》,1941 年 12 月 27 日敕令第 1246 号。日本国立公文图书馆藏《公文类聚》,2A-012-00,类 02417100,转引自王铁军、高建:《二战时期沈阳盟军战俘营研究》,北京:社会科学文献出版社 2011 年版,第 51 页。

了《俘虏收容所令》(敕令第 1182 号)。根据该法令规定,战俘营"属陆军管辖",并"依陆军大臣之指令,由军司令官或卫戍司令官管理","所长隶属军司令官或卫戍司令官,负责战俘营业务。"①

在此之后,日军又制定了一系列有关战俘管理、战俘集中营事务处理的相关文件。主要包括:1942 年 10 月 21 日的《俘虏派遣规则》(陆军省令第 58 号)、1943 年 7 月 27 日的《关于俘虏之寄赠品等之出纳保管》(敕令第 619 号)、1943 年 11 月 7 日的《俘虏处罚法》(法律第 41号)。王铁军教授通过研究日方文献《关于俘虏之诸法规类集》,统计出二战期间日本有关战俘管理的文件共有 97 份。这些文件又可以分为俘虏管理体制的文件、俘虏管理的文件、俘虏供应文件、俘虏运输及通讯文件、俘虏劳务文件、俘虏救济及遗留品文件、俘虏伤病死亡文件等。这些文件包含了俘虏的管理体制、运输、收容设施、劳务、待遇、饮食、通讯、死亡处理等各项内容。②

日军的战俘管理文件形成于太平洋战争之后,1941 年 12 月 27 日公布的《俘虏情报局官制》是制定其他战俘管理制度的基础,也就是说日军在二战期间制定专门的战俘管理政策是在太平洋战争之后。虽然自 1931 年九·一八事变开始,日军就开始了入侵中国的道路,并逐渐由北向南入侵中国广大土地。自 1931 年到 1941 年,中国方面单独承担了抗击日本侵略的历史重任。在这一时期内,日军以"事变""事件"为借口,不承认中日之间的战争状态,不承认被俘的中国军人的战俘身份,逃避国际法上应该承担的战俘责任,采取歧视中国战俘的政策。"1942 年初,英美等国即通知日本,表示愿意遵守《优待俘虏国际公约》的一切规定,并要求日本也遵守。当时,日本外务相东乡茂德曾正式提出保证,日本虽然不受《优待俘虏国际公约》的约束,但日本愿在相互遵守的基础上,按照这项公约对待美、澳、英、加、新西兰等国的战俘。"③对待中国与英美等盟国战俘的不同态度,尤其体现了日本对中国一贯的歧视政策。

---

① 俘虏情报局《关于俘虏之诸法规类集》,1946 年 12 月。转引自王铁军等:《二战时期沈阳盟军战俘营研究》,北京:社会科学文献出版社 2011 年版,第 51 页。

② 王铁军等:《二战时期沈阳盟军战俘营研究》,北京:社会科学文献出版社 2011 年版,第 53页。

③ 〔日〕神吉晴夫等编著:《日本屠杀秘史》,台南:西北出版社 1978 年版,第 58 页。

自太平洋战争爆发到 1945 年日本投降,日军设立的盟军战俘营有 18 个,这 18 个战俘营有关情况如表 7 - 3 所示:

表 7 - 3　二战期间日本设置的盟军战俘营一览表

名称	设立时间
大阪	1942 - 09 - 23
仙台	1945 - 04 - 12
善通寺	1942 - 01 - 15
东京	1942 - 09 - 25
名古屋	1945 - 04 - 03
函馆	1942 - 12 - 26
广岛	1945 - 04 - 13
福冈	1943 - 01 - 01
上海	1942 - 02 - 01
台湾	1942 - 07 - 07
香港	1942 - 01 - 31
奉天	1942 - 12 - 16
朝鲜	1942 - 09 - 25
爪哇	1942 - 08 - 05
泰国	1942 - 08 - 15
菲律宾	1942 - 08 - 01
马来亚	1942 - 08 - 15
婆罗洲	1942 - 08 - 05

(秦郁彦:《日本陆海军综合事典》,东京大学出版会 2005 年版。)

根据表 7 - 3,我们可知日本设置的战俘营包括国内和国外两个部分,在本土的大阪、仙台、善通寺、东京、名古屋、函馆、广岛、福冈设置了 8 个战俘营。国外在中国的上海、台湾、香港、奉天设置 4 个战俘营,此外,还在朝鲜、爪哇、泰国、菲律宾、马来亚、婆罗洲等 6 处设立了战俘集中营。根据这个表格,我们发现没有海南战俘营。虽然海南岛关押有盟军战俘,但是在日本的管理体制中,海南岛关押盟军劳役的作业场不属于战俘营的范围,这同日军不承认中国战俘的身份,而是以"劳工训练所""更生队"等名称指代战俘营相一致。

三、中国盟军战俘营的设置

为了管理英美等盟军战俘，日本在本土及占领地设置了多个战俘营。其中在中国领土的台湾、香港、奉天、上海设置了盟军战俘营。在日方的档案文献里，日方设置的战俘营不包含海南岛的盟军战俘劳工营。然而，在海南岛进行劳作的也是盟军战俘，海南岛盟军战俘的命运同中国华北战俘的命运比较相似，其遭受的苦难多于奉天、上海关押的盟军战俘。

除了本土的善通寺盟军战俘营，香港盟军战俘营是日军最早设置的盟军战俘营之一，这与日军攻打香港的战事密切相关。1941 年 12 月 8 日，日军开始进攻香港，这个时间几乎与进攻珍珠港同时进行。1938 年 10 月 1 日大亚湾登陆后，日军迅速控制了与香港邻近的中国地区，部分日军部队进驻深圳，与英军临界。在日本的军事压力面前，港英当局也加强了香港的防御力量。1938 年 7 月港英当局通过了《紧急条例》开始进行备战，同年 9 月举行了大规模的海陆空演习。1941 年 9 月新任港督杨慕琦上任时，香港的军队包括英军和印度籍英兵约 11000 人，此外还有香港本地招募的义勇军 1387 人。1941 年 11 月，来自加拿大的 1975 名援军进驻香港。由于这批加拿大士兵训练不足，对防守香港起到的作用不大。英国政府也曾专门探讨过香港的防御问题，丘吉尔认为香港无险可守，拒绝了增兵布防香港的请求。

1941 年 12 月 8 日早上，由酒井隆指挥的第 23 军 38 师团的五万余日本军人开始从深圳进攻香港，当时防守香港的包括英国、加拿大、印度士兵和香港义勇军，总数约 15000 人。12 月 13 日，九龙和新界被日军占领，香港守军退守香港岛。25 日，莫德庇少将（Major Gen. C. M. Maltby）向杨慕琦报告说守军无法组织有效抵抗，是日下午杨慕琦投降。在香港保卫战中，盟军方面共 8500 人被俘。为了处理这批盟军战俘，日军在深水埗军营、柴湾小西湾设置了战俘集中营，另有一批香港作战的战俘被关押到横滨、福冈、大阪等地的集中营里。

同样，为了台湾"充足劳务并为统治当地之目的有必要与当地设置俘房收容所"，日军也在台湾设置了盟军战俘集中营。台湾盟军战俘营于 1942 年 7 月开设,"第一批战俘 12 名荷兰人和 5 名美国人则于当年 8 月 2 日运抵高雄港;8 月 18 日,菲律宾战场上的 179 名战俘被运抵台湾花莲。自 1942 年 10 月至 11 月,2700 名战俘被运至高雄港,其中 2000 名被收置于台湾。"①日本在台湾设立战俘营的目的有两个:一是充足当地劳动力,二则是为了巩固日本在台湾的殖民的统治。②

按照日方档案记录,1942 年 2 月 1 日上海盟军战俘营设立。③ 根据当时《申报》的记载,早在 1942 年 1 月 23 日,威克岛战役被俘的盟军战俘就已经由横滨运送到上海。"查韦克岛美军系 12 月 23 日(1941 年)被日军所俘,(1942 年)1 月 18 日抵横滨,始押来上海,内有官佐 22 员,及受雇于陆军之平民 52 人、将受与官佐相同之待遇。"④为了关押这批战俘,日军首先在宝山设置了盟军战俘营,后来转移到江湾。

被送到上海的盟军战俘主要是威克岛战役被俘的美国官兵。威克岛(Wake Island)是太平洋中部的环礁,该岛由威克、威尔克斯和皮尔三个小礁岛组成,东距夏威夷 3200 公里,西距关岛 2060 公里,战略地位重要,被称为"太平洋的踏脚石"。日军偷袭珍珠港的同时轰炸了威克岛。当时威克岛上共有 447 名美海军陆战队员,该部指挥官是詹姆斯·德弗罗少校。岛上还有 75 名通信兵以及海军人员。此外,还有 1400 名民工在从事军事工程建设。守岛总指挥官是温菲尔德·斯科特·坎宁安上校。12 月 23 日,日军攻占威克岛,1500 名美国军人和民工成为日军俘虏。

1942 年 1 月 12 日,日军留下 100 人为日军修筑工事外,其余 1180 人被强令登上"新田丸"(Nitta-Maru)客轮,绝大部分被运抵到上海盟军战俘营。⑤ 这是上海收押人数最多的一批盟军战俘。"在登

① 叶樱:《二战时期台湾盟军战俘营研究》,辽宁大学硕士学位论文,2012 年,第 19 页。

② 叶樱:《二战时期台湾盟军战俘营研究》,辽宁大学硕士学位论文,2012 年,第 14 页。

③ 内海爱子:《日本軍の捕虜政策》,東京:青木書店,2005 年,第 200 页。

④《韦克岛(威克岛)被俘美军拘留沪郊集中营,共一千余名系由横滨来沪》,《申报》1942 年 1 月 25 日。

⑤ 除了登上"新田丸"的战俘,剩余的 388 名美国战俘被留在威克岛,为日本人修建海防工事和飞机跑道。1942 年 9 月之前,有 45 名战俘因为营养不良死亡。9 月,除留下 98 人留驻威克岛外,日方将 200 余名战俘押解到日本。剩余的 98 名战俘中除 1 人幸免外,其余的于 1943 年 12 月 7 日被日军处决。

陆船上可以看到那艘带我们驶向中国的灰色战俘船,在密封的船舱中将度过我们一生中最艰难的 12 天。"①到达日本横滨后,日军从船上抓走 8 名美军官和 12 名士兵,其余关在船舱里继续航行,3 天后达到上海。"在韦克岛被俘之美国海军陆战队 1200 名,前日(23 日)已押抵上海。"②这些战俘经历了梦魇般的海上航行。"他们在旅途中既没有医药治疗,也没有足够的食物。配给的口粮很少,食水也极有限。在整段航程中,俘虏被关在甲板下面。船上并没有表示俘虏船的标志,因此常常遭受盟国海军和空军的袭击,许多战俘,就这样在旅途中死去了。"③

上海盟军战俘营设立于 1942 年 2 月 1 日。④ 1942 年 3 月 28 日,上海盟军战俘营收押盟军战俘 1541 人。⑤ 在这些战俘中,威克岛战俘占据了绝大部分。除了威克岛的美国战俘,上海盟军战俘营关押的战俘还包括以下部分:

一是英美等国驻上海的海军。1941 年 12 月 8 日晚,日军要求停驻在上海的美国炮舰"威克号"(Gunboat Wake)、英炮舰"海燕号"(HMS Petrel)投降。"威克号"是美国海军的一艘内河炮艇,负责保护往来于长江流域的美国使团,1937 年中日战争爆发后还负责监视日本军队在长江流域的行动。珍珠港事件后,"威克号"上的美军官兵被迫投降。12 月 8 日晚,日军接收"威克号"、俘虏该舰士兵,船长斯密斯(Columbus Smith)于美国驻上海领事馆被俘。英舰"(海燕号)"拒绝投降后被日舰"出云号"击沉。船上的英军"于舰已着火时、跃入浦江、泗水至法租界罗斯福码头、被日军俘获"⑥。两舰被俘的海军士兵被日军临时关押在虹口北江湾路海军战俘营(Naval Prisoner of War

---

① Raba Wilkerson, Wake's Forgotten Survivors, *American History*, vol xxii, No. 8, dec. 1987.

② 《韦克岛被俘美军拘留沪郊集中营,共一千余名系由横滨来沪》,《申报》1942 年 1 月 25 日。

③ [日]神吉晴夫等编著:《日本屠杀秘史》,台南:西北出版社 1978 年版,第 123 页。

④ 内海愛子:《日本軍の捕虜政策》,東京:青木書店,2005 年,第 200 頁。

⑤ 《俘虏情报局月报》第 2 号,1942 年 3 月 28 日。外務省外交史料館藏,REEL No A‐1116,B02032536500。

⑥ 《韦克岛被俘美军拘留沪郊集中营,共一千余名系由横滨来沪》,《申报》1942 年 1 月 25 日,第 4 版。

Camp，Shanghai，China）。威克岛战俘被运抵上海时，"威克号"舰长史密斯得到日本海军的允许，亦到"新田丸"停泊的公和祥码头迎接威克岛战俘。后来，两舰被俘的美英官兵同威克岛战俘一起被关押至吴淞盟军战俘营。

二是美国驻华北的海军陆战队官兵（North China Marines）。太平洋战争爆发之前，美国驻华北海军陆战队分别驻扎在北平、天津和秦皇岛，三地驻兵分别为205人、36人、21人。[①] 该部原计划于1941年12月10日驶离中国前往菲律宾，其随身物品和武器已经被提前运至秦皇岛，只待出发。然而，12月8日晨，三地的海军陆战队官兵被日军包围。北平驻军在威廉·阿什赫斯特上校（William Ashurst）的命令下投降，1942年1月10日被运送至天津海军陆战队兵营，同天津、秦皇岛战俘会合。1月28日携带私人物品搭乘火车，1月31日到达南京，稍作停留后于2月3日到达上海。[②] 抵沪后，这些战俘被押送至吴淞盟军战俘营。其中一部于1943年11月被押运至福冈战俘营，余者一直被关押在上海盟军战俘营。

三是被捕的盟军飞行员。飞虎队的中国籍成员陈炳靖就曾被关押在上海盟军战俘营。1943年10月13日，服役于第14航空队23大队75中队的陈炳靖奉命驾驶P-40飞机执行护航任务。战机在越南坠毁后被俘，后被关押至上海盟军战俘营。[③] 1945年5月，在日军将关押在上海的盟军战俘转运至北京丰台途中，飞虎队员比什普（Bishop）成功逃跑。

四是少数被俘的盟军高级将领及其他人员。英国驻香港总督杨慕琦（Mark Aitchison Young）曾被关押至上海盟军战俘营。杨慕琦在关押期间遭受战俘营翻译官石原勇（Isami Ishihara）的虐待，美国驻天津海军陆战队指挥官布朗少校（Luther A. Brown）帮其免于酷刑。[④] 此

---

① *Prisoner of War Camp in Areas other than the Four Principal Islands of Japan*，p.19.

② North China Marines，http://www. northchinamarines. com/id25. htm，2014年10月6日。

③ 刘小童：《远去的飞鹰——飞虎队里唯一的中国人陈炳清》，《南方人物周刊》2012年7月2日，http://www. nfpeople. com/story_view. php? id=3263。

④ James P. S. Devereux，*The story of Wake island*，J. B. Lippincott Company，1947，p.219.

外,上海盟军战俘营还关押有"其他国家"的战俘:1942 年到 1945 年的收押人数分别为 26 人、36 人、79 人、2 人。根据日方资料,"其他国家战俘"是美国、英国、荷兰、加拿大、澳大利亚之外国家的战俘,至于具体为哪些国家,尚不能完全确定。[1]

日军为何设立上海盟军战俘营,目前还未有档案证明,而有关奉天战俘营的设立情况则比较明朗。根据 1942 年 11 月 30 日,日本陆军省军事课制定的文件《函馆、福冈、奉天收容所临时编成要领及细则》规定"俘虏收容所长隶属于编成管理官之军司令部",奉天战俘收容所的管理者为关东军总司令部。[2]

1942 年 10 月 7 日,1900 余名盟军战俘在马尼拉登上"鸟取丸",经过一个月的航行,11 月 7 日到达釜山,一部分病情严重的战俘被送往釜山陆军医院,另一部分 500 余人被送往日本,余下的 1200 名美军战俘换乘火车一路北上,于 11 月 11 日到达沈阳。同期抵达的还有在新加坡被捕的 100 余名英军战俘。因此,首批到达奉天的盟军战俘共1281 名,其中英军战俘 100 名,美军战俘 1181 名。[3] 12 月 18 日,因病滞留在釜山的 120 名美澳军战俘也被移送到奉天。[4] 这些战俘将面临沈阳严寒天气和日军野蛮管理的双重考验。

第二节　盟军战俘营的管理

日军在上海、沈阳设置的战俘营归陆军省管辖,其管理制度参照了海牙条约体系和日内瓦条约体系对战俘问题的一般规定,例如设置战俘营具体管理战俘、保证战俘的生命安全、满足战俘的对外通信需求

---

① 茶園義男:《大東亜戦下外地俘虜収容所》,東京:不二出版,1987 年版,第 24 页。

② 陆军省军事课:《关于函馆、福冈、奉天俘虏收容所临时变成要领同细则之件》(1942 年 12月),转引自王铁军《二战期间日军战俘管理制度研究——以日军沈阳盟军战俘营为中心》,《抗日战争研究》2010 年第 2 期。

③ 王铁军、高建:《二战时期沈阳盟军战俘营研究》,北京:社会科学文献出版社 2010 年版,第 78 页。

④ 根据杨竞的研究,1 月 18 日移送的是"一名军官和 109 名士兵",共 110 人。见杨竞:《奉天涅槃——见证二战日军沈阳英美盟军战俘营》,沈阳:沈阳出版社 2003 年版,第 43 页。

等。正如关押在奉天的盟军战俘所说,日军在中国奉天、上海设置的战俘营总体待遇要好于在东南亚地区设置的战俘营,具有宣传、展览的示范效应。

为了实现对战俘营的管理,在集中营设立之时,日军任命了上海、沈阳战俘营的所长。下表是上海、沈阳战俘营的历任所长情况。①

表7-4 上海、沈阳集中营历任所长名录

	上海		沈阳	
首任所长	汤濑刚一大佐	1942年2月到10月	松山(临时)	
	大寺敏大佐	1942年10月到战争结束	松田元治大佐	1942年12月到战争结束

(茶園義男:《大東亜戦下外地俘虜収容所》,東京:不二出版,1987年版,第14页。)

根据表7-4,汤濑刚一和大寺敏先后担任上海战俘营的所长,两人的军阶都是大佐。1932年10月3日,汤濑刚一因病逝世,所长由大寺敏继任。"上海俘虏收容所长汤濑刚一大佐本月三日上午五十分因疟疾性心脏麻痹症逝世。四日上午十时在该所举行告别式,仪式庄严降重,参加致悼者有日军政官长等多人。"②大寺敏一直任职到战争结束。沈阳战俘营的官方承认所长只是松田元治,但是根据盟军战俘的回忆材料,在松田之前有一松山司令官,非常凶暴。③

除了所长,两地的盟军战俘营还配备了负责警卫、医务、通讯、杂物等事项的管理人员。上海、沈阳战俘营的管理人员配置情况如表7-5

---

① 松田本人出生于日本滋贺县,1909年4月入日本陆军士官学校第23期学习,1911年5月27日自该校毕业,同年12月26日升任陆军少尉。1942年12月8日来到沈阳盟军战俘营,担任该战俘营的"所长",人事任命的日期为同月14日。1945年8月沈阳盟军战俘营解散后,松田藏身民宅被捕,后于1946年9月16日被美军上海军事法庭,以虐待战俘罪判处有期徒刑7年。大寺敏曾任侵华日军上海敌国俘虏收容所所长。1938年日军攻占铜陵时候,任第13军130旅团133联队联队长。战后被美军被俘士兵和侨民检举指认的,在上海接受审判。

② 《俘虏收容所长汤濑刚一逝世》,《申报》1942年10月6日。

③ 杨竞:《丰田涅槃:见证二战日军沈阳英美盟军战俘营》,沈阳:沈阳出版社2003年版,第52—53页。

所示：

表 7 - 5　俘虏收容所职员及配置人员表

时间	战俘营	兵科			卫生部		配属		通讯	合计
		将校	士官以下	军厨	将校	士官以下	下士官	兵		
1942	沈阳	8	36	7		5			5	61
	上海	3	5	2		1			3	14
1943	沈阳	8	13	46	1	6			1	75
	上海	4	6	2		1			2	15
1944	沈阳	12	76	53	2	9			1	153
	上海	5	11	2		1			2	21
1945	沈阳	12	38	46	2	7		421(48)	1	154
	上海	5	11	2		1		1	2	21(22)

（根据茶園義男：《大東亜戦下外地俘虜収容所》，東京：不二出版，1987年版，第25页内容制作。表格中1945年奉天配属兵员421人，根据表格的其他数字，可知这个数字出现录入错误，括号中48人是作者根据其他数字推算出的人员数目。上海的1945年数据也是如此。）

　　根据上表内容，我们得知战俘营设置了名为"兵科""卫生部""配属""通讯"等负责警卫、医务、杂物、通讯等事项的管理人员。其中在"兵科"和"卫生部"都配属了将校级官员。由于两地战俘营的所长是大佐，因此可以判定，在奉天、上海的战俘营中，日军人员的最高军阶是校级军官，"将校"在这里主要是校级官员。在设置的四年时间里，沈阳战俘营的管理者数目呈现不断增加的趋势，从1942年的61人增加到1945年的154人，而上海战俘营的管理者数目保持了基本稳定，1942年为14人，1945年为22人。由管理者的数目观察，沈阳战俘营的规模大于上海战俘营。

　　沈阳战俘营的管理者数目多于上海，但是两地关押的盟军战俘数目却相差不大，在1945年上海战俘营转移到丰台之前，两地关押的战俘数目如下面两表所示。

表 7-6　沈阳俘虏收容所收容情况一览表

		美国	英国	荷兰	加拿大	澳大利亚	其他	小计
1942 年	将校军官	16	7					23
	普通官兵	1225	93					1318
	非军人							
	小计	1241	100					1341
1943 年	将校军官	16	6			1		23
	普通官兵	1155	78			15		1248
	非军人							
	小计	1171	84			16		1271
1944 年	将校军官	160	73	40	1	11		285
	普通官兵	1022	95	12		19	1	1149
	非军人	1	7	4		1		13
	小计	1183	175	56	1	31	1	1447
1945 年	将校军官	283	153	61	1	25		523
	普通官兵	1046	95	12		19	1	1173
	非军人	1	7	4		1		13
	小计	1330	255	77	1	45	1	1709

（茶圈義男：《大東亜戦下外地俘虜収容所》，東京：不二出版，1987 年版，第 23 页。）

　　根据表格 7-6 可知，沈阳战俘集中营的战俘数量的年度变化不大，总体呈现上升趋势。1942 年关押 1341 人，1943 年关押 1271 人，1944 年关押 1447 人，1945 年解散时候关押 1709 人。同上海战俘营不同，关押在沈阳的战俘在战后建立"沈阳战俘联谊会"，所以我们能掌握关押在沈阳战俘营的大多数战俘之具体情况。①

① 在《奉天涅槃——见证二战日军沈阳英美盟军战俘营》一书中，杨竞附有关押在沈阳的盟军名册，著第 236—300 页。美方资料中《战俘名录》与日方资料有出入，在第 1 号到第 1494 号战俘名单一致，（1942 年 11 月首先到达奉天的战俘）此后日本与美国档案记载中出现差异。

表7-7　上海俘虏收容所收容情况一览表

		美国	英国	荷兰	加拿大	澳大利亚	其他	小计
1942年	将校军官	38	4					42
	普通官兵	557	42					599
	非军人	784	33				26	843
	小计	1379	79				26	1484
1943年	将校军官	44	4					48
	普通官兵	381	36				29	446
	非军人	452	27				7	486
	小计	877	67				36	980
1944年	将校军官	48	4				10	62
	普通官兵	380	36				62	478
	非军人	449	27				7	483
	小计	877	67				79	1023
1945年	将校军官						1	1
	普通官兵	10	1				1	12
	非军人	11						11
	小计	21	1				2	24

（茶圍義男：《大東亞戰下外地俘虜收容所》，東京：不二出版，1987年版，第24页。）

由表7-7可知，1942年上海战俘收容所共收容的英国、美国等国战俘共1484人，按照国籍划分，美国最多有1379人，英国79人，其他国家26人。这基本与上文中战俘三个来源相一致，威克岛的美军战俘最多，英国战俘主要是驻上海英国炮舰"海燕号"的水兵。在1942年的统计中，有"非军人"843人，这些人应该是来自威克岛上从事军事工程建设的美国工人。

1943年，上海盟军战俘营关押的盟军战俘数量是980人，1944年是1023人，1945年只剩24人。这是由于1945年5月之后，日军逐渐败退，江湾战俘被转移到北京丰台，后又转移到韩国釜山，最后又转移到日本本土，直到1945年9月解放。上海战俘营战俘数目在1943年出现下降情况,1944 年又出现上升,这表现了战俘营的流动性是双向的。数字下降表明一部分战俘或者释放、或者死亡、或者转移,数字的上升则表现了新的战俘进入集中营。

根据日方档案,上海战俘营释放过关押的盟军战俘,表 7-8 反映了上海盟军集中营释放战俘的情况。根据笔者对资料的收集整理,发现沈阳战俘营没有出现释放盟军战俘的情况。为了便于对比,笔者加入了香港战俘营释放盟军战俘的情况。

表 7-8 上海俘虏营释放俘虏一览表

年份	国别	上海			香港		
		军人	民间	小计	军人	民间	小计
1942	美国	5		5			
	英国	22	7	29		85	85
	荷兰						
	加拿大	2		2		2	2
	澳大利亚						
	印度				1574	6	1580
	其他					128	128
	小计	29	7	36	1574	221	1795
1943 年	美国						
	英国						
	荷兰						
	加拿大						
	澳大利亚						
	印度				223		223
	其他	199	2	201	4	1	5
	小计	199	2	201	227	1	228
1944 年	美国						
	英国						

续　表

年份	国别	上海			香港		
		军人	民间	小计	军人	民间	小计
1944 年	荷兰						
	加拿大						
	澳大利亚						
	印度				167	9	176
	其他		1	1			
	小计		1	1	167	9	176
1945 年	美国						
	英国						
	荷兰						
	加拿大						
	澳大利亚						
	印度				7		7
	其他						
	合计				7		7
总计		228	10	238	1975	231	2206

（茶圍義男：《大東亜戦下外地俘虜收容所》，東京：不二出版，1987 年版，第 26 页。）

1942 年上海战俘营释放美国军人 5 名，英国军人 22 名，加拿大士兵 2 名，此外还包括 7 名美国和加拿大的非军人，1942 年共释放了 36 人。1943 年释放了 201 人，1944 年释放 1 人，但此二年释放的都是非英、美、澳、加等主要二战盟国成员国，至于"其他"代表哪些国家还需要进一步研究。三年间，上海战俘营总共释放了士兵 228 人，平民 10 人，共计 238 人。与上海相比，香港战俘营在 1942 年到 1945 年分别释放人数为 1795 人、228 人、176 人、7 人，总共释放 2206 人，这个数字甚至高于上海盟军战俘营收容的战俘数目。香港释放的战俘多是被捕的印度士兵，这与日本标榜的"解放东方人"有关，日军试图建立起太平洋战争的"正面形象"，鼓吹战争的"正义性"。

至于日方为何释放英美等盟军战俘,笔者还未找到令人信服的证据。1942年6月《申报》曾经刊文透露了一次释放欧美战俘的情况。"附属于驻沪美总领事署之美海军陆战队,有五名以从上海俘虏营释出,将随第一批遣返美侨搭康铁凡第号撤往洛伦科马斯基。上海拘留营中美人所发出之函2600封,将载撤侨船载往美国,又北平英大使之英无线电员五人,于开战时被拘禁者亦已释放,亦搭乘遣送英侨之船撤退。"①该次释放的战俘包括美国驻沪总领事馆管辖的海军陆战队和英国驻北平领事馆的工作人员,按照相关规定,这些人都是战俘。日军出于什么样的目的释放这些战俘还有待考证。

战俘营中俘虏数量的变化除去释放因素之外,还有俘虏的死亡情况。奉天和上海的战俘营都出现了战俘死亡情况,表7-9反映了沈阳和上海战俘集中营中盟军战俘的死亡情况。

表7-9 奉天、上海盟军战俘营俘虏死亡数目一览表

年份	职级	沈阳	死亡率	上海	死亡百分比
1942	将校			2	
	士兵	134		10	
	非战			6	
	小计	134	3.95%	26	0.77%
1943	将校				
	士兵	91			
	非战			3	
	小计	91	2.68%	3	0.08%
1944	将校				
	士兵	23		2	
	非战			6	
	小计	23	0.68%	8	0.24%

---

① 《美陆战队被拘人员将撤往非洲》,《申报》1942年6月18日。

续 表

年份	职级	沈阳	死亡率	上海	死亡百分比
1945	将校			2	
	士兵	2		1	
	非战				
	小计	2	0.06%	3	0.09%
小计		250	7.37%	40	1.19%

（茶園義男：《大東亜戦下外地俘虜収容所》，東京：不二出版，1987年版，第35页。）

　　根据日方资料，1942年到1945年，沈阳集中营总共死亡250人，死亡率约为7.37%，其中尤以1942年冬天死亡人数最多。根据英国战俘罗伯特·皮蒂（Peaty·Robert）的日记，从1942年11月11日到达沈阳至1943年4月5日，151天内共死亡201人。[1]

　　相比奉天战俘营，上海战俘营在整个关押期间，盟军战俘共死亡40人。[2] 1942年至1944年上海关押人数1484人、980人、1023人计算，1942年至1944年上海盟军战俘营战俘死亡率分别为1.75%、0.31%、0.78%。[3]

　　上海和沈阳的集中营都比较艰苦，上海的死亡率偏低应该得益于自然条件好于奉天。在1942年冬天，沈阳的寒冷使得134名战俘死亡。当然，日本档案记载的死亡数据要远低于盟军战俘的记忆，有学者指出在日军管理的沈阳战俘营的死亡率是16%。[4] 关于日军记载的死亡率偏低的问题，还需要新的档案对比证明。

[1] 杨竞：《奉天涅槃——见证二战日军沈阳英美盟军战俘营》，沈阳：沈阳出版社2003年版，第42页。

[2] 茶園義男：《大东亜戦下外地俘虜収容所》，第35页。在笔者掌握的上海盟军战俘营死亡人数资料中，日方记载死亡人数40人为最多。美国战后调查档案提及从1942年12月6日到1945年5月有22名战俘死亡。（Prisoner of War Camps in Areas other than the Four Principal Islands of Japan, p. 15）

[3] 茶園義男：《大東亜戦下外地俘虜収容所》，東京：不二出版，1987年，第24页。

[4] 何天义主编：《日军侵华集中营——中国受害者口述》，郑州：大象出版社2008年版，序言第4页。

第三节　盟军战俘的生活状况

1942 年 1 月 23 日,搭载盟军战俘的"新田丸"客轮停靠上海公和祥码头。此时,日军正准备让这些盟军战俘游街示众,并组织上海市民观看盟军战俘的窘境。从此揭开了盟军战俘在中国的苦难生活。

然而,天降大雨使得日军精心策划的此番"游街示众"被迫取消。"本市美商人,酒肆俄女与好奇之旁观者,今晨冒濛雨赴外滩与四川路一带希望一见此辈被俘美兵者、皆失望而返。"[①]日军要盟军战俘在上海游街示众主要目的是让盟军士兵在中国人面前出丑,并使中国人放弃对英美等国的幻想,摧毁中国人民的抗战决心。1942 年朝鲜军参谋长井原润次郎致电陆军次官木村兵太郎,要求将在东南亚战场上所俘获的英、美战俘各一千名移送到朝鲜半岛,试图"借此扫除对英美人士的崇拜,并确立必胜的信念","以使得朝鲜人从现实上认识到帝国的实力。"[②]上海的游街行动本来是朝鲜游街的前奏,只不过因为大雨而取消。

一位参加过游街示众的英国军人如此描述在釜山的游街。"战俘们到达汉城后,又被押到城内游行一些街道,最后才押进战俘营,以后两年,他们都被拘留在这个营地里。这是一次宣传游行,战俘们在长途火车上忍饥挨饿,结果有好几个战俘到汉城没几天就死去了。"[③]如果没有下雨,上海的盟军战俘也将受到这样的对待。

因为下雨的原因取消了游街示众,盟军战俘们下船上岸集合,经过了洒满石灰粉的消毒区后,开始登上中国土地。"美俘则仍乘原运输船一艘,过午后从公和祥码头驶出,前往浦江某处,移交日陆军当局拘入上海郊外某地之集中营,从事各种劳役,至战事结束为止。韦克岛美军司令兄宁汉(坎宁安)亦在被俘之列。前日午后五时乘运输船抵沪时,

---

① 《韦克岛(威克岛)被俘美军拘留沪郊集中营,共一千余名系由横滨来沪》,《申报》,1942 年 1 月 25 日。

② 〔日〕茶園義男:《大東亜戦下外地俘虜収容所》,東京:不二出版,1987 年版,第 187 页。

③ 〔日〕神吉晴夫等编著:《日本屠杀秘史》,台南:西北出版社 1978 年版,第 67 页。

前泊沪美炮舰韦克号舰长史密斯与美迪斯陆战队军官强特勒（均已被俘）得日海军当局准许，前往迎接。"①这些盟军战俘开始了在上海困难的生活。

根据资料，这些盟军战俘下船后被关押在吴淞集中营（今上海宝山吴淞公园后海军博物馆的一部分）。根据战俘的回忆，吴淞集中营极为简单："大院子临靠江边，四周围着铁丝网，有些地方已损坏了正在抢着修补。在未修好前，战俘暂时被关押在狭小简陋的平房里。日军只发给他们稻草和单薄的毛毯。吃的是带皮的稻谷和没有油盐的白菜汤，难得有一点鱼。"②

到达吴淞的盟军战俘遭受的第一份劳动是开挖吴淞运河（连接蕴藻浜的支流）。日军计划以吴淞为基地，运送作战物资，迫使战俘使用铁镐和铲子挖土，而劳动则必须在落潮时候完成，"我们担着重负，脚整天浸在冰水里，稍有休息，日军就大声呵斥。"③除了挖掘运河，一部分战俘们还被派到码头上去卸货。

运河修建完成后，被关押到江湾集中营。位于江湾的高境庙乡的盟军战俘营被日军命名为"上海敌国战俘收容所"。战俘回忆道："这是离上海最近的集中营，里面布满电网和有一醒目的岗楼。"④盟军战俘在此拘押，一直到1945年5月，日军将上海的盟军战俘转移到丰台。

盟军战俘对自己遭遇的苦难生活记忆犹新。根据笔者的观察，盟军战俘在回忆录里记叙的多为悲惨生活。然而，他们并不知道，相比于日军设置的中国战俘营，他们的待遇已经足够优越。当时被捕的盟军高级将领认识到了这种局面。飞虎队的陈炳靖被关押在江湾集中营期间，同时关押在这里的温莱特将军曾对他下达指示：遇日军审讯，切不可说是中国空军，一定要说是美国14航空队美军飞行员。在温莱特的

---

① 《韦克岛（威克岛）被俘美军拘留沪郊集中营，共一千余名系由横滨来沪》，《申报》1942年1月25日。

② Raba Wilkerson, Wake's Forgotten Survivors, American History, vol xxii, No. 8, dec. 1987.

③ Raba Wilkerson, Wake's Forgotten Survivors, *American History*, vol xxii, No. 8, dec. 1987.

④ Raba Wilkerson, Wake's Forgotten Survivors, *American History*, vol xxii, No. 8, dec. 1987.

心里,日军对待美国俘虏多少会遵循日内瓦国际公约。①

　　1942 年 5 月 5 日,日本陆军省颁布了《南方俘虏处理要领》,规定:"移送部分东南亚战场上所俘获的白人送往朝鲜半岛、台湾、满洲及中国等地,充当生产扩充及军事劳务只用。"②由此可见,日本承认盟军战俘的政治身份,但是拒绝履行国际人道法对战俘的权利保护,尤其是在滥用战俘的劳动方面。

　　在日军设置的中国战俘营中,随时面临的死亡和饥饿是战俘们最大的苦难。在上海、沈阳的盟军战俘营中,盟军战俘的生命能够得到基本的保证,饥饿成为最重要的问题。在日本的战俘营中,劳动是同食物紧密联系在一起的。奉天盟军战俘营中,战俘们的伙食不仅严重匮乏,而且质量也极差,早饭通常是稀粥,中午饭和晚饭吃的是杂菜汤和玉米饼子。③ 1942 年 2 月,各地战俘营的司令官都接到一项命令,其中说:"因为日本重工业工人需要大量食米和大麦,对战争俘虏和被拘平民的配给口粮,应减低至最多不能超过每天四百二十公分的限度。十八个月之后,定量分配额又被减少。虽然这时已普遍发现因营养不足所引起的病症,但是,东条仍向各战俘营长官发出了'没有工作,没有食物'的命令。"④

　　英国战俘皮蒂的日记中记载:现在(1943 年 1 月 13 日)按人头计算的伙食定量是:68 克糖,48 克肉,265 克白菜,195 克土豆,67 克大豆,68 克高粱,52 克圆葱,5 克大蒜,280 克面粉,249 克杂粮,7 克豆油和 300 克胡萝卜(根据过秤时记录,我确信过了不久这一定量又大幅度降低了)。⑤ 皮蒂等人在日军的工厂里劳动,并且承担是高技术工种劳动,这些食物虽然引起了高强度劳动的盟军战俘的抱怨,但是如果对比中国战俘,那盟军战俘该庆幸自己得到了优待。

----

① 刘小童:《远去的飞鹰——飞虎队里唯一的中国人陈炳清》,《南方人物周刊》2012 年 7 月 2 日,http://www.nfpeople.com/story_view.php? id=3263。
② [日]茶園義男:《关于俘虏诸法规汇集》,东京:不二出版社 1988 年版。
③ 杨竞:《奉天涅槃——见证二战日军沈阳英美盟军战俘营》,沈阳:沈阳出版社 2003 年版,第 56 页。
④ [日]神吉晴夫等编著:《日本屠杀秘史》,台南:西北出版社 1978 年版,第 155—156 页。
⑤ 转引自杨竞:《奉天涅槃——见证二战日军沈阳英美盟军战俘营》,沈阳:沈阳出版社 2003 年版,第 59 页。

食物是同工作联系在一起的。日方要求盟军战俘以劳动换取食物。奉天和上海战俘营的盟军战俘都面临着严峻的劳作。表 7 - 10 是奉天、上海两地盟军战俘劳务状况表。

表 7 - 10　盟军俘虏劳务状况表

		奉天						上海			
		所内	工业	制铁	制钢	土木	其他		所内	土木	工业	荷役
		所内	满洲工作机械	高井铁公所	中山钢业所	东洋木材	满洲皮革	满洲帆布	所内	陆军射击场等	中支野战兵器厂	总军货物厂
1942	作业天数											
	累计劳动天数		7768						10708	2026	78	5512
1943	作业天数	25	25						26	26	26	
	累计劳动天数	4519	23627						3384	15045	789	
1944	作业天数								24	24	24	
	累计劳动天数	2900	11527	1165	1939	722	3964	3782	8485	5173	3354	
1945	作业天数								15	15		15
	累计劳动天数	2321	10142	976	2176	1085	4097	4271	4254	1100		3650

（茶園義男：《大東亜戦下外地俘虜収容所》,東京：不二出版,1987年版,第28页。）

由表 7 - 10 可知,上海的盟军战俘要承担"所内""土木""工业""荷役"等不同类型的工作,工作地点分别在所内、陆军射击场、中支野战兵器厂、总军货物厂等。奉天的盟军战俘承担"所内""工业""制铁""制钢""土木"等不同类型的工作,工作地点更是遍及战俘营内、满洲工作机械、高井铁公所、中山钢业所、东洋木材、满洲皮革、满洲帆布等不同的作业地点。但是根据表格中的工作天数,1943 年—1945 年上海盟军战俘营盟军战俘的工作天数分别是 26 天、24 天和 15 天,1943 年奉天盟军战俘营的作业天数也仅仅 25 天,这与盟军战俘们的记忆严重不符,不排除日本俘房管理机构伪造数据的可能。

由于学界对沈阳盟军战俘营的研究已经比较深入,杨竞、李力、李铁军等各位教授对盟军战俘营不同方面都做了研究,在下面述及集中营日常生活的行文中主要侧重上海盟军战俘营。

上海的盟军战俘可以与国内亲人通信,信件主要由红十字会负责。"国际红十字会自五月初开始执行递交信件事务以来,本埠被认为敌性国及中立国国民之信件由该会寄发者已有三万五千封,至于由他地寄沪者则据证实亦有一万八千封。"①盟军战俘的信件也是通过红十字会邮寄。"圆明园路 97 号国际红十字会于今(25 日)晨运出大批物品与邮件 15 袋,用特大卡车一辆载过苏州河,送交此间之英美战俘,其数量之巨,超过已签署。……今料红会将于下周初接获英美战俘发出之下批邮件,查各战俘准许每三个月发出一函与两明信片。"②由此可知,红十字会将他国寄送给战俘的信件送交集中营,然后将盟军战俘的信件邮寄给战俘的亲人。

笔者还在网上发现了一封由上海盟军战俘营寄出的明信片。如图7 - 1 所示,这张明信片是由关押在上海的海军陆战队少尉乔治·牛顿(George R Newton)寄到纽约,根据图片可知当时上海盟军战俘营的英文名称是"上海战俘营"(Shanghai War Prisoner camp)。

此外,旅居上海的侨民也想尽各种途径接济盟军战俘。"本市美侨联合会之美国战俘救济委员会,近曾呼吁沪上侨民捐助食品与衣衫,赠

① 《国际红十字会负责收寄国外信件》,《申报》1942 年 10 月 12 日。
② 《英美侨对战俘大量接济》,《申报》1942 年 7 月 26 日。

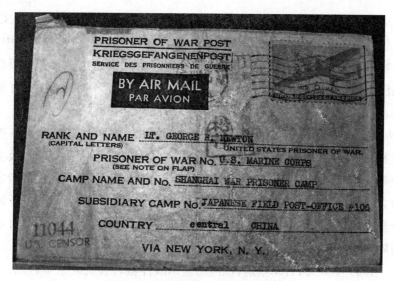

图 7‑1 上海盟军战俘营的明信片
(上海盟军战俘营明信片，http://xiwangshenzhou. blog. 163.
com/blog/static/169259307201412744135441/)

予拘禁沪埠之美战俘，响应者颇众，纷纷捐赠，经装包后其第一批已于前日(1日)装卡车运出。"①对于该批救济物资，"日陆军助理发言人松田中尉，已允许将该批包裹，交送俘虏营，昨日交送日当局之物品，共有食品衣衫卫生用具读物与运动器具等1268件，内以衣食两项占大宗，他如纸烟肥皂亦有少许，并有棒球用之棒球与手套等，食品项中从朱古律糖与果酱以致肉类等，更有捐赠阿司匹林片咖啡牛乳与牛油等，他如书籍48册，杂志与谐书89册，以助美军消遣。"②可见当时盟国侨民给战俘准备的都是急需的衣服、食物等生活用品，此外还兼及书籍、运动器材等。

1942年4月下旬，盟国侨民为关押在上海的盟军战俘募集了第二批物资。"上海美国战俘赈济委员会今(27日)晨以第二批大量物品，装满一卡车，交日陆军助理人松田中尉，转派予上海之美战俘，衣服食品不患缺乏。是项物品，自衬衣鞋帽以至牛乳饼干等，种类繁多，共

①《美侨联合会，救济美国战俘，亲友函件不得封口》，《申报》1942年4月3日。
②《美侨联合会，救济美国战俘，亲友函件不得封口》，《申报》1942年4月3日。

1139 件半，所以有此半数者，乃因袜子计 29 双半故也。各类物品、以食物占数最多，无论牛油、肉类与罐头菜，色色俱全。良以在现况之中，食物乃最为重要，必将予被拘禁之美俘以绝大之满意也。衣着一项亦颇注重，其中毛巾不下百四十九条，他如睡衣、枕套等亦齐备，更有肥皂、书籍与纸牌等杂项，料想可谓周到。"①

在 1942 年 7 月份的捐助中，仍然以食物为大宗，尤其是蔬菜占据重要数量。"此内中最笨重者，为英侨联合会所赠之番茄 1800 磅，及圣经等数百册，其他物品，自肉类以至乒乓台，种类繁多，荷兰侨民捐赠之物亦夥，有纸烟 7400 盒，卫生用品、衣服事务及留声机唱片等，美侨联合会捐赠者有卫生与运动用具，番茄十五筐及其他物品颇多，均交日军当局运至拘留营，如此前历次然。"②

1945 年 5 月，日军败退，江湾的盟军战俘被转移到北京丰台，后又转移到韩国釜山，最后又转移到日本本土，直到 1945 年 9 月被美军解放。1945 年 8 月 16 日，美国空军派出援助小组到沈阳营救盟军战俘，8 月 20 日，苏联红军解放了奉天战俘营。至此，盟军战俘才结束了被关押的境况。

① 《赈济美俘委员会递第二批物品，前日有 12 人获准出营》，《申报》1942 年 4 月 28 日。
② 《英美侨对战俘大量接济》，《申报》1942 年 7 月 26 日。

结　语

　　中日关系的复杂要到历史的认知中去理解，只有在两国的大多数普通民众对中日之间的历史关系形成普遍共识的前提下，中日关系才会最终走上正常的发展之路。中日之间的历史问题需要进行深刻的研究，以史实为依据，最大程度地还原历史场景，并以此建构起对历史问题的基本认知。本书的选题——全面侵华战争期间日军在中国设置的战俘营问题正是试图回答这一问题。

　　近代以来，日本多次发动侵华战争，在日本的军事侵略面前，中国方面奋起抵抗，大量爱国志士战死沙场，还有许多抵抗者被日本俘虏。1931年日本侵略中国东北。1937年卢沟桥事变之后，日军发动全面侵华战争。在日军强大的军事力量面前，中国军队在正面战场的阻击战大多以失败告终，大量中国士兵沦为俘虏。1938年底之前，日军对中国战俘多采取屠杀政策，并且在攻陷南京后达到高潮。之后，日军开始保全中国战俘的生命，不再一味采取屠杀战俘战略，而是将中国战俘投入集中营，利用中国战俘的劳动力资源，实现其"以战养战"的目标。1941年之后，日军掠取战俘资源的需求进一步增强，在敌后战场的"肃正作战"中大肆掠取战俘。

　　日本方面将全面侵华战争中的中国战俘定义为：战争过程中的军事俘虏，范围包括：一、交战对方敌军的军队成员——新闻记者、马夫和从军工作者都在内；二、交战地区的敌国政权系统人员及参加战线的敌国政权成员；三、参加战线的敌国政府组织成员和敌国政府领导下的社会群众团体成员，参加战线的个人。[1]　根据这个定义，军队成员、中

---

[1] 《上村喜赖笔供》，张子峰：《侵华日军战犯手记文档揭秘》，北京：中国青年出版社2007年版，第28页。

国政府、普通民众只要反抗日本侵略的中国人在被捕后都是战俘。

日军还将军事俘虏分为纯军事俘虏和军政治俘虏。纯军事俘虏为军事武装战斗员和其指挥官。而军政治俘虏的范围则比较广泛,包括:秘密战部队编制成员,参与情报、敌工工作的一切人员,政府政权工作者、地方干部、社会团体成员、文工、经济工作者、政工人员、党职工作者。① 日方认识到了中国敌后战场的破坏性,所以特别强调对中共领导的敌后战场予以彻底肃清,强调:"被俘虏一般人民中的党员是军政治俘虏。"②

据此定义,我们可以看出日军的战俘定义已经包含了中国社会所有的抗日阶层,对于普通民众,日本也以"通敌者"身份予以逮捕。在受害者的回忆资料里,有大量被捕平民被迫承认是抗日人员的记录。我们可以简单地总结为:被日军逮捕的中国受害者,都是被日方认同的敌人,这些反日者被捕后就是战俘。从这个角度讲,困扰学界研究的"战俘"与"劳工"问题就不再难以处理。很多受害者的回忆录中强调自己是"平民",但是,从抓捕他们的日本人角度出发思考,这些人就是战俘。然而,更加困难的是,日军将其视为战俘,但是又不承认其战俘身份,而将其视为"匪贼",不给被捕的中国抗战者战俘待遇。

日本在中国设立诸多战俘集中营,按照日本军方的方式管理中国战俘。虽然日本不承认中日之间的战争,不承认逮捕的中国军人为国际法意义上的战俘,但是从具体情况来看,这些受害者身份就是战俘。日本不承认中国战俘的政治身份,是害怕受到国际法的束缚,害怕承担按照国际人道法对待中国战俘的责任。日方在北平、石门、济南、塘沽、大同、青岛、杭州、徐州、南京、上海等地都设有战俘营,集中管理、奴役中国战俘。

日方不承认中国战俘的政治身份,害怕善待中国战俘会使得日军掠取中国劳动力资源的计划落空。日本保留中国战俘生命的根本目的在于掠取其身体上仅存的劳动力资源,实现"以战养战"的战略目的。如果说德国集中营给世界留下的记忆是对犹太人种族屠杀的政治目

---

① 《上村喜赖笔供》,张子峰:《侵华日军战犯手记文档揭秘》,第28—29页。
② 《上村喜赖笔供》,张子峰:《侵华日军战犯手记文档揭秘》,第28—29页。

的,那么概括日本战俘营最合适的语言就是:日本侵华战俘营设立的目的是为了满足日本对中国的经济掠夺。

太平洋战争之后,日军在中国沈阳、上海设置了盟军战俘营,关押在东南亚战场被捕的盟军战俘。关押在中国的盟军战俘也经历了种种磨难,尤其是繁重的劳役给他们的身体造成了伤害。然而,总体来说,日军承认盟军战俘的政治身份,在中国战俘营中的盟军战俘享受了比中国战俘好得多的待遇,这里也体现了日本帝国主义对中国人的一贯蔑视态度。

战俘是战争中的弱势群体,对待战俘的态度,是衡量一个国家文明的标志之一。然而,全面侵华战争开始时,日本在经历了半个多世纪学习西方、奋发图强之后,已经取得了东亚霸主地位,此时的日本已经失去了明治维新初期向西方学习的胸怀,日本文化中固有的野蛮的一面开始展现,对中国的入侵正是这一情况的反映。

卢沟桥事变是日军全面侵华的标志,引发了中日之间的全面战争。1937年的日本还没有做好全面入侵中国的准备。战争开始之后,日军意图速决战,在中国军队的顽强抵抗之下,速决战变成了持久战。日本国力不足以承担同中国的持久战。在这样的情况下,“以战养战”成为日军的选择。面对资源、劳动力短缺的事实,日军打起了中国战俘的主意。对待中国战俘的政策也从杀戮变成了关进战俘营。战争需要中国的资源,开发中国资源又需要中国战俘,这样一条掠夺链条便建立起来了,战俘是这条链条上的关键一环。

日军在中国设置的战俘营主要分为四种类型。第一种华北方面军司令部直辖的战俘营,这些战俘营规模大、时间长、管理严密。华北方面军司令部直辖的的北平西苑战俘营,以及派出的太原、济南、石门战俘营是这类集中营的代表。华北方面军的总部驻北平,下辖的第一军驻太原,第12军驻济南,第110师团驻石门,因此这类战俘营都开设在日军驻地。

第二种是临时战俘营,因为日军作战而设立,但收押战俘很多,尤其是在1941年的中条山战役和1944年开始的豫湘桂会战之后,大批中国士兵沦为战俘,为了方便管理,日军分别在运城和洛阳、衡阳等地设立战俘营,然后陆续将这些战俘转运到石门、太原、济南、北平等地。

第三类是转运战俘营,主要作用是为了转运劳工而设立。进入转运战俘营的战俘们,在此停留时间很短,这样的战俘营主要是塘沽和青岛两地的战俘营。从各地战俘营运来的战俘在这两个地方经过短暂停留之后被运到东北、日本、东南亚等地。

第四类是为了役使战俘而设立,这样的战俘营多设立在工矿企业、码头、军事工程建设工地等,例如南京浦口、上海徐汇、淄博张店等地的战俘营。日军将战俘押到附近的工作场进行劳作,剥削中国战俘的劳动力资源。应该加强此类战俘营的研究。例如"据《淮南煤矿业务报告(1941—1945)》记载,1941 年到 1945 年,在日本华中派遣军驻淮南特务机关及大东亚省淮南领事署指挥下,淮南煤矿工共征用强制劳工 8 万余人,年均达 1.6 万人"为主要方式向驻矿山周围摊派;到苏北徐州和豫北各县强掳劳工;大量使用华中地区的中国战俘劳工(特别是 1944 年初与湘桂战役后产生的国民党战俘)。[①]

根据日军对战俘营的划分,中国战俘集中营又可以分为军令战俘营和军政战俘营。二者的不同之处主要在于集中营的管理主体。一般来说一线作战部队管理的战俘营为军令战俘营,而后方管理部队掌管的是军政战俘营。由于日军不承认中国战俘的身份,因此这样的划分只是根据日军战俘营的实质性作用所作的划分。

战俘营的作用是关押、训练、改造、奴役中国战俘。中国战俘在战俘营中遭受了日军的种种虐待。日军对战俘肉体上的摧残、精神上的折磨、经济上的剥削直到他们生命的终结。二战期间,盟军战俘在德国战俘营的死亡率是 1.2%,在日军管理的沈阳战俘营的死亡率是 16%,中国战俘在华北几个大型战俘营中的死亡率达到 40%,押到日本的战俘劳工死亡率是 17.5%,有的作业场达 65%,押到伪满的一些劳工作业地,死亡率达到 40%。[②] 相比盟军战俘在德国战俘营中 1.2% 的死亡率,日军战俘营的残酷表露无遗。

如果中国战俘在战场上未被屠杀,在集中营里又在敌人的血腥管

---

① 中共安徽省委党史研究室编:《安徽省抗战时期人口伤亡和财产损失》,北京:中央党史出版社 2010 年版,第 27 页。

② 何天义主编:《日军侵华集中营——中国受害者口述》,郑州:大象出版社 2008 年版,序言第 4 页。

理下得以保全性命，接受"训练"完毕后的中国战俘面临不同的命运。日本掠取的中国战俘劳动力资源的使用主要包括以下几个方面：一是向日军屈服，充当日伪工作人员、谍报人员；二是被迫为侵华日军服务充当搬运军需用品的伙夫；三是被迫到东北的煤矿和军事建设工地做工，即"特殊工人"；四是被转运到华北、华中、华南各地的厂矿码头，为日军侵华提供劳役；五是被转运到日本本土提供劳役；六是被转运到东南亚各地，为日军侵略提供劳役。

中国战俘的悲惨遭遇，是日本政府、军队、企业在战时违反国际公约的结果。为了保障战时的基本人权，1864 年国际社会就制定了《改善战地武装部队伤者境遇的公约》，之后有关战争的国际人道法不断完善，1899 年和 1907 年的两次海牙国际法会议通过的《陆战法规和惯例公约》都强化了对战争俘虏的人道保护。1929 年通过的《关于战俘待遇的日内瓦公约》进一步完善了战俘的基本人权保护。以"文明开化"为标榜的日本政府吸收了部分国际法的规定，尤其是在文明开化政策初期的甲午战争、日俄战争、第一次世界大战中基本遵守了国际法的规定。然而，大正末期日本国内的军国主义思潮抬头，从 1928 年济南事变开始，日军野蛮对待中国俘虏。济南事变，一·二八事变后入侵上海，九·一八事变占领中国东北，卢沟桥事变后的全面侵华战争中，日本军方完全抛弃了国际法，对待中国战俘异常野蛮。

日军对中国战俘异常野蛮的原因主要包含以下因素：一是长久以来日本对中国的蔑视心理，日本以开化国家自居，内心深处歧视落后的中国；二是中国抗日力量的顽强抵抗给日方造成了巨大的损失，日方军队报复性的因素包含其中。当然，日方是采用屠杀政策还是羁押政策，与战场因素有着密切关系。日本采取进攻或维持秩序的军事策略、战场后方的秩序都与日本的战俘政策密切相关。

在 1938 年底之前的战略进攻阶段，日方对于战场俘虏的处理有三种可能的途径：一、将中国战俘就地管理，但是在日军物资供应和人员管理均不到位的情况下，这点很难实现。二、将战俘随军携带或者送到战略后方。此阶段日军处于战略进攻时期，主要精力在于打垮中国军队的有生力量，管理战俘不现实，而此时离战略大后方的国内、朝鲜、中国东北路途遥远，运输线路也未完全控制，这一点也很难实现。三、释放中国战俘更不可能,他们害怕中国士兵再次走上战场,同日军作战。以上措施皆不可行,最终采取杀害中国战俘策略。

随着战争的进行,日军预想的速决战变成了持久战。全面侵华战争消耗了日本大量的国力,日方资源不足,人力资源短缺,需要开发占领区的资源,而开发资源需要劳动力,由于战争,适龄劳动力大部分走上了战场,日本国内的劳动力资源不足。在此情况下,日本政府和军方便从中国掠取劳动力资源,中国战俘正是日本掠取劳动力资源的对象。然而,对日军的战俘政策进行分类只是出于研究上的方便考虑,并不代表1938年底战俘政策转变之前,日军对所有的中国战俘都采取屠杀手段,之后对中国战俘不再进行屠杀。这种分类的依据只是日本主要采取的对待中国战俘的总体态度有了变化,1938年底之后开始注重利用中国战俘身上残留的劳动力资源。

日军对待中国战俘营里的盟军战俘则相对温和,基本保障了盟军战俘的生命安全,同中国战俘的管理政策相比,日本对中国的歧视心理昭然若揭。当然,日本在中国设立的盟军战俘营是其太平洋战争中战俘管理制度中的一环,是其战俘政策的具体表现。

日本在中国犯下的虐待战俘、侵犯人权的罪行在战后未被彻底清算,所以也未被日本人所铭记。《波茨坦公告》做出了对日本发动战争惩罚纲领性规定,其中第十条"吾人无意奴役日本民族或消灭其国家,但对于战犯,包括虐待吾人俘虏者在内,将处以严厉之法律裁判"更是将日本虐待战俘的罪行专门说明。[1] 战后东京审判的时候,盟军方面认为日本方面对虐待俘虏负责的日方人士包括:一、阁员;二、拘有俘虏的陆海军部队的指挥官;三、与俘虏福利有关机关的职员;四、不论是文官或陆海军军官,凡属直接或亲自管理俘虏的职员。[2]

远东军事法庭对日本战犯进行公诉时候,公布的日本战犯罪行主要是三种:甲类是破坏和平罪,共36项,包括从第1到第36项内容;乙类是杀人罪,共16项,包括从第37项到第52项内容;丙类是战争犯罪和违反人道罪,包括从53项到55项的3项内容。从对日本战犯的

---

① 《国际军事法庭判决书》,张效林译,北京:群众出版社1986年版,第2页。
② 《国际军事法庭判决书》,张效林译,北京:群众出版社1986年版,第16页。

审判记录来看,东京审判中特别重视丙类"战争犯罪和违反人道罪"的调查与判决:

第53项:控告阴谋惨无人道地虐待敌国和被拘留平民。

第54项:控告命令、授权和准许惨无人道地虐待战俘和被拘留平民。

第55项:控告罪恶地不设法保证遵守对待战俘和被拘留平民的规则,或不设法制止对战俘和被被拘留平民所犯的战争罪行。[①]

在东京审判中,远东军事法庭对各级战犯的审判考虑到了日本战犯虐待战俘的罪行,通过表8-1我们可以看出日本战犯的结局与是否虐待战俘有着密切联系。

表8-1　东京审判中甲级战犯罪行与"虐待战俘罪"关系表

姓名	起诉		审判		科刑
	54项	55项	54项	55项	
荒木贞夫	√	√	×	×	无期徒刑
土肥原贤二	√	√	√	不做判决	绞刑
桥本欣五郎	√	√	×	×	无期徒刑
畑俊六	√	√	×	√	无期徒刑
平沼骐一郎	√	√	×	×	无期徒刑
广田弘毅	√	√	×	√	绞刑
星野直树	√	√	×	×	无期徒刑
板垣征四郎	√	√	√	不做判决	绞刑
木户幸一	√	√	×	×	无期徒刑

[①] 胡菊荣:《中外军事法庭审判日本战犯——关于南京大屠杀》,天津:南开大学出版社1988年版,第190页。

续　表

姓名	起诉		审判		科刑
	54 项	55 项	54 项	55 项	
木村兵太郎	√	√	√	√	绞刑
小矶国昭	√	√	×	√	无期徒刑
松井石根	√	√	×	√	绞刑
南次郎	√	√	×	×	无期徒刑
武藤章	√	√	×	√	绞刑
佐藤贤了	√	√	×	×	无期徒刑
大岛浩	√	√	×	×	无期徒刑
冈敬纯	√	√	×	×	无期徒刑
重光葵	√	√	×	×	7 年
岛田繁太郎	√	√	×	×	无期徒刑
铃木贞一	√	√	×	×	无期徒刑
东乡茂德	√	√	×	×	20 年
东条英机	√	√	√	不做判决	绞刑
梅津美治郎	√	√	×	×	无期徒刑

(本表根据东京审判的内容制作,"√"表示肯定,"×"表示否定内容。)

　　根据表 8-1,我们可以看到,被判处绞刑的 7 名甲级战犯——东条英机、广田弘毅、土肥原贤二、武藤章、松井石根、木村兵太郎、板垣征四郎等人都被起诉违犯第 54、55 两项的相关内容。其中 54 项与 55 项内容具有相关性,在国际法庭审判中,第 54 项是基础,东条英机、土肥原、板垣征四郎违反第 54 项内容明确,已经不需要对第 55 项内容进行宣判。这就表明了东京审判重视反人道罪的判定。

　　小矶国昭与田峻六被认为对第 55 项负有责任而未被判决为绞刑,但都也面临"无期徒刑的判决"。小矶国昭的军事生涯主要在朝鲜度过,其被诉"战争犯罪和违反人道罪"主要是战争后期担任首相的原因。判决书中调查认为"当外务大臣报告给他有关俘虏事情,并且认为是从日本的国际名誉和将来的国际关系的观点来看，这是重要的问题"时候，"小矶国昭虽然继续做了六个月的总理大臣，但其间日本对俘虏及被拘禁平民的待遇没有任何改善，这就等于是故意无视他自己所负的责任。"①这种责任是管理责任，与具体的虐待战俘并不相同，罪行较轻，这在审判中做出了明确的区分。

田畯六的军事生涯主要在中国战场度过，没有同英美等国打太多的交道，这是其逃过绞刑的重要原因。审判中认为："畑虽明知其事（暴行）却不仅未采取任何措施以防止其发生，且漠不关心亦不采取任何办法以便得知对战俘及平民应给与人道待遇的命令有未被遵守。"②

田畯六能够逃脱绞刑的判决得益于其主要军事经历在中国战场，这也是中国的悲哀。东京审判的时候，对虐待战俘罪行的审判主要是日军对英美盟军犯下的反人道罪行，而轻于对日军在中国犯下虐待战俘罪行的调查。对于日军战俘集中营的调查主要是东南亚地区的战俘营，对中国战俘营的调查也主要是对盟军战俘营。

战争结束后，美国主导的盟军对日军在中国犯下的虐待盟国战俘的罪行进行了调查与审判。"经美战争犯罪分团，穷四月之努力搜索，终于在沪虹口区，将前东北河东俘虏营日本管理员米吉逮获。其罪行为对美战俘，施以种种虐待、拷打、鞭笞，极尽残酷之能事，并没收红十字会之医药救济品，致使营中 1200 名战俘受虐而夺命者达 200 名以上。"③美军事法庭在上海审判了多名在中国虐待盟军战俘的日本战犯。"美军审判委员会定今晨在提篮桥美军法庭，审判日战犯三木遂，三木遂前在沈阳美军集中营工作，曾杀害美籍侨民钟氏，并虐待美军。"④最终，三木遂被判虐待战俘，"前曾在沈阳附近美军集中营充管理员之日战犯三木遂，昨经美军法庭宣判徒刑 25 年，并服劳役。……但被控告杀害美军战俘钟氏罪名，则因证据未足，未能成立，故其罪名只为虐打及苛待战俘。"⑤

① 《国际军事法庭判决书》，张效林译，北京：群众出版社 1986 年版，第 588 页。
② 《国际军事法庭判决书》，张效林译，北京：群众出版社 1986 年版，第 574 页。
③ 《凌虐战俘，米吉在沪就逮》，《申报》1945 年 12 月 2 日。
④ 《美军今晨审讯，日战犯三木遂》，《申报》1946 年 3 月 11 日。
⑤ 《三木遂免一死　判徒刑廿五年》，《申报》1946 年 3 月 15 日。

东京审判之时，远东军事法庭对日本对盟军犯下的虐待战俘之罪行进行了系统审判，美国在上海设置的特别军事法庭也充分调查了日本虐待关押在中国战俘营中盟军战俘的罪责。然而，战后中国政府对日本犯下的虐待中国战俘的罪行并未给予清查。今天日本保守化趋势的加强与其对待历史问题的态度密切相关。中国人对于这段苦难的历史也缺乏了解，对于日军设置的战俘营的制度化运作缺乏认知。或许中日两国只有在类似的历史问题上取得广泛的认同，两国关系才会进入正常的发展轨道。

参 考 书 目

一、中文档案

中共北京市委党史研究室编:《侵华日军在北京地区的暴行》,北京:知识出版社
　　1992 年版。

中央档案馆、湖北省档案馆编:《侵华日军在湖北暴行史料》,北京:中国档案出版
　　社 2005 年版。

《广西抗日战争史料选编(1、2、3 卷)——日本军队对广西的侵略与暴行》,桂林:
　　广西人民出版社 2005 年版。

安徽省档案馆等编:《新四军在皖南 1938—1941》,1985 年版。

北京档案馆编:《日本侵华罪行实录——河北、平津地区敌人罪行调查档案选辑》,
　　北京:人民出版社 1995 年版。

复旦大学历史系编译:《日本帝国主义对外侵略史料选编:1931—1945》,上海:上
　　海人民出版社 1983 年版。

辽宁省档案馆编:《日俄战争档案史料》,沈阳:辽宁古籍出版社 1995 年版。

南京市档案馆编:《审讯汪伪汉奸笔录》,南京:江苏古籍出版社 1992 年版。

南开大学历史系、唐山市档案馆编:《冀东日伪政权》,北京:档案出版社 1992
　　年版。

侵华日军关东军七三一部队罪证陈列馆编:《侵华日军关东军七三一细菌部队》,
　　北京:五洲传播出版社 2005 年版。

上海市档案馆编:《日本帝国主义侵略上海罪行史料汇编》(上、下),上海:上海人
　　民出版社 1997 年版。

中共北京市委党史研究室编:《侵华日军在北京地区的暴行》,北京:知识出版社
　　1993 年版。

中国第二历史档案馆、南京档案馆、"南京大屠杀"史料编纂委员会编:《侵华日军
　　南京大屠杀档案》,南京:江苏古籍出版社 1987 年版。

中国抗日战争史学会、中国人民抗日战争纪念馆编:《抗日战争时期重要资料统计

集》,北京:北京出版社 1997 年版。

中国陆军总司令编:《中国战区中国陆军总司令部处理日本投降文件汇编》(上、
　　下),台北:文海出版社 1946 年版。

中央档案馆、中国第二历史档案馆、吉林省社会科学院合编:《日本帝国主义侵华
　　档案资料选编:东北大讨伐》,北京:中华书局 1991 年版。

中央档案馆、中国第二历史档案馆、吉林省社会科学院合编:《日本帝国主义侵华
　　档案资料选编:东北经济掠夺》,北京:中华书局 1991 年版。

中央档案馆、中国第二历史档案馆、吉林省社会科学院合编:《日本帝国主义侵华
　　档案资料选编:华北治安强化运动》,北京:中华书局 1991 年版。

中央档案馆、中国第二历史档案馆、吉林省社会科学院合编:《日本帝国主义侵华
　　档案资料选编:东北历次大惨案》,北京:中华书局 1991 年版。

中央档案馆、中国第二历史档案馆、吉林省社会科学院合编:《日本帝国主义侵华
　　档案资料选编:河本大作与山西日军残留》,北京:中华书局 1995 年版。

中央档案馆、中国第二历史档案馆、吉林省社会科学院合编:《日本帝国主义侵华
　　档案资料选编:华北大扫荡》,北京:中华书局 1995 年版。

中央档案馆、中国第二历史档案馆、吉林省社会科学院合编:《日本帝国主义侵华
　　档案资料选编:华北经济掠夺》,北京:中华书局 1995 年版。

中央档案馆、中国第二历史档案馆、吉林省社会科学院合编:《日本帝国主义侵华
　　档案资料选编:华北历次大惨案》,北京:中华书局 1995 年版。

中央档案馆、中国第二历史档案馆、吉林省社会科学院合编:《日本帝国主义侵华
　　档案资料选编:华北事变》,北京:中华书局 1995 年版。

中央档案馆、中国第二历史档案馆、吉林省社会科学院合编:《日本帝国主义侵华
　　档案资料选编:九·一八事变》,北京:中华书局 1988 年版。

中央档案馆、中国第二历史档案馆、吉林省社会科学院合编:《日本帝国主义侵华
　　档案资料选编:南京大屠杀》,北京:中华书局 1990 年版。

中央档案馆、中国第二历史档案馆、吉林省社会科学院合编:《日本帝国主义侵华
　　档案资料选编:日汪的清乡》,北京:中华书局 1995 年版。

中央档案馆、中国第二历史档案馆、吉林省社会科学院合编:《日本帝国主义侵华
　　档案资料选编:汪伪傀儡政权》,北京:中华书局 1995 年版。

中央档案馆、中国第二历史档案馆、吉林省社会科学院合编:《日本帝国主义侵华
　　档案资料选编:伪满警宪统治》,北京:中华书局 1995 年版。

中央档案馆、中国第二历史档案馆、吉林省社会科学院合编:《日本帝国主义侵华
　　档案资料选编:细菌战与毒气战》,北京:中华书局 1995 年版。

中央统战部、中央档案馆编:《中共中央抗日民族统一战线文件选编》(上),北京:

档案出版社 1984 年版。

中央统战部、中央档案馆编:《中共中央抗日民族统一战线文件选编》(中),北京:档案出版社 1985 年版。

世界知识出版社编:《日本问题文件汇编》(第 1 集),上海:上海人民出版社 1955年版。

世界知识出版社编:《日本问题文件汇编》(第 2 集),北京:世界知识出版社 1958年版。

世界知识出版社编:《日本问题文件汇编》(第 3 集),北京:世界知识出版社 1961年版。

世界知识出版社编:《日本问题文件汇编》(第 4 集),北京:世界知识出版社 1963年版。

世界知识出版社编:《日本问题文件汇编》(第 5 集),北京:世界知识出版社 1965年版。

二、外文著作

[澳大利亚]雪珥:《绝版甲午:从海外史料揭秘中日战争》,上海:文汇出版社 2009 年版。

[德]拉贝:《拉贝日记》,南京:江苏人民出版社 1999 年版。

[法]阿兰·佩雷菲特:《停滞的帝国》,王国卿等译,北京:生活·读书·新知三联书店 1993 年版。

[荷]伊恩·布鲁玛:《日本文化中的性角色》,北京:光明日版出版社 1989 年版。

[加]诺曼:《日本唯心史》,姚曾廙译,北京:商务印书馆 1992 年版。

[美]埃德温·奥·赖肖尔:《当代日本人——传统与改革》,陈文寿译,北京:商务印书馆 1992 年版。

[美]白修德:《中国抗战秘闻——白修德回忆录》,崔阵译,郑州:河南人民出版社 1988 年版。

[美]哈里森·福尔曼:《北行漫记》,陶岱译,北京:新华出版社 1988 年版。

[美]海伦·斯诺:《旅华岁月》,华谊译,北京:世界知识出版社 1985 年版。

[美]司徒雷登:《司徒雷登回忆录》,北京:北京出版社 1982 年版。

[美]魏特琳:《魏特琳日记》,南京师范大学南京大屠杀研究中心译,南京:江苏人民出版社 2000 年版。

[美]西里尔·E. 布莱克等:《日本和俄国的现代化》,周师铭等译,北京:商务印书馆 1984 年版。

［美］约翰·佩顿·戴维斯：《抓住龙尾——戴维斯在华回忆录》，罗清、赵仲强译，北京：商务印书馆 1996 年版。

［美］约瑟夫·C.格鲁：《使日十年》，蒋相泽译，北京：商务印书馆 1983 年版。

［葡］路易斯·弗洛伊斯：《日欧比较文化》，范勇等译，北京：商务印书馆 1992 年版。

［日］井上清：《日本帝国主义的形成》，宿久高、林少华、刘小玲等译，北京：人民出版社。

［日］坂本太郎：《日本史概说》，汪向荣等译，北京：商务印书馆 1992 年版。

［日］城野宏：《日俘"残留"山西始末》（山西文史资料 45 辑），叶昌纲译，山西文史资料编辑部，1986 年版。

［日］村上重良：《国家神道》，聂长振译，北京：商务印书馆 1990 年版。

［日］村上专精：《日本佛教史纲》，杨曾文译，北京：商务印书馆 1981 年版。

［日］岛田俊彦：《日本关东军覆灭记》，李汝松译，沈阳：辽宁教育出版社 1991 年版。

［日］稻叶正夫编：《冈村宁次回忆录》，天津市政协编译委员会译，北京：中华书局 1981 年版。

［日］都留重人：《日本经济奇迹的终结》，马成三译，北京：商务印书馆 1979 年版。

［日］法眼晋作：《二战时期日本外交内幕》，袁靖等译，北京：中国文史出版社 1993 年版。

［日］服部卓四郎：《大东亚战争全史》（四卷），张玉祥等译，北京：商务印书馆 1984 年版。

［日］福泽渝吉：《文明论概略》，北京编译社译，北京：商务印书馆 1992 年版。

［日］宫崎寅藏：《三十三年之梦：宫崎寅藏回忆录》，桂林：广西师范大学出版社，2011 年版。

［日］吉野孝公：《腾越玉碎记》，金明译，第二次世界大战中缅战场国际学术讨论会资料，1994 年 6 月。

［日］家永三郎：《日本文化史》，刘绩生译，北京：商务印书馆 1992 年版。

［日］江口圭一：《日本帝国主义史研究：以侵华战争为中心》，周启乾、刘锦明译，北京：世界知识出版社 2002 年版。

［日］今井清一：《日本近现代史》（第二卷），杨孝臣等译，北京：商务印书馆 1992 年版。

［日］近代日本思想史研究会：《近代日本思想史》（第三卷），那庚辰译，北京：商务印书馆 1992 年版。

［日］近代日本思想史研究会：《近代日本思想史》（第一卷），马采译，北京：商务印

书馆 1992 年版。

［日］井上清：《军国主义的发展和没落》，马黎明译，北京：商务印书馆 1985 年版。

［日］井上清：《军国主义和帝国主义》，尚永清译，北京：商务印书馆 1985 年版。

［日］井上清：《天皇制的军队的形成》，姜晚成译，北京：商务印书馆 1985 年版。

［日］井上清：《重整军备与军国主义复活》，盛继勤译，北京：商务印书馆 1985
　　年版。

［日］堀场一雄：《日本对华战争指导史》，北京：军事科学出版社 1988 年版。

［日］满史会编著：《满洲开发四十年史》（上、下），东北沦陷十四年史辽宁编写组
　　译，北京：新华出版社 1988 年版。

［日］内藤湖南：《日本历史与日本文化》，刘克申译，北京：商务印书馆 2012 年版。

［日］浅田乔二：《1937—1945 年日本在中国沦陷区的经济掠夺》，袁愈佺译，上海：
　　复旦大学出版社 1997 年版。

［日］犬养健编著：《诱降汪精卫密录》，任常毅译，南京：江苏古籍出版社 1996
　　年版。

［日］日本防卫厅防卫研究所战史室：《中国事变陆军作战史》（第 1 卷第 1 册），田
　　琪之译，北京：中华书局 1979 年版。

［日］日本防卫厅防卫研究所战史室：《中国事变陆军作战史》（第 1 卷第 2 册），齐
　　福霖译，北京：中华书局 1981 年版。

［日］日本防卫厅防卫研究所战史室：《中国事变陆军作战史》（第 2 卷第 1 册），田
　　琪之译，北京：中华书局 1979 年版。

［日］日本防卫厅防卫研究所战史室：《中国事变陆军作战史》（第 2 卷第 2 册），田
　　琪之译，北京：中华书局 1980 年版。

［日］日本防卫厅防卫研究所战史室：《中国事变陆军作战史》（第 3 卷第 1 册），田
　　琪之译，北京：中华书局 1981 年版。

［日］日本防卫厅防卫研究所战史室：《中国事变陆军作战史》（第 3 卷第 2 册），田
　　琪之、齐福霖译，北京：中华书局 1983 年版。

［日］日本防卫厅防卫研究所作战室：《一号作战之一：河南会战》，天津市政协编
　　译委员会译，北京：中华书局 1982 年版。

［日］日本防卫厅防卫研究所作战室：《一号作战之二：湖南会战》，天津市政协编
　　译委员会译，北京：中华书局 1984 年版。

［日］日本防卫厅防卫研究所作战室：《一号作战之三：广西会战》，天津市政协编
　　译委员会译，北京：中华书局 1985 年版。

［日］日本防卫厅防卫研究所作战室：《长沙作战》，天津市政协编译委员会译，北
　　京：中华书局 1985 年版。

［日］日本防卫厅防卫研究所作战室：《昭和二十(1945)年的中国派遣军》，天津市政协编译委员会译，北京：中华书局1982年版。

［日］日本防卫厅战史室：《华北治安战》(上、下)，天津市政协编译组译，天津：天津人民出版社1982年版。

［日］日本防卫厅战史室编：《大本营陆军部》(摘译)，天津市政协编译委员会译，成都：四川人民出版社1987年版。

［日］日本防卫厅战史室编：《日本军国主义侵华资料长编(上)——〈大本营陆军部〉摘译》，天津市政协编译委员会译，成都：四川人民出版社1987年版。

［日］日本防卫厅战史室编：《日本军国主义侵华资料长编(下)——〈大本营陆军部〉摘译》，天津市政协编译委员会译，成都：四川人民出版社1987年版。

［日］日本政府参谋本部编：《满洲事变作战经过概要》(第一卷)，田琪之译，北京：中华书局1981年版。

［日］桑田悦、前原透编著：《简明日本战史》，军事科学院外国军事研究部译，北京：军事科学院出版社1989年版。

［日］森村诚一：《魔鬼的乐园——关东军新军部队战后秘史》，关成和、徐明勋译，1984年版。

［日］神吉晴夫等编著：《日本屠杀秘史》(1、2)，台南：西北出版社1978年版。

［日］升味准之辅：《日本政治史》，董国良等译，北京：商务印书馆1997年版。

［日］辻政信：《日军新加坡作战之回顾》，谢永湉译，黎明文化事业公司1987年版。

［日］石岛纪之：《中国抗日战争史》，长春：吉林教育出版社1990年版。

［日］矢华利雄：《黄河夕阳：华北战场体验记》，东京：朝日新闻出版社1998年版。

［日］松村俊夫：《日军大本营》，黄金鹏译，北京：军事科学院出版社1985年版。

［日］粟屋宪太郎：《东京审判秘史》，里寅译，北京：世界知识出版社1987年版。

［日］藤原彰：《日本近现代史》(第三卷)，伊文成等译，北京：商务印书馆1992年版。

［日］外山三郎：《日本海军史》，龚建国、方希和译，北京：解放军出版社1980年版。

［日］丸山真男：《福泽谕吉与日本近代化》，欧建英译，上海：学林出版社1992年版。

［日］尾藤正英：《日本文化的历史》，彭曦译，南京：南京大学出版社2010年版。

［日］西园征夫：《哈尔滨特务机关》，赵晨译，北京：群众出版社1986年版。

［日］小林义雄：《战后日本经济史》，孙汉超译，北京：商务印书馆1985年版。

［日］新渡户稻造：《武士道》，张俊彦译，北京：商务印书馆1993年版。

［日］信夫清三郎主编：《日本外交史》，天津市历史研究所日本史研究室译，北京：

商务印书馆 1980 年版。

〔日〕依田憙家：《日本帝国主义和中国（1968—1945）》，卞立强等译，北京：北京大
学出版社 1989 年版。

〔日〕永田广志：《日本哲学思想史》，陈应年等译，北京：商务印书馆 1992 年版。

〔日〕远山茂树：《日本近现代史》（第一卷），邹有恒译，北京：商务印书馆 1992
年版。

〔日〕中根千枝：《纵向社会的人际关系》，陈成译，北京：商务印书馆 1994 年版。

〔日〕中国归还者联络会编：《历史的见证》，袁秋白等译，1994 年版。

〔日〕中国归还者联络会编：《三光——日本战犯侵华罪行自述》，李亚一译，北京：
世界知识出版社 1990 年版。

〔日〕中国归还者联络会编：《我们在中国干了些什么？——原日本战犯改造回忆
录》，吴浩然等译，北京：中国人民公安大学出版社 1989 年版。

〔日〕中江兆民：《三醉人经纶问答》，滕颖译，北京：商务印书馆 1990 年版。

〔日〕中原茂雄：《大东亚补给战》，北京：解放军出版社 1984 年版。

〔日〕重光葵：《日本侵华内幕》，齐福霖等译，北京：解放军出版社 1987 年版。

〔苏联〕国家中央档案馆编：《日俄战争》，吉林省哲学社会科学研究所翻译组译，北
京：商务印书馆 1976 年版。

〔意〕万斯白：《日本在华的间谍活动》，文缘社译，国光印书馆 1945 年版。

〔英〕劳特派特：《奥本海国际法（下卷）：争端法、战争法、中立法》，王铁崖等译，北
京：商务印书馆 1989 年版。

〔英〕雷蒙德·拉蒙：《宪兵：日本可怕的军事警察》，蓝文萱、陈建民译，北京：世界
知识出版社 1999 年版。

〔英〕理查德·迪肯：《日本情报机构秘史》，群益译，北京：群众出版社 1985 年版。

〔英〕田伯烈：《外人目睹中之日军暴行》，杨明译，南昌：江西人民出版社 1986
年版。

三、中文著作

《远东国际军事法庭判决书》，张效林译，北京：群众出版社 1986 年版。

参谋本部第二厅译：《日本及列国之陆军》（全三册），1940 年版。

曹振威：《侵略与自卫——全面抗战时期的中日关系》，桂林：广西师范大学出版
社 1994 年版。

陈存仁：《抗战时代生活史》，上海：上海人民出版社 2001 年版。

陈纳德：《飞将军陈纳德回忆录》，王湄等译，杭州：浙江文艺出版社 1998 年版。

陈思本等编：《南京港史》，北京：人民交通出版社 1989 年版。

戴建兵：《金钱与战争——抗战时期的货币》，桂林：广西师范大学出版社 1995 年版。

第二历史档案馆编：《抗日战争正面战场》，1987 年版。

樊建川：《兵火——由日军影像资料看中国抗日战争》，北京：解放军文艺出版社 2008 年版。

方国瑜：《抗日战争滇西战事篇》，昆明：云南大学出版社 1994 年版。

冯崇义：《国魂，在国难中挣扎——抗战时期的中国文化》，桂林：广西师范大学出版社 1995 年版。

冯子超：《中国抗战史》，正气书局 1946 年版。

高乐才：《日本"满州移民"研究》，北京：人民出版社 2000 年版。

耿成宽、韦显文编：《抗日战争时期的侵华日军》，春秋出版社 1987 年版。

郭大钧、吴广义：《浴血八年树丰碑——受降与审判》，桂林：广西师范大学出版社 1994 年版。

郭岐：《陷都血泪录》，南京：南京师范大学出版社 2005 年版。

郭汝瑰、黄玉章主编：《中国抗日战争正面战场作战记》，南京：江苏人民出版社 2001 年版。

郭晓晔：《东方大审判——审判侵华日军战犯纪实》，北京：解放军文艺出版社 1995 年版。

何劲松：《近代东亚佛教——以日本军国主义侵略战争为线索》，北京：社会科学文献出版社 2002 年版。

何天言编：《上海抗日血战史》，北京：现代书局 1932 年版。

何应钦：《抗战八年之经过》，金文图书有限公司 1982 年版。

胡菊荣：《中外军事法庭审判日本战犯——关于南京大屠杀》，天津：南开大学出版社 1988 年版。

华北政务委员会总务厅情报局编印：《新春北京风景线》，1944 年版。

黄杰：《长城作战日记》，北京：国防部史政编译局 1983 年版。

江海出版社：《淞沪抗战史》，北京：中西书局 1945 年版。

姜力编：《1949：伯力大审判》，北京：解放军文艺出版社 2004 年版。

蒋纬国主编：《抗日御侮》（10 卷），黎明文化事业股份有限公司 1978 年版。

解学诗、松村高夫：《满铁与中国劳工》，北京：社会科学文献出版社 2003 年版。

解学诗：《历史的毒瘤——伪满政权兴亡》，桂林：广西师范大学出版社 1993 年版。

解学诗：《伪满洲国史新编》，北京：人民出版社 2008 年版。

居之芬主编：《日本对华北经济的掠夺和统制——华北沦陷区经济资料选编》，北京：北京出版社 1995 年版。

军事科学院外国军事研究部编：《凶残的兽蹄——日军暴行录》，北京：解放军出版社 1994 年版。

冷欣：《从参加抗战到目睹日军投降》，台湾：传记文学出版社 1977 年版。

黎东方：《细说抗战》，台湾：远流出版社 1995 年版。

李惠等编：《侵华日军序列沿革》，北京：解放军出版社 1987 年版。

李良志：《渡尽劫波兄弟在——战时国共关系》，桂林：广西师范大学出版社 1993 年版。

李平生：《烽火映方舟——抗战时期大后方经济》，桂林：广西师范大学出版社 1995 年版。

林昶：《中国的日本研究杂志史》，北京：世界知识出版社 2001 年版。

林治波、赵国章：《大捷——台儿庄战役实录》，桂林：广西师范大学出版社 1995 年版。

刘翔霄：《塞上鏖兵——中日苏蒙大决战纪实》，成都：四川人民出版社 1995 年版。

刘大年：《我亲历的抗日战争与研究》，北京：中央文献出版社 2000 年版。

刘家国：《浴血奋战——抗日英雄八路军》，桂林：广西师范大学出版社 1994 年版。

罗达仁：《亲历中印缅抗日战场》，北京：中国文联出版社 2005 年版。

吕正操：《吕正操回忆录》，北京：解放军出版社 1988 年版。

马振犊、戚如高：《友乎？敌乎？——德国与中国抗战》，桂林：广西师范大学出版社 1997 年版。

马振犊：《血染辉煌——抗战正面战场写真》，桂林：广西师范大学出版社 1993 年版。

麦克阿瑟：《麦克阿瑟回忆录》，台湾：文国书局 1985 年版。

梅汝璈：《远东国际军事法庭》，北京：法律出版社 1998 年版。

孟国祥：《大劫难：日本侵华对中国文化的破坏》，北京：中国社会科学出版社 2005 年版。

秦孝仪主编：《中华民国重要史料初编——对日抗战时期》（全四册），中国国民党中央委员会党史委员会 1981 年版。

全国政协《湖南四大会战》编写组编：《原国民党将领抗日战争亲历记——湖南四大会战》，北京：中国文史出版社 1995 年版。

全国政协《闽浙赣抗战》编写组编：《原国民党将领抗日战争亲历记——闽浙赣抗

战》，北京：中国文史出版社 1995 年版。

全国政协《粤桂黔滇抗战》编写组编：《原国民党将领抗日战争亲历记——粤桂黔滇抗战》，北京：中国文史出版社 1995 年版。

全国政协《中原抗战》编写组编：《原国民党将领抗日战争亲历记——中原抗战》，北京：中国文史出版社 1995 年版。

萨苏：《尊严不是无代价的——从日本史料揭秘中国抗战》，济南：山东画报出版社 2009 年版。

山西省人民检察院：《侦讯日本战犯纪实》，北京：新华出版社 1995 年版。

山西文史资料编辑部编：《山西文史精选——阎日勾结真相》，太原：山西高校联合出版社 1992 年版。

沈予：《日本大陆政策史（1868—1945）》，北京：社会科学文献出版社 2005 年版。

石泉：《甲午战争前后之晚清政局》，北京：生活·读书·新知三联书店 1997 年版。

司徒福等：《抗战岁月》，北京：中央日报出版部 1985 年版。

宋成有等：《战后日本外交史：1945—1994》，北京：世界知识出版社 1995 年版。

孙大骆：《抗日战争历史失败战役的真相及其原因》，海口：海南出版公司 1997 年版。

孙震编：《暴行——侵华日军罪恶实录》，三环出版社 1991 年版。

汤重南、贾玉琴编：《日本历史人物传》（近现代篇），哈尔滨：黑龙江人民出版社 1987 年版。

唐元华：《"C 作战"——日本攻占香港秘史》，北京：中国文史出版社 1997 年版。

天津编译中心编：《日本军国主义侵华人物》，北京：中国文史出版社 1994 年版。

万仁元、方庆秋主编：《抗日战争时期国民党军机密作战日记》，北京：中国档案出版社 1995 年版。

王道平主编：《中国抗日战争史》（三卷），北京：解放军出版社 2005 年版。

王辅：《日军侵华战争（1931—1945）》，沈阳：辽宁人民出版社 1990 年版。

王奇生：《留学与救国——抗战时期海外学子群像》，桂林：广西师范大学出版社 1995 年版。

王淇主编：《从中立到结盟——抗战时期美国对华政策》，桂林：广西师范大学出版社 1996 年版。

王玉彬、王苏红：《满江红——江南抗战卷》，北京：解放军出版社 1995 年版。

王造时编译：《日本备战论》，上海：开明书店 1937 年版。

王战平主编：《正义的审判——最高人民法院特别军事法庭审判日本战犯纪实》，北京：人民法院出版社 1991 年版。

肖效钦、钟兴锦：《抗日战争文化史：1937—1945》，北京：中共党史出版社 1992 年版。

萧雪、刘建新：《燃烧的黑土地：东北抗战纪实》，北京：团结出版社 1995 年版。

星火燎原编辑部：《星火燎原丛书之四——抗日战争回忆录专辑》，北京：解放军出版社 1987 年版。

徐付群等编著：《"皇军之花"——日本关东军内幕纪实》，北京：京华出版社 1994 年版。

徐广宇编译：《1904—1905 洋镜头里的日俄战争》，福州：福建教育出版社 2009 年版。

延安时事问题研究会编：《日本帝国主义在中国沦陷区》，上海：上海人民出版社 1962 年版。

杨迪：《抗日战争在总参谋部》，北京：解放军出版社 2008 年版。

杨纪：《南战场之旅》，北京：商务印书馆 1949 年版。

杨念群主编：《甲午百年祭——多元视野下的中日战争》，北京：知识出版社 1995 年版。

杨一民：《黄河在咆哮——中国的抗战》，杭州：蓝天出版社 2010 年版。

余先予、何勤华：《东京审判始末》，杭州：浙江人民出版社 1986 年版。

余子道、曹振威、石源华、张云：《汪伪政权全史》，上海：上海人民出版社 2006 年版。

岳思平：《鏖兵华北——震惊中外的百团大战》，桂林：广西师范大学出版社 1995 年版。

张福兴：《凶神榜：日本侵华重要战犯罪行实录》，北京：解放军文艺出版社 1992 年版。

张鸿福：《末路王朝：中日甲午战争报告》，北京：中国文联出版社 2005 年版。

张宪文：《中国抗日战争史(1931—1945)》，南京：南京大学出版社 2001 年版。

张晓然：《最后一战：中日湘西雪峰山会战纪实》，长沙：湖南文艺出版社 2012 年版(四册)。

张治中：《张治中回忆录》，北京：文史资料出版社 1985 年版。

章伯峰、庄建平主编：《抗日战争》(七卷)，成都：四川大学出版社 1997 年版。

中共中央党史研究室科研管理部编：《日本侵华罪行纪实(1931—1945)》，北京：中央党史出版社 1995 年版。

中国人民政治协商会议北京市委员会文史资料委员会编：《抗日纪事》，北京：北京出版社 1995 年版。

中国人民政治协商会议大理市委员会文史资料委员会：《大理市文史资料第五辑

（抗战专辑）》，1994 年版。

中国人民政治协商会议当阳市委员会：《当阳抗日见闻录》，1995 年版。

中国人民政治协商会议全国委员会、《晋绥抗战》编写组编：《原国民党将领抗日战
　　争亲历记——晋绥抗战》，北京：中国文史出版社 1995 年版。

中国人民政治协商会议全国委员会、文史资料研究委员会编：《原国民党将领抗日
　　战争亲历记——八一三淞沪抗战》，北京：中国文史出版社 1987 年版。

中国人民政治协商会议全国委员会、文史资料研究委员会编：《原国民党将领抗日
　　战争亲历记——从九·一八到七七事变》，北京：中国文史出版社 1987 年版。

中国人民政治协商会议全国委员会、文史资料研究委员会编：《原国民党将领抗日
　　战争亲历记——南京保卫战》，北京：中国文史出版社 1987 年版。

中国人民政治协商会议全国委员会、文史资料研究委员会编：《原国民党将领抗日
　　战争亲历记——七七事变》，北京：中国文史出版社 1986 年版。

中国人民政治协商会议全国委员会、文史资料研究委员会编：《原国民党将领抗日
　　战争亲历记——武汉会战》，北京：中国文史出版社 1989 年版。

中国人民政治协商会议全国委员会、文史资料研究委员会编：《原国民党将领抗日
　　战争亲历记——徐州会战》，北京：中国文史出版社 1985 年版。

中国人民政治协商会议全国委员会、文史资料研究委员会编：《原国民党将领抗日
　　战争亲历记——远征印缅抗战》，北京：中国文史出版社 1990 年版。

中国人民政治协商会议上海市委员会文史资料工作委员会编：《上海文史资料选
　　辑第五十一辑——抗日风云录》（上、下），上海：上海人民出版社 1985 年版。

中国社科院近代史研究所：《日本侵华七十年史》，北京：中国社会科学出版社
　　1992 年版。

中国问题研究社编：《蒋管区民谣集》，北京：华北新华书店 1947 年版。

周保中：《东北抗日游记日记》，北京：人民出版社 1991 年版。

周佛海：《周佛海日记全编》（上、下），北京：中国文联出版社 2003 年版。

四、论文

坂本雅子：《日本财阀和帝国主义——以三井物产株式会社为例》，《抗日战争研
　　究》2009 年第 2 期。

贝蒂·巴尔：《日本集中营：上海西侨的黑色记忆》，《文史博览》2006 年第 1 期。

曾景忠：《中国抗日战争正面战场研究述评》，《抗日战争研究》1999 年第 3 期。

曾庆榴、官丽珍：《侵华战争时期日军轰炸广东罪行述略》，《抗日战争研究》1998
　　年第 1 期。

曾业英：《日本对华北沦陷区的金融控制与掠夺》，《抗日战争研究》1994 年第 1 期。

陈春娥等：《南京大屠杀与奥斯维辛集中营》，《江西师范大学学报》1995 年第 3 期。

陈建成：《五年来日军侵华暴行热点研究述略》，《首都师范大学学报》2004 年增刊。

陈景彦、李霞：《在日中国劳工研究中的日文资料使用问题》，《东北亚论坛》2000 年第 4 期。

陈克涛：《上海龙华侨民集中营》，《世纪》2005 年第 5 期。

陈杏年：《〈抗日〉三日刊介绍》，《抗日战争研究》1994 年第 4 期。

陈致远、朱清如：《六十年来国内外日本细菌战史研究述评》，《抗日战争研究》2011 年第 2 期。

党福民：《日军侵华暴行国际学术研讨会综述》，《抗日战争研究》1995 年第 4 期。

邓永泉：《奉天二战美军战俘营纪事》，《纵横》2004 年第 4 期。

房列曙、胡启生：《抗战时期国民政府战区划分的演变》，《抗日战争研究》1995 年第 1 期。

封汉章：《七七事变前冀东伪军述评》，《抗日战争研究》2007 年第 2 期。

冯静：《日军侵华违反的战争法规则》，《决策与信息》2005 年第 7 期。

傅波：《论东北战俘劳工问题》，《长白学刊》1997 年第 2 期。

高平平：《台湾史学界抗日战争研究述评》，《军事历史研究》2003 年第 3 期。

高士华：《日军山西毒气战研究的新进展—评粟屋宪太郎的〈中国山西省的日军毒气战〉》，《抗日战争研究》2004 年第 2 期。

龚少情、周一平：《50 年来抗战史资料的整理、研究述评》，《抗日战争研究》，1999 年第 3 期。

郭洪茂：《二战时期日本的盟军战俘集中营及其监管制度》，《社会科学战线》，2009 年第 4 期。

郭晓平：《论抗日战争时期冀鲁豫边区的枪会》，《抗日战争研究》，1997 年第 4 期。

国防大学八路军史料丛书编委会办公室：《〈八路军史料丛书〉编纂情况》，《抗日战争研究》1992 年第 3 期。

韩华：《东京审判研究综述》，《抗日战争研究》2012 年第 2 期。

何天义、党福民：《从集中营到万人坑》，《党史博采》1994 年第 8 期。

何天义、范媛媛：《河北战俘劳工在中苏边境东宁要塞的抗日暴动》，《档案天地》2005 年 5 月。

何天义：《大型画册〈花冈事件〉评介》，《抗日战争研究》1999 年第 2 期。

何天义：《论日本强掳中国战俘、劳工的责任》，《民国档案》1998 年第 1 期。

何天义：《日本侵华战争遗留问题概述》，《抗日战争研究》1997 年第 4 期。

何天义：《日本侵略者强掳虐待中国劳工的真相——驳斥日本某些人为强掳中国战俘劳工辩解的言论》，《抗日战争研究》1995 年第 4 期。

何天义：《日军在华北的战俘劳工集中营》，《档案天地》2004 年第 3 期。

何天义：《石家庄集中营蒙难同胞纪念碑》，《抗日战争研究》1998 年第 2 期。

华强：《二战时期日军"慰安"制度的国际化倾向》，《抗日战争研究》2006 年第 2 期。

黄爱军：《近年来抗日战争研究新进展》，《北京日报》2010 年 9 月 6 日，第 19 版。

黄逸平、李娟：《抗日战争时期经济研究述评》，《抗日战争研究》1993 年第 1 期。

吉见义明：《日本军队的毒气战与美国——美国国家档案馆资料调查》，《抗日战争期刊研究》2004 年第 1 期。

贾天运：《洛阳保卫战述略》，《抗日战争研究》1992 年第 4 期。

解学诗：《关于"特殊工人"的若干问题》，《抗日战争研究》2002 年第 2 期。

解学诗：《战时劳工问题研究的重要文献——读〈日本掠夺华北强制劳工档案史料集〉》，《抗日战争研究》2003 年第 4 期。

居之芬：《对日本强掳输出华北强制劳工人数考证问题的一点看法》，《抗日战争研究》1999 年第 2 期。

居之芬：《二次大战期间日本使用中国强制劳工人数初考》，《抗日战争研究》2001 年第 1 期。

居之芬：《关于日本在华北的劳务统制若干问题研究》，《民国档案》1999 年第 4 期。

居之芬：《关于日本在华北劳务掠夺体系与强制劳工人数若干问题考》，《抗日战争研究》2002 年第 3 期。

居之芬：《关于日本在华北劳务掠夺体系与强制劳工人数若干问题考》，《抗日战争研究》2002 年第 3 期。

居之芬：《华北沦陷区的经济地位及日本统制掠夺之特点》，《晋阳学刊》1998 年第 1 期。

居之芬：《抗日战争中华北劳工的伤亡人数》，《津图学刊》1995 年第 3 期。

居之芬：《抗战时期日本对华北经济的统制和掠夺》，《党史文汇》1995 年第 2 期。

居之芬：《抗战时期日本对华北沦陷区劳工的劫掠和摧残》，《中共党史研究》1994 年第 4 期。

居之芬：《论日本与纳粹德国在"强制劳动"罪行上的异同点（1933.9—1945.8）》，《民国档案》2008 年第 2 期。

居之芬：《论日军强掳虐待华南强制劳工的罪行》,《民国档案》2010 年第 4 期。

居之芬：《论太平洋战争爆发后日本强掳虐待华北强制劳工罪行》,《民国档案》2003 年第 2 期。

居之芬：《论战后赴日华工归国及遗留问题》,《抗日战争研究》2004 年第 4 期。

居之芬：《日本"北支那开发株式会社"的经济活动及其掠夺》,《近代史研究》1993 年第 3 期。

居之芬：《日本的"华北产业开发计划"与华北沦陷区经济史之分期》,《天津社会科学》1995 年第 4 期。

居之芬：《日本强掳华北劳工人数考》,《抗日战争研究》1995 年第 4 期。

居之芬：《日本在华北"国策"企业矿山征用强制劳工人数与待遇考》,《世界历史》2003 年第 6 期。

居之芬：《太平洋战争爆发前日本骗招入满华工的地位与待遇考》,《中国经济史研究》2005 年第 4 期。

阚景奎等：《二战时期日军在华所建最大外侨集中营——潍县乐道院集中营概述》,《民国档案》1998 年第 3 期。

李凤勇：《揭秘二战时期亚洲最大的集中营》,《档案春秋》2007 年第 7 期。

李金铮：《晋察冀边区 1939 年的救灾度荒工作》,《抗日战争研究》1994 年第 4 期。

李侃：《抗日战争与知识分子》,《抗日战争研究》1993 年第 1 期。

李树德：《我在太原日军集中营》,《山西文史资料》1998 年第 2 期。

李鑫、罗存康：《第二届海峡两岸抗日战争史学术研讨会综述》,《抗日战争研究》2009 年第 3 期。

梁家贵：《抗日战争时期日本利用操纵山东会道门述论》,《抗日战争研究》2003 年第 3 期。

刘百陆、文畅：《"大屠杀"国际学术研讨会综述》,《世界历史》2006 年第 6 期。

刘宝辰：《"花冈事件"诉讼案和解始末》,《文史精华》2002 年第 9 期。

刘宝辰：《东京"战后 60 年·与受害者共同清算日本过去国际会议"综述》,《历史教学》2005 年第 8 期。

刘宝辰：《抗日战争时期日本强掳华工的几个问题》,《河北大学学报》(哲学社会科学版)2000 年第 1 期。

刘宝辰：《日本强掳华工的政策、手段和结果》,《历史教学》2000 年第 1 期。

刘宝辰：《日本侵华期间迫害劳工问题国际学术研讨会综述》,《抗日战争研究》1998 年第 4 期。

刘宝辰：《为纪念抗日战争胜利 60 年东京国际集会综述》,《抗日战争研究》2005 年第 3 期。

刘宝辰：《新发现的有关日本虐待被强掳华工情况的资料》，《抗日战争研究》1994 年第 3 期。

刘成友：《战争的记忆　和平的心愿》，《人民日报》2005 年 8 月 23 日第 005 版。

刘金龙：《惨死在潍县集中营的奥运会冠军》，《春秋》1996 年第 1 期。

鲁南：《二战期间亚洲最大的同盟国集中营揭秘》，《福建党史月刊》2008 年第 11 期。

吕伟俊　宋振春：《山东沦陷区研究》，《抗日战争研究》1998 年第 1 期。

马俊亚：《难民申请书中的日军暴行与日据前期的南京社会经济（1937—1941）》，《抗日战争研究》2007 年第 1 期。

孟英莲：《全面抗战时期中国的战争损失述论》，《南方论丛》2005 年第 3 期。

米卫娜　申海涛：《战后河北省对日侨的集中管理与遣返》，《抗日战争研究》2007 年第 4 期。

宓汝成、王礼琦：《日本侵占海南岛和海南岛人民的抗日斗争》，《抗日战争研究》1992 年第 1 期。

彭荣钺：《北平西苑日寇集中营的血泪纪实》，《北京党史研究》1995 年第 5 期。

戚厚杰：《对〈抗战时期国民政府战区划分的演变〉一文的补正》，《抗日战争研究》1996 年第 1 期。

齐福霖：《必须重视日军在华暴行的研究》，《抗日战争研究》1993 年第 3 期。

齐福霖：《简述日军暴行研究的新进展》，《抗日战争研究》1996 年第 3 期。

齐福霖：《温哥华中日战争国际研讨会综述》，《抗日战争研究》1996 年第 1 期。

申玉山、赵志伟：《侵华日军在华北制造"无人区"的几个问题》，《抗日战争研究》2005 年第 1 期。

石恒利：《拂去尘埃始见金——二战沈阳盟军战俘营研究综述》，《辽宁大学学报》（哲社版）2007 年第 2 期。

石岩：《沈阳二战盟军战俘营与潍县侨民集中营比较研究》，《兰台世界》2011 年第 5 期。

史桂芳：《试析中日战争时期日本的侵略理论》，《抗日战争研究》2002 年第 1 期。

宋志勇：《东京审判与中国》，《抗日战争研究》2001 年第 3 期。

宋志勇：《美国对日政策与东京审判》，《南开学报》2003 年第 4 期。

宋志勇：《日本战争责任资料中心与〈战争责任研究〉》，《抗日战争研究》1995 年第 4 期。

苏智良、高凡夫：《深入挖掘一手史料，揭露日军侵华暴行——评王之鑑〈日军暴行目睹实录〉》，《抗日战争研究》2004 年第 1 期。

孙艳魁：《试论抗战时期国民政府的难民救济工作》，《抗日战争研究》1993 年第

1 期。

田中宏：《花冈事件与战争遗留问题》，《抗日战争研究》1992 年第 4 期。

王海潮：《山东潍县日军集中营揭秘》，《春秋》2006 年第 4 期。

王海燕：《日本侵华战争中的国家神道》，《抗日战争研究》2009 年第 1 期。

王克文：《欧美学者对抗战时期中国沦陷区的研究》，《历史研究》2000 年第 5 期。

王士花：《日本侵华战争时期对华北工矿资源的控制和掠夺》，《抗日战争研究》1993 年第 1 期。

王铁军、焦润明：《第二次世界大战时期日军对盟军的战俘政策析论——以沈阳盟军战俘营的日美战俘信息交换为例》，《世界历史》2009 年第 5 期。

王铁军：《二战期间日军战俘管理制度研究——以日军沈阳盟军战俘营为中心》，《抗日战争研究》2010 年第 2 期。

王铁军：《关于"沈阳英美盟军战俘营"之史实再考订》，《辽宁大学学报》（哲社版）2009 年第 3 期。

王增勤：《二战期间潍县集中营揭秘》，《侨园》2009 年第 1 期。

王增勤：《潍县集中营揭秘》，《人民公安》2008 年第 20 期。

魏宏运：《笔谈抗日战争时期历史研究》，《抗日战争研究》1995 年第 1 期。

魏宏运：《抗战第一年的华北农民》，《抗日战争研究》1993 年第 1 期。

吴佩军：《太平洋战争时期的四平集中营——伪满当局对东北境内同盟国天主教神职人员的政策》，《外国问题研究》2011 年第 4 期。

吴天威：《日本在侵华战争期间迫害致死中国劳工近千万》，《抗日战争研究》2000 年第 1 期。

吴天威：《中日战争的遗留问题有待解决》，《抗日战争研究》1998 年第 4 期。

武向平：《日本在中国境内盟军战俘营机构分布考察》，《社会科学战线》2009 年第 4 期。

夏明方：《抗战时期中国的灾荒与人口迁移》，《抗日战争研究》2000 年第 2 期。

肖平：《集中抗日根据地的对地斗争》，《抗日战争研究》1994 年第 2 期。

肖一平：《〈河北抗战史〉评介》，《抗日战争研究》1995 年第 2 期。

晓华：《〈日本侵略华北罪行档案〉书介》，《抗日战争研究》2006 年第 1 期。

谢学诗：《战时劳工问题研究的重要文献——读〈日本掠夺华北强制劳工档案史料集〉》，《抗日战争研究》2003 年第 4 期。

谢忠厚、谢丽丽：《华北（甲）一八五五部队的细菌战犯罪》，《抗日战争研究》2003 年第 4 期。

徐国芳：《顺德日俘集中营补记》，《广东党史》2009 年第 3 期。

徐国利：《关于中国抗日战争口述史研究的几个问题》，《抗日战争研究》2006 年第

3 期。

杨大庆：《国际历史对话与南京大屠杀研究》，《抗日战争研究》2010 年第 4 期。

杨竞：《奉天盟军战俘集中营考略》，《历史研究》2009 年第 1 期。

杨小川：《〈救亡日报〉介绍》，《抗日战争研究》1994 年第 2 期。

杨志望、康逸等：《中国代表：军国主义等同纳粹集中营》，《新华每日电讯》2005 年
　　1 月 26 日第 005 版。

樱井秀一：《被强掳到大阪筑港的中国劳工》，《抗日战争研究》1998 年第 1 期。

余子侠：《抗战时期教会高校的迁变》，《抗日战争研究》1998 年第 2 期。

俞明：《从哈巴罗夫斯克审判看侵华日军的细菌战罪行》，《东华大学学报》2004 年
　　第 2 期。

苑焕乔：《中国战俘劳工问题研究的新成果——读〈日本掳役中国战俘劳工调查研
　　究〉》，《抗日战争研究》2003 年第 1 期。

岳谦厚、田明：《抗战时期日本对山西工矿业的掠夺与破坏》，《抗日战争研究》2010
　　年第 4 期。

岳雯：《寻访侵华日军在沪战俘集中营》，《档案春秋》2005 年第 8 期。

臧运祜：《七七事变以前的日本对华政策及其演变》，《抗日战争研究》2007 年第
　　2 期。

张慧卿：《纳粹死亡集中营的回声》，《群言》1995 年第 10 期。

张洁、赵朗等：《二战期间日军在奉天所设盟军战俘营研究》，《社会科学辑刊》2006
　　年第 6 期。

张连红：《华东地区日伪关系的实像——张生等著〈日伪关系研究——以华东地区
　　为中心〉读后》，《抗日战争研究》2005 年第 1 期。

张同乐：《1940 年代前期的华北蝗灾与社会动员——以晋冀鲁豫、晋察冀边区与
　　沦陷区为例》，《抗日战争研究》2008 年第 1 期。

张泽芳、若秋：《不可忘却的历史——潍县集中营》，《山东档案》2010 年第 3 期。

张振鹍：《抗日战争中沦陷区青年学生投奔大后方的回顾》，《抗日战争研究》2008
　　年第 3 期。

张志坤、关亚新：《1946 年沈阳地区日侨俘遣返始末》，《抗日战争研究》2010 年第
　　3 期。

张志强、马岚：《东方"奥斯维辛"集中营的战俘"手记"》，《中国档案》2006 年第
　　6 期。

赵光锐：《满铁昭和制钢所的劳动力招募问题研究》，《抗日战争研究》2000 年第
　　1 期。

周桂银：《奥斯维辛、战争责任和国际关系伦理》，《世界经济与政治》2005 年第

9 期。

周进:《日军强掳北平劳工述论》,《北京党史》2007 年 6 月。

朱美娣:《集体的平庸与堕落——从南京大屠杀和奥斯威辛集中营看法西斯的群体心理》,《淮北煤炭师范学院学报》(哲学社会科学版)2004 年第 2 期。

五、学位论文

赵坤:《日伪时期的劳工压迫政策的评析》,东北师范大学硕士学位论文,2002 年 5 月。

李计勇:《华北"治安强化运动"中的日伪经济活动述评》,河北师范大学硕士学位论文,2004 年。

余志君:《二战期间日本别子铜矿中国劳工研究》,河北大学硕士毕业论文,2004 年。

杨晓娟:《河北沦陷区的新民会研究》,河北师范大学硕士学位论文,2004 年。

张强国:《论华北日伪新民会》,吉林大学硕士学位论文,2006 年。

谭玉萍:《"潍县侨民集中营"中的外国侨民》,山东师范大学硕士学位论文,2006 年。

方美花:《日帝强征朝鲜劳工与东北军事工程》,延边大学硕士学位论文,2007 年。

王丽静:《日伪〈华北新报〉研究》,河北大学硕士学位论文,2007 年。

薛丽蓉:《红十字会在江苏的抗战救护研究》,苏州大学硕士学位论文,2008 年。

段海霞:《二战时期日本虐待战俘问题研究》,湖南师范大学硕士学位论文,2008 年。

范春玲:《论满铁煤矿系统压迫下中国劳工的反抗斗争(1906—1945)》,东北师范大学硕士学位论文,2008 年。

刘红涛:《日伪华北劳工协会罪恶述论》,河北师范大学硕士学位论文,2008 年。

刘建兰:《潍县乐道院研究》,山东大学硕士学位论文,2008 年。

刘立明:《太平洋战场上的盟军战俘状况初探》,吉林大学硕士学位论文,2008 年。

张慧玲:《昭和制铁所中国劳工状况探析》,东北师范大学硕士学位论文 2010 年。

王瑛:《1937—1945 年间日本对井陉煤矿的掠夺与"开发"研究》,河北师范大学硕士学位论文,2010 年。

阎智海:《全面抗战时期国际红十字组织对华援助研究》,苏州大学硕士学位论文,2011 年。

于德民:《二战期间中国犹太人、美国犹太人与日本人的关系》,黑龙江大学硕士学位论文,2011 年。

郑义:《二战期间日军暴行原因之群体心理解析》,山西大学硕士毕业论文,
　2011年。

叶樱:《二战时期台湾盟军战俘营研究》,辽宁大学硕士毕业论文,2012年。

段文辉:《论北平新民会》,首都师范大学硕士学位论文,2012年。

致　　谢

　　这本书是在我的博士论文基础上完成的。论文完成已有多年，这几年虽不时添入一些资料，但是拖延时间已经够长，现在要付诸出版，总算是了结一桩心愿。

　　2008年，我入上海师范大学人文与传播学院读书，此后六年，我在这美丽的校园中度过了最为开心的时光。学思湖畔垂柳依依，紫藤花开迎送春天，旁边一株海棠花，就是在漫天的樱花飞舞中也是最美的。时到中秋，又是十里桂花飘香，师大校园里的桂花同旁边桂林公园里的佳树同感凉意，各个角落都浸润着一股清淡的香气。文苑楼里总有听不完的讲座，音乐厅里时传美妙的音符。这本书是在这样的环境中开始的，我总想精益求精，否则对不起这一园的人文与美景。

　　晃眼之间，在上海的生活已十多年了，一个北方人也慢慢地爱上了江南。回首往事，让人感慨万千。首先，我要感谢我的导师苏智良先生，是先生孜孜不倦的教导一直督促着我走到今天。忘不了那年草长莺飞之际，自己第一次来到南国，是智良师热情的接待了我，给了我宝贵的学习机会。回想求学于上海师大的时光，心中都会涌起一阵暖意。我天性愚钝，然得上天眷顾，使我得遇良师。智良师治学严谨、待人慈爱，我的每一点小小进步都凝聚着智良师的心血。每每体会于此，就觉师之一字，重及千钧，就想起桂林路旁"学高为师、身正为范"的标识。智良师为学为人，令我望尘莫及，其言传身教，使我受益匪浅。智良师和师母时常挂记我的学习、生活、工作、家庭诸多琐事。老师常言"师生一场乃缘分使然"，我竟有如此缘分可谓人生幸事。师恩难忘，无以为报，唯日后加倍努力，报答恩师。

　　历史类书籍的写作以资料获取为最重要的环节之一。在本书的写作过程中,我得到了何天义老师的大力支持。何天义老师一辈子研究战俘劳工问题,收集了大量的档案文献与口述资料。本文的资料很多都是由何天义老师提供。何老师为了这些资料付出了巨大的努力与牺牲,我却做了"摘桃子"之人。记得有年炎夏,住在何老师家里一周有余。有一次和何老师散步聊天,他曾动情的对我说:"在我做战俘劳工问题的时候,曾经得到过很多人的帮助,也帮助过很多人,但是像你这次还是第一次,希望你以后在这个问题上真正做出东西来。"何老师将他做战俘劳工问题的理路、心得多次传授与我,对我提出的引用资料、档案等要求毫不拒绝。何老师可亲、可敬、可爱,帮我良多。

此外,在该论文资料收集过程中,曾经得到过河北社科院谢忠厚老师、田苏苏老师,河北大学刘宝辰老师、中国社科院步平老师、居之芬老师、荣维木老师,沈阳九一八纪念馆刘长江老师、香港大学李培德老师、上海档案馆陈正卿等人的热心帮助。光阴荏苒,岁月如梭,步平老师和荣维木老师都已驾鹤西去,回想起他们对我的指导,不胜唏嘘。

在本书写作过程中,我得到了很多前辈学者的指导。上海师范大学唐力行教授、周育民教授、钱杭教授、邵雍教授、上海大学廖大伟教授、上海社科院熊月之教授、复旦大学戴鞍钢教授、金光耀教授都在选题和写作过程中提出了宝贵意见。在上师大求学期间,刘子奎教授一直关心着我的学习和生活,即使他在美访学期间,我也因学业和生活琐事数次打扰于他,每次刘老师都是耐心教导。感谢陈恒教授、舒运国教授、裔昭印教授、周春生教授、洪庆明教授、吴寄南老师、金永明老师在日常学习、生活中对我的关心和照顾。

在求学过程中,高红霞、胡海英、吴俊范、彭善民、姚霏、蔡亮、江文君、张建、韩晶、陈晔、李红、张凯、李翔、张玉菡、杨琳琳、胡银平、云波、刘丞、相中、何曙荣、春光、开天、金坡、张萍、李金玲、曹伟、白雪、家红、冯雪冬、何勒腊等同学好友无论在生活还是学习上都给了我很多照顾。我们共同学习,共同经历,同窗深情,永难忘记。张国义、庾向芳、翟海涛、吕佳航、刘晓海等教研室同仁对书稿提出了宝贵意见。上海三联书店郑秀艳编辑认真校对、反复统筹,为本书的最终付梓付出了大量心血,在此一并感谢。

最后,我要感谢我的亲人。父母的辛劳和简朴,是我一生最为宝贵的财富。因为时代的关系,父亲未能进入大学校园,而是和盐碱地打了一辈子交道。但是,我知道他把梦想寄托在了我的身上。在本书写作过程中,父亲也多次鼓励我。他有一次给我发了这样的短信:"文章是给人看的,论文也是如此。开头和结尾写的好,能给人留下深刻的印象。比如这样写:当我了解了我们的大好河山曾被外强的铁蹄肆意践踏,我们的民族遭受了无异于野兽般行为的残酷蹂躏,我们的先辈们在水深火热中,在非人的待遇中备受煎熬,我的心在流血,我的两眼在喷火,我要用这血与火来控诉侵略者的强盗行径,但我的力量太微不足道了,我大声疾呼,我的民族,我的祖国快些强大起来吧。"当时读这些文字不以为然,甚至告诉他文章不是这样写的,要客观。现在读起来,父亲对儿子的关心溢于言表。一年前,父亲最终未能摆脱疾病恶魔的困扰,驾鹤西去,每回忆于此,半夜辗转反侧,难以入眠。偶尔父亲入我梦中,总是泪湿枕被,留我一人独待天明。

感谢妻子刘蕊,这么多年来你都对我充满信心。想到你和孩子,我就知道自己的责任。